鵜飼の日本史

野生と権力、表象をめぐる1500年

卯田宗平
編

昭和堂

まえがき——鵜飼が映しだす日本

鵜飼とはウミウやカワウを利用して魚を捕る漁法である。このような漁法をいつ、どこで誰が発想したのだろうか。鵜飼誕生の時代や場所は謎のままである。

いうまでもないが、鵜飼が誕生するまえにそれは存在しない。よって当初から明確な漁のイメージをもって始められたとは考えにくい。むしろいくつかの条件が重なり合うなかで発想され、年月を経て洗練されたのであろう。ことに、ウ類（ウミウやカワウ）は水中で獲った魚を水面までくわえあげ、そこで頭から丸のみする。いわゆる鵜呑みである。過去に、身近な水域で頻繁に鵜呑みをする黒い鳥をみて「使える」と発想したものがいたのだろう。

このような発想がでてくるのも、ウ類の行動を近くで観察でき、かつウ類が獲る魚が人間にも有用だったからである。ウ類と人間双方の生活域とターゲットの重複が鵜飼誕生の初期条件だといえる。とはいえ、条件をどれだけ列挙してもいつどこで誰が始めたのかはわからない。謎多き漁法である。

謎といえばもうひとつある。日本列島において鵜飼が一五〇〇年以上も続けられてきたことである。日本人はいったい何を考えて長年ウミウやカワウと付き合ってきたのだろうか。日本では鵜飼のウ類を模ったとされる古墳時代の鵜形埴輪がいくつも出土している。また、唐の魏徴による『隋書』（六三六年）のなかには当時の日本における鵜飼のようすが記されている。日本人は古くからこの特殊な漁法を続けてきたのだ。

とくに、日本の鵜飼では過去よりウミウやカワウを繁殖させず、野生の個体を捕獲して利用してきた。事実、平安時代には朝廷が出羽や佐渡、能登、大宰府といった日本海岸に捕獲場を設け、そこで捕獲した個体をわざわざ京まで運ばせていた。移動の手段が限られていた当時、生き物の運搬としては長い距離である。しかも当時は新羅との境まで捕獲に行ったり、佐渡国の人物が官鵜（都に送る鵜）を盗んで伊豆国へ流罪になったりしていた。さらに、大宰府から官鵜の到着が遅れたとして官人が臀部を杖で何度も叩かれる「杖罪」を受けたりしていた。いずれも野生個体への強いこだわりがみてとれる。こうした野生個体の利用は現代においても変わらない。なぜ日本人は過去より野生の個体にこだわってきたのだろうか。

このこだわりは中国の鵜飼と対比するとさらに際立つ。中国では長江の中下流域平原や華北平原、四川盆地などで鵜飼が広くおこなわれている。中国各地の鵜飼では、いずれも漁師たちが自宅などで繁殖させたカワウが利用されている。すなわち、中国の漁師たちはカワウの全生活史を管理下におき、完全にドメスティケート（家畜化）しているのだ。どうやら隣国の人たちはウ類の生殖をコントロールすることに強いこだわりをもっているようである。このような違いのほかにも、日本の鵜飼ではウ類と鵜匠をつなぐ手縄を使用してきたこと、徒歩による鵜飼があること、夜間に漁をおこなうこと、ときの権力者と強いかかわりがあることなどの特徴もみられる。同じようにウ類を使う漁法でも日本と中国では大きな違いがあるのだ。

こうしたなか、日本列島の鵜飼を広く探究した書籍はなかった。そこで本書では、これまで体系的に問われることがなかった日本の鵜飼に注目し、その歴史や技術、表象、制度、食文化、ウ類やアユの行動や生態といった切り口から捉える。その上で、日本に特有な動物利用の背景を考えてみたい。これが本書を編集した目的である。

成果の詳細は各章にゆずるが、本書では多様なアプローチによって鵜飼を捉えた。その結果、古墳時代や平安時代における鵜飼のありよう、権力や庇護の必要性、漁を支えるウ類の生態、鵜飼をめぐる芸術の展開などがわかった。そこから日本人のアユへのこだわりやウ類を利用した漁法の多様さ、ウ類をドメスティケートしない要因といった日本独自の事情も数多くみえてきた。いずれも鵜飼が映しだす日本の姿である。

詳細はお読みいただくしかない。

卯田宗平

目次

後篇　日本史のなかの鵜飼

第一部　古代から近世

第二部　近代から現代

序章　鵜飼から何を問うのか

卯田宗平

一、鵜飼をめぐる「なぜ」

本書には二つの目的がある。ひとつは日本列島における鵜飼を時代や地域、分野を越えて総合的に明らかにすることである。いまひとつは一五〇〇年以上も続いた鵜と日本人とのかかわりの背景を探ることである。序章では、まずこれら二つの目的について説明する。

現在、鵜飼は日本と中国でみることができる。かつては西欧のイギリスやフランス、東欧のバルカン半島に位置する北マケドニア共和国でもおこなわれていた。中国における鵜飼は二〇〇〇年以上の歴史があるとされ、いまでも長江の中下流域平原や華北平原、四川盆地などで生業として続けられている。日本の鵜飼も長い歴史をもち、戦前までは各地一〇〇か所以上でアユやコイ、フナ、ウグイなどを捕る漁法としておこなわれていた。いまの日本の鵜飼はいずれも観光を目的としたものである。

このような日本の鵜飼について、その技術や知識、制度や表象などに注目し、まとめたものはない。もちろん、各地の自治体史のなかには当該地域の鵜飼の歴史や技術などを記したものはある。ただ、それらは各地の事例を個別に記述したものであり、それぞれの事例を通時的あるいは共時的な視点で全体のなかに位置づけたものではない。したがって、日本の鵜飼に関しては古代や中世、近世においていかにおこなわれていたのか、ウミウやカワウをどのように入手していたのか、ときの権力者はなぜ鵜飼を庇護していたのか、絵画や俳句などにいかに描かれ詠まれてきたのかといったことがわかっていない。

鵜飼と同じく鳥類を利用する鷹狩に関しては、歴史書や技術書、絵画資料が多く、それを解説した研究書や一般書も数多く刊行されている。これらによって鷹狩の技術やタカ類の飼育方法、権力とのかかわり、表象などを広く理解できる。この点において、鵜飼との研究蓄積の差は歴然としている。そこで、本書ではこれまで体系的に問われることがなかった日本列島の鵜飼を通時的・共時的な視点から明らかにしてみたい。これが第一の目的である。なお、ここでいう鵜飼とは、魚を捕る技術だけでなく、道具や鵜舟、制度、権力とのかかわり、食文化、美術作品、観光事業なども含んだものである。

くわえて、本書では鵜飼という事例を通して日本人と動物とのかかわりについても考えてみたい。これが第二の目的である。さきに、第一の目的を説明するなかで先行研究がないと記した。もちろん、「ない」というのは強い研究動機になる。しかし、「ないからやる」というのは課題の立て方としては平凡である。ここでは、多分野の研究者が集まって取りあげるテーマが鵜飼である積極的な理由が求められる。いいかえれば、鵜飼を通して何を明らかにするのかが問われる。こうしたなか、本書では一五〇〇年以上も続く日本人と鵜とのかかわりの背景を考えてみたい。

このような研究動機をもったのには理由がある。それは、日本で鵜飼という特殊な漁法が成り立つ背景に何があるのかという疑問を抱いたからである。より具体的にいえば、日本の鵜飼では過去よりウミウやカワウを人工繁殖せず、野生個体を捕獲して利用してきた。ことに、日本の鵜匠たちはわざわざ遠方の海岸で捕獲されたウミウを利用していた。野生のウミウへのこだわりは、平安時代から現代まで続いている。このような偏好の背景にはいったい何があるのだろうか。とりわけ、中国の鵜飼と対比すると日本の特徴がよくわかる。中国では漁師たちがカワウの全生活史を管理下におき、人工繁殖したものを利用している。彼らは野生個体の捕獲などせず、カワウを完全にドメスティケート（家畜化）しているのだ。このように、日本と中国では鵜とのかかわり方が大きく異なる。それでは、なぜ日本の鵜飼では鵜を家畜化しないのだろうか。なぜカワウよりウミウの利用にこだわり続けてきたのだろうか。こうした「なぜ」を解くなかで、日本特有のかかわり方の背景がみえてくるのではないかと考えた。もちろん、各章のテーマによっては解けないこともあり、かつ全体としてひとつの答えがあるわけでもない。それでも鵜飼という事例から日本的な動物利用の特徴を考えることが重要だと考え、冒頭で示した第二の目的を定めた。この点については終章で検討してみたい。

二、日本史のなかの鵜飼

前節では日本の鵜飼をめぐる問題意識を示した。これを踏まえ、本節ではまず日本史のなかの鵜飼について概観しておきたい。別表1は、文献に記されたり絵画に描かれたりした鵜飼を取りあげ、時系列的に整理したものである。以下では、紙幅の都合上すべての項目には言及できないが、鵜飼に関わる古い資料や重要なできごとを中心にまとめる。なお、引用元は本書の各章および別表1である。

二-一、古代から中世

鵜飼に関わる資料のなかでもっとも古いものは、鵜飼の鵜を模った埴輪である（本書第八章）。鵜形を含む鳥形埴輪には鶏形や雁・鴨形、鶴・鷺形、鷹形などもある。このなかでもっとも古いのは鶏形であり、四世紀からみられる。鵜形は五世紀後半以降に出現する。出土した鳥形埴輪のなかで種を識別するのは容易ではないが、鵜形だと判断できる基準はある。それは、鶏冠がないこと、嘴が長くて先端が屈曲していること、頸に紐がみられること、尾羽が下がっていること、脚に水かきが描かれていることなどである（賀来 二〇一七：八八）。実際はこのような特徴の一部、あるいは複数が確認できると鵜形だと判断する。なかでも頸に紐が巻かれていると鵜飼の鵜だといえる。

鵜形埴輪のなかでもっとも古いのは、大阪府太田茶臼山古墳から出土した遺物である。この遺物は、頭部を失っているが、頸には紐が巻かれ、脚には水かきが描かれ、止まり木の上で翼を広げて留まる姿がみてとれる。鵜の特徴をよく表現しているのは、群馬県保渡田八幡塚古墳から出土した鵜形埴輪である（第八章写真8-1参照）。この埴輪は、魚をくわえた嘴が上に高くあがり、鶏冠がなく、頸に結んだ紐の端が背中に垂れており、尾羽は下に向いている。この埴輪からは鵜飼の鵜の特徴が多く確認できる。このような鵜形埴輪は、古墳内では猪狩や鷹狩の埴輪とともに狩猟の場面に配置されている。よって当時の鵜飼は狩猟技術のひとつだったと考えられる。

鵜飼に関わる文字記録でもっとも古いのは、唐の魏徴による『隋書』（六三六年）の東夷伝倭国条のなかの記述である（第九章）。これによると、七世紀初めの倭国は「気候温暖にして、草木は冬も青く、土地は膏腴にして、水多く陸少し」とあり、「小環を以って鸕鷀の項に挂け、水に入りて魚を捕えしめ、日に百余頭を得」（和田・石原一九七一：七三）と記されている。この記録には小環（首結い）をつけた鸕鷀（鵜）を水に放って魚を捕るとある。これは、鵜飼が確実におこなわれていたことがわかる最古の文字資料である。文字資料に関しては、七〇二年の「御野国各牟郡中里太宝貳年戸籍」（現、各務原市那加周辺）に「鵜養部目都良売」という名が記載されている（別表1）。この人物は美濃で鵜飼をおこなう世帯から嫁いできた女性であると考えられている。

このほか別表1によると、八世紀前半に成立した『古事記』（七一二年）や『日本書紀』（七二〇年）の神武天皇の巻には、鵜飼による御贄進上の始まりに関わる記述がある。また、『万葉集』にも柿本人麻呂や大伴家持による鵜飼に関わる歌が収められている。これら以外にも平安時代中期に成立した『源氏物語』には光源氏の別荘で饗宴に鵜飼が召しだされ、六條院行幸の場面では御厨子所の鵜飼の長による漁のようすが記されている。

現存する絵画資料でもっとも古いのは兵庫県鶴林寺太子堂の壁画「九品来迎図」である。[*1] この図は太子堂が建設さ

図1　兵庫県鶴林寺太子堂の壁画「九品来迎図」（左）とその拡大図（右）
注：枠は筆者による。
出所：「国宝太子堂九品来迎図想定彩色復元模写図」（刀田山鶴林寺所蔵）。

れた一一一二年当時に描かれたものだとされ、平安時代の鵜飼のようすがわかる資料である（白水二〇一五：一〇）。図1に描かれた鵜飼をみると、烏帽子をかぶった上半身裸の男性が小型の刳舟（一材から刳り抜いた舟）に二羽の鵜と鵜籠を乗せて移動している。この図では篝や手縄などがみられないため、昼間におこなわれていた可能性が高い。このほか、「一遍聖絵（一遍上人絵伝）」（一二九九年）に京都・桂川の鵜飼が描かれる（第七章）。これは特定の場所の鵜飼が描かれた現存最古の絵画作例である。

　時代は前後するが、律令制下には大膳職雑供戸に属する鵜飼従事者がいた（網野一九八〇など）。大膳職とは、諸国の調や雑物、食料を職掌し、宮中の食事や儀式の饗膳を担当する宮内省管轄の役所である。この大膳職は職責を遂行するため雑供戸と称する人びとを雇用していた。当時、三七戸の鵜飼従事者が雑供戸に属し、鵜飼で捕れたアユなどを贄として納めていた。そして、貢納の見返りとして調が免除されたり、山城や近江、大和の河川で特権的な漁場利用が認められたりしていた。九世紀から一〇世紀にかけては、内膳司の御厨子所に属し、ひきつづき河川利用の特権が与えられていた。当時の鵜飼は、いずれも漁撈集団が専業しており、世襲の長が集団を率いる仕組みであった。

　この時代、朝廷は御贄調達で利用する鵜を安定的に確保するため、出羽や佐渡、能登、大宰府など日本海岸に捕獲地を設けていた（第九章）。

当時、鵜飼による御贄調達は毎年五～九月におこなわれており、この漁期にあわせて捕獲を毎年一〇月から始めていた。海岸域の捕獲場では秋になると北から南の越冬地に移動するウミウを捕獲していたと考えられる。そして、諸国で捕獲されたウミウはまず当地で飼い馴らされ、そののち「官鵜」として四月までに中央まで持ち運ばれた。当時は、複数羽のウミウを籠に入れて徒歩や舟などで運搬していたようである。そして、各地から貢進されたウミウは、都に到着するとまず天皇による御覧に供し、鵜飼の長に分給されていた。これを「貢鵜御覧」という。当時、ウミウはタカと同じように上覧の儀式に入れられていたのである。

このような鵜飼による御贄調達は、そののち殺生禁断思想の広がりや禁漁令の実施などによって徐々に姿を消すことになる。たとえば、七二一年には大膳職が所有する鵜が放生され、七四五年には諸国で飼育中の鵜を放てという勅令がでており、七六四年には諸国で鵜を利用した漁が禁止されている。平安末期の一一二六年には殺生禁断により諸国の漁網が破棄され、宇治や桂の鵜が放たれるという記録もある（林屋 一九八三：八二）。この時代、鵜の放生や禁漁の令が相次いで出されたが、逆にいえばそれほど鵜飼がおこなわれていたのである。くわえて、当時の禁漁令は日限が決まっており、期間中は漁業者の生活を保障するといった用意もあったとされる（網野 一九八〇など）。よって殺生禁断の制約によって各地の鵜飼がすべて廃絶したわけではない。事実、大和の吉野川や近江の犬上川、愛知川、石田川、甲斐の笛吹川や信濃の諏訪湖、越前、若狭、丹波、但馬、紀伊、安芸などでは生業としての鵜飼がおこなわれていた。とくに、一一～一二世紀になると、それまで都の周辺でおこなわれていた鵜飼が各地でみられるようになる（梶島 一九九七）。

二－二、近世から戦前

近世期になると、ときの権力者や為政者による観覧の対象となり、それらの庇護のもとで続く鵜飼がみられるようになる。その代表的なものが長良川の鵜飼である。たとえば、織田信長は一五六四年に長良川の鵜飼を観覧し、一五六八年には甲斐の武田信玄の使者を迎えて同じく鵜飼を観覧している。また、一六一五年には徳川秀忠らが大坂夏の陣の帰途で岐阜に一泊し、鵜飼を観覧している（別表1）。このほか、長良川の鵜飼は尾張藩主および諸国大名の観覧対象にもなっていた。過去の鵜飼観覧の記録によると、一六五八年から一六八七年までの三〇年間に計五五回の観覧事例が確認できる（望月 二〇一九）。観覧した大名は関東甲信越、近畿、中国、四国、九州などからである。このなかで、東の大名は大坂加番のときに岐阜に立ち寄り鵜飼を観覧することが多く、西の大名は参勤交代のときに中山道を通行して岐阜に立ち寄り鵜飼を観覧することが多かったとされる。

さらに、近世期の長良川ではアユの捕獲を通して鵜匠と尾張藩とが強いかかわりをもっていた。具体的には、鵜匠たちは尾張藩にアユを納める「鮎役」として毎年五月から九月まで毎日一人あたり大小三七匹のアユを差しだすことになっていた（岐阜市 一九八一：四一二）。一方、鵜匠たちはその見返りとして藩が出す許可証や鑑札によって他領への移動が許され、かつ名字帯刀も認められていた。また、鵜匠は百姓の身分であったが、諸役も免除されていた。尾張藩が長良川の鵜飼をこれほどまで重視したのには理由がある。贈答用のアユを大量に必要としていたからだ。尾張藩では鵜飼で捕れたアユを御鮨所という専門の役所で鮎鮨にし、それを贈答品にしていた。なかには江戸まで運ばれたものもあり、江戸の尾張藩邸に到着した鮎鮨が進物用として各所に配られていた。近世期の長良川では、こうしたアユ需要の多さに対応するかたちで、多数羽の鵜を利用した漁の技術が発展した。なお、このような藩による庇護制度は幕末まで維持された（第一一章）。鵜飼は鵜の飼育や餌代の負担があり、ほかの河川漁業者との漁場争いにも直面する。このため、大規模な鵜飼を長年続けるには藩からの特別な庇護が必要であったと推測される。

近世期になると鵜飼が描かれたり、詠まれたりすることが多くなる。たとえば、狩野探幽や尾形光琳、円山応挙、俵屋宗達、葛飾北斎などの絵師も鵜飼を描いている（第七章）。また、松尾芭蕉や与謝蕪村、小林一茶らも鵜飼を俳句に残している（第一二章）。

もちろん、この時代も各地では暮らしを立てるための鵜飼がおこなわれていた。当時の鵜飼は、主に河川においてアユやコイ、フナ、ウグイ、ボラなどを捕り、それを地元の住民などに販売する漁法であった。漁期は夏季にアユを狙う場合と冬季に脂がのって美味とされる寒ブナを狙う場合があった。このような鵜飼は、鵜の「餌代ヲ要スルモ稼高多ク損失ナシ」とされ、「鵜飼ニテ生活ハ十分安定」していたという。[*2] そして、地域によっては、鵜飼は「鮎ノ漁獲多クソノ収穫高甚ダ多シ」[*3]とされ、漁期になると「相当の収入を得」[*4]ていた。当時は漁場となる河川に魚が多く生息し、かつ鵜飼で捕れた淡水魚がよく売れたのであろう。

当時、漁期が終了するとそれまで使用していた鵜を手放し、つぎの漁期前になると新たに入手するものもいた。一年を通して鵜を飼育せず、漁期後に手放すことを「年切り」とよぶ（小林 二〇〇七：一四一）。「年切り」をおこなうのは、休漁期に鵜の餌代がかかるからである。鵜は一日五〇〇～六〇〇グラムの魚を食べる。よって休漁期に飼育するとその量の餌を毎日準備しなければならない。そのため、漁期後に手放し、つぎの漁期まえに新たに入手していた。この場合、新規の購入費がそのつど必要になるが、それでも休漁期の飼育の負担を考えると採算がとれたのである。もちろん、なかには鵜を周年飼育するものもいる。鵜を周年飼育する鵜匠のなかには、休漁期になると餌飼をおこなうものもいた。餌飼とは、昼間、手縄や首結いをつけずに鵜を川に放ち、自由に魚を獲らせる給餌方法である。実際、かつて長良川鵜飼では複数羽の鵜を周年飼育し、休漁期になると長良から遠く離れた河川まで数日をかけて餌飼に行くこともあった（第三章）。年間を通して鵜を飼育すると、給餌にこれほど手間がかかるのだ。

その後、日本では一九世紀後半に大政奉還や廃藩置県がなされて幕藩体制が解体する。この時代、藩の庇護のもとで続いてきた鵜飼は大きな影響を受けることになる。アユの捕獲を通した藩との関係維持や優先的な漁場利用の特権、給米による経済的な援助などがなくなったからである。こうしたなか、長良川の鵜匠たちは一八七八年に明治天皇の岐阜行幸に随行した岩倉具視らの鵜飼観覧を実現させ、アユを天皇の御膳用に供した。その後、岐阜県は一八九〇年に宮内省へ御猟場（特別に定められた禁漁区）の設置とそこで漁をする「鵜匠」の任命を願いでた。これを踏まえ、国は長良川筋の三か所を御猟場に指定し、鵜匠を宮内省主猟局鵜匠に任命した（第一三章）。これが現在の宮内庁式部職鵜匠につながる再編である。その後、一八九八年には長良川において鵜飼遊船会社が設立され、鵜飼観光も本格的に開始された（第一八章）。

第二次世界大戦後の大きな変化は、一九四九年に漁業法が改正され、一九五一年には水産資源法が施行されたことである。これにともない、各地で内水面漁業調整規則が定められ、河川や湖における生業としての鵜飼が強く規制された。鵜飼は、じつは漁の効率がよい。ただ、効率のよさは一方で短所でもあり、水産資源の乱獲を引き起こすことがある。当時はこの点が強く懸念されたのだ。

一―三、戦後から現在

実際、広島県三次市では幕藩体制が崩壊した明治以降に江の川で鵜飼が自由におこなえるようになった。このとき、河川の専業漁師が多く住む栗屋町落岩では漁師たちの半数以上が生業としての鵜飼を開始した（広島県立歴史民俗資料館　一九九七：五）。それほど鵜飼は漁の効率がよく、多くの漁獲が得られるからである。ただ、効率のよさは乱獲と表裏である。よって広島県では戦後に広島県内水面漁業調整規則を定め、生業としての鵜飼を原則的に禁止した。この時期、三次市の漁業関係者のなかでも鵜飼の鵜は「川のギャングだ。鵜がいたら川の魚を全滅させてしまう」といった否定的な意見が相次いだ（広島県立歴史民俗資料館　一九八四：九一）。鵜飼は資源収奪的だという認識があったのである。

こうしたなか、江の川では生業としての鵜飼が終わり、いまでは操業範囲を限定した観光鵜飼として続けられている（第一四章）。当時、同様の理由で鵜飼が制限された地域は多かったと考えられる。もちろん、各地には漁業調整規則の施行後も細々と鵜飼をおこなうものがいたであろう。しかし、高度経済成長期における水質の悪化、冷凍運搬技術の発展による海水魚の流通拡大、漁業者の高齢化などにより各地で徐々に衰退した（第一五章）。

戦後以降のもうひとつの変化は、各地の鵜飼やその関連技術が国や県、市の文化財に指定されたことである。たとえば、一九五五年には「長良川鵜飼用具」が国の重要有形民俗文化財に、一九七八年には「小瀬の鵜飼技法」が関市無形民俗文化財に、一九九二年には「鵜捕りの技術」が日立市無形民俗文化財にそれぞれ指定された。二〇一五年には「長良川の鵜飼漁の技術」が漁撈技術としては初めて国の重要無形民俗文化財に指定された。同年には「三次鵜飼の民俗技術」が広島県無形民俗文化財に指定された。これら以外にも各自治体に民俗文化財として指定された技術は多い。戦後以降、日本各地の鵜飼が次々と姿を消すなか、現存する鵜飼を有形・無形の文化財としたのである。

くわえて、戦後以降に開始された鵜飼もある。たとえば、一九五七年には愛媛県大洲市の肱川において大洲の鵜飼が、一九七六年には山梨県笛吹市において笛吹川石和鵜飼がそれぞれ開始された。これらの鵜飼を含め、現在の鵜飼は地方の自治体や観光協会が経済的に支援するかたちで続けられている（第一七章）。鵜飼を続ける場合、ウミウの購入費や日々の餌代、飼育小屋の整備費や維持費、鵜舟の購入費や修理費、船頭の人件費といった費用がかかる。こうした条件のなか、すべての費用を負担して鵜飼を始めようという個人はいない。一方、自治体からみれば鵜飼はほかにない観光資源となるため支援を続けている。

近年の大きなできごとは、宇治川の鵜飼で飼育されていたウミウが二〇一四年五月に産卵したことである。日本の鵜飼では過去より野生のウミウ（あるいはカワウ）を捕獲し、利用してきた。こうしたなか、宇治川の鵜小屋で飼育していた一組のペアが突然産卵した。最初の産卵は誰もが予期しないできごとであった。そのなかで鵜匠たちは雛を孵化させ、成鳥になるまで育てあげた。その後も繁殖作業を毎年続け、いまでは親鳥に産卵させたり、雛をより確実に育てたりすることができるようになった。彼らはウミウの繁殖技術を安定化させたのである。日本の鵜飼はこれまで鵜の入手を捕獲だけに依存してきたが、これからは人工繁殖という選択肢が増えたことになる。

三、日本列島における鵜飼の分布と技術の特徴

前節では日本史のなかの鵜飼について時系列的に整理した。本節では、既存文献の情報をもとに鵜飼がおこなわれていた地点をまとめ、漁場や漁法の特徴について考えてみたい。

別表2は既存の文献に記されていた鵜飼の地点や漁法、操業時間などの情報を整理したものである。ここではまず鵜飼技術の分類について記しておきたい。日本における鵜飼は漁具や漁法、鵜の使役方法によっていくつかに分類できる。たとえば、舟を利用して移動しながら漁をする「舟鵜飼」と川岸や川のなかを歩いて移動しながら漁をする「徒歩鵜飼」という移動手段による分類ができる。また、鵜匠と鵜を手縄で繋ぐ「繋ぎ鵜飼」と手縄をつけない「放ち（放し）鵜飼」という手縄の有無による分類もある。さらに、昼間に漁をおこなう「昼川」と夜間に漁をおこなう「夜川」という操業時間による分類や、鵜を使って刺し網に魚を追い込む「逐鵜」と鵜に自由に獲らせる「獲鵜」のように鵜の使役方法による分類もできる。別表2では、こうした分類軸のなかで移動手段と手縄の有無、操業時間に関わる情報を示す[*5]。この表から日本の鵜飼について三つの特徴を指摘できる。

第一の特徴は、主に河川でおこなわれていたことである。

別表2の漁場の項目をみると、山形県最上川や群馬県利根川、埼玉県荒川水系、東京都多摩川、神奈川県相模川、山梨県笛吹川、岐阜県長良川や木曽川、三重県名張川、京都府宇治川や大堰川、和歌山県有田川、島根県高津川、広島県江の川、山口県錦川、高知県吉野川、福岡県筑後川など、日本列島の北から南に至るまで大小の河川でおこなわれていたことがわかる。鵜飼の漁場が主に河川になるのは、商品価値の高いアユを狙うためだと考えられる。アユは毎年三〜五月に河川を遡上し、上・中流域の淵や瀬にすみながら成長する。そののち秋になると成熟して降河し、河川の中流域の下限付近で産卵したあと斃死する。このような両側回遊性の生態にあわせて、アユを狙う鵜飼も主に毎

年五月から九月ごろまでおこなわれていた。この漁期は平安時代から同じである。もちろん、河川ではアユ以外にコイやフナ、ウグイ、河口域ではボラなども狙っていた。ただ、鵜飼ではやはり淡水魚のなかでもアユを狙うことが多いため、必然的に河川が主な漁場になる。

一方、湖でも鵜飼はおこなわれていた。長野県諏訪湖と島根県蟠竜湖である。この両者に共通するのは水深が浅いことである。諏訪湖は最大水深八メートル、平均水深四・六メートルである。蟠竜湖も最大水深は一〇メートルほどである。鵜飼で使用する鵜は一回の潜水で一〇メートル以上潜ることができる。この潜水能力を考えると、水深の浅い湖では広い範囲でフナやコイなどを狙うことができる。逆に、水深の深いダム湖やカルデラ湖などは鵜飼に適さない。

表1　鵜飼における移動手段と手縄使用の関係

	繋ぎ	放ち	計
徒歩	29	11	40
舟	23	7	30
計	52	18	70

出所：別表2の情報をもとに筆者作成。

第二の特徴は、多くの地域で徒歩鵜飼がおこなわれていたことである。

鵜飼というと、篝火を焚いた鵜舟に鵜匠が乗り、川を下りながら魚を狙うという情景が思い浮かぶ。これは、観光地として有名な長良川鵜飼のイメージである。実際は徒歩による鵜飼も多かった。表1は、別表2の情報をもとに移動手段と手縄の有無との関係をまとめたものである。別表2のなかで移動手段と手縄使用の双方が記された事例は計七〇件であった。このなかで徒歩鵜飼は四〇件、舟鵜飼は三〇件である。さらに徒歩鵜飼では手縄を使用する繋ぎが二九件、手縄を使用しない放ちが一一件、舟鵜飼では繋ぎが二三件、放ちが七件あった。限られた情報ではあるが、日本各地には手縄を使用した徒歩鵜飼が多かったことがわかる。

第三の特徴は、手縄を使用する鵜飼が多く、一部の地域では放ち鵜飼もみられたことである。

日本における鵜飼技術のひとつの特徴に手縄の使用がある。中国の鵜飼では手縄を使用しない。日本の鵜飼で手縄が使用される理由はいくつか考えられる。たとえば、澁澤敬三は河川の流れが速い日本では操業中に鵜が流されるため、「我が国の手縄は急流の作業による必要から起こった」（澁澤　一九九二：四六四）という。流水環境では手縄によっ

写真1　かつて長良川でおこなわれていた餌飼（岐阜県関市の岩佐洋二氏提供）

て鵜を鵜匠の近くにまとめておく必要があるというのだ。逆にいえば、止水環境では鵜や舟が流されることがないため手縄をつける必要はない。実際、長野県諏訪湖と島根県蟠竜湖の鵜飼では手縄をつけない放ち鵜飼であった。

このような考え方のほかにも、ベルトルト・ラウファーは捕獲された野生のウミウが逃げるのではないかという恐れから手縄が考案されたという。そして、ウミウは手縄をつけられることで「絶えずしっかり見張られている」（Laufer 1931: 246）という。ただ、かつての餌飼（前述）では手縄を使用しなかった（写真1）。ほかの文献をみても餌飼のとき手縄はついていない（岐阜市教育委員会二〇〇七：四―五）。よって、手縄の使用は鵜が逃げだすのを防ぐ目的だけではないことがわかる。日本では鳥取県高津川や益田川、匹見川などにおいて手縄を使用しない鵜飼もみられた。この放ち鵜飼は数羽の鵜を利用し、主に昼間におこなわれていた。夜間に放ち鵜飼をすると黒色の羽装をもつ鵜を見失う恐れがあったのかもしれない。

以上、既存の文献を手がかりに鵜飼の分布や技術の特徴についてまとめた。その結果、かつて日本では北は岩手県雫石川から南は大分県三隅川に至るまで一〇〇か所以上で鵜飼がおこなわれていたことがわかった。これほど各地で鵜飼がおこなわれていたのは、淡水魚を食べる文化が各地で広く根づいていた証拠でもある。なお、徒歩鵜飼の展開や手縄の使用動機については本書の成果を踏まえながら終章で考察する。

四、本書の構成と用語の説明

四―一、本書の構成

以上、日本における鵜飼の歴史と分布を簡単にまとめた。この成果を踏まえ、次章からは個別のテーマを取りあげる。具体的には、本書を大きく二つに分け、前篇では鵜飼を成り立たせるものに注目し、後篇では古代から現代まで通史的な視点によって捉える。

前篇では、日本の鵜飼を成り立たせる技術や道具、鵜舟や装具、動物に注目する。具体的には、漁の手段として不可欠なウミウやカワウの生態と行動（第一章）、野生の鵜を捕獲する地域とその技術（第二章）、鵜飼用具の特徴と鵜を利用した漁法の多様さ（第三章）、鵜舟の構造的な特徴と造船技術の独自性（第四章）、鵜匠が身に着ける装束の機能性と見た目（第五章）、狙う対象となるアユの生態からみた鵜飼（第六章）、鵜飼を描いた美術作品の変遷と絵画化の意図（第七章）を取りあげる。

後篇では、日本史を大きく「古代から近世」と「近代から現代」に分け、個別のテーマから鵜飼を捉える。具体的には、第一部の「古代から近世」では、古墳時代における鵜形遺物の形態と分布（第八章）、平安時代の鵜飼と朝廷とのかかわり（第九章）、鷹狩図との比較からみた鵜飼図の特徴（第一〇章）、近世期の鵜飼制度の成立と鵜匠たちの働きかけ（第一一章）、俳諧のなかの鵜飼とその博物誌的な解釈（第一二章）というテーマで取りあげる。第二部の「近代から現代」では、幕末期における鵜飼制度の変革と現行制度の成立（第一三章）、生業としての鵜飼の技術と漁が成り立つ条件（第一四章）、放ち鵜飼の技術と原型的な漁法（第一五章）、鵜匠による鮎鮨の製造技術とその食品科学的な意味（第一六章）、地方公共団体による鵜飼支援の動機（第一七章）、生業の技術をみせる観光鵜飼の開始と規模拡大の要因（第一八章）というテーマを取りあげる。

終章では、各章の成果を踏まえながら、日本における鵜飼の特徴や鵜をドメスティケートしない理由、日本列島において鵜飼技術が多様に展開した要因について検討をくわえる。また、本書ではウミウの人工繁殖および鵜飼の展示活動に関わるコラムも載せている。

なお、鵜飼がいつ、どこで、どのように開始されたのかはわかっていない。これは鵜飼に関わる考古遺物や歴史資料が限られているからである。本書では、執筆者によって鵜飼の起源や伝播に関わる考え方が異なる場合がある。

四－二、用語の説明

以下では鵜飼に関わる用語についていくつか説明しておきたい。

ウミウとカワウの総称、生物名の表記

本書ではウミウとカワウを総称する場合、鵜、ウ、ウ類と記す。カタカナ表記と原典の歴史資料に基づいた漢字表記がある。

鵜匠と鵜つかい

本書では鵜飼に従事する人たちのことを鵜匠あるいは鵜つかい（鵜づかい・鵜遣い・鵜使い）と記す。鵜匠という名は戦国期からあるとされ、鵜飼に従事する特定の漁業者に与えられた役職名である。これに対して、鵜つかいとは暮らしを立てるために鵜飼をおこなう漁師のことである。日本では、かつて各地で鵜飼に従事する人たちのことを鵜つ

かいとよぶのが一般的であった。現在は、鵜飼技術を身につけた人を鵜匠とよぶことが多いため、本書でもそれにならう。ただ、過去の事例を述べるときは、鵜つかいと表記する場合もある。

鸕鷀や鵜、鵜養や鵜川、鵜飼などの表記

ウ類の漢字表記でもっとも古いと考えられるのは、中国最古の字書『爾雅』（紀元前二世紀前後）のなかの鸕や鷀鷧という表記である。その後、一〇〇年に成立した部首別漢字字典『説文解字』に鸕鷀と記され、それ以降は鸕鷀という表記が一般的に用いられるようになる。中国においてウ類を利用した漁法が確実におこなわれていたことがわかる最古の記述は陶穀による『清異録』（一〇世紀）にある。

日本では、八世紀以降の記紀などにウ類の表記がみられる。具体的には、鸕鷀（『日本書紀』『続日本紀』）や鸕（『日本書紀』）、鵜（『古事記』『万葉集』『続日本紀』）、宇（『万葉集』）などと記されている。その後、一〇世紀以降になると『延喜式』や『蜻蛉日記』、『源氏物語』など多くの文献で鵜という表記がみられるようになり、それ以降は鵜が広く用いられるようになる。

日本でウ類を利用した漁法が確実におこなわれていたことがわかる最古の記述は、前述のように魏徴による『隋書』（六三六年）に残されている。ウ類を利用した漁法に関しては、八世紀以降になると鸕養（『日本書紀』）、鵜養（『古事記』『万葉集』）、宇加波（『万葉集』）、鵜川（『万葉集』）、鵜河（『古事記』）などの表記がみられる。そののち、九世紀中ごろに編纂された『令集解』に鵜飼と記され、それ以降は鵜飼という表記が定着する。すなわち、鵜飼という表記は平安時代から用いられている。

なお、日本におけるウ類の表記に関して、八世紀には鸕鷀や鵜などが混在していた。こうした表記の違いは、漢語を基本に編纂された歴史書と、和語による表現を重んじた古事記という、編集ポリシーの違いに要因があるとされる（森田 二〇一〇：四二）。しかし、ウ類の表記として「鵜」の文字が採用された理由はわかっていない。

【注釈】

＊1　実際の図は経年劣化の影響で色あせており、肉眼で細かく確認することが難しい。この図は赤外線写真と蛍光X線分析によって色彩が復元されたものである。

＊2　日本常民文化研究所（一九七八a：一五）。

＊3　日本常民文化研究所（一九七八b：一五）。

＊4　日本常民文化研究所（一九七九：一一）。

＊5　既存の文献には漁場や漁法、時間帯などが記録されたものもあれば、漁場名だけが記されたものもある。この表では不明な情報は空欄にした。

前篇　鵜飼を成り立たせるもの

第一章　ウミウ・カワウ

——その行動と生態からみた鵜飼

亀田佳代子

一、生物学的にみた鵜飼のウ類

鵜飼は、人間が鳥を使って魚を捕らえるというかなり特殊な漁法である。中国ではカワウ（写真1‐1）、日本では主にウミウ（写真1‐2）を使う。これら二種は生物学的には同じ「属」の近縁種であり、形態や行動、生態などがよく似ている。いずれも鵜飼には欠かせない鳥だが、鵜飼研究において、生物学的な視点からウ類を対象とした研究は筆者の知る限りみあたらない。飼育下のウ類の疾病や感染症に関する病理学的研究（たとえば、高田ほか一九九一、柵木ほか一九九八、Kurihara et al. 2020）や、寄生虫に関する研究（山下・山下一九五三）などは散見されるが、行動や生態に関する研究はない。

野生生物における種レベルの生態学的な研究では、生存戦略を明らかにすることが研究の大きな目的のひとつである。たとえば、繁殖生態はいかに多くの子孫を残すかを明らかにする分野であり、採餌生態はいかによい餌をより多く獲得するのか、ひいては個体の生存率をいかに高めるのかを追求する分野である。しかし、日本の鵜飼で使われるウ類は、最近の宇治川鵜飼での繁殖事例を除けば繁殖はみられない。餌も、鵜飼時に捕獲する魚以外は鵜匠が与える

写真1-1　中国の鵜飼のカワウ
日本とは別亜種（中国湖南省、2002年8月、筆者撮影）

写真1-2　日本の鵜飼のウミウ（岐阜県岐阜市、2020年7月、筆者撮影）

魚を受動的に食べており、野外の魚を主体的に獲得する必要はない。つまり、鵜飼のウ類は、野生のそれと異なり各個体の生存は保証されているといえるだろう。一方、飼育下という限られた空間で高密度に生活する環境においては、他個体との関係が濃密になると考えられる。もちろん、鵜飼においては鵜匠との関係も重要である。鵜匠に馴れ、鵜飼における採餌行動を習得することが、鵜飼を可能にする最低条件であろう。そこで本章では、動物行動学や動物生態学の視点から、鵜飼のウミウにおける同種個体間の関係の実態を明らかにするとともに、野生のウミウがどのように鵜飼に適した行動や生活を獲得しているのかを記述してみたい。その際、野生のウミウ・カワウがもつ行動・生態の特徴に注目し、それが飼育下での他個体や鵜匠との関係にどのような影響を与えているのかを考えてみたい。

二、野生の鳥類としてのウミウ・カワウ

鵜飼のウミウ・カワウの行動や生態を考えるまえに、その前提となる野生の鳥類としてのウミウやカワウの特徴に

ついて紹介しておきたい。ウミウとカワウは、生物学的にはカツオドリ目ウ科に属する鳥で、日本にはこれら二種のほかにヒメウ、チシマウガラスが生息する。ウミウ（学名：*Phalacrocorax capillatus*）は、日本、朝鮮半島、沿海州など極東地域にのみ分布する種で、英名はJapanese Cormorantという（Del Hoyo et al. 1992, Johnsgard 1993）。一方、カワウ（学名：*Phalacrocorax carbo*）は中南米と北米西部を除く世界中に分布し、地域によって五つの亜種に分けられる（Del Hoyo et al. 1992, Johnsgard 1993）。日本に生息する亜種は、*Phalacrocorax carbo hanedae*、中国に分布する亜種はシナカワウともよばれ、学名は*Phalacrocorax carbo sinensis*である。形態はよく似るが、ウミウのほうがやや大きく、雄と雌とで体サイズが異なる性的二型という特徴をもつ。ウミウの体重は、雄が約三・一キログラム、雌が約二・五キログラムと、オーバーラップはあるものの、雌より雄のほうが大きい。一方、カワウは一・四～二・四キログラムとやや小さい。体サイズと潜水深度には相関があり、カワウの潜水深度は一～九・五メートル、ウミウでは雄で平均約一一メートル、雌で平均約七メートルという研究結果があり（Watanuki et al. 1996）、雄のウミウは同種の雌やカワウより深く潜ることができる。

ウミウとカワウは行動や生態もよく似ている。ウ類の共通の特徴として、水に潜って嘴で魚を獲って食べる魚食性であること、多くの鳥が一か所に集まって集団で繁殖をおこなうコロニー性であることが挙げられる。一方、カワウとほかのウ類で異なるのは、生息環境と生活史である。日本に生息する四種のウ類のうち、カワウを除く三種は主に海洋に生息し、海水魚を餌とする。たとえば、北海道の天売島で繁殖するウミウは、イカナゴやカタクチイワシ、マイワシなどを繁殖期の親鳥や雛の餌としている（Kato et al. 2001, Watanuki et al. 2004）。繁殖地も海岸の岸壁や海洋島で、地上に巣材を集めて巣を作る。一方、カワウは沿岸部だけでなく内陸部の河川や湖沼にも生息し、水辺の森林で樹上に巣を作る。食性はコロニーや集団ねぐらの位置によって異なり、沿岸部のコロニーやねぐらに生息するカワウはボラなどの汽水魚からカレイなどの海水魚を、内陸部のコロニーやねぐらに生息するカワウはアユやフナなどの淡水魚を主に食べる（亀田ほか 二〇〇二、土屋ほか 二〇一三）。中国でも内陸部に生息するのはカワウであり、内陸部ではウミウと出会う機会がないため、カワウが鵜飼に使われるようになったというのもうなずける。

　一年の生活史も、ウミウとカワウでは異なる。ウミウは、基本的に季節によって南北移動をおこなう渡り鳥である。繁殖期の四～九月は本州中部以北で過ごし、繁殖が終わるとやや南に移動して越冬する。そして春になると再び北に移動する。こうした季節移動があるため、茨城県日立市の鵜捕り場において春と秋の移動期にウミウを捕獲することができる。一方、カワウも多くの個体が季節移動をおこなうが、必ずしも南北方向への移動ではなく、餌となる魚の獲れやすさによって移動の方向は異なる。関東地方では、春から夏には沿岸部に、秋から冬には内陸部の河川に餌を獲りに行く個体が増え、冬期に内陸部のねぐらで個体数が増える（石田ほか 二〇〇〇）。滋賀県の琵琶湖では、春から秋にかけてカワウが増加するが、九月を過ぎると多くのカワウは県外他地域に移動する。これらの移動は、関東沿岸部や琵琶湖で冬期になると水温が下がって魚が深い所に移動して捕獲しにくくなるためだと考えられている。ただしカワウの場合、ウミウと違って地域によって繁殖時期が異なり、場合によってはほぼ一年中繁殖が可能であり、移動の時期やパターンも異なり複雑な動きをしていると考えられる。

三、鵜飼のウミウの生活史

それでは、鵜飼のウミウはどのような生活をしているのだろうか。鵜匠や鵜飼の一日や一年の流れについては民俗学的な視点からの論文や報告がある。しかし、ウミウの視点から鵜飼における一日や一年の流れを記録したものはない。そこで、本節では岐阜県岐阜市の長良川鵜飼を事例として、一鵜匠宅でのウミウの行動、ウミウ同士の関係や鵜匠とのかかわりなどについて、筆者が実施した終日観察の結果を説明する。

　まずは調査を実施した鵜匠宅の概要を述べておきたい。この鵜匠宅では、道路に面した家の庭先に、金網で囲われた鳥屋がある（写真１‐３）。外からみて奥の壁際に寝籠（夜間にウミウを入れておく籠）を置くスペースがあり、向かい側にプールが設置されている。飼育されているウミウは一八羽前後で、寝籠に二羽ずつ入れている。寝籠に入れる二羽の組み合わせは「カタライ」とよばれる固定したペアである。年に二羽ほど新しい鳥（シントリ）を茨城県日立市の鵜捕り場に注文している。

三―一、ウミウの一日

ウミウの一日は、鵜飼シーズンとオフシーズンで若干異なる。まずは、一日の流れの基本となるオフシーズンの流れから説明する。

調査をおこなった鵜匠宅では、七時三〇分ごろ、ウミウを寝籠から出す準備を始める。鵜飼時に船に乗せる籠を並べ、プールに水を入れ始める。寝籠からウミウを順番に取りだし、籠の蓋の上で頸などに触れて体調を確認する。その後、いったんウミウをその籠に入れる。籠のなかには仕切りがあり、一つの籠に計四羽が入る。同じ寝籠の二羽を仕切りの同じ側に入れる。一通りすべての鳥を籠に入れたあと、再び蓋を開けて籠から出すと、ウミウは一斉にプールで水浴びを始める。水浴びが終わると翼を広げて羽を乾かすウ類独特のポーズを取ったり、羽づくろいを始めたりする。十数分から一時間弱ほどたつと、ほぼすべての鳥が落ち着き、それぞれ定位置で羽づくろいをしたり嘴を背中において眠ったりする。そうなると、鳥屋内は一気に静かになる。これ以降、夕方の餌やりの時間までは、鵜匠はウミウとほとんど接触しない。鳥屋内のウミウは、カタライごとに定位置がほぼ決まっており、カタライの二羽はほとんどの時間を近い場所で過ごす。ウミウにとって、この間に接触があるのは一緒に飼育されているウミ

写真1-3　長良川鵜飼の一鵜匠宅の鳥屋（岐阜県岐阜市、2022年4月、筆者撮影）

ウ同士となる。

一五時前ごろから、鵜匠は餌を与えるための準備を始める。一五時から一五時三〇分ごろに、鵜匠は鳥屋の外に置いていた籠をなかに並べ、ウミウを捕らえて籠に入れていく。鵜匠はウミウの個体を識別しており、寝籠から出したときと同様に、同じカタライ同士を同じ仕切りのなかに入れていく。入れ終わると、餌となる解凍したホッケと水を用意し、一羽ずつ餌と水を与える。このときも鵜匠はウミウの頸をなでたり翼のはばたきのようすをみたりするなど体調を確認する。餌の食いつきもみながら魚の量を調整して給餌をおこなう。餌を与えたあとは寝籠に入れ、プールや鳥屋のコンクリート床の清掃をおこない、作業を終える。ウミウたちはカタライのペアと一緒に寝籠のなかで夜を過ごす。これが鵜飼のオフシーズン（毎年一〇月一六日～翌年五月一〇日）の一日の流れとなる。

鵜飼シーズン中（毎年五月一一日～一〇月一五日）も、朝、寝籠から出して鳥屋に放すところまでの作業は、オフシーズンと同様である。午後からは、鵜飼が開催される夜間にむけての動きが入ってくる。鵜飼シーズンは、一五時四〇分から一六時四〇分ごろに、鵜匠がその日の鵜飼で利用するウミウを選んで籠に入れる。ひきつづきオフシーズンと同様、鵜飼に使わないウミウに餌をやり、寝籠に入れる。その後、船頭が到着して鵜飼に使うウミウを入れた籠を外へ出し、鳥屋の床掃除をおこなう。

一七時三〇分から一八時三〇分ごろ、鵜飼へと出発するため、船頭が籠を担いで船に運ぶ。時間に幅があるのは、一七時四五分から一八時ごろに鵜匠が交代で観覧船の乗船場で観覧客に鵜飼の説明をおこなうためである。その説明がある日は早めに出発することになる。観察した鵜匠宅では、乗船場での説明には年配で鵜飼に使えなくなったウミウを利用していた。説明に使われたウミウは、それが終わると鵜匠宅の鳥屋に戻される。

説明用のウミウを戻したあと、あるいは乗船場での説明がない日は「マワシバ（回し場）」とよばれる上流の待機場所まで船で移動する。回し場に着くと、鵜匠は籠からウミウを一羽ずつ取りだしてようすを確認する。その後、鵜飼開始までウミウは籠のなかにいる。鵜飼が始まるまえ、鵜匠は再びウミウを籠から出して手縄をつける。このとき

表1-1　鵜飼のウミウの一日

<table>
<tr><th>時刻</th><th>鵜飼シーズン</th><th>鵜飼オフシーズン</th></tr>
<tr><td>7:00</td><td rowspan="2">(1)ウミウを寝籠からだす
→体調を確認後、籠に入れる
(2)ウミウを籠からだす
→水浴びをし、羽を乾かす
(3)定位置で羽づくろい、寝るなど</td><td rowspan="2">(1)ウミウを寝籠からだす
→体調を確認後、籠に入れる
(2)ウミウを籠からだす
→水浴びをし、羽を乾かす
(3)定位置で羽づくろい、寝るなど</td></tr>
<tr><td>8:00</td></tr>
<tr><td>9:00〜14:00</td><td>ほとんどの時間を
カタライ同士で過ごす</td><td>ほとんどの時間を
カタライ同士で過ごす</td></tr>
<tr><td>15:00</td><td rowspan="2">(1)鵜飼用のウミウを籠に入れる
(2)使わないウミウへの給餌
→寝籠に入れる
(3)籠を鳥屋の外に出して掃除</td><td>(1)ウミウを籠に入れる
(2)給餌後に寝籠に入れる
(3)プールや鳥屋の掃除</td></tr>
<tr><td>16:00</td><td rowspan="7">寝籠のなかで過ごす</td></tr>
<tr><td>17:00</td><td rowspan="2">(1)船頭が籠を担いで船まで運ぶ
(2)船で回し場まで移動する</td></tr>
<tr><td>18:00</td></tr>
<tr><td>19:00</td><td>ウミウに手縄をつける
→鵜飼(19:45〜20:15)</td></tr>
<tr><td>20:00</td><td>(1)船上で餌やり
(2)帰宅後、ウミウを寝籠へ</td></tr>
<tr><td>21:00〜6:00</td><td>寝籠のなかで過ごす</td></tr>
</table>

出所：長良川鵜飼の一鵜匠宅での調査をもとに筆者作成。

も再度ウミウのようすを確認する。そして鵜飼が始まると、くじ引きのとおりの順番で出発する。鵜飼の時間は一九時四五分から二〇時一五分ごろまでである。鵜飼終了後の二〇時一五分ごろから三〇分ごろになると、観覧船横に停泊した船上にウミウを引きあげ、そこで餌を与える。その後、自宅近くの河岸まで船で戻り、船頭が籠を担いで鵜匠宅まで持ち運び、鳥屋で籠からウミウを出して寝籠に入れる。これが、鵜飼シーズンのウミウの一日となる。

　これまでの内容を一覧にすると、表1・1のようになる。ウミウの目線で鵜飼オフシーズンと鵜飼シーズンを比べてみると、ウミウは大半の時間をほかのウミウと一緒に過ごしており、鵜匠など人との接触時間は一日のわずかな時間であることがわかる。もちろん、時間は短いとはいえウミウにとって人との接触は特別な時間ではあるが、夜間も含めると、ほかのウミウ、とくにカタライとの接触時間がもっとも長い。そして、鵜飼の間は人とほかのウミウの両方と同時に接触する時間であることもわかる。ただし、鵜匠宅によって飼育方法が異なることや、かつてオフシーズンは餌飼（序章で説明）もおこなっていたことを考えると、接触時間は時代や鵜匠宅によって異なると考えられる。とはいえ、大きな傾向としては、鵜飼のウミウは一日の大半をほかのウミウ、とくにカタライと過ごしているといえる。

三－二、ウミウの一年

つぎに、鵜飼のウミウにとっての一年をみてみたい。鵜飼シーズンとオフシーズンで生活が大きく異なることは想像できるが、そのなかでも年間の変化や流れがある（表1－2）。長良川鵜飼では、鵜飼シーズンに入るまえにウミウの健康診断があるため、ここを起点として、鵜飼のウミウの一年の流れを記述してみたい。

長良川鵜飼では、四月一〇日ごろに一斉にウミウの健康診断がおこなわれる。岐阜市畜産課や岐阜県中央家畜保健衛生所が鵜匠宅を順番に回り、各鳥の予防接種と体重測定、鵜匠から希望があった鳥の血液検査、各鵜匠宅一検体の糞便検査がおこなわれる。体重については鵜匠が事前に測定しておき、その値を当日書き写す。そのほか気になることがあれば、鵜匠から獣医に質問や相談をし、実際に状態もみた上で、必要に応じて薬が処方されたり対応の指示があったりする。こうして、鵜飼シーズンに入るまえのウミウの体調が確認される。

ウミウは春になると色艶がもっともよくなり、動きが大きくなると鵜匠はいう。観察していると、四月から六月ごろには、籠から出されたあとや日中に、寝籠から飛び立ってプールに飛び込むなどほかの季節ではあまりみられない活発な行動が増える。野生のウミウの生活からいうと、春は北への渡りが始まる時期であるため、この行動が体調のみによるものなのか、季節的な影響もあるのかはわからない。一方、夏や冬には暑さや寒さの影響なのか日中あまり動かなくなる。

シーズンまえより六月から七月中旬くらいまで、鵜匠はウミウの餌量を絞っていく。鵜飼時に魚をよく獲るようにするためである。ただし、絞りすぎても体力が落ちるので、鵜匠はウミウの体調や体重をみながら餌の量を調整する。鵜飼では一〇～一一羽を基本とし、体調をみながら交代で使う。鵜飼に使わない年配のウミウやシントリには餌の量

表 1-2　鵜飼のウミウの一年

月	全体の流れ	鵜匠の対応(餌の量)	ウミウの体調・体重	鳥屋でのウミウの動き	シントリ訓練
1		餌を十分に与える		【1年中】日中の大半は カタライと定位置にいる	鳥屋外の籠で飼育 ときおり手縄をつけて 川へ出す
2					シントリだけで鳥屋に放す →ほかの鳥と一緒に放す
3					
4	健康診断		色艶が一番よく、体調もよい時期 (体重約3kg)	鳥屋内での動きが大きくなる (籠からプールに飛ぶ、歩き回る)	
5		シーズン前：餌を減らす	餌量減少→体重減少		
	5/11鵜飼開始				1～2年目：餌を減らさない
6		6～7月中旬：餌を減らす ↓		↓	無理をさせない
7	(レギュラー 10～11羽を 基本に、体調をみながら 交代させる)	体重や体調をみながら調節 ↓			↓
8		餌の量を徐々に戻していく ↓		暑さのためあまり動かない (コンクリート上で寝るなど)	
9		体重や体調をみながら調節 ↓			9月以降(9月末～10月) 初めて鵜飼に連れていく
10	10/15鵜飼終了				
	健康診断	終了後：徐々に餌を増やす	体重減少(体重2.5～2.6kg)		
11			色艶が一番悪い時期		
12		気温が低い時期は 餌を十分に与える		寒い時期はあまり動かない	日立市から到着→ 鳥屋外の籠で飼育(～1か月)

出所：長良川鵜飼の一鵜匠宅での調査をもとに筆者作成。

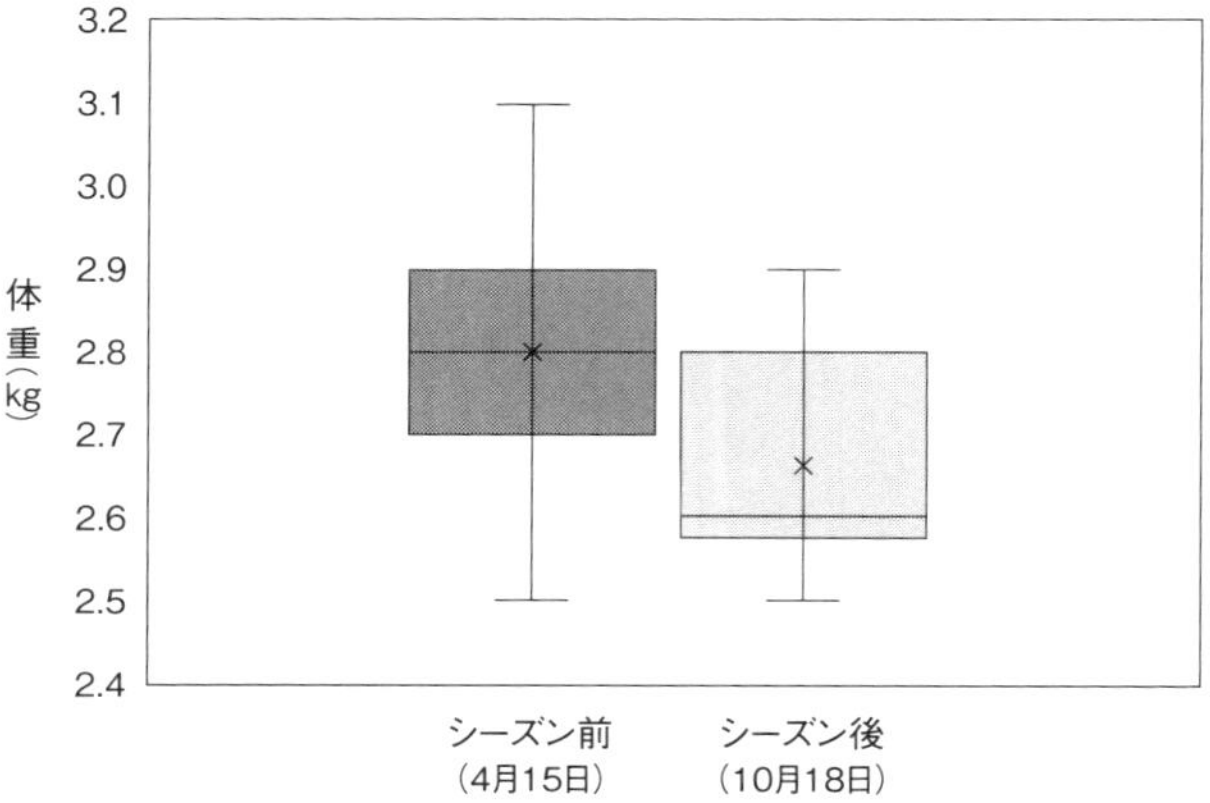

図 1-1　鵜飼シーズン前と後のウミウの体重の変化
出所：2022年、長良川鵜飼の一鵜匠宅をもとに筆者作成。

を絞ることなく通常通りを与える。鵜飼シーズン後半になると餌量を徐々に増やしていき、一〇月一五日の鵜飼終了後も餌を少しずつ増やしていく。ウミウの色艶は鵜飼の終了直後がもっとも悪いと鵜匠はいう。鵜飼が終了すると再度ウミウの健康診断や体重測定がおこなわれる。シーズンまえの春の体重と、シーズン後の秋の体重を比較すると、個体によるばらつきはあるものの、やはり春と比べて秋の体重が減少していることがわかる（図１‐１）。このように、鵜飼のウミウの一年は、鵜飼や季節にあわせて体調や動きが周期的に変動していた。とくに鵜飼に使われるウミウは、鵜飼シーズンになると鵜匠や船頭などとの接触が増えた。しかし、鵜飼に使われないウミウについては一年中ほぼ変わらない生活をしていた。なお、冬期にはシントリの到着と訓練が入り、古参のウミウもシントリと接触する場面もあるが、これについては後述する。

四、ウミウにとっての「カタライ」

前節で述べたように、長良川鵜飼のウミウはカタライと一緒に一日、一年を過ごしている。ほかの鵜飼地でも、二羽のウミウをペアとして飼育する場合がよくみられる。カタライは、寝籠のなかで夜一緒に過ごすほか、日中も近くで過ごす時間が長い。カタライごとで居場所が決まっており、多くの時間はその場所で過ごしている。お互いに鳴き交わしたり、ほかのカタライに向かって一緒に鳴いたり、嘴を突きだしたりしてけん制するようなようすもみられる。したがって鵜飼のウミウにとって、接触時間が長く相互作用や同じ行動がみられるカタライ同士の関係は、重要なものと考えられる。そこで、ここではカタライの行動とその意義について考えてみたい。なお、カタライ同士の行動については、長良川鵜飼の別の鵜匠宅において実施した観察結果も含めて検討する。

四－一、「カタライ」の特異な行動

観察していると、カタライの二羽は互いにさまざまな行動をとることがわかった。特徴的な行動として、つぎのよ

写真1-4　カタライ同士の枝の受け渡し（岐阜県岐阜市、2020年11月、筆者撮影）

写真1-5　交尾のようなマウンティング行動（岐阜県岐阜市、2022年4月、筆者撮影）

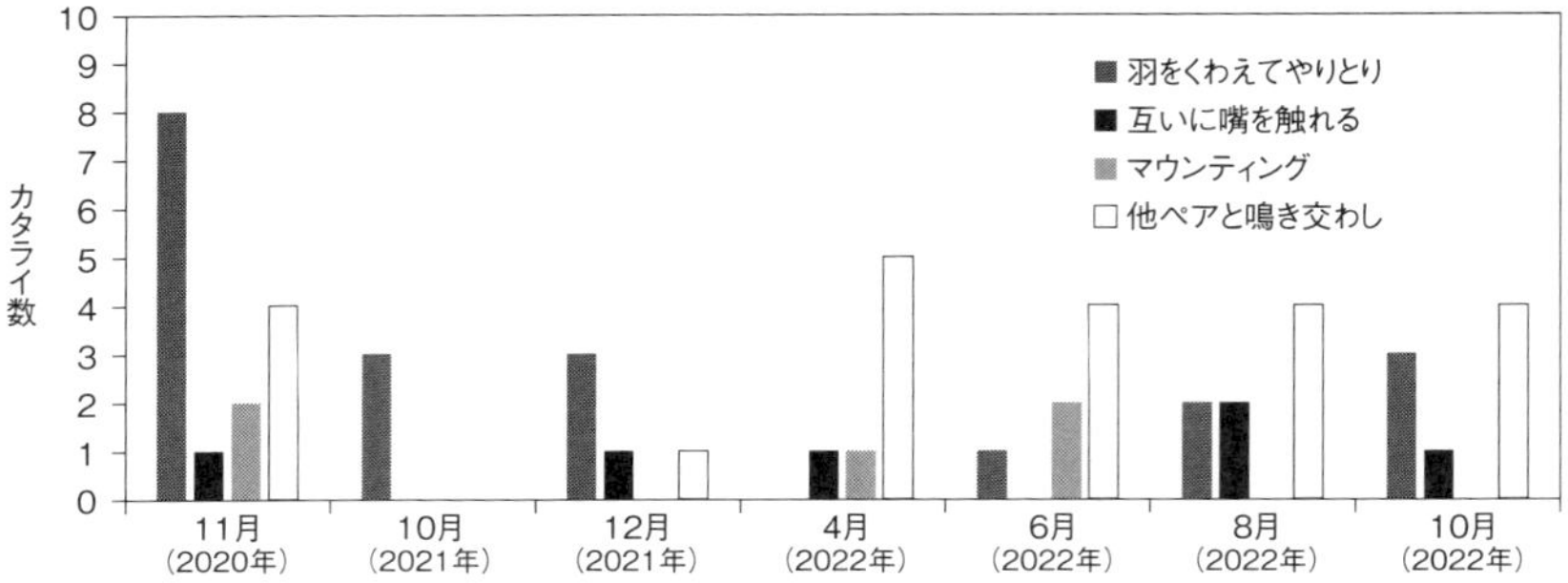

図1-2　特異的な行動を示したカタライ数

出所：長良川鵜飼の一鵜匠宅での各月一日の終日観察の結果をもとに筆者作成。

うなものがみられた。

①互いに鳴き交わす

②互いに嘴に触れる

③落ちている羽や枝をくわえて相手と受け渡しをする（写真1－4）

④相手に対し、または単独で嘴を上に向けて頸をそらし、翼を上げ下げする

⑤相手の背中に乗る（マウンティング行動）（写真1－5）

⑥ほかのカタライに対して一緒に嘴を突きだす、鳴く、互いに鳴き交わす

これらの行動のうち、③④⑤については、野生のウ類ではつがい同士の繁殖に関わる行動に相当する（Johnsguard 1993）。③については巣材をくわえて渡すという巣作り行動につながり、実際に樹木のある場所で放し飼いにされている鵜匠宅のペアでは、一羽が枝葉を運びもう一羽がそれを受け取る巣作りに似た行動がみられた。また、④はウ類に特有の求愛行動である。そして⑤は、明らかに交尾行動を彷彿とさせる行動である。それでは、カタライは雌雄のつがいなのだろうか？　つがいとして、繁殖をおこなおうとしているのだろうか？

すでに述べたように、ウミウは渡り鳥であり、繁殖は北方の繁殖地で四月から九月におこなわれる。そのため、繁殖に関わる行動も、春から夏にかけて集中する可能性がある。そこで、これらの行動の季節毎の観察頻度を調査した（図1－2）。その結果、観察回数は多くないが、特定の季節に偏ることなく観察されることがわかった。近縁種のカワウでは地域によって一年中繁殖がみられることを考えると、ウミウにおいても繁殖に関わる行動が、一年中みられる可

能性はあるのかもしれない。

それでは、実際にカタライの二羽は雌雄のつがいなのだろうか。それを明らかにするために、鵜飼のウミウの体羽を採取させてもらい、遺伝解析により性判定を実施した。その結果、調査をおこなった長良川鵜飼の鵜匠宅においては、すべての個体が雄であることが明らかとなった（亀田ほか 未発表）。既存研究でも、長良川鵜飼の一鵜匠宅のウミウ全個体が雄だったという結果がある（Innoue-Murayama 2002）。鵜捕り場において体重二・五キログラム以上の若い個体を優先的に捕獲していることを踏まえると、結果として体の大きな雄個体が捕獲されて各地に送られているからだとも考えられる（亀田ほか 未発表）。よって、長良川鵜飼におけるウミウのカタライは雄同士である可能性が高い。同性同士であれば、繁殖をおこなうことはできないが、なぜこのような行動をとるのだろうか。

四－二、「カタライ」の同性間性行動の意義

鵜飼のような飼育下の動物だけでなく野生生物においても、同性同士のペアが形成され雌雄のつがいと同様の繁殖行動に似た性行動がみられることがある。これらの行動は、同性間性行動（homosexual behavior または same-sex sexual behavior）などとよばれ、多くの生物群において野外や飼育下で観察されている（Bailey and Zuk 2009, Poiani 2010）。鳥類においても多様な分類群で同性間性行動がみられ（MacFarlane et al. 2007, 2010, Bailey and Zuk 2009）、ウミウやカワウにおいても報告がある（Snow 1963, Fukuda 1992, Kortlandt 1995）。これらの行動は子孫を残すことに結びつかないため、古典的な進化論では非適応的な行動として進化のパラドックスと考えられていた。しかし最近では、同性間性行動に適応的な意義を示す研究成果も出てきている。たとえば Gómez et al.（2023）は、複数文献のレビューにより、哺乳類における雄同士の同性間性行動は、社会的関係を維持し争いを軽減することで適応的役割を果たしているという結果を導きだしている。一方、鳥類ではコロニーでの性比に偏りがあり、かつ一個体で雛を育てることが難しい場合には、雌同士のペアによって雛を育てることで適応度を上げているという研究もある（Young et al. 2008）。

それでは、鵜飼のウミウにおける同性ペアの意義はなんであろうか。すでに述べたように、日中鳥屋で過ごすウミウは、大部分の時間をカタライと一緒に過ごす。ほかのペアと鳴き交わす場合も、ペアが一緒になってほかのカタライに向かって鳴くことが多い。逃げ場のない狭い空間では、他個体との接触の機会が多くなる。その場合、ペアといることで他個体からの攻撃や争いを防ぐ効果があるのかもしれない。くわえて、鵜匠は「カタライがいると扱いやすい」という。まだ推測の域を出ないが、人との関係についてもなんらかのプラスの効果が働いている可能性が考えられる。いずれにしても、同種他個体や人間とのかかわりといった、社会性に関わる部分において、ペアでいることの効果があるように思われる。具体的な検証については今後の課題である。

五、野生のウミウから鵜飼のウミウへ——シントリの訓練過程

前節までは、すでに鵜飼のウミウとして鵜匠との関係や飼育下の生活に慣れたウミウの行動についてみてきた。本節では、野生のウミウがどのように人に馴れていくのか、その過程を記述してみたい。

野生のウミウにとって、人との最初の接触は鵜捕り場での捕獲である。鵜捕り場ではウミウは完全に野生の状態で捕獲されるため、鵜捕り師たちは鳥をかなり慎重に扱っているように思われる。たとえば、後ろから頸をつかむだけでなく足も押さえるなど、鵜匠にはみられない対応がみられる。捕獲後のウミウは、まずは箱に入れてしばらくおいてから飼育ケージに移される。鳥インフルエンザの検査と予防接種のあと、一週間ほど飼育されてから各鵜飼場へとまとめて輸送される。この間にウミウもだいぶ馴れるようだ。鳥インフルエンザの発生以前にはこの飼育期間がなかったため、鵜飼地に到着したウミウはいまほど馴れていなかったと鵜匠は話す。

鵜捕り場から新しく到着したウミウは、長良川鵜飼ではシントリとよばれる。鵜匠は、できるだけ早くシントリのカタライを形成しようとする。そのため、シントリの入手は偶数を希望する。しかし、必要な数が捕獲できないこと

写真1-6　先に到着したシントリが後から到着したシントリを突く。左は河川での訓練中、右は鵜籠の上（岐阜県岐阜市、2022年1月、鳥本浩平氏撮影）

もある。実際、調査をおこなっていたときは二羽を希望していたところに一羽が先に到着し、二週間遅れてもう一羽が到着するという状況がみられた。この場合も、鵜匠は遅れてきた一羽と先に到着したシントリを仕切りのある籠に入れ、ようすをみることから始めた。そして、一緒に川に連れていき一緒に川に馴れさせる。川での訓練は後で述べるが、はじめは元からいた鳥が新しく来た鳥の嘴あたりを突いたりする行為がみられる（写真１‐６）。その後、遅れて到着した鳥が九日目になると、相手の姿がみえる隣の寝籠に入れてみる。さらに、数日後には川の訓練のあとに籠の同じ側に入れてみるといったように、少しずつシントリ二羽を近づけていく。調査時には、到着から一五日目にはすでにカタライが形成されており、二羽目が一羽目を追ってそばにいようとする行動がみられた。カタライ形成までの期間はいろいろだが、このように二週間程度で形成されることもあるようだ。

シントリは、早くて二日目から川での訓練を受ける。この際、まずは手縄に馴れる必要がある。手縄をつけるとき、馴れるまでは二人がかりでおこなう。一人がウミウをつかまえておき、頸を揺らしておとなしくさせる。その間にもう一人が手縄を結ぶ。このとき、特徴的なのは到着して二日目のシントリは翼を広げたままじっと動かないということである。馴れたウミウの場合、籠から出すときには翼をばたつかせることがよくあり、翼を広げたまま動かないといったことはみられない。一方、六日目のシントリは翼を羽ばたかせる行動を示していた。河川での訓練においても二日目のウミウはうまく泳げず、手縄を引っ張り、跳ねるような動きをする。また、水面にうまく浮かぶこともできず、ひっくり返るようすが頻繁にみられる。さらには籠の上に出してもうまく立てないなど、馴れたウミウでは普通にみられる姿勢や行動がとれない。先に到着したシントリはすでに馴れてきており、わずかの日数でも馴れが進むことがわかる。一〇日以上も経つと、川でもだいぶうまく泳げるようになり、翼を羽ばたかせることができるようになっていた。

シントリは、一日の大半を過ごす鳥屋や、そこで一緒に過ごす古参のウミウにも馴れる必要がある。鳥屋については、到着以降シントリは、常に鳥屋がみえる位置におかれた籠に入れられており、鳥屋やほかのウミウがみえる状態で過ごす。一羽目の二九日目、二羽目の一五日目の餌やりまえに、まずはシントリのみで鳥屋に放たれた。シントリは、プールで水浴びをしたり、カタライのもう一羽を追ったりした。その翌日より、朝に三〇分ほど鳥屋に出すことで徐々に鳥屋に馴らしていった。そして、一羽目の五四日目、二羽目の四〇日目に、古参のウミウが放たれた状態で、シントリも鳥屋に放された。シントリのペアは、あちこちで突かれて追われ、最終的には突かれない場所をみつけてそこに居場所を確保した。

野生のウミウにとって、もっとも接する機会がなく、かつ鵜飼で馴れる必要があるのは人（鵜匠）である。シントリの馴化過程において鳥を扱うのは鵜匠であり、彼らは作業の合間にウミウの喉を揉むようになでる。手縄を結ぶときなどは頭をつかんで頸を振る。ウミウの馴れ具合によって鵜匠も対応を変化させており、たとえば、通常鳥をつかむときには頸をつかむが、シントリの場合は後頭部と翼の両方をつかみ、慎重に扱っていることがわかる。ウミウのほうも、最初はつかまれても翼を広げたまま動かない状態で、突いたりかんだりするが、馴れてくると翼をバタバタと羽ばたくような仕草をするようになる。突くことがなくなると、鵜匠は上嘴に結んでいたハシガケ（嘴掛け、第二章写真2‐4参照）を外す。また、ウミウは馴れると餌やりのときに自分から口を開けるようになる。これらのタイミングは個体によって異なり、たとえば観察した二羽のシントリでは、ハシガケを外したのは一羽目が到着してから一六日目、二羽目が二九日目、餌やりのときに自分から口を開けるようになるのは一羽目が二九日目、二羽目が五四日目と幅があった。個々のウミウの対応をみながら、徐々に馴らしていっていることがわかる。

　このように、シントリの馴化過程にはさまざまな要素が含まれている。まず、ウミウが馴れる必要があるものとして、人（鵜匠）、カタライ候補となるもう一羽のシントリ、鵜飼のウミウとして生活する環境、つまり一日の大半の時間を過ごす鳥屋と鵜飼をおこなう河川、鵜匠とウミウをつなぐ手縄、そして以前からいる古参のウミウたちである。これらの馴化は同時におこなわれ、川においては手縄をつけた状態で泳ぎ潜れるようになること、鳥屋については一緒に暮らすほかのウミウに馴れて居場所を確保することが必要となる。これらすべての馴化過程において、ウミウは徐々に鵜匠に馴れていく。また、鵜匠のほうも、すべての場面でシントリに対して馴化訓練をおこなう。そして、シントリが早い時期にカタライを形成することは、こうしたシントリの馴化や鵜匠による訓練に何らかの影響を与えていると考えられる。なお、馴化にかかる時間はそれぞれのウミウで異なり、個体差がある。しかし、そのなかでも人やカタライ、河川への馴化は比較的早く、観察したシントリでは二週間ほどであった。一方、鳥屋でのほかのウミウとの最初の接触には一か月から一か月半ほどかかっていた。鵜匠も、ほかのウミウとの接触には一番気を使うといい、古参のウミウからの攻撃が激しい場合は、もう一度籠に戻すこともある。

六、なぜ鵜飼にはウミウ・カワウが使われるのか

　これまでの観察結果から、鵜飼にはなぜウミウやカワウが使われるのかについて、ウ類という鳥類種がもつ特性から考えてみたい。

　まず、ウ類は魚食性であるということである。アユを捕獲したいという人間の欲求に対し、そのアユやそのほかの魚類をも巧みに捕食できるウ類は、憧れの存在であっただろう。しかし、ウ類以外にも魚食性の鳥はたくさんいる。ではなぜウ類なのだろうか。たとえば河川環境に生息する身近な魚食性の鳥類には、カイツブリやサギ類などがいる。

これらの鳥類を、アユなどの漁業に使うことはできないのであろうか。カイツブリの場合、小型であるため、河川を遡上するような大型のアユを捕食することは難しい。また、カイツブリは雛に餌を与える際に嘴ではさんでもってくる。つまり、嘴ではさめるだけの魚しかもってくることができない。それに対してウ類は、魚類をのみ込んで食道に大きな魚や多くの魚を貯めることができ、かつそれを容易に吐きだすことができる。雛に与えるときだけでなく、驚いて急に飛び立つときも、のみ込んだ魚を吐きだして飛び立つ。したがって、川でとらえてのみ込んだアユを、ウ類ごと船にあげて吐きださせることが容易にできる。

一方、大型のサギ類を考えると、サイズからいえばアユを捕食することは可能だと考えられる。しかし、潜水して魚を獲ることができないため採餌場所が限られる。また、食性の幅が広く、魚類だけでなくザリガニやカエル類なども捕食することから、魚を捕らえたい人間にとっては必要のないものまで捕食してくる可能性がある。つまり、ウ類は魚類に特化して捕食するという点で、サギ類よりも食性がスペシャリストである。この特性が、鵜飼に使うのに適しているといえる。ただし、あまりに食性の幅が狭すぎて、特定の魚類しか捕食しないということであれば話はまた違ってくる。つまり、食性の幅が狭いと海洋魚を捕食するウミウを河川に連れてきて使うことはできないだろう。しかし、年によって魚種が大きく変動する海洋において、ウミウは捕食する魚種を変えることで対応している（Kato et al. 2001,Watanuki et al. 2004）。カワウも生息環境によって海洋魚から汽水魚、淡水魚と捕食する魚種は幅広い（亀田ほか二〇〇二）。このように、ウ類は魚食に特化したスペシャリストである一方、魚類のなかでは種を選ばないジェネラリストでもある。ウ類が鵜飼に適している二つ目の理由は、この特性にあると考えられる。

三つ目の理由として、ウ類は集団で生活できる鳥だということである。繁殖期には集団で繁殖するコロニー性という特性をもち、非繁殖期にも集団でねぐらをとる性質がある。採食地においても、群れで魚を獲ることが可能である。コロニー性は、多くの海鳥に共通する特徴ではあるが、高密度での生息が可能である点は、限られた空間で飼育する鵜飼にも適していると考えられる。

最後にもうひとつウ類が鵜飼に適する理由がある。それは、人に馴れやすいということである。鵜飼に限らず、保護されたウ類や研究用に飼育されるカワウが、飼育者に馴れてついて歩いたり、放しても戻ってきたりという事例がある。鵜飼の現場においても、鵜捕り場のケージ内で一週間ほど飼育するだけでおとなしくなったり、鵜匠宅に到着してからも飼育環境に馴れていくのに数週間から一か月ほどで済んだりするというのは、野生の鳥類としてはかなり早いほうだろう。新しい環境におかれても対応できる柔軟性が、馴れやすさに影響していると考えられる。

このように、鵜飼でウ類が使われる理由には、もともとあった野生の性質が大きく影響している。それにくわえ、鵜飼用として飼育するための鵜匠の工夫や、ウミウなりの環境に適応する行動なども影響している可能性がある。カタライという性別に関係のないペアを形成することなど、ウ類同士の関係がそのひとつの工夫や新たな環境への適応なのかもしれない。このような野生の性質と人間の工夫に関して、鵜匠による興味深い発言がある。

「家畜やペットだったら、一から一〇まで全部人が教えないといけない。全部がシントリだったら（鵜飼は）難しい。でも、年代がバラバラなので、分かっている古いウ、先輩からシントリが学ぶことができる」

本章では、鵜飼のウミウにおける同種個体間の関係の実態を明らかにすることを試みてきた。ただ、この実態は鵜飼を成り立たせる要因のひとつにすぎず、今後もウ類同士の関係に注目する必要がある。とくに今回は、鳥屋での観察からわかることを述べてきたが、鵜飼にとってのウ類同士の関係や人との関係を考えるためには、漁のときの実態についても分析する必要がある。それは今後の課題としておきたい。

第二章　捕獲技術
——日本の鵜飼漁を支える根本

卯田宗平

一、平安時代から続く捕獲

鵜飼漁は、鵜がいなければ話にならない。より正確にいえば、漁の手段である鵜を定期的に入手しなければならない。その鵜を入手する方法は大きく二つある。ひとつは野生の鵜を捕獲することであり、いまひとつは飼育下で人工繁殖させることである。本書で取りあげる日本の鵜飼は、過去より捕獲という方法で鵜を入手してきた。実際、日本各地の鵜匠たちは鵜を人工繁殖せず、海岸や内陸に生息するウミウやカワウを捕まえて利用してきた。こうした鵜の捕獲は平安時代から続いている。一方、中国の鵜飼では人工繁殖の方法で鵜を得てきた。中国各地の漁師たちは毎年春になると自宅などでカワウを繁殖させ、雛を育てて漁で利用している。中国において野生個体を定期的に捕獲するという事例はない。このように日本と中国では鵜の入手方法に大きな違いがみられ、日本では鵜の捕獲が鵜飼漁を支える根本技術である。

鳥類の捕獲に関しては、ババ・ハンズがまとめた図書『Bird Trapping & Bird Banding』（Bub 1995）に世界中でみられる技術がまとめられている。この図書によると、ウ科の海鳥を捕獲するには長い柄の先端に開閉式のフックを取りつけた道具で海鳥の頸を捕まえるのが有効的だという。このほか、カワウなどの水鳥の場合は、湖岸に支柱を立てて網を張り渡し、飛来したときに被せて捕る方法も有効だという。ただ、この図書にはウミウの捕獲に関わる具体的な情報はない。後述するが日本の鵜飼ではトリモチやカギ棒などでウミウを捕獲してきた。

日本では、鵜飼と同じく鳥を利用する鷹狩においても野生の個体を捕獲してきた（宮内省式部職 一九三二）。たとえば、江戸時代中期にタカ類を幕府に献上していた一〇藩（松前・盛岡・弘前・秋田・仙台・新庄・米沢・松本・長岡・松山）のひとつである盛岡藩には、藩内に捕獲小屋が少なくとも一九五か所あったという（中野渡 二〇二二）。当時は営巣の位置や産卵数などが細かく記録され、「巣子下げ」という専任の百姓が雌のハヤブサを中心に捕獲していた。日本の鷹狩に関しては、タカ類の捕獲技術や捕獲場の管理、繁殖地の保全について数多くの記録が残されており、解明も進んでいる（宮内省式部職 一九三二、根崎 二〇〇八、福田・武井 二〇二一など）。それに比べて、日本の鵜飼に関わる資料はたいへん少なく、鵜の捕獲についてはまったく整理されていない。

そこで本章では、世界のなかでも日本でしかおこなわれていない鵜飼用の鵜の捕獲について明らかにしてみたい。本章の構成は、まず第一節で問題意識を確認したあと、第二節では既存の文献情報をもとに鵜の捕獲場所や技術をまとめる。それを踏まえ、第三節ではトリモチとカギ棒を利用した捕獲作業の実際を明らかにする。最後に第四節では捕獲技術の今後について考える。

ここでは、捕獲技術をまとめるまえに、まずウミウとカワウの生態について簡単に確認しておきたい（詳細は第一章）。ウミウは日本列島の沿岸域を中心に、ロシア沿海州や朝鮮半島沿岸、中国東部の沿岸にも生息する。なかには北海道などで周年生息するものもいるが、その多くは毎年秋になると南に渡り、海岸などで越冬する。そののち、春になると東北地方や北海道の沿岸域まで北上し、海岸壁などで繁殖する。そして、秋になると当年生まれの若鳥も含めて越冬のために南下する。ウミウは日本列島を南北に移動する渡り鳥である。カワウは南アメリカを除く、アジア、ヨーロッパ、アフリカ、オーストラリア、北米、オセアニアに広く分布している。昼間になると海湾や湖沼、池、堀、河川などで摂食をし、夜間になると水辺の林などのねぐらに戻って休息する。繁殖期は一般に二月から六月であり、水辺の木々に大規模な集団繁殖地を形成することもある。

二、各地の捕獲場と捕獲の技術

二－一、各地の記録から

本節では、既存の文献情報に基づき、各地の鵜飼と鵜の入手先、捕獲の技術についてみてみたい。

日本の鵜飼に関わる古い造形物に古墳時代の鵜形埴輪がある。これは鵜飼の鵜を模ったものであるが、その鵜がウミウなのかカワウなのか、野生個体か人工繁殖のものかはわからない。鵜の捕獲や進上に関しては『日本後紀』や『日本三代実録』に記載がある（詳細は第九章）。これらの史料によると、平安時代には出羽や佐渡、能登、大宰府に鵜の捕獲場が設けられていた。そして、捕獲された鵜は都まで持ち運ばれ、御贄調達の鵜飼で利用されていた。ここでの鵜は海岸で捕られたウミウだと考えられるが、当時どのように捕獲していたのかはわかっていない。

　時代は下るが、近世から近現代の資料に鵜の捕獲場所や捕獲技術が記されているものがある。図2-1は既存の文献[*1]に記された捕獲場と捕獲対象をわかる範囲でまとめたものである。以下では、この図と既存文献に基づき鵜の入手方法をみてみたい。なお、文献にはウミウとカワウを区別しているものや地方名で記されているもの、たんに鵜と書いているものもある。以下では既存文献の記述を踏まえながら捕獲の内容を中心にまとめる。

秋田県檜木内川　シマ鵜とよばれるウミウを北海道や佐渡島、岩手県釜石や宮古において捕まえていた。フトリ（親鳥）の捕獲は田植えの時期が最適であった。コトリ（幼鳥）を捕るのは毎年六月下旬から七月上旬までが良かった。クロウ（黒鵜）とよばれるカワウは、海から離れた秋田県神宮寺八幡や青森県猿賀神社の森で捕まえていた。捕獲の方法は、まず葉を取り除いたヨモギの茎にトリモチを塗り、それを竹竿の先端につける。そして、竹竿で鵜を突いて

図 2-1　日本列島におけるウ類の捕獲場

注：具体的な地点が不明なものはプロットしていない。

出所：筆者作成。

引くと、トリモチを塗ったヨモギの茎だけが鵜の羽に付着して残る。すると鵜はうまく羽ばたくことができず、やがて自由を失って落ちてくるという。捕獲は夜間におこなわれていた。この方法では羽についたトリモチが簡単にとれないため、乾いた赤粘土を羽につけて丹念に爪でとる必要があった。捕獲した鵜ではシマ鵜のほうが体が大きいせいか、いくらでも稼ぐ。クロウは仕事に飽きやすい。休漁期に飼育すると大量の餌が必要になるため、彼岸の頃に放していた。

福島県いわき市　鵜の種類は海鵜と河鵜がいる。海鵜のほうが働きがよく、多くの漁師が使用する。茨城県日立市十王町で捕獲された海鵜を購入し、一人二～三羽を利用していた。鵜が七～八歳になると働きが悪くなるため新しい鵜と入れ替える。

埼玉県荒川など　東京湾の羽田や埼玉県野田の鷺山、茨城県鹿島などで鵜を捕獲していた。鵜は気性の荒いシマズとカラスのように真黒なホングロがいた。鵜捕り師のなかには、捕獲した鵜を関東一円や信州に売りさばくものもいた。

神奈川県相模川など　鵜の種類は、嘴が長くて岩に巣をかけるシマスと、木に巣をかけるカハスがいた。シマスは奥伊豆で捕まえていた。捕獲するときはおとりを利用し、干潮のときに網を張って飛来してくるものを捕る。鵜飼はシマスを一人一羽を使い、夜間におこなっていた。漁期は毎年六月から一〇月までである。休漁期になると埼玉県熊谷や静岡県下川原、神奈川県小田原などに鵜を預けていた。預ける期間は毎年一〇月から翌年五月までである。

新潟県粟島　粟島には鵜が多く生息する。鵜飼で利用するため、注文によって幼鳥を捕まえ、島で飼育訓練をしたのち販売していた。

福井県九頭竜川など　滋賀県琵琶湖の竹生島で捕獲されたカワドリを利用していた。鵜捕りは湖北の海津村のものが竹生島でおこなう。必要に応じて、福井県大野から塩津まで歩いて行き、捕獲はその場で話をつける。捕獲は、カワドリが寝ている夜間に船で行き、柄の長さが五尺ほどあるたも網を被せて捕る。大正後期には長良川まで鵜を買いに行くこともあった。

山梨県桂川など　鵜にはシマウまたはシマスというウミウと、カワスまたはカーズとよぶカワウがいた。鵜はかつて伊勢湾や知多湾で捕獲されたものを利用していた。鵜の捕獲は毎年三月中旬ごろから一か月間ほどおこない、アユの漁期が始まるまえに終わる。捕れた鵜は相模川や釜無川、富士川そのほか関東一円に広く売りさばかれていた。捕獲の方法は、潮が引いた洲におとりを数羽おき、網を張る。網には二〇〇尋（およそ三六〇メートル）の手綱がついており、その端をもって遠くからようすをうかがう。そして、鵜がおとりにつられて飛来したときに手綱を引くと網が被さり捕獲できる。

山梨県笛吹川など　鵜は東京都羽田より仕入れていたが、以前は駿河のものを多く利用していた。昔から「伊勢路鳥」が一番よいといわれてきた。鵜飼は漁期が六月一五日から九月末まで、徒歩により夜一〇時から深夜二時ごろまでおこなっていた。

岐阜県長良川　鵜には嶋つ鵜と川つ鵜がいた。嶋つ鵜は大型にして強く、多くがこの鳥を利用してた。川つ鵜は小さい。大正後期までは愛知県知多半島の篠島付近の小島で捕獲された嶋つ鵜を購入していた。捕獲は丸餅のように固めたトリモチを小島の高い岩の上におき、そこに着地してトリモチがついたものを捕まえていた。篠島において鵜が減少したあと、茨城県日立市十王町で捕獲されたウミウを購入するようになった。

三重県名張川　明治時代に鵜飼がおこなわれており、鵜は琵琶湖の竹生島で捕獲されたものであった。

和歌山県有田川　日高郡由良町から田辺市までの海岸域において、岩場の上にトリモチを塗り、おとりを利用して数十羽のウミウを捕獲していた。かつては先端にトリモチをつけた竹竿でウミウを捕獲する方法もあった。ウミウをウミドリともよぶ。

島根県高津川など　河川に棲み、体が小さな川鵜と、体格が大きな本鵜がいた。川鵜は湖沼、本鵜は河川に適する。川鵜は能力が低いため本鵜より販売価格が安い。鵜飼では本鵜を利用していた。明治期より五〜七里以内の近海の海岸で捕獲していたが、一九二一年ごろより隠岐島でおこない、一九四一年には朝鮮半島の巨文島まで捕りに行った。捕獲時に鵜の体重が六七〇匁（約二・五キログラム）以下のものは放していた。捕獲した鵜を広島県三次市や岐阜県岐阜市に販売することもあった。

島根県益田川　海岸域の岩場にトリモチをつけたあと、岩陰などに隠れておく。そして、岩場の上に着地して脚や羽にトリモチが付着した鵜がいると、岩陰から飛びだして網で捕まえていた。捕獲後は風切り羽を切り落として利用する。

広島県江の川など　鵜にはウミドリとカワドリがいる。かつては島根県で捕獲されたウミドリを利用していた。そして老鳥になると日本海まで運んで海に戻していた。いまは茨城県日立市十王町から購入している。

山口県錦川　かつては島根県隠岐島で捕獲されたウミウを利用していた。隠岐島産のウミウは到着まえに島根県高津川で二～三か月ほど寒鮒漁で利用されるため人に馴れていた。いまは茨城県日立市十王町から購入している。

愛媛県西予市中通川　毎年四～五月ごろに、宇和島市九島付近から鵜を購入していた。夏季の鵜飼で利用し、一〇月になると不要になるため放していた。

高知県四万十川など　高知県では多くの河川で鵜飼がおこなわれていた。鵜にはシマツ（ウミウ）とカルツ（カワウ）がいたが、鵜飼ではシマツを利用していた。物部川筋では香南市や安芸郡、室戸市、徳島県海部郡で捕獲されたもの、仁淀川筋では宿毛市沖ノ島や土佐清水市、幡多郡大月町で捕獲されたもの、四万十川筋では大月町、土佐清水市、高岡郡で捕獲されたもの、鏡川では宮崎県赤江灘で捕獲されたものが使用されていた。捕獲では木造の鵜型をつくり、飛来するウミウを捕ったり、トリモチにうどん粉を混ぜて鵜の糞に似せたものを使用したりしていた。このほか、長崎県対馬や五島列島、福岡県博多沖、大分県佐賀関、熊本県天草、愛媛県日振島、朝鮮半島にて捕獲されたシマツを購入することもあった。

大分県三隅川　かつては鵜を熊本県天草で捕獲し、冬に訓練をしていた。そして、大柄で耐久力のあるウミウを夏季に昼夜を問わず鵜飼で利用していた。いまは茨城県日立市十王町から購入している。

二－二、鵜の捕獲をめぐる三つの特徴

以上、既存の文献情報をもとに、鵜飼の漁場と捕獲場所、捕獲技術をまとめた。もともと鵜飼に関わる資料が少なく、鵜の捕獲を記した資料はさらに少ない。限られた情報ではあるが、一連の記録から鵜の捕獲に関して大きく三つのことを指摘できる。第一にウミウとカワウをよび分け、なかでもウミウの利用が多いこと、第二に鵜の入手は鵜匠みずからが捕りに行く場合とほかのものが捕獲したものを購入する場合があること、第三に捕獲はトリモチの利用が多いことである。以下ではそれぞれの特徴をみてみたい。

第一は、ウミウとカワウをよび分け、なかでもウミウの利用が多いことである。過去の人たちが種の違いを明確に

理解していたかはわからない。[2] ただ、地域によってはウミウとカワウをよび分けることで区別していた。具体的には、海岸で捕獲された鵜を嶋つ鵜・シマツ鵜（岐阜県）、シマ鵜（秋田県）、シマス（神奈川県）、シマズ（埼玉県）、シマツ（高知県）、本鵜（島根県）、ウガラス（茨城県）、ウミドリ（和歌山県・広島県）などとよんでいた。一方、内陸に生息し、森や林で捕れた鵜を川つ鵜・カワツ鵜（岐阜県）、カワツ・カース（山梨県）、カワドリ（福井県・広島県）、黒鵜（秋田県）、ホングロ（埼玉県）、カルツ（高知県）、川鵜（鳥取県）などとよび分けていた。このなかで鵜飼ではウミウが多く利用されていた。ウミウは「体が大きいせいか、いくらでも稼ぐ」や「働きがよい」、「大柄で耐久力のある」からだという。一方、カワウは「仕事に飽きやすい」とされる。日本の鵜飼におけるウミウの利用に関しては終章で言及する。

第二は、鵜の入手は鵜匠みずからが捕りに行く場合とほかのものが捕獲したものを購入する場合があることである。たとえば、秋田県檜木内川の鵜飼ではウミウを北海道や佐渡島、岩手県釜石や宮古で、カワウを内陸の森でそれぞれ捕獲していた。島根県高津川の鵜飼では体格の大きな本鵜（ウミウ）を隠岐島で捕獲し、ときには朝鮮半島の巨文島まで捕りに行くこともあった。高知県の鵜飼では県下の海岸域で広くウミウを捕獲していた。いずれも鵜匠らが遠方までウミウを捕りに行っていた。遠方での捕獲には交通費や運搬費がかかるが、それでも鵜飼の利用で採算がとれたのであろう。

一方、岐阜県長良川の鵜匠たちはかつて知多半島で捕獲されたシマツ鵜を購入し、福井県九頭竜川の鵜匠たちは滋賀県の竹生島で捕獲されたカワウを買っていた。高知県の鵜匠たちは長崎県対馬や五島列島、福岡県博多沖、朝鮮半島などで捕獲されたウミウを購入することもあった。遠方まで捕りに行くと時間や手間がかかる。それを考えると鵜を外部から購入したほうが便利である。いまの鵜飼でも捕獲されたウミウを購入している。

第三は、トリモチを使用した捕獲が多いことである。捕獲では、まずモチノキなどからトリモチを準備し、それを海岸の岩場の上につける。そして、岩陰などに隠れておき、岩場の上に飛来してトリモチがついたウミウを網などで捕まえていた。トリモチをそのまま岩場につけると目立つため、うどん粉をまぜて鵜の糞尿に似せたり、すすや髪の毛をまぜて岩肌のようにみせたりする工夫がなされていた。トリモチは粘度が高く、岩場にも付着するため海岸での捕獲には都合がよかったのである。ただ、トリモチは準備に時間がかかり、かつ羽に付着したトリモチを取り除くのにも手間がかかる。トリモチ以外では、夜間にねぐらに戻る鵜や巣内に留まる幼鳥を網で捕まえる方法、浅瀬で羽を休める鵜を張り網で捕まえる方法もあった。これらの方法は羽にトリモチがつかないため捕獲後の処理に手間がかからない。

三、捕獲技術の実際

前節では、鵜の入手先や捕獲の技術についてまとめた。その結果、各地の鵜匠たちは必要に応じて遠方で捕獲した鵜を入手していたこと、捕獲ではトリモチが多く利用されていたことがわかった。これを踏まえ、本節では実際の捕獲技術をみてみたい。以下では、トリモチによる捕獲として和歌山県の有田川鵜飼の事例[*3]を、カギ棒による捕獲として茨城県日立市十王町の事例[*4]をそれぞれ取りあげる。

三―一、トリモチの利用――和歌山県の有田川鵜飼の事例

有田川の徒歩鵜飼

有田川では、鵜匠が片手で松明をかざし、もう一方の手でウミウを繋いだ手縄を持ち、川のなかを歩きながらアユを狙う鵜飼がおこなわれていた。この地の鵜飼は室町時代の初期に始められたとされる。ただ、鵜匠の高齢化や採算の問題で二〇一三年に休止した。有田川の鵜飼で特徴的なのは、鵜匠が毎年ウミウを捕獲していたことである。捕獲地点は日高郡由良町から田辺市までの海岸域の岩場であり、大小含めて一〇か所ほどある。鵜匠たちは毎年春先にな

るとウミウが多く留まる岩場（トヤとよぶ）を海岸沿いから確認し、その年の捕獲場所を決める。トヤはウミウの糞尿によって岩肌が白くなっており、遠くからでもよくみえる。

ウミウは早いものだと二月末ごろに和歌山県の海岸域に飛来し、三月に入ると多くみられる。飛来後は一定期間を過ごし、やがてさらに北上するものがいる。このため、ウミウの捕獲は春先におこなわれる。鵜匠たちは三月上旬ぐらいになるとトリモチを作り始め、有田周辺でソメイヨシノの花が二〜三輪ほど咲き始めると捕獲作業に取りかかるという。トリモチによる捕獲では、飛来したものを選んで捕るわけではない。そのため、結果として捕れるウミウの個体差が大きい。鵜匠たちは捕れたウミウのなかで腹部の羽毛が白い若鳥をカタケ、全身が黒い成鳥をクロ、頭部の羽毛が白い成鳥をヒネとよび分ける。このなかで、カタケは飼い馴らしやすく、クロは馴れにくいが捕食能力が高いという特徴がある。どれを選ぶかは個人の判断である。

有田川の鵜飼では一人が二羽ほど飼育し、漁では一羽を使用する。漁期が終了すると放鳥するものもいるが、来季の捕獲時のおとり用として数羽飼育しておく場合もある。休漁期から翌春の捕獲時期まで飼育することを「トオシ」とよぶ。飼い通すという意味である。放鳥する場合は、日高郡由良や三尾、御坊市、有田郡湯浅などの海岸で放つ。

一連の捕獲技術

ウミウの捕獲はトリモチ作りから始まる。鵜匠たちは毎年二月ごろになると海岸沿いに生えるモチノキを探し、見つけると土地の所有者から許可を得て樹皮を剥ぐ。ニチノキの樹皮は大きな米袋三つ分ほど必要となる。その量を確保すると、自宅などで臼に樹皮を入れて杵でつく。木くずなどを除きながら杵で樹皮をつき続けると徐々に固くなる。そのあと、粘度が増してくると水に入れて木くずをすべて取り除く。そして、できたトリモチを金属製の容器にいれて保管しておく。このような作業を何度も続け、米袋三つ分の樹皮からトリモチをつくる。

捕獲は四名ほどでおこない、当日は沖合の岩場に渡るため漁船を借りる。持参する道具はトリモチ、木製のミカン箱、細い布、網などである。彼らは漁船のうえからトヤ（前述）を探し、その付近に上陸する。そして、周囲よりも高い岩場の上にトリモチをつける。ウミウは飛来するとき石一個分でも高い地点に留まろうとするからである。よって、トリモチは少しでも高い岩の上につけることが重要だという。トリモチを岩につけると、それを隠すように周りにおとりのウミウを配置する。おとりがいると、その近くにある岩の上に飛来する。飛来したウミウは脚にトリモチがつくと横に倒れることが多い。そのため、ウミウが倒れる位置を考慮して、そこにもトリモチをつけておく。このようにトリモチは岩のうえとその周囲に計三～四か所ほどつける。

トリモチとおとりの準備が終わると、岩陰に隠れてウミウの飛来をまつ。捕獲条件がよいのは、マデとよばれる南西風が吹いているときである。この風が吹くと飛びやすいのか、多くのウミウが岩場から飛び立ち、捕食後に戻ってくる。このとき、トリモチの上に着地するものがいる。一方、降雨はよくない。雨が降ると飛翔するウミウが少なく、かつトリモチが濡れて粘度が落ちるからである。

トリモチの上に飛来したウミウは、着地のときに踏み込むため脚にトリモチがつく。その後、違和感を覚えるのかバタバタするとトリモチがさらにつき、やがて横に倒れる。倒れた先にもトリモチがあり、それが羽につくという具合である。このとき、岩陰に隠れていた鵜匠がウミウを捕まえる。こうした方法によって、多いときは一日に一五～二〇羽ほど捕まえることもあった。ただ、捕れないときは三～五日ほど捕獲をおこなう必要があった。

ウミウが捕れると待機する場所まで持ち運ぶ。そして、まず手ぬぐいの布を細かく切った紐で嘴を結ぶ。嘴の先端や両側面はナイフのように鋭いため、咬まれると深い傷を負うからである。その後、布の紐で喉に指一本ぐらい入る間隔をあけて結ぶ。捕まえたウミウはのみ込んでいた魚を吐きだすことがある。このとき、嘴が結ばれていると吐きだした魚が詰まって窒息する恐れがある。そのため、捕れたウミウの喉に首結いをつけ、魚を吐きださせないようにする。そのあと、米糠を利用して羽についたトリモチを取り除く。米糠を羽に塗り込んでこすると、トリモチがパラパラと落ちる。トリモチがある程度落ちると、ミカン箱にウミウを入れる。ヤミカゴとよばれる箱は隙間がなく内部に光が入らない。ウミウを暗い箱に入れるとおとなしくなるからである。ひとつの箱に二〜三羽ほどを入れて一時的に保管しておく。

一日の捕獲作業が終了すると、捕れたウミウを分配する。分配の順はくじ引きで決め、自分がよいと思うウミウを選ぶ。好みは人によって異なるが、総じて体の大きな個体が選ばれる。なかでも足が短くて頭の大きなウミウは「良く仕事をする」という。その後、入手したウミウをそれぞれ自宅まで持ち帰る。そして、羽にまだトリモチが残っている場合は、米糠を入れた湯を羽につけて手でこすり落とす。こうすると羽についたトリモチがとりやすいという。羽についたトリモチを取り除くまでが一連の捕獲作業である。

三-二、カギ棒の利用――茨城県日立市十王町の事例

十王町の海岸壁における捕獲

つぎに、カギ棒による捕獲を茨城県日立市十王町の事例からみてみたい。日立市十王町での捕獲は古くからおこなわれている。『新編常陸国誌』によると、一五七四年には地元のものが税を払って捕まえており、「鵜取場」とよばれる場所もあった（中山・栗田一九一二）。その後、一時的な中断を経て一七〇二年に再開されて現在まで続く（図2-2）。いまの鵜飼はここで捕獲されたウミウが利用されている。捕獲は日立市より許可を受けた「ウミウ捕獲技術保持者」が担当している。捕獲の時期は春季（四〜六月）と秋季（一〇〜一二月）に定められている。なお、毎年の捕獲数は各地の鵜匠がそ

図2-2　明治中期の鵜捕りのようすを描いた絵図
出所：『風俗画報』第58巻「捕鵜之図」（珂北 1893：9）。

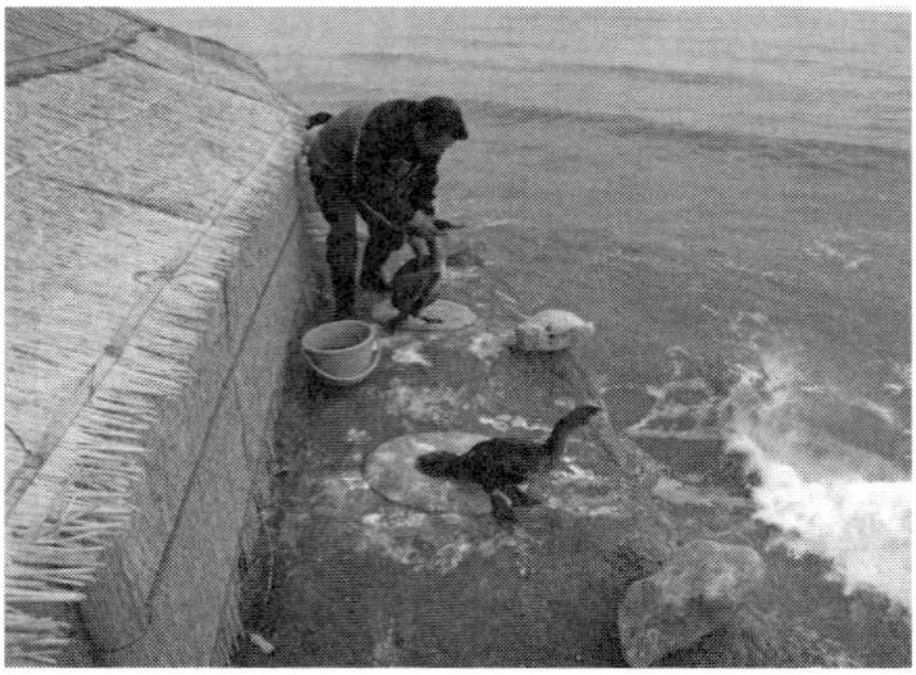

写真2-1　おとりに餌を与えているところ（茨城県日立市、2014年11月、筆者撮影）

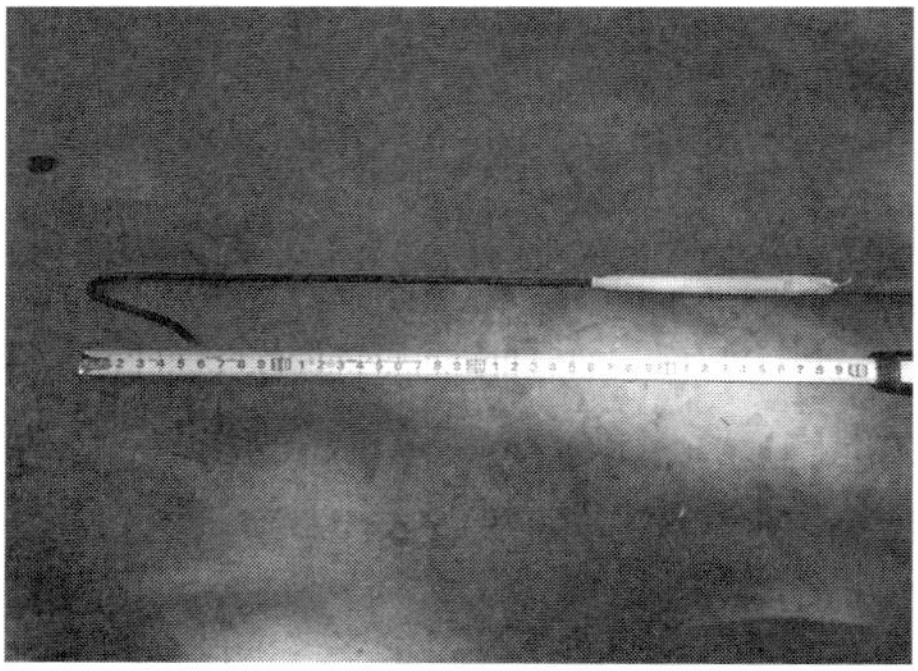

写真2-2　捕獲で使用されるカギ棒。先が逆U字型になっている（茨城県日立市、2019年11月、筆者撮影）

の年に必要とする羽数に基づく。それ以上の捕獲は許可されない。

捕獲をおこなう小屋（以下、鳥屋）は、海面から高さ一五メートルの海岸壁に設置されている。鳥屋の周りには外から内部がみえないように簾や菰が張られ、海岸側の簾には直径二センチメートルほどの穴がいくつも開いている。この穴は鳥屋の外側に飛来したウミウの位置を内部から確認するためのものだ。鳥屋の外側にはニワとよばれる空間があり、そこに五羽のおとりがおかれている（写真2－1）。ニワは渡りのウミウが飛来してくる場所である。ニワの縁には長方体の石が一定の間隔でいくつも置かれている。ニワに複数の石を配置することでウミウが留まりやすいようにしているのだ。捕獲で使用されるカギ棒は、太さ一センチメートルほどの棒の先端に逆U字型のカギがついたものである（写真2－2）。カギ棒のカギの部分は鋼鉄製であり、長年使用できる。一方、棒の部分は二年ほどで折れてしまうため、作りなおす必要がある。

鵜捕り師たちは飛来するウミウを喉から腹にかけての羽色によってよび分けている。具体的には、その部分が真っ白な個体を「イッサイ」、大部分が白く、一部に黒い羽が混ざる個体を「ニサイ」、前面の大部分が黒く、一部だけ白い羽が混ざる個体を「ニサイハン」、喉の一部だけが白く、それ以外は黒い個体を「サンサイ」、全身が黒色の羽で覆われた成鳥を「ジュウメ」とよぶ。ウミウは成長に応じて前面の羽色が徐々に暗色化するが、彼らはその変化に応じて分類している。このように分類するのは、各地の鵜匠たちが「若くて大きな個体がほしい」というからだ。若い個体は新たな環境に馴れやすいからである。そこで鵜捕り師たちは「ニサイ」までで体重が二・五キログラム以上のものを優先的に捕獲し、各地に供給している。

一連の捕獲技術

捕獲シーズンが始まると、鵜捕り師たちは鳥屋から少し離れた見張り場において日の出前から日の入りまでウミウの飛来をまつ。ウミウがニワに飛来すると、彼らは鳥屋まで移動し、簾の穴からウミウの位置や姿を確認する。そして、カギ棒を取り、鳥屋の下部からカギ棒をゆっくりウミウの方向にだす（写真２-３）。そして、ウミウが海側や上空を向いた瞬間に片方の脚にカギ棒をひっかけて鳥屋のなかまで引き込み、ウミウの頭部を右手で掴んで体を持ちあげ、左腕で胴体を抱きかかえる。こうすると激しく暴れることはない。その後、捕獲したウミウを保管小屋まで運び、嘴にハシガケ（嘴掛け）をつける（写真２-４）。キリ製のハシガケには一方に穴があけられ、もう一方には綿糸がついている。嘴の先端をハシガケの穴に入れ、もう一方の綿糸で嘴の上下を結ぶ。そして、喉に綿糸で首結

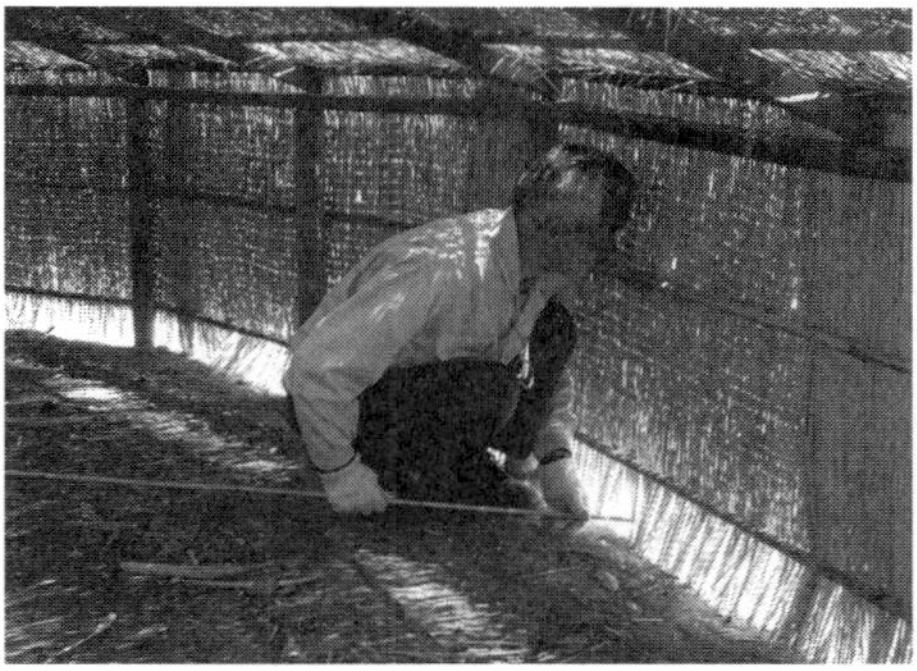

写真2-3　鳥屋の下部からカギ棒をだしているところ（茨城県日立市、2015年5月、筆者撮影）

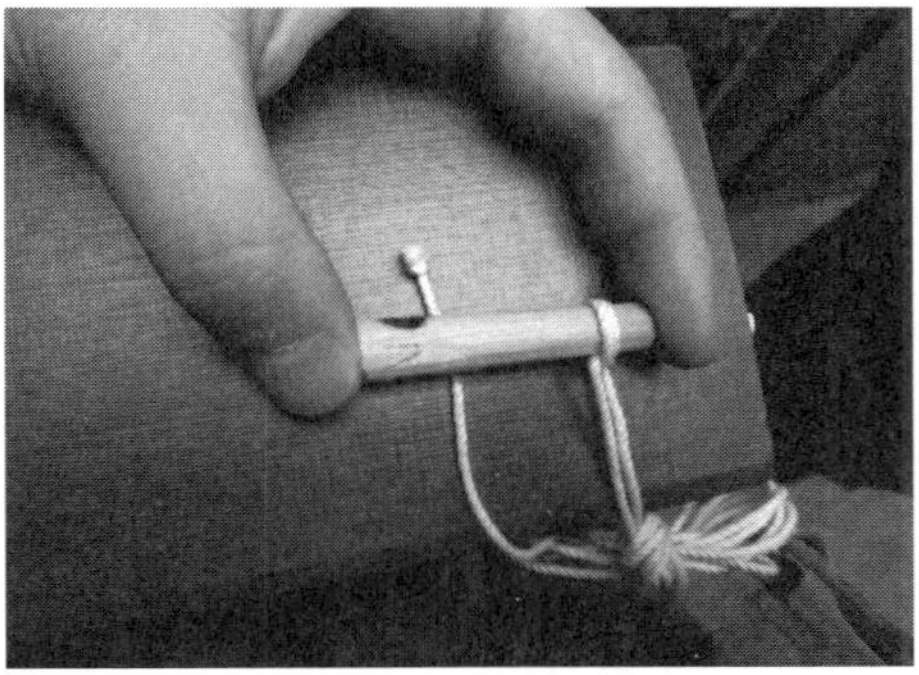

写真2-4　ウミウの嘴につけるハシガケ（茨城県日立市、2014年11月、筆者撮影）

いをつける。それが終わると捕獲したウミウをリンゴ箱のなかで一時的に保管しておく。内部が暗い箱に入れるとおとなしくなる。その後、約三〇平方メートルの飼育場に放ち、そこで一週間ほど飼育したあと各地に発送する。

十王町の海岸壁における捕獲では、気象や季節によって捕獲条件が大きく異なる。気象に関しては、風が強くて海が荒れているほうがよい。海が穏やかなとき、ウミウは海面近くの岩場やテトラポットの上で休むことができる。一方、海が荒れていると海面近くは波をかぶるため、海面から離れた捕獲場に留まることが多いからである。また、降雨の日は条件が悪い。渡りをする群れの数が少ないからである。季節に関しては、春と秋で条件が異なる。春季は、まず四月中旬ごろからジュウメの群れが北上する。そののち、四月下旬ごろから若鳥が北上し、五月上旬にはその数がさらに多くなる。そして、五月中旬を過ぎると北上する群れが少なくなる。鵜捕り師らは、この状況を「春は先にクロが飛び、そのあとシロが飛ぶ」と表現する。こうした条件にあわせて、春の捕獲は毎年四月二〇日ごろから開始し、五月一五日ごろには終了する。秋季は一〇月下旬から若い個体の南下がみられ、そののちジュウメの群れも南に渡る。彼らはこの状況を「秋は先にシロが飛び、そのあとクロが飛ぶ」と表現する。こうした条件にあわせて、秋の捕獲は一〇月下旬ごろからはじめる。最盛期は若い個体が多く飛ぶ一一月である。

飛来にこのような違いがあるなか、捕獲効率は春季のほうがよい。二〇一四年秋季から二〇一九年春季までの計一〇季の捕獲記録をみると、秋季における一日あたりの平均捕獲数（総捕獲数を捕獲日数で除した値）は、〇・八五羽である。一方、春季のそれは一・三三羽であった。春季の捕獲効率は秋季より一・五倍以上高く、一日一羽以上捕獲できる。春は短い期間に多くの群れが渡るため集中的に捕獲できるのだ。一方、秋は一羽も捕れない日が多く、定められた期間内に必要数を捕獲できない年もある。

渡り鳥が介した技術の類似性

以上、トリモチとカギ棒による捕獲の実際をみてきた。双方を対比すると、それぞれの特徴と類似性がみえてくる。

トリモチの利用は条件が良いと一日に多くの羽数を捕獲できる。有田市の事例では一五〜二〇羽ほど捕れた日もある。これだけ捕れると捕獲は一日で済む。一方、カギ棒の利用ではそれほど捕れない。二〇一四年秋季から計一〇季の捕獲記録では一日の最多が七羽であった（二〇一六年五月一四日、おとり含む）。両者には捕獲効率に違いがみられる。ただし、トリモチ利用では捕獲まえにモチノキを探して樹皮を剥ぎ、大量のトリモチを作らなければならない。この準備には時間がかかる。有田市の鵜匠も「トリモチの準備が面倒だ」という。さらに、捕獲後のウミウの羽に付着したトリモチを取り除くのにも手間がかかる。この点、カギ棒は繰り返し使うことができ、道具の作製も容易である。

両者には類似性もある。まず、双方ともウミウが少しでも高い場所に飛来するという習性を利用している。トリモチの利用では岩場のなかで周囲より高い岩を選び、その上にトリモチをつける。十王町の捕獲場でもニワとよばれる場所に間隔を空けて大きな石をいくつも配置し、周囲より高い地点をつくる。実際、ウミウは高い岩や石の上に多く着地するため、それを捕まえている。このほか、降雨は捕獲条件が悪いという知識も共通している。ウミウの羽は親水性が高い（水をよく吸う）ため濡れやすい。よって、雨の日は羽が水を吸って重くなるのを嫌がるのか移動する羽数が少ない。

さらに、捕獲後の対応にも類似点がある。捕まえたウミウの嘴を紐などで結び、首結いをつけることである。ウミウの嘴は鋭利であり、触れると深い傷を負う。そのため嘴を紐で一時的に結んでおく。このとき、ウミウはのみ込んでいた魚を吐きだすことがある。魚を吐きだすと嘴が結ばれているため詰まって窒息する可能性がある。よって首結いもつける。この点も同じである。くわえて、捕獲後のウミウを一時的に箱に入れる点も共通している。二つの地域では箱のサイズに違いはあるが、いずれも内部に光が入らないものである。暗い箱のなかに入れるとおとなしくなるという習性に基づく対応である。

このような捕獲技術に関して、和歌山県と茨城県という離れた地域で類似性がみられる点は興味深い。一般に、離れた地域で技術に類似性がみられる場合、人びとの移動や交流による技術の伝播があったと考えがちである。しかし、双方の地域で過去に知識や技術が行き来したという資料や言い伝えはなく、たんに毎年同じ時期に飛来するウミウを捕獲していただけである。ここで重要なのは、両地域で同種他個体の捕獲を続けてきたことが、結果として似たような技術を生みだしたことである。渡り鳥は季節移動中に各地の飛来先ごとで行動や習性を大きく変えることはない。こうしたなか、捕まえる人たちはウミウの行動や習性と何度も対峙するなかで同じような技術を発想し、一連の捕獲作業に反映させてきた。このような取捨選択を繰り返すことで意図せずに同じような技術がそれぞれの捕獲地で選ばれてきたのであろう。技術の収斂進化とでもいえようか。実際、捕獲技術のなかで似ているのはウミウの習性を利用した部分である。ウミウの捕獲技術には渡り鳥を介した類似性がみられる点に特徴がある。

四、鵜の入手方法のこれから――捕獲と人工繁殖の併用

本章ではウミウやカワウの捕獲技術をみてきた。既存の文献を振りかえると、かつて各地の鵜匠たちはわざわざ遠方まで行き、野生の鵜を捕獲していた。ときには朝鮮半島の島まで捕りにいくこともあった。あるいは、鵜捕り師が捕まえた鵜を購入することもあった。捕獲は海岸の岩場に飛来したり、夜間にねぐらに戻ったりする鵜をトリモチや張り網で捕まえる方法が主流であった。さらに、かつては捕獲した鵜を関東一円に広く売りさばくものもいた。それほど各地で鵜飼がおこなわれていたのだ。このように、日本では戦後すぐまで鵜の捕獲と運搬、販売、利用が広くおこなわれていたことがわかった。

では、鵜の捕獲は今後どのようになるのであろうか。近年、捕獲の現場ではとくに秋季の捕獲作業において以前より捕れない状況が続いている。定められた期間内に必要とする羽数を捕獲できない年も多い。ただ、その原因はわからない。ウミウに関して、北海道天売島における繁殖個体数の記録（環境省北海道地方環境事務所 二〇二三）はあるものの、生息数の変化や渡りの規模、移動距離を長年にわたって研究したものはない。くわえて、同じく近年、欧米を

中心に動物保護の思想が強まりをみせ、ケージでの家畜飼育の批判から一切の動物利用を認めない立場までさまざまな考え方が示されている。近年になって動物利用のあり方がさらに強く問われるようにもなった。

このように自然条件や社会の見方が変化するなか、将来的に野生個体の捕獲が困難になる可能性も否定できない。そして、鵜の捕獲が止まると各地の鵜飼はすぐさま影響を受ける。このような状況のなかで宇治川の鵜飼では数年まえからウミウの人工繁殖を試みている。宇治川の鵜匠たちは二〇一四年五月からウミウの人工繁殖を続け、いままでは必要に応じて親鳥に産卵させたり、雛を育てあげたり、鵜飼に馴れさせる技術を確立させた。日本の鵜飼ではこれまで鵜を繁殖させてこなかったため、人工繁殖に関わる技術の蓄積がなかった。こうしたなか、鵜の繁殖技術を確立させ、それを保持しておくことは、野生個体の捕獲に予期せぬ状況が生じたときの新たな選択肢になる。ゆえに、当面は捕獲と人工繁殖を併用するかたちで鵜飼を継承していくことが重要であろう。このような入手方法の併用は、一五〇〇年以上の歴史をもつ日本の鵜飼においておそらく初めてである。

【注釈】

＊1　文献は武藤（一九四三）、日本常民文化研究所（一九七八a―f、一九七九）、最上（一九六七）、阪本ほか（一九八一）、津田ほか（一九八一）、川上ほか（一九八一）、條ほか（一九八一）、楠本ほか（一九八一）を参照した。

＊2　奈良時代の歌集『万葉集』では「島つ鳥」は「鵜」の枕詞であるが、平安時代になると「島つ鳥」は「鵜」の異名となる。それ以降、島つ鳥や鵜はウミウとカワウの総称となる。江戸時代中期になると両者を区別するようになり、ウミウをシマツ、カワウをカワツとよぶようになった（菅原・柿澤　一九九三）。江戸時代はウミウやカワウの名はあまり用いられず、一般にシマツ、カワツであった。

＊3　筆者による調査および宅野（二〇二一）に基づく。

＊4　卯田（二〇二一）や十王町一村一文化創造事業推進委員会（二〇〇〇）に基づく。

第三章　鵜飼用具
――モノからみた鵜と人間のかかわり

石野律子

一、無視できない物質文化

鵜飼といえば長良川鵜飼、と多くの人がイメージするのではないだろうか。漆黒の闇のなかで篝火が燃え盛り、舟上では鵜匠たちが手縄をさばいて鵜を操る。このような非日常的な光景が脳裏に浮かぶ人も多いのではないかと思う。ただ、過去の長い歴史のなかで広くおこなわれていたことが時代の変化とともにみられなくなり、その一部が過去のすべてであったかのように認識してしまうこともある。本書で取りあげる鵜飼もそのひとつである。鵜飼といえば長良川鵜飼という認識はいままで日本各地で鵜とともに生き、鵜を利用して魚を捕ってきた人びとの技術や文化を見逃すことにつながる。実際、本書の序章や第一四章、第一五章では、過去に各地でおこなわれていた多様な鵜飼の技術が示されている。

そこで本章では、鵜飼のなかで使用される道具＝モノに注目し、まずその用途や種類、構造を規定する要因を明らかにする。その上で、さらに視野を広げ、鵜を利用する漁法を取りあげ、使用される道具や漁法の地域性について検討してみたい。こうした一連の作業を通して、日本列島における鵜と日本人とのかかわりの多様性を示してみたい。

なお、本章では鵜飼で使用される道具を鵜飼用具と表現する。

本章で鵜飼用具に注目するのは理由がある。鵜飼という漁法を取りあげる場合、そこで実際に使用される物質文化を無視できないからである。宮本馨太郎によると、物質文化の研究で取りあげるべき対象は「一般民衆が日常生活の必要から製作・使用してきた伝承的な器具・造型物の一切を包含し、国民文化また民族文化の本質と変遷の解明のために欠くことのできない資料」（宮本 一九七三：一五）であるという。なかでも漁具は、狙う魚の生態や漁場の条件、専業か兼業かによってその形態や用途が大きく異なる。かつ漁師によって個々の漁具にさまざまな工夫がくわえられる。とりわけ、鵜飼は鵜という動物を利用して魚を捕るという特異的な漁法である。よって、鵜飼で利用される漁具はほかの淡水漁撈の漁具と大きく異なると考えられる。このような鵜飼に関しては、過去に日本学士院（一九五九）や最上孝敬（一九六七）などが報告している。これら先行の報告は鵜飼が生業としておこなわれていた時代、もしくは聞き取りが可能な時代にまとめられたものである。その後も鵜飼に関わる資料は地方史などにくわえられてきたが、道具（＝モノ）を通して鵜飼や鵜を利用した漁法の特徴に言及したものはなかった。本章は筆者の調査結果と既存の鵜飼資料を併用しながら鵜と人間とのかかわりを考えるものである。

二、長良川における鵜飼用具の特徴

二―一、鵜飼用具の種類と用途

本節では、長良川鵜飼を対象に、そこで使用される鵜飼用具を概観する。長良川鵜飼の歴史や技術については本書の第一一章や第一三章で記されているため割愛し、ここでは鵜飼用具に絞って議論を進める。調査対象とした鵜飼用具は、一九五五年に国の重要有形民俗文化財に指定された長良川鵜飼用具の一二二点と、指定以降に収集された資料、小瀬の各鵜匠家で保存されていた資料をくわえた約三〇〇点である。[*1] 一連の物質文化研究の結果をさきに記すと、長良川の鵜飼用具には以下の特徴があることがわかった。それらは、（一）小瀬と長良の道具は鵜匠ごとに若干の違いがみられるが、形態や機能、使い方に共通性がみられること、（二）製作年代はほとんどが明治から大正、昭和中ごろであり、ほぼ同じ素材で作られていること、（三）生業活動で使用していた道具類と見せ鵜飼（客に見せる鵜飼）で使用する道具類に大差がないこと、（四）現在に至っても同じ製作方法で作られ、入手困難な素材は使用されなくなったが、形態や寸法はほぼ変化していないこと、（五）作り手の減少はみられるものの、鵜飼用具は全体として継承されていることが明らかになった。

以下では、長良鵜飼（岐阜市）と小瀬鵜飼（関市）の道具をあわせて長良川の鵜飼用具とし、それらを使用場面の違いに応じて①鵜の飼育、②鵜飼漁、③アユの輸送、④かつての餌飼という四つに分類した上で、それぞれの使用方法を明らかにする。表３‐１は上記の使用場面に応じて道具を分類したものである。ここでは、紙幅の関係上すべての道具を説明できないが、重要だと考えられるものを取りあげる。

鵜の飼育

鵜飼で使用される鵜は、日立市十王町から運送籠（輸送用籠）に入れられて運ばれてくる。籠のなかの鵜には嘴にキリ製の嘴掛け（ハシガケ、第二章写真２‐４参照）が、喉元にニゴとよばれる木綿製の紐が軽く結ばれている。前者は嘴の先端が傷つかないように、後者は輸送中に食べ物を吐きださないようにするための道具である。鵜匠宅に届いた鵜はシントリやシンウ（新鵜）とよばれる。新鵜が運ばれてくると運送籠から鵜籠に移し、新しい環境に馴れさせるために日中も鵜籠に覆いを被せて落ち着かせる。小瀬鵜飼の岩佐家では到着した新鵜の嘴の内側をエイ皮（またはサメ皮）で磨いていた。鵜の嘴は鋭く、誤って触ると深い傷を負うからである。現在ではサメ皮や鑢《やすり》が使用されている。

鵜が到着後、鵜匠たちはその頭部や咽喉を毎日撫でることで安心させ、ときに盥《たらい》で水浴びをさせて真水に馴らす。その後、彼らは鵜を鵜籠に入れて河原までいき、鵜籠から出した鵜に首結いと腹掛けをつけ、手縄を繋いで長良川で

表 3-1　使用場面に応じて分類した鵜飼用具[1]

使用場面	鵜飼用具
鵜の飼育	運送籠(ユソウヨウカゴ)、嘴掛け(ハシガケ)、切出小刀、鋏、鮫皮→鑢、晒布の紐、盥、鳥屋籠(トヤカゴ)と簀蓋(または止まり木)、ニゴ筒・ニゴ、首結い・腹掛け(クビユイ・ハラガケ)、手縄(タナワ)、鵜籠(ヨツザシ・フタツザシ)、蚊帳、大団扇
鵜飼漁	引き縄[2]、メバリ棒・メバリ板[2]、帆柱と帆(帆綱・滑車・帆箱)[2]、棹→船外機、広桶(ヒロオケ)[2]、ヤカン[2]、茶ダキ・トバシ[2]、鵜舟、鵜籠(ヨツザシ・フタツザシ)、櫂(舳櫂・中櫂・艫櫂)、木製の棹(舳棹・中棹・艫棹)→竿(竹製)、篝(篝棒・ホエ・小ヅル・大ヅル・篝籠〔カゴ〕・松割木)、篝突き、松敷、松菰、腹掛け(ハラガケ)、首結い(クビユイ)、ツモソ、手縄(タナワ)、吐籠(ハケカゴ)、諸蓋(モロブタ・セイロ)、碇(イカリ・コイカリ)、松明差しと松(タイマツ)→カンテラ→カーバイトランプ、アカカイ、鉈、ムグケの枝、装束：風折烏帽子にする被り物・長着(リョウフク)・帯・胸当(ムネアテ)・足半・腰蓑、(雨の場合)桧笠(アミガサ)→菅笠と蓑→合羽、漁業鑑札
アユの輸送	石臼と杵(氷用)・盥と氷割り、セイロ、セタ、セイロ入れ、鮎箱、天秤棒
かつての餌飼	餌飼車(小瀬では大八車→リヤカー→軽トラック)、鵜籠、天秤棒、ニゴ、追い棒、櫂、餌飼舟、舟の仕切り板、床板、棟桁、棟桁の支柱と隅木、ツク、カラミ棒、筵、苫類、センジ用具(ろく台、鍋だし、調理道具)、前箱(日用品・筆記用具・裁縫用具)、脇箱(日串・火吹き竹・蝋燭・マッチ)、雑品箱、網箱、帆箱、米櫃、櫃、ロッペ(生簀籠)、箱生簀、琉球(ゴザ)、布団(敷布団・掛布団)、手袋、箱行火、豆炭、ニゴ箒、豆ランプ・水温計

注：(1)民具の地域名称はカタカナ表記が望ましいが、ここでは意味が通じやすい漢字かな交じりで記載した。また、地域名称または呼称が漢字の読みと異なる場合のみカタカナ表記とし、漢字に変換できない言葉もカタカナ交じり表記とした。さらに、地域名称が何なのかわかりやすいように括弧書きでくわえている部分もある。たとえば手綱(手縄)。表中の「→」は時代によって変化していることを示している。

(2)遡上のときや回し場で使用する道具で、泊まり餌飼のときにも必要な道具であったが現在は使用されていない道具。

出所：筆者作成。

遊ばせる。河川環境に馴れさせるためである。鵜匠によっては、庭に設けられた専用の池（プール）に川の水を引き入れ、餌を投げ入れてほかの鵜と捕食を競わせる。このような働きかけを二年間ほど続けることで、鵜飼漁で利用できる鵜に育てる。

鵜匠たちは鵜を二羽ずつペアにし、そのペアを一つの鳥屋籠《トヤカゴ》に入れて休ませる。鳥屋籠とは夜間に鳥屋で鵜を休ませるための籠のことである。鳥屋籠はハチク製で内部に仕切り板はない。蓋には竹簀が用いられる。鵜の飼育道具で珍しいものは、小瀬鵜飼の足立陽一朗家にある全長一メートル近くの大団扇である。これは、夏季にウミウが蚊に刺されないように扇ぐものである。現在、敷地内の鳥屋に鳥屋籠を並べて休ませるが、昭和四〇年代ごろまでは家族が住む主屋の一室に鵜が休むウベヤがあった。当時、夏季の夜になるとウベヤに蚊帳を吊るし、そのなかに鵜匠も入って、鵜のために大団扇で扇いでいたという。鵜を大切に扱っていることがわかる鵜飼用具で、長良でも同様であった。

鵜飼漁

つぎに、鵜飼漁で使用する道具についてみてみたい。この道具のなかで鵜舟については第四章で、装束については第五章で述べられているため割愛し、それ以外の道具を中心に説明する。

長良川の鵜飼は川を狩り下りながら漁をおこなう。それにはまず川を遡上する必要がある。鵜飼を生業としておこなっていた頃、長良から小瀬まで一四キロメートルの川岸を二時間半ほどかけて引き綱で舟を曳きあげることもあった。現在、小瀬鵜飼では回し場（上流の休憩場）までの距離が近いので竹製の竿を差して上流へ上がる。小瀬の鵜舟には舟底近くにフマエ棒という足を掛けるための横棒がついている。これはサオを差して遡るとき、フマエ棒に片足を掛けて踏ん張り、推進力をあげるためのものである。長良の鵜舟は、昭和四〇年ごろから船外機を利用して遡上するようになったためフマエ棒はなくなった。

小瀬でも長良でも、鵜舟に鵜籠（四つ差しまたは二つ差し）を並べ、諸蓋《モロブタ》、吐籠《ハケカゴ》、松割木《マツワリキ》をおく。四つ差し（ヨツザシ）

は四羽を、二つ差し（フタツザシ）は二羽を入れる籠である（図３‐１）。篝棒は鵜籠の傍に、篝籠と松敷は舳先におき、さらに艫櫂は艫の端に、中櫂は舳先の近くにおく。水に浸したムクゲの生木（枝）を篝穴に差し込み、その上から篝棒を挿したら回し場へ向かう（図３‐２）。篝籠に大ヅルをつけ、小ヅルに引っ掛ける。小ヅルは篝を水平方向に可動させるための部品である。小瀬ではこの小ヅルにも大・中・小の三種類があり、漁場の地形とその日の水位によって使い分ける。昭和四〇年ごろまでは、午後明るいうちに出かけて生業としての鵜飼漁をおこなったあと、日没から観光鵜飼をおこなっていた。この場合、拘束時間が長くなるため、回し場で軽食をとり、鵜も人も休憩していた。その軽食を持ち運ぶ道具がヒノキ製の大型曲げ物の入れ子容器であり、広桶（ヒロオケ）という。回し場は鵜に首結いや腹掛けを結んだり、舟の順番を決める籤を引いたり、茶だきの松で焚火をしながらトバシに移した火で篝に着火するなど、出航を準備する場でもある。首結いと腹掛けはクジラとよばれる細い棒の先端に結ばれており、クジラのもう片方の端に手縄（タナワ）が結ばれている。首結いと腹掛けは麻の繊維で柔らかく撚った縄であったが、現在は木綿のスピンドル紐である。細い棒はかつて長さ三三センチメートルほどのセミクジラのえら髭だったが、いまはセラミック製である（図３‐３）。

鵜飼漁の道具には、鵜舟に毎回運び入れるものと舟に置いたままのものがある。篝籠や篝棒、鉈やアカカイ（閼伽取り）は積んだままにしていることが多い。毎回積み込む道具としては首結いや腹掛け、手縄、松敷、松割木、松菰、鵜籠、諸蓋、吐籠、櫂、竿、装束の腰蓑などである（写真３‐１と２）。現在、長良ではヨツザシの鵜籠を主に利用し、小瀬ではフタツザシがよく使われている。鵜舟には鵜匠と船頭の中乗り（ナカノリ）と艫乗り（トモノリ）の三人が乗船し、船頭が操船する。

櫂には種類があり、艫櫂（アカヌマ）は櫂のなかでもっとも長いものである。材は九州産のカナメガシ（標準和名はカナメモチ）であり、非常に堅く、重量もあって強い。舟の側面にある流れ留め用の輪に通して使用する。櫂先が痛んだら切ってトモガイとして使いまわす。中乗りが使用する櫂を中櫂（ナカガイ）という。漁が終わって帰るとき

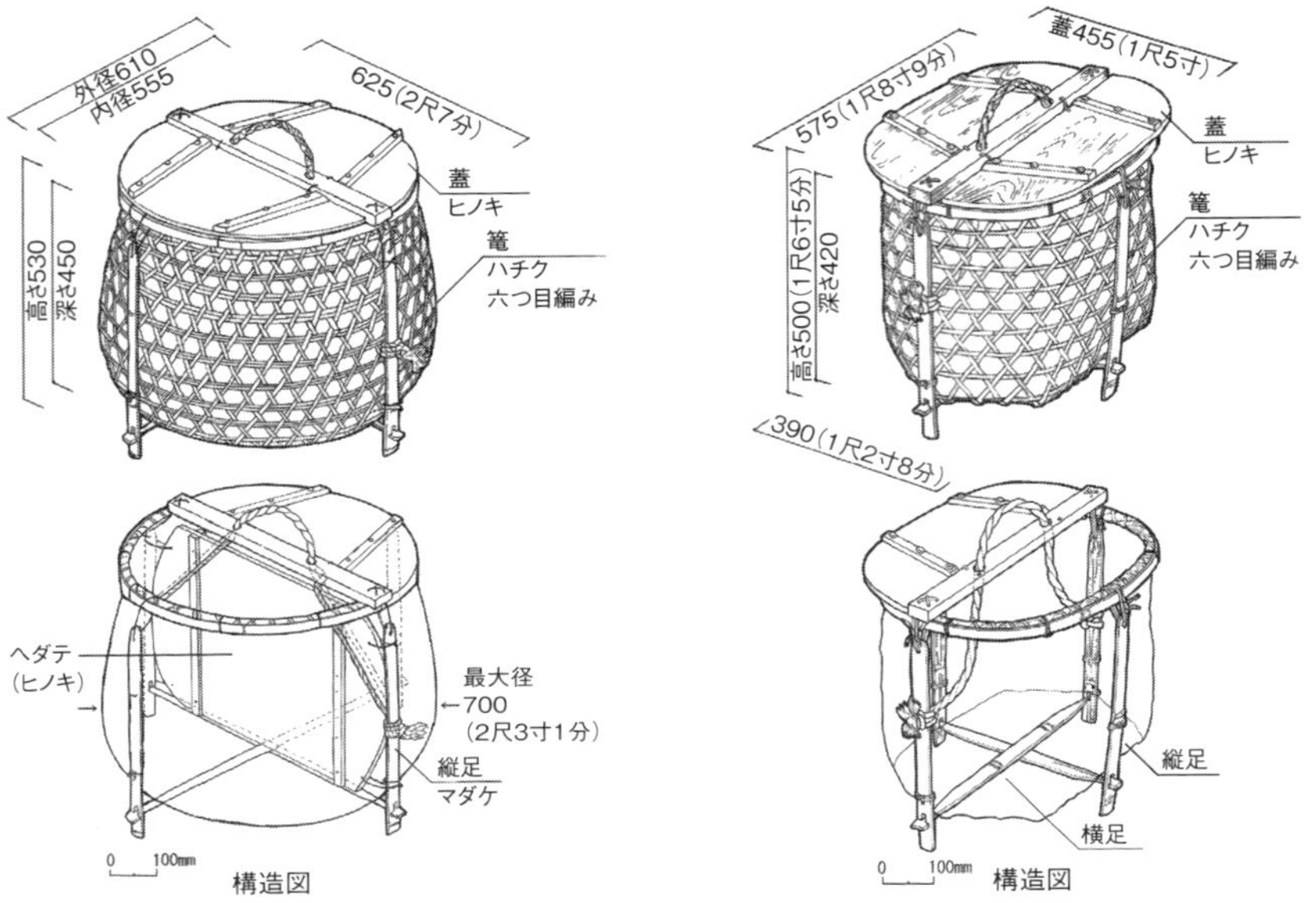

図 3-1　四つ差し（左）と二つ差し（右）の鵜篭

出所：『長良川鵜飼習俗調査報告書Ⅴ』（岐阜市ぎふ魅力づくり推進部文化財保護課 2023：51、53）を一部修正の上、引用。

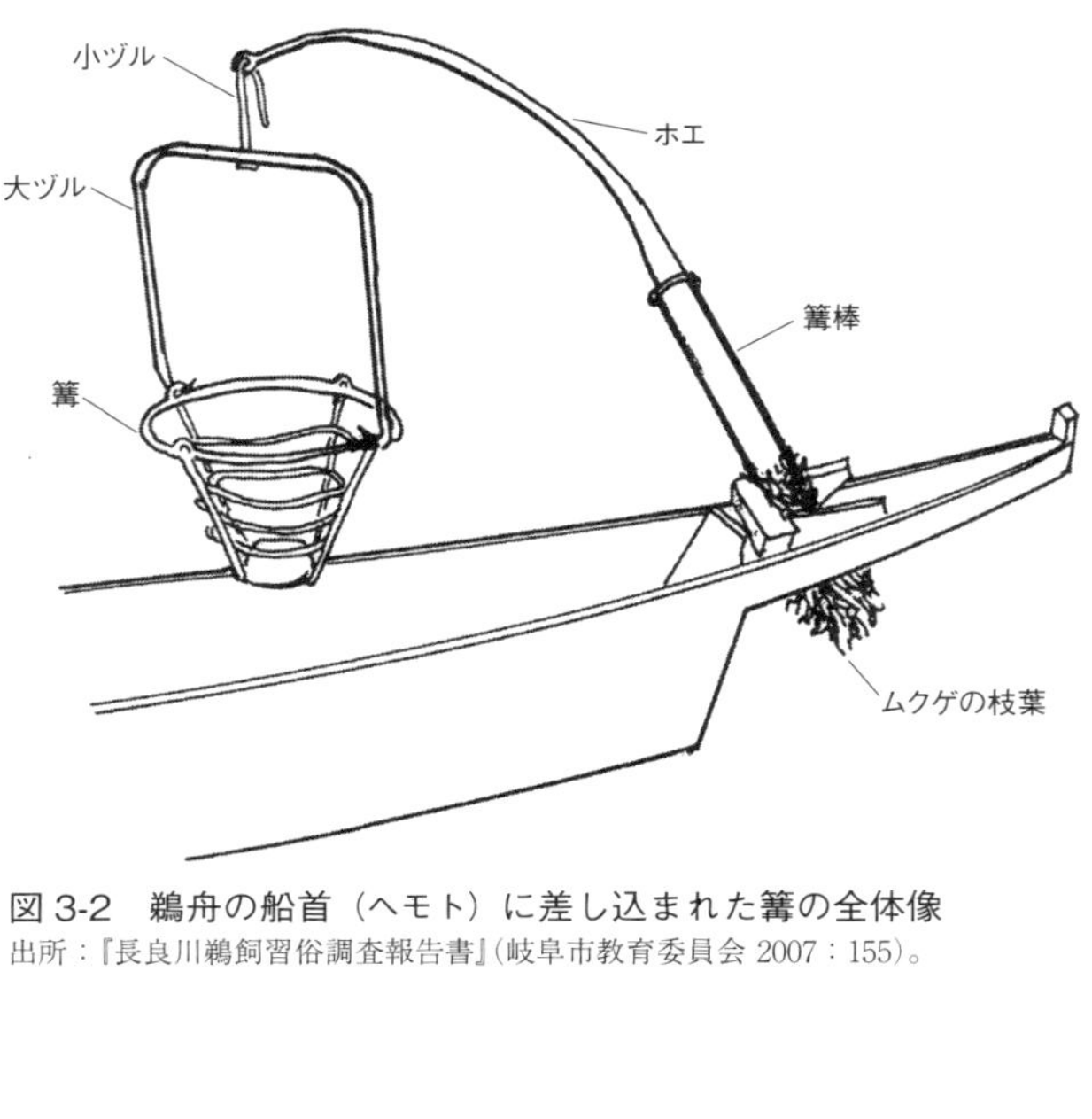

図 3-2　鵜舟の船首（ヘモト）に差し込まれた篝の全体像

出所：『長良川鵜飼習俗調査報告書』（岐阜市教育委員会 2007：155）。

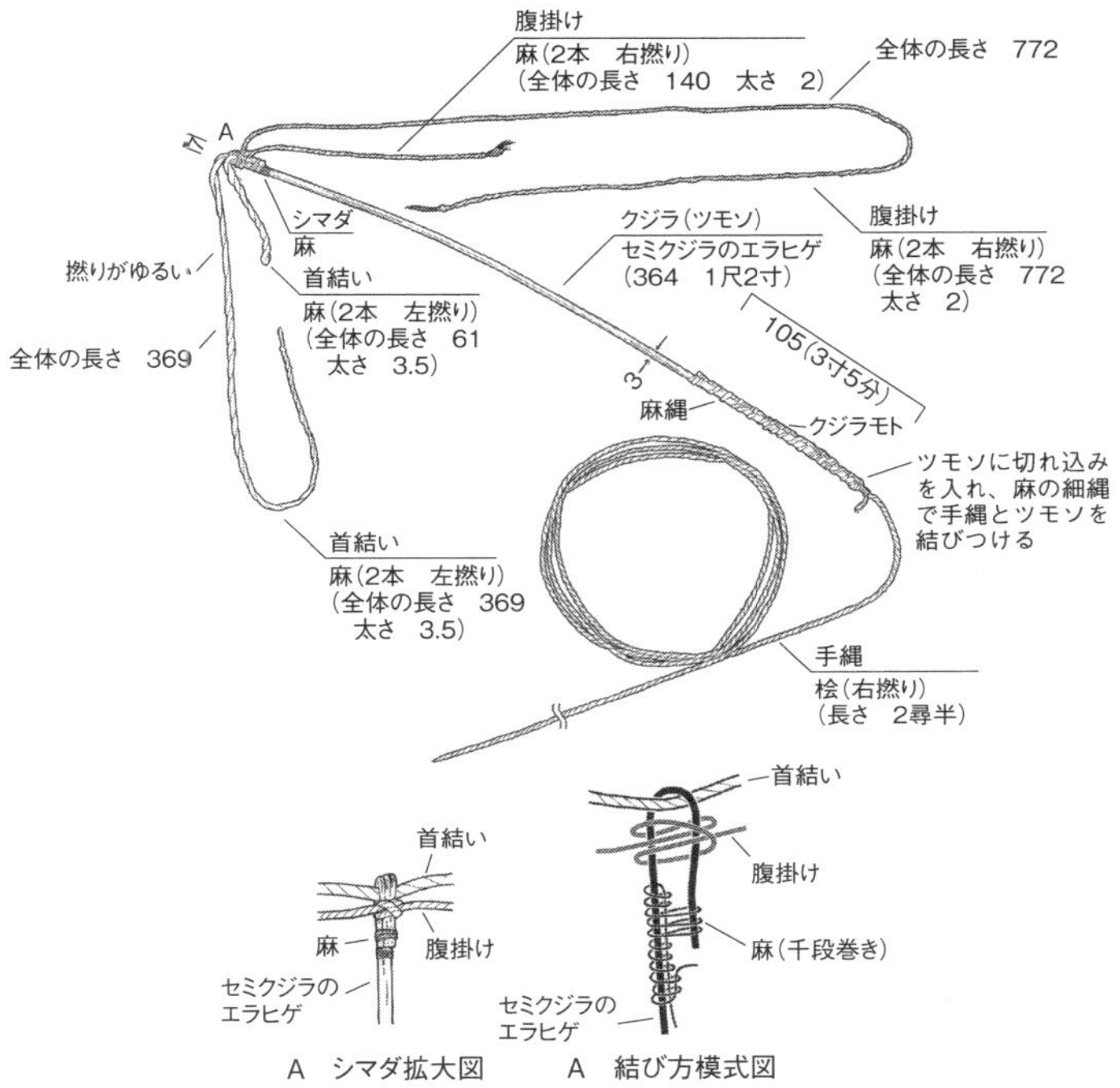

図 3-3　鵜と鵜匠を繋ぐ手縄の構造（単位はmm）

出所：『長良川鵜飼習俗調査報告書』（岐阜市教育委員会 2007：154）、『長良川鵜飼習俗調査報告書Ⅴ』（岐阜市ぎふ魅力づくり推進部文化財保護課 2023：64）をもとに金井佐和子氏作成。

写真3-1　鵜飼用具を運ぶ。大八車には諸蓋や松割木、吐籠、腰蓑などを載せる（岐阜市長良、2007年9月、筆者撮影）

写真3-2　鵜舟の全景。舟上には鵜籠や櫂、諸蓋、吐籠、船外機、篝棒などが置かれている（岐阜市長良、2007年9月、筆者撮影）

の舵取りに使う。舟のトモの穴に結んでいる流れ止めの輪に差し込んで使用する。マシガイは中鵜遣い（鵜匠見習い）が使う櫂で、櫂の中ではもっとも短い。その長さは乗船する人の背丈や立ち位置によって異なる。

漁が始まると、鵜匠は手縄を利用して一二羽の鵜を操る。現在、手縄は丈夫で絡みにくいクレモナの細縄が使われている。かつてはヒノキ縄で、富山の桧笠産地から上質の柾目の経木を取り寄せ、細かく裂いて繊維状にしたものを鵜匠みずからが綯っていた。それは万が一鵜に手縄が絡んでも、ヒノキの縄であれば水中で逆の撚りをかけることによって、片手でしかも一瞬で縄を切ることができたからである。吐籠はハチク製であり、鵜匠が鵜の頸部分に溜まったアユを吐かせるときに使用する。諸蓋（セイロ）はヒノキ製の曲げ物で、アユを並べおく容器であった。鵜舟の中央に置き、吐籠がアユで一杯になると、この諸蓋にアユを並べて積み重ねる。何枚も重ねられるように、また一枚一枚取りやすいように底板が枠よりもひと回り大きく作られているのが特長である。また両側面の水切り孔で鵜鮎の水気が抜けるようになっていた。

アユの輸送

アユを並べる諸蓋（セイロ）は、ヒノキの板目の曲げ物から箱型まで時代とともに変化している。明治時代の『美濃奇観』にも曲げ物のセイロが描かれている。しかし、一九四一（昭和一六）年ごろから曲げ物の入手が困難となり、組み物の箱型セイロが使用されるようになった。一九五一（昭和二六）年には現在使用されている箱型の釘打ちのセイロに変わったことが調査で明らかになっている。セイロをまとめて運ぶためのセタという道具もある。アユの出荷では、通常主にヒノキ製の鮎箱にセイロを収めて市場まで運ぶ。しかしアユが捕れ過ぎたときはセタ（セイロをまとめる台付き紐）にセイロを積んで天秤棒で運んだ。

市場に卸されるアユはセイロに並べられ、鮎箱に入れて送られる。鮎箱は繰り返し使用する容器であるため、市場でアユを卸したあとは持ち主に返される。よって、鮎箱やセイロにはそれぞれの鵜匠家の名前の墨書や屋号の焼印が明記されていた。遠方への運搬では、保冷用の氷を入れた鮎箱にセイロを収めて運ぶ。氷は家の敷地内に穴を掘って藁などを敷いて保管していた。長良川鵜飼では多くの鮎箱が使われていたが、これは鵜飼が川漁として多くのアユを捕獲し、出荷していた証拠である。なお、アユの輸送箱に関しては献上用の宮内省御用鵜鮎逓送用箱など特別にあつらえた箱も多数保存されている。

写真3-3　長良川河川敷における川餌飼のようす（岐阜県岐阜市、1956年11月、北洞南一撮影）

かつての餌飼

長良川の鵜飼は一〇月一五日に終了する。鵜飼のオフシーズンでもっとも重要な仕事は鵜への安定的な給餌である。いまでは購入したホッケなどを毎日与えるが、かつては鵜の餌を求めて遠方の河川まで給餌のための鵜飼（餌飼とよぶ）をおこなわなければならなかった。この餌飼は昭和四〇年代はじめまで続けられていた（写真３-３）。

餌飼は、時期によって川餌飼、陸餌飼《オカエガイ》、泊り餌飼という三つの方法があった。川餌飼は、長良では六軒がまとまって長良川を舟で遡上し、近場に到着すると鵜籠から鵜を放して、首結いや手縄をつけない状態で自由に採食させた。一時間ほどしたら岸へ追いあげて休息させ、鵜籠に戻す。このとき、鵜が吐くことのないように頸にはニゴ（藁の紐）を結ぶ。

陸餌飼は、餌飼車《エガイグルマ》という大八車に鵜籠などを積んで川近くまで移動する方法である。長良では六軒が揃って、あるいは二軒ずつ三か所に分かれて出かけ、河川で鵜を放して自由に魚を獲らせた。小瀬鵜飼の鵜匠は農業を兼業していたこともあり、リヤカーで荷車を牽引したり、軽トラックで鵜籠などを運んだりしていた。川餌飼も陸餌飼も日帰りでおこなわれていた。

泊り餌飼は、小瀬と長良が揃って長良川や木曽川上流の支流へ出かける方法である。鵜の健康のため、また魚の生息状況の判断のために水温計で川の水温を測ることもあった。時期によっては両川の河口まで出かけていた。泊り餌飼のようすについて『岐阜市史　通史編　民俗』によると「朝食が終わると、当日の餌飼場《えがいば》へ赴き鵜を放つ。一隻の鵜舟は二二羽以下であるため、約一三〇羽の鵜が羽ばたく。鵜は集団になるので、前と後ろの舟で挟《はさ》みながら、掛け声で呼んだり、棹《さお》で追ったりして進む」（岐阜市 一九七七：八〇）という。

泊り餌飼の最中の雨や雪対策として、舟に苫《トマ》を葺き苫舟にした。苫は羽島郡川島村（現、川島町）の農家が自生する丈の長いスゲやカヤを菰状に編んだものである。舟には餌飼用の長い櫂や棹も積んでいく。また、河岸で舟と舟を繋ぎ、固定するためのカラミ棒も必要であった。舟の中央には台所で使用する調理用具（センジ用具）を置いた。水に強いヒノキ製の蓋付木箱に鍋釜や調理道具を収め、積みあげて収納することで狭い空間を最大限に利用していた。寝具は畳んで最上段の箱の上に置かれていた。糸針・薬・歯磨き粉・楊枝などの日用品を入れる箱や、出刃・包丁・目串など長いものを入れる箱もある。着替えを入れる櫃、漁網専用の網箱、帆箱、そのほか雑多な小箒・塵取り・サラなどを入れる雑品箱もあり、いずれもヒノキ製の蓋付箱に入れる。捕った魚はロッぺやドッぺとよばれる生簀籠で保存する。泊り餌飼の経験がある小瀬の市橋清氏（一九二七年生まれ）によると、「真冬の餌飼は意外と寒くなかった。寒いと思ったこともなかった。寝る時は着物入れの木箱を頭にして寝ると風除けになったから。雪に覆われたら、逆に暖かかった」と語っている（石野 二〇一六：一〇六）。このように長良川の鵜匠たちはオフシーズンに餌飼をおこなうことで鵜を飼育していた。この餌飼は、鵜匠が鵜飼技術を習得する時期であり、また鵜がほかの鵜をみながら成長する時期でもあったという。

二―二、鵜飼用具の構造や種類を規定する要因――「人鵜一体」のための道具

前項では、長良川鵜飼を対象に、実際の操業や鵜の飼育、漁獲物であるアユの運送、かつておこなわれていた餌飼に関わる道具類をまとめた。本項では、この成果を踏まえながら長良川鵜飼で使用される道具の構造や種類を規定する要因について考えてみたい。

鵜飼という漁法のなかで、とくに舟鵜飼はほかの淡水漁法に比べて操業時に舟に持ち込む道具の種類が多いという特徴がある。鵜を入れて運ぶ鵜籠、鵜につける首結いや腹掛け、手縄、アユなどの漁獲物を一時的に入れる吐籠、アユの大きさを仕分けしながら入れる諸蓋、夜間に水面を照らすための松割木や火籠、篝棒、各種の櫂や竿などさまざまな用途の道具が多く持ち込まれる。くわえて、鵜飼の操業において鵜匠は手縄を使用するため、舟の操縦ができない。よってほかの船頭に操縦を任せる必要がある。これだけのものを載せて出漁する淡水漁法の舟はほかにあるだろうか。

こうした条件のなか、鵜飼用具は鵜舟の大きさに合せて作られているものが多い。たとえば、鵜を入れる鵜籠はヨツザシとフタツザシがあるが、ヨツザシは鵜舟の側面の形状にあわせた曲線で、最大の径はいずれも舟幅にあわせている。またヨツザシは二羽ずつペアで入れられるよう隔て板で仕切っている。漁で使用する鵜の羽数が多いため、より多くの鵜を舟に積み込めるように、また鵜にストレスを与えないような工夫がされている。また、舟の揺れで道具が動かないような形状でもある。篝に使う松割木を置く台（マッシキ）も同様の工夫がみられる。くわえて、本書第四章でも述べられているが、鵜飼の操業では舟上で鵜匠の動作が多い。彼らは手縄で鵜を操ったり、魚を捕食した鵜を舟上に持ちあげたり、魚を吐きださせたり、篝火の方向を変えたり、多くの鵜を舟上に戻したりする。こうした動作を円滑におこなうためには、ある程度の空間が必要である。ゆえに持ち込む道具をできるだけ少なくし、使いまわしができる道具を重用している。たとえば、櫂は操船だけでなく、鵜籠の運搬具として、また舟縁を叩いて音をだす

脅し具、同じく叩いた音で乗船している人に川の危険を知らせる意思伝達用具として機能している。

さらに、鵜飼用具で特徴的なのは鵜の保管道具が多いことである。手段としての動物の保管道具をともなう淡水漁法はほかにないと考えられる。この道具に関しては、使用方法にも特徴がみられる。たとえば、首結いの結び加減は漁獲量を左右するとされている。一般には指一本が通るほどの隙間をあけて結ぶのがよいという。こうすると大きな魚は喉を通らずに吐かせて得ることができ、小魚はそのまま鵜が食べることができるからである。また、結ぶ強さはその日の鵜の体調を考えて加減される。いずれも鵜と人間がともに魚を狙うための工夫である。鵜匠たちの言葉を借りればいずれも「人鵜一体」のための道具である。

三、鵜を利用した川漁の種類と道具

前節では、日本でもっとも規模が大きな長良川の鵜飼を対象に、そこで利用される道具の種類と用途をまとめ、道具の特徴やその背景について検討した。つぎに、本節では長良川での調査成果を踏まえながら、鵜を利用した漁法を広く取りあげ、その漁具や漁法の特徴についてまとめてみたい。かつて各地で鵜を利用した漁法が展開していたことに関して、『明治前日本漁業技術史』には以下のように記されている（日本学士院 一九五九：六〇〇）。

一、魚族の駆逐に使用するもの——逐鵜《おひう》

二、魚族の捕獲に使用するもの——獲鵜《とりう》（1）徒行遣ひ（徒行《かち》鵜）、（2）船遣ひ（船鵜）

而して、使用の時期によって「昼漁」と「夜漁」の別が生じ、又手縄の有無による「繋ぎ鵜」と、「放ち鵜」の差も注意される。鵜飼漁の形はこれらの組合によって、かなり複雑な姿を示してゐるのである。

表 3-2　鵜を利用した漁法の一覧

鵜と併用道具	鵜の使用目的	操業時間	主な漁場（河川や湖）
鵜（A）	逐鵜・獲鵜	昼・夜	岐阜県長良川、愛知県木曽川、秋田県雄物川、福井県九頭竜川、山梨県笛吹川、東京都多摩川、埼玉県荒川、長野県諏訪湖、静岡県安倍川、滋賀県琵琶湖、三重県名張川、和歌山県有田川・熊野川支流請川、島根県高津川、広島県江の川、山口県錦川、高知県吉野川・仁淀川・物部川、福岡県筑後川など
鵜＋縄（B）	逐鵜・獲鵜	昼・夜	高知県物部川、秋田県岩見川・檜木内川、岩手県北上川、山梨県や神奈川県の相模川上流など
鵜＋網（C）	逐鵜・獲鵜	昼	埼玉県荒川上流、神奈川県相模川上流・道志川・酒匂川、長野県諏訪湖、高知県四万十川支流北川、島根県高津川・吉賀川・匹見川・蟠竜湖、福岡県矢部川など
鵜＋縄＋網（D）	逐鵜・獲鵜	昼	宮城県広瀬川、神奈川県酒匂川、埼玉県荒川上流、島根県高津川など
鵜＋網＋筌（E）	逐鵜	昼・夜	静岡県興津川、広島県江の川、島根県高津川
鵜＋網＋竿（F）	獲鵜	昼	佐賀県松浦川

出所：筆者作成。

本節では、資料に限りはあるが、この「かなり複雑な姿」を鵜飼用具の観点から具体的に探ってみたい。調査の結果を踏まえると、鵜を利用する漁法は、河川や湖の状況、狙う魚に応じて鵜と縄や網、竿、筌を使い分けていたことがわかった。表３‐２は、鵜を利用した漁法を漁具の種類に応じて分類したものである。以下では、この表に沿って日本各地でみられた漁法を明らかにする。

鵜（A）

これは、いわゆる「鵜飼」と称される漁法である。すなわち網や縄は利用せず、鵜だけでアユやフナ、ウグイなどを捕る漁法である。この漁法を大きく分類すると、手縄を利用する「繋ぎ」と利用しない「放ち」、舟を利用する「舟鵜飼」と利用しない「徒歩鵜飼」に分けることができる。また、鵜に首結いをつける場合とつけない場合もある。さらに、操業時間が昼か夜かという違いもある。ただ、このように分類される漁法は固定的なものではない。本書第一五章で記されているように、一人の漁師が季節や漁場、狙う魚に応じて「舟・繋ぎ」や「徒歩・放ち」を使い分ける場合がある。湖では「舟・放ち」であった。なお各地で

写真3-4　多摩川の鵜魚籠（ウビク）（府中市郷土の森博物館所蔵、2023年9月、筆者撮影）

おこなわれていた「徒歩・繫ぎ」では板付きの鵜魚籠（ウビク）を腰に結んで吐け籠にしている場合が多くみられる（写真3-4）。

鵜＋縄（B）

これは鵜縄（ウナワ）とよばれる駆具と鵜を併用する漁法である。一定の間隔で鵜の羽根などを取りつけた縄を両河岸に渡し、両岸の二人が上流に向かって曳きながらアユを追い込む。そして、縄の後方を歩いていた鵜遣いが鵜を放って魚を獲らせる。この方法は「鵜縄」や「鵜縄漁」とよばれていた。落ち鮎の時期には縄を下流へ曳き下りながら漁をする。いずれも鵜遣いと二人の縄持ちが一組になっておこなわれた。川幅によって鵜遣いの人数は異なる（図3-4）。地域によっては、鵜の羽根だけでなく鶏や鴉の羽根、布片、杉や蓬の枝葉も利用された。この漁法を「徒歩・放ち」でおこなう地域は昼に、「徒歩・繫ぎ」でおこなう地域は昼夜問わずに操業していた。長野県諏訪湖では一三五六年の史料に「鵜縄」の文字がみられ「舟・放ち」であったと考えられる。

鵜＋網（C）

これは、①鵜で追い込んだ魚を網で捕る方法と、②駆具もしくは集魚具としての網と鵜を併用して魚を捕る方法に分類できる。どちらも昼におこなわれていた。前者①は、鵜で追い込んだアユを投網や袋網、叉手網（袋状の網に柄をつけた漁具）などで捕る漁法である。この漁法は「徒歩・繫ぎ」もしくは「舟・放ち」であった。後者②は網の種

図 3-4　多様な鵜飼用具が描かれた図
注：右枠内では鵜遣い5人が鵜を1羽ずつ扱い、鵜縄（ここでは綱）の後から川を遡る（タイプB）。左枠内では上流を網で張り切り、鵜竿で魚を追い込む（タイプF）。
出所：『肥前州産物図考　鵜飼之図』（国立国会図書館書誌データ、2022年9月27日に取得、枠は筆者による）。

類や用途によっていくつかの漁法がある。(a)川岸から川の中央に向かって網を張り、中央の底に四手網を敷く。そして、鵜に追われたアユが四手網の上を通った瞬間に網を上げてアユを捕る方法。これは「徒歩・繫ぎ」であった。(b)二人が沈子のついた網を川の浅瀬で曳き、魚を一か所に集めて鵜に獲らせる方法。この漁法は、川では「徒歩・繫ぎ」、湖では「舟・放ち」であった。(c)アユの遊泳を遮断するように刺し網を仕掛け、鵜を利用して追い込んだアユを網で捕る方法。この漁法は「徒歩・放ち」であった。(d)沈子のついた網（鵜先網とよぶ）を曳きながら魚を集め、網で魚群を囲い込み、鵜に獲らせる方法。この漁法は「徒歩・繫ぎ」または「徒歩・放ち」であった。(e)川下に仕掛けた刺し網に驚いたアユに向かって鵜を放ち、アユを川上まで追い込んだのち、そこに投網を打って捕る方法。この漁法は「徒歩・放ち」であった。このように、タイプCの漁法は、鵜を逐鵜として利用する場合と、逐鵜と獲鵜の役割を併せもたせる場合がある。

鵜＋縄＋網（D）

これは鵜縄を両岸から曳き、あらかじめ河川内に仕掛けておいた刺し網のところまで魚を追い込み、行き場を失った魚を鵜に獲らせる方法である。また、鵜縄で追い込んだ魚を刺し網で囲い込み、そのなかにいる魚を鵜に獲らせる方法もある。いずれも昼間におこなわれていた。この漁法では鵜が魚を獲るだけでなく刺し網にも魚が掛かるため漁獲量が増える。よって各地で禁止に追い込まれた漁法でもある。高津川では「徒歩・放ち」、ほかの河川は「徒歩・繋ぎ」が多かったと考えられる。

鵜＋網＋筌（E）

これは鵜と網、そしてウケ・モジ・ドウなどとよばれる筌を併用する漁法である。筌とは水中に沈めて魚を捕る籠状の陥穽漁具である。筌に入ったアユは内側の返し部分を通過すると二度と外に出られない構造である。たとえば、川を横切るように張った網（張切網）の下に鮎筌（アユモジ）を仕掛けたのち、鵜を上流から放つ。そして、鵜を利用してアユを網や筌の場所まで追い込む方法がある。また、瀬が終わる場所（瀬尻）に網と筌を仕掛け、瀬が始まる場所（瀬頭）に鵜を放ってアユを瀬尻まで追い込む方法もある。これらの漁法は昼に「徒歩・放ち」または「徒歩・繋ぎ」でおこなわれた。静岡県興津川には、上流で漁夫が沈子のついた網を張ってアユの遡上を阻止し、鵜を使ってアユを獲らせつつ、その下流の浅瀬には鮎瀬張網を、川の中央には張切網を、両側にはマセ網を張って遊泳ルートを遮断し、網の下には筌を設置してアユを捕るという漁法もあった。鵜と網と筌を併用した漁法は静岡県興津川、広島県江の川、島根県高津川でおこなわれていた。

鵜＋網＋竿（F）

これは、川に打った木杭に網を張って堰き止め、鵜の羽根などを棒の先端に結びつけた鵜竿（ウザオ）で人が魚を追い込んだのち、鵜に魚を獲らせる漁法である。一七八四（天明四）年に描かれた『肥前州産物図考　鵜飼之図』左側には「川上の水深き所に入らざる様に網に張り切り川下へ鵜棹にて追い詰メ下を又網にて張切り其中へ鵜を入れて遣う也是を鵜垣とも云」と説明が添えられている（図３‐４）。川上で川を横切るように木杭を打ち、網（張切網）を張ったのち、川下から鵜竿で魚を追い詰める。さらに川下でも網を張り、その間にできた水域に鵜を入れて魚を獲らせる。

鵜竿とともに鵜の羽根または代用の羽根を網に結びつけた地引網を利用する地域もあった。いずれも「徒歩・繋ぎ」で、昼におこなわれていた。

四、日本人と鵜との多様なかかわり

本章では鵜飼で利用される道具に注目し、まずは長良川鵜飼における道具の種類や用途について検討した。その結果、鵜飼はほかの淡水漁法に比べて操業で利用する道具の種類が多く、舟に積み込む道具も多い。さらに、実際の操業では鵜匠たちの動作も多いため、舟上はできるだけ空間を確保しなければならない。こうした条件のなか、舟に持ち込む鵜飼用具は鵜舟の形状にあわせて隙間なく配置できるように作られているものが多く、かつ使いまわしができる道具を重用していることがわかった。さらに、本章では、鵜を利用する漁法を取りあげ、鵜と併用する道具の組み合わせから大きく六タイプの漁法を導きだした。そして、かつて日本でおこなわれていた各タイプの漁法や漁場を初めてまとめることができた。しかしながら鵜飼は全国に広がりがみられたものの、詳細な情報が少なく、各地の漁法や漁場のすべてを表3‐2に反映できたわけではない。

本章の冒頭で「鵜飼といえば長良川鵜飼」というイメージについて記した。この一般的なイメージは長良川の鵜匠が一度も途切れることなく、いつの時代も変わらずに舟鵜飼を継承してきた努力の賜物である。しかし、本章の結果を踏まえると、このイメージは鵜を利用して魚を捕るという漁法のほんの一側面を思い描いているにすぎないことがわかった。すなわち、鵜飼とは飼い馴らした鵜を利用して魚を捕る漁法のことであるが、ひとことで鵜を利用した漁法といってもじつに多様な方法が日本各地で展開していたのである。『明治前日本漁業技術史』において各地の鵜飼は「かなり複雑な姿」（日本学士院　一九五九：六〇〇）を示すと祖述されていたが、まさに上記のことを想定していたのである。

そして、このような鵜を利用した漁法の多様さは、川幅や流速、河岸や河床の状態が異なる各地の河川環境に対応した結果である。さらに、各地の河川や湖沼で淡水魚が豊富に生息していたこと、その淡水魚を食べる習慣が各地で広く根づいていたことの証拠でもある。鵜飼を含め生業としての漁業は魚を食べる文化がなければ成立しないからだ。とくに、漁具の種類や用途からは日本人のアユへのこだわりがみてとれる。したがって、今後は鵜飼で捕られた淡水魚の流通や消費といった食文化にまで研究の視野を広げる必要がある。くわえて、本章のもととなった調査[*2]において、鵜を利用した漁法が鵜を利用しない追い込み漁などに応用されたと思われる事例も得ることができた。ことに、鵜だけで魚を捕るタイプＡの漁法を除き、タイプＢ～Ｆのなかから鵜に頼らず漁網を利用する漁法が展開したと考えられる事例も多い。今後は鵜飼という漁法の派生についても調査を進める必要がある。

【注釈】

＊1　本章では、とくに長良川鵜飼の生業としての側面に注目するため、御用鵜飼に関わる道具は分析の対象から外した。御用鵜飼とは、宮内庁の御猟場でおこなわれる漁のことであり、捕獲されたアユは各所に献上される。

＊2　調査の成果は、石野律子「全国の鵜飼の伝承一覧」(『長良川習俗調査報告書Ⅵ』、岐阜市教育委員会、二〇二六年刊行予定)として準備中である。

第四章　鵜舟――長良川における鵜舟の構造とその必然性

今石みぎわ

一、鵜舟研究の意義

全国一一か所の鵜飼地のうち、徒歩鵜飼である笛吹川石和鵜飼（山梨県）を除く一〇か所は、船上から鵜を操る舟鵜飼をおこなっている。この舟鵜飼に欠かせないのが、鵜匠の乗る鵜舟である。長良川鵜飼や三次鵜飼の鵜舟など、地元の船大工が造る木造船は、土地ごとの自然環境や生業にあわせて発展してきた川船であり、地域性を映した美しい姿が鵜飼の風情にも大きな貢献を果たしてきた。

そのなかでも日本を代表する鵜舟としてひときわ特徴的なのが、長良川の鵜舟である。全国一〇か所のうち六か所[*1]では長良川と同じ型の鵜舟が用いられており、長良川型鵜舟が現代の鵜飼の継承にも欠かせないものであることがわかる。

さらに、長良川の鵜舟には木曽三川（木曽川・長良川・揖斐川）流域にしかみられない特殊な造船技術が用いられており（後述）、しかも、それが現役の船大工によって継承されている。日本財団の『木造船に関する基礎調査報告書』（二〇〇二）によれば、鵜舟を含む川船は海の船に比して近代化を必要としない船であり、そのためにＦＲＰ船や鉄船などに代替されないかたちで現在まで引き継がれてきたという。このように川船には古い技術や形が残る一方、海船のように調査・研究が蓄積されていないのが実情で、なかでも生きた技として伝えられる鵜舟の造船技術は、日本における造船技術史を考える上で大きな意味をもつ。

また、長良川の鵜舟が東日本各地の河川舟運で活躍した「鵜飼形荷船」の原型と目されていることも見逃せない。河川水運史研究の第一人者である川名登は、長良川舟運における「鵜飼船（鵜飼形荷船）」が、中世末から近世初期に、それ以前より続いてきた鵜飼船の造船技術・操船技術を引き継いで生まれた可能性を指摘している（川名 二〇〇三）。さらに、鵜飼船、小鵜飼船などの名称をもつ荷船は、近世以来、木曽三川はもちろん、豊川（東三河）、天竜川、那珂川（茨城）、吾妻川、広瀬川、千曲川、阿賀野川、鬼怒川、阿武隈川、最上川など、東日本の広い地域で活躍している（川名 二〇〇三 下巻：五二一、九三〇）。これらの鵜飼形荷船は長良川の鵜舟と同じ構造をもつわけではないが、残された絵画資料などから、たとえば鬼怒川上流域の鵜飼船が、「尾張方面の鵜飼船」の系統であり（川名 二〇〇三 上巻：二一九）、阿賀野川の鵜飼船が「木曽川水系の鵜飼船の船形を継承した船」と推定されるように（影山 二〇一九：三六）、長良川の鵜舟が河川舟運の荷船に転用され、それが各地の河川環境にあわせて改良・普及していった可能性は十分に考えられる。*2 なぜなら、船体が細長く喫水の浅い鵜舟は小回りが利き、急流に耐えうると同時に、鵜飼漁や餌飼を通じて広い水域を往来するために作られた船であるがゆえに、上流部も含めて長い距離を航行する荷船に好都合だったと考えられるからである。こうして長良川の鵜舟は、東日本における河川舟運の発展を考える上でも、ひとつの重要なカギになるのである。

そこで本章では、鵜飼の伝承に欠かせない長良川の鵜舟に焦点を当て、まずはその構造と造船技術を明らかにし、その上で鵜舟がもつ構造的な特異性と必然性を検討してみたい。

二、鵜舟の構造と造船技術

二－一、長良川の船大工と鵜舟の特徴

長良川の鵜舟について、筆者は二〇一七年におこなった「鵜舟プロジェクト」[*3]で、一連の造船工程を間近にみる機会に恵まれた。このプロジェクトは、アメリカ人船大工のダグラス・ブルックス氏が、船大工の那須清一氏（一九三一年生）に技術指導を受けながら鵜舟を造船し、そのようすを映像と文字で記録したものである。那須氏は長良川上流域の美濃市に住む川船大工で、七〇年以上の船大工人生において造船した船は、ヨツノリやリョウセンとよばれる漁船を中心に約六〇〇艘に及ぶ。

鵜舟を手掛けた船大工としては、かつて岐阜市の安藤五作氏（一九〇六年生）、各務原市の横山實氏（一九一八年生）、木曽川の三品昭二氏（一九二八年生）らがおり、また那須氏の父親である俊治郎氏（一八九三年生）も、明治末から大正にかけては鵜舟を主に作ったという。那須氏が鵜舟を造船したのは木曽川の三品氏に乞われて引き継いだ二〇〇〇年代初頭のことで、長良と小瀬の七艘の鵜舟を手掛けた後、弟子の田尻浩氏に鵜舟造船を譲っている。

図4－1は、鵜舟の構造を示したものである。長良川の鵜舟は全長約一三メートル、最大幅一メートル弱の細長い船で、厚さわずか九分（二・

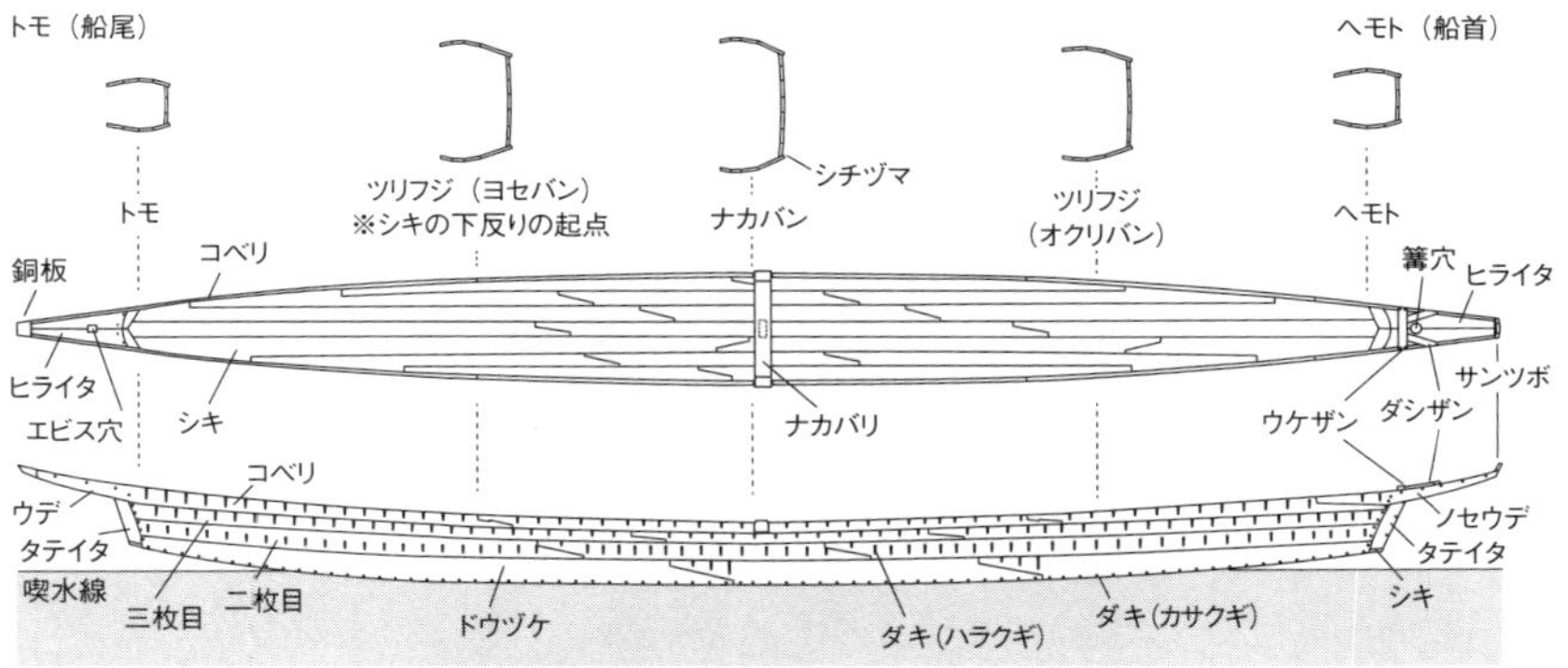

図 4-1　鵜舟の構造と部位の名称
出所：筆者作成。

七センチ）程の板を五〇枚近く継いで造る。いわゆる棚板造りの船で、まず二〇枚弱の板を継いでシキ（船底板）を造り、そこに三枚の板を継ぎ合わせた長い棚板（横腹）を三段（ドウヅケ～三枚目）重ね、その上にコベリとよばれる縁をつける。大きな特徴は両頭船であることで、前後どちらの方向へも軽く推進できるよう、両頭付近のシキには強い反りがかかっている。ヘモト（船首）にもトモ（船尾）にも二枚立板がつき、その上に伸びたウデには、鵜飼の際に灯す篝火を立てる穴（船首側）や、係留ロープをつなぐエビス穴（船尾側）がつく。これだけ大きな構造物でありながら重量は四〇〇キロ程度と非常に軽い。*4

二－二、描かれた鵜舟

こうした構造は、絵画などに描かれた鵜舟をみると、少なくとも近世前期には現在に近いものになっていたことがわかる。長良川鵜飼を描いた最古の例と目される狩野探幽（一六〇二－一六七四）の「鵜飼図屏風」（大倉集古館所蔵）では、鵜舟は現在と同じ棚板構造の両頭船として描かれている（図4－2）。底板やトモ部分などに現在と異なる点がみられるものの、*5 ヘモトの二枚立板、長くのびたウデとヒライタの篝穴、その周囲に配置されたサン、三角にえぐられたヒライタの根本部分、ヘモト側のウデを別部材で作るようす、*6 梁を一本だけ用い、コベリに被せるように取りつける方法など、その姿は現在の鵜舟と大きく変わらない。さらに、近世後期に大阪の浮世絵師・松川半山（一八一八－一八八二）が描いた「鵜飼図」（岐阜県立歴史博物館所蔵）では、両頭船で、三枚の腹板とコベリから成る棚板構造、ヒライタの形状やウデ先端のサンツボとよばれる飾り、篝穴を取り囲むサンなど、その精緻な描写が、現在の鵜舟とほとんど変わらない姿を捉えている。

図 4-2　狩野探幽「鵜飼図屏風」の部分（大倉集古館所蔵、東京文化財研究所撮影）

これを文字資料からみてみよう。表４‐１は一八五二（嘉永五）年「鵜飼聞書」（岐阜県 一九六九）、一八八〇（明治一三）年「美濃奇観」（三浦 一八八〇）、さらに近現代の鵜舟から、各部位の寸法をまとめたものである。これをみると、唯一、ヒライタ（ウデ）が七～八寸（二一～二四センチメートル）長くなっている点が異なるが、それ以外は誤差程度の違いに留まっており、とくにシキの長さ「五間五尺五寸（約一〇・一メートル）」は、現代の船大工にも口伝としてそのまま引き継がれている。こうして長良川の鵜舟は数百年もの間、大きな変化なく造り継がれ、乗り継がれてきたと考えられる。

三、長良川流域の造船技術

三‐一、造船技術の基本

長良川の鵜舟は、約五〇枚のコウヤマキの板と一〇〇〇本弱の船釘から造られる。大がかりな道具は一切使わず、基本的にはノコギリとノミ、カンナ、ゲンノウ（金槌）、それに板を固定するカスガイといった手道具だけで船に仕立てていく。また、ほかの伝統的木造船と同じく、造船のための図面はなく、船の五つの要所における、目安となる板幅と勾配が決まっているだけである。天然素材である木材を生かし、無駄なく使うためには、どの材をどのように使うかを柔軟に判断し、その都度寸法や勾配を調整する必要がある。人の都合に木をあわせるのでなく、木の都合に人があわせるのが、伝統的造船技術の基本な

表 4-1　鵜舟の寸法の変遷

部位／出所	「鵜飼聞書」（1852〔嘉永5〕年）	「美濃奇観」（1880〔明治13〕年）	安藤五作の船[1]	那須清一の船[2]
シキ長	5間5尺5寸	5間5尺5寸	5間5尺5寸	5間5尺5寸
トモヒライタ長	2尺3寸			3尺
ヘモトヒライタ長	2尺5寸			3尺3寸
横幅（中央上部）	3尺6寸	3尺4寸		3尺7寸（内幅）＊
横幅（中央底部）	3尺1寸	2尺9寸6分	3尺	3尺5分
深さ（中梁部分）	1尺7寸5分	1尺6寸5分	1尺7寸3分	1尺7寸8分＊

注：(1)白水（2007：102、104）参照。
(2)＊印は実寸、それ以外は口承で定まっているもの。
出所：筆者作成。

のである。

船大工特有の技術はいくつかあるが、そのひとつが、水が漏れないように板を接《は》ぎ合わせる技術であり、長良川の場合は那須氏が「船大工の三大技術」とよぶスリアワセ、木殺し、釘打ちがこれにあたる（詳細は東京文化財研究所無形文化遺産部 二〇二〇を参照）。板を接ぎ合わせるためのスリアワセと木殺しには、約四メートルの板一対で三時間かかるといわれ、釘一本打つにはベテランの那須氏でも約八分かかる。こうして膨大な時間をかけて五〇枚の板を一〇〇〇本の釘でつなぎ、ようやく一艘の鵜舟が完成するのである。

三－二、木曽川水系に特徴的な造船技術

つぎに、鵜舟をはじめとする木曽川水系の川船について、特筆すべき造船技術を三つ挙げてみたい。

船材としてのコウヤマキ

一点目は素材にコウヤマキを使用することである。伝統的木造船の材としてもっとも一般的なのはスギで、加工と入手のしやすい材として全国的に利用されたが、木曽川水系では鵜舟に限らず、川船の材にはコウヤマキを用いる。コウヤマキは軽く、柔らかくて加工しやすいことに加え、水湿に強く、腐りにくい性質をもつ。[*7] 実際、一七六一年の『和漢船用集』には「河舟は眞水《マミヅ》ゆへ朽《クチ》やすし。故に眞槇《マキ》を上品《ヒン》とす。楠、栢、草槇是に次、檜杉又是に次げり」（金沢 一九四四：四九）とあり、古くから川船にはマキが最適であることが認識されてきた。コウヤマキは一般に入手しやすい木とはいいがたいが、木曽川筋の場合には一八世紀から尾張藩の「停止木《ちょうじぼく》」のひとつとして資源保護が図られた歴史があり、コウヤマキの人工造林なども作られたという（川尻 二〇二〇：八四）。こうした歴史的背景もあり、全国的に珍しいコウヤマキによる造船技術が伝えられることになったのである。

コウヤマキ製の充填剤

木曽川水系の川船に特徴的な技術の二つ目が、板の隙間に詰めるアカ止め（水漏れ防止材）としてのマキハダの使用である。マキハダは全国の伝統的木造船に広く用いられるが、その材はヒノキの樹皮を叩いて作った、いわゆるヒハダがほとんどである。たとえば戦前にマキハダの全国シェア七割を占めた広島県大崎上島のマキハダも、「マキ」ハダとよびながら、ヒノキの樹皮で作ったヒハダであった。それに対して、長良川ではコウヤマキの樹皮から作るマキハダを利用するのが大きな特徴である。

　那須家では、コウヤマキ材を購入した際の樹皮を保管しておき、一番外側の「オニ皮」と一番内側の「アマ皮」の間にある赤っぽい樹皮を叩いて縄に綯《な》い、マキハダ（マキナワ・ハダナワともよぶ）を作る。ヒハダも購入して利用し

写真4-1　ヒノキ樹皮とヒハダ（左）、コウヤマキ樹皮とマキハダ（右）（岐阜県美濃市、2017年5月、筆者撮影）

たが、マキハダの方が腐りにくく耐久性があり、詰めたハダが浮く確率も低いため、ヒハダより上等とされた（写真4-1）。ハダは船の揺れに応じて動きやすいシチヅマ部分（シキとドウヅケの間）とタテイタまわりに打ち込む。水分を含んで膨張したハダが水の浸入を止める役割を果たすのである。ハダは二重に打つのが基本で、ヒハダを下に打ち、その上からマキハダで止める場合もあるが、たいていはマキハダならマキハダだけで打つ。

　前掲の『和漢船用集』によれば、「衣絗《マキハタ》」は「槇の木の皮を用て作る縄」で、「檜皮にて作る」ものは「檜皮縄」と区別していることから（金沢　一九四四：四〇二）、本来、マキハダは語義通りマキ製[*8]であったらしい。那須氏によれば、コウヤマキの樹皮はヒノキの樹皮に比べて脆く、硬いために綯いにくく、込めにくい（入れにくい）。作り易さや入手のし易さ、使い易さなどから、全国的には次第にヒノキ製の縄に変わっていったところ、コウヤマキを船材として利用し、樹

皮が入手しやすかった木曽川水系に古い素材が残ったと考えられる。

モジと角釘の利用

板を接合する際の釘打ちの道具にも、木曽川水系にしか見られないものがある。一般的な木造船の場合、船釘は断面の平たい釘（那須氏はこれを平釘《ひらくぎ》と総称する）を用い、ツバノミなどとよばれる穿孔《せんこう》具で先穴を穿ってからこれを打ちこむ。たとえば同じ長良川型鵜舟でも、山口県の錦帯橋鵜飼の鵜舟は海船の船大工が手掛けており、釘も海船に使用するものと同じ、いわゆる平釘の一種が用いられてきた（写真４‐２）。これに対して木曽川筋では角《かく》釘と総称される、断面が真四角に近い釘が用いられる（写真４‐３）。そしてこれを打ち込むための穴をあける道具が、一種の錐《きり》で

写真4-2　錦帯橋鵜飼の鵜舟に用いられるヌイクギ（左）とトオリクギ（右）（山口県岩国市、2018年11月、筆者撮影）

写真4-3　シキクギ（那須氏所蔵、2018年5月、岐阜県美濃市、東京文化財研究所撮影）

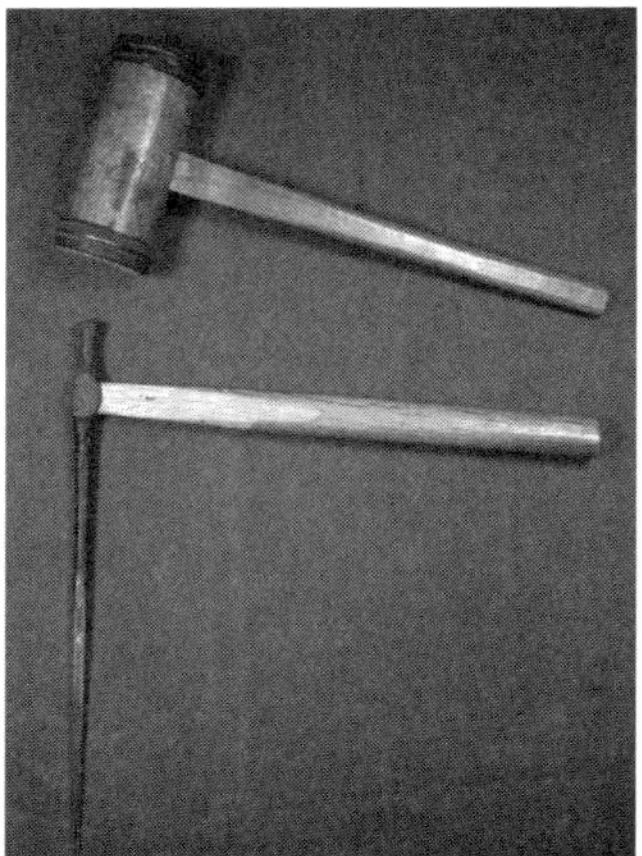

写真4-4　シキ用のモジをサイヅチで叩く（那須氏所蔵、2018年5月、岐阜県美濃市、東京文化財研究所撮影）

あるモジである（写真4-4）。釘打ちにおいてはまずダキ（釘を真下に向かって打ち込むための切込み）を切り、そのダキの底からカタノミとよばれる両刃のノミで先穴をあける。そこにモジを叩きこみ、モジブリとよばれる柄を振る。叩いては振り、叩いては振りを繰り返すことで、穴を揉みあけるのである（写真4-5）。

木曽三川の船釘と穿孔具を調査した松井哲洋によれば、角釘やモジは、少なくともこれらの河川の中流域には広く共通する道具である一方、全国的にはほとんど見られないという（松井二〇〇五：四二）。しかし、さきにも挙げた『和漢船用集』（一七六一）には「鋑《モヂ》」として「……之ヲ敲キ入　柄以　紾捩《ネジモヂル》」こと、船大工の場合は「大釘の穴を穿に 先鐔鑿を入て後に用ユ」ことなど、長良川とほぼ同様の使用方法が紹介されている（金沢一九四四：四二六）。『和漢船用集』を著わした金沢兼光は大坂堂島の船大工であることから、近世にはより広い地域でこの道具が使われていたと考えられる。また「鋑」（毛《も》遅《ち》）という言葉自体は平安期の『和名類聚抄』（九三一～九三八年成立）にも立項されており、詳細は不明なものの「鑽也《きりなり》」と説明されていることから同種の道具とみられ（狩谷一九三〇：五三四、振り仮名筆者）、この道具の由来の古いことが推測される。[9]

写真4-5　モジで揉む那須氏（岐阜県美濃市、2017年5月、筆者撮影）

そもそも角釘は、釘の曲がりが少ないために長いダキを切る必要があり、打ち込むのにも時間がかかるなど、平釘に比べると効率が悪い。しかし那須氏は船大工であった父親から、平釘よりも角釘のほうがよく効き、強い瀬や岩場などの急流にも耐えうると聞かされてきた。那須氏によれば、モジで揉むと木のおが屑が穴の中に留まる。そこに、舐めて唾液で濡らした釘を入れることで、おが屑を釘に密着させ、効きをよくする仕組みだという。こうした利点もあってか、[10]全国でも木曽川水系にだけ、この古風な道具が残ったのである。こうして長良川の鵜舟は、まるでタイムカプセルのように生きたまま古い技術を伝えているのである。

四、鵜舟の構造の必然性

ここまで木曽川筋の川船に特徴的な技術をみてきたが、つぎに鵜舟に絞って、その構造の特徴をみていきたい。木曽川筋で使われてきた船は、鵜舟のほかにも、漁業用のリョウセンやヨツノリ、運搬用のトマブネやイシブネなど多種多様にあり、これらは同じ河川でも流域によって名称や形態が異なっている。たとえば長良川下流部で漁に用いられるリョウセンは鵜舟に似た両頭船であるのに対し、上流部のヨツノリは鵜舟の船尾を切り落としたような形をしており、リョウセンより小型である。こうした他用途に用いる船と比較したとき、鵜舟はどのような特徴をもつ船といえるだろうか。本節では鵜舟の構造の特徴と、その必然性を検討してみたい。

特徴一——細長く、喫水の浅い船体

鵜舟は全長約一三メートルに対して幅が一メートル弱という、非常に細長い船である。その形の必然性はいくつかの観点から説明することができる。第一にそれは、人や物に必要なスペースを十分に確保した結果の寸法といえる。鵜舟には鵜匠、トモ乗り、中乗りの三名（場合によっては船頭見習いなどもくわえた四名）が乗り、さらには鵜籠・はけ籠・松割木などの道具類が乗る（これらの道具は、すべて鵜舟の幅にぴったり収まるように作られている）。またかつて、冬期間に船に苫をかけて泊り餌飼に行く際には、家財道具一式を積む必要があった（詳細は本書第三章）。これらの道具を置き、鵜匠や船頭が操業するスペースを確保した結果が、いまの鵜舟の長さである五間五尺五寸である。

また、長い船体とシキの下反りにより、鵜舟は喫水の浅い船に仕上がっている。実際の鵜飼では、くるぶしよりも

ちょっと深い程度の場所で漁をすることもあるといい、浅瀬で漁ができることは鵜舟にとって必須の条件である。それと同時に、喫水が浅いほうが軽く、小回りがきく。鵜舟がもっとも効率よく走るのは、ドウヅケに打ち込まれたカサ釘の、両頭からそれぞれ一〇本目あたりが喫水線になるときだといい（那須氏談）、決められた荷重（人と道具）がかかったときにちょうどこの辺りが喫水になるように、鵜舟の長さや下反りが計算・設計されているといえる。

さらに、たんに幅が狭いだけでなく、鵜舟は腹板のつき方にも特徴がある。それは、リョウセンや石船に比べてドウヅケ（一番下の腹板）が立っていることである。ドウヅケを寝かせると、内部の作業スペースが広くなり、船の復元力が増して安定性が向上するなどの利点がある。その意味で、ドウヅケが立っている鵜舟は非常に安定性の悪い船であり、もし通常の漁のように漁獲物と水で重くなった網を片側から引きあげようとすると、たちまちバランスを崩して転覆してしまうという。一方でドウヅケが立っていると、水の抵抗が少なく船の足が速くなり、岩場などの狭い場所を通行するにも有利である。鵜舟は、安定性よりも小回りや足の速さを追求した船といえる。

この鵜舟の不安定さをカバーするのもまた、長い船体であった。細く長いことで、鵜舟はしなるように造られている。しなりがあると、ヘモトで鵜匠が身を乗りだして片側に荷重がかかっても、船がしなって中梁より後ろではまっすぐに安定し、転覆せずに操業できるという。このしなりを殺さないよう、一番上の棚板であるコベリにも工夫がある。コベリはもっとも摩耗しやすいため、通常リョウセンや石船などでは下の腹板よりも二～六分（約六～一八ミリ）厚めの材を用いて頑丈に仕上げる。一方で鵜舟のコベリは、下の板（三枚目）と同じ薄さにする「トモコベリ」の造りになっている。こうした構造や、材としてのコウヤマキの柔らかさによって船にしなりが生まれ、それが操業の安定性に貢献しているのである。

特徴二――深い横腹

リョウセンやヨツノリに比べ、深めに造ることも鵜舟の特徴である。たとえばリョウセンは船底からコベリまでの深さがおよそ一尺五〜六寸なのに対し、鵜舟は鵜匠が作業するヘモト部分が意図的に深く造られ、約一尺八寸となっている。一般に、船べりが高いと網や荷の上げ下ろしなどに支障があることから、深い船は敬遠される。一方で鵜舟は、鵜匠が船の横腹に膝をつけ、両手を自由にして作業できるよう、船べりを高く造って安定性を確保しているという。あわせて、ヨツノリやリョウセンは一枚腹か二枚腹（コベリがついて二〜三枚）が一般的なのに対し、鵜舟は三枚腹（コベリがついて計四枚）である。鵜舟を断面でみると、ドウヅケ・二枚目はわずかに外向きに開き、三枚目は勾配がゼロ（地面に対して垂直）かわずかにマイナス、その上につくコベリは船の内側に傾斜しており、その横腹は外に膨らんだ繊細な曲線を描いている。美しいと同時に、鵜匠が寄りかかって作業したときに、より安定性が高くなるよう設計されているのである。

特徴三――シキの強い反り

さらに、鵜舟はシキの下反りの強い船でもあり、リョウセンなどと比べると、およそ三寸（約一〇センチメートル）きつい反りがつけられる。しかも反り具合はヘモトとトモで異なり、トモのほうに長い（強い）反りがつく。トモの反りが強いことには、少なくとも二つの意味が考えられる。ひとつは、上流に遡る際にトモ方向が頭になることから、流れに逆らって進まねばならないトモ方向に向けて、より軽さが求められた結果と考えられる。

もう一点は、強い反りによってトモが軽くなることで、ヘモトに重心がかかりやすいように造られていることである。ヘモトには重い篝火がつくほか、鵜匠や中乗り、松割木などの重い道具もヘモト寄りに配置され、そもそも荷重がかかりやすい。これとトモの反りが相まると、水上で船を回す際の回転の重心が船の中央（中梁《なかばり》）付近ではなく、ヘモト寄りの位置にずれることになる。すると、回転したときにヘモト部分が描く円は小さくなり、ヘモト側で魚を追っている鵜の手縄が無理に引っ張られることがなく、鵜の負担が最小限で済むという利点がある。こうして、鵜飼や操船を円滑に進めるためのさまざまな知恵・工夫が、随所にこらされているのである。

五、鵜舟に求められる機能の独自性

最後に、こうした工夫を生みだす背景となった、鵜舟に求められる機能の独自性について触れておきたい。数ある淡水漁法のなかでも、流れに乗って長い距離を「狩り下る」という手法は鵜飼独特のものである。通常の漁であれば、船は在所の川の、あの淵、あの瀬というきわめて具体的な狭い水域を念頭に造られる。また実際の操業においては、船を停泊させたり、ごくゆっくり進めたりしながら網や仕掛けを操作するのが基本である。一方、鵜舟は御料鵜飼や餌飼も含めると行動範囲が相当広く、しかも長い距離を流れに逆らって遡ったり、早い流れに乗って漁をする必要がある。こうした行動様式に対応するため、鵜舟はどんな河川環境でもある程度対応できる最大公約数的な船として造られ、さらには狩り下るという漁法のために、より軽く、小回りがきくように洗練化されたといえる。そして、この特徴こそが、本章の冒頭で示した鵜舟の汎用性の高さにつながっているのではないだろうか。

こうして求められる高い実用性にくわえ、「見せ鵜飼」が船に与えた影響も大きかったと考えられる。見世物であるがゆえに、鵜舟には常に美しさが求められた。鵜舟はシキも横腹も、とにかくあらゆる部分が湾曲して作られるが、このカーブが美しい弧を描くことが何より肝心であり、たとえば那須氏は「鼻垂れではいけん（両頭部分が垂れ下がっていてはいけない）」といって、コベリが美しく自然な上反りを描くことを重視してきた。魅せることを強く意識し、極限まで機能美を追い求めた船が、いまの鵜舟の姿なのである。

長良川の川船の造船技術には、ほかには見られない古い技術が多数残されていることは前述のとおりであるが、もし長良川の川船が単なる漁船や荷船だけだったら、こうした技術はとっくに失われていたのではないだろうか。鵜飼という「伝統」や「由緒」の重みが、技術の近代化や、形状・構造の変容を拒み、昔ながらの形を継承していくことに大きな役割を果たしたのではないかと考えられるのである。

【注釈】

＊1　長良川鵜飼・小瀬鵜飼をはじめ、同じ木曽川水系である木曽川の鵜飼、また大正から昭和にかけて長良川の鵜飼に倣って復活した宇治川の鵜飼、嵐山の鵜飼、錦帯橋の鵜飼。

＊2　鵜舟の構造的特徴のひとつは両頭船であることに求められるが、鵜飼形荷船のうち両頭船であることが史料などから判明しているのは、長良川、木曽川、揖斐川、豊川などの船である。たとえば揖斐川歴史民俗資料館に収蔵されている運搬船の「セドリ船」は長良川の鵜舟とまったく同型である。また豊川上流域の乗本村（現・新城市）では、船人のうちの四割弱を木曽川水系の美濃と伊勢の出身者が占めていたことがわかっており（堀江 二〇一八：一一二）、船頭などの人の移動にともなって木曽川水系の造船・操船技術が伝播したと考えるのが自然である。

＊3　岐阜県立森林文化アカデミーと東京文化財研究所の共同研究として実施された。詳しくは報告書（東京文化財研究所無形文化遺産部 二〇二〇）を参照。

＊4　二〇一七年の「鵜舟プロジェクト」において造船された鵜舟の重量。

＊5　船底は全面横方向に板が貼ってあるが、シキとしては構造上考えにくいので、描写が正しいとすれば二重底になっているものと考えられる。

＊6　ヘモトのヒライタには重い篝火が乗り、損傷しやすいことから、取り外して修理しやすいように現在でも別部材で作る。那須氏はこれをノセウデとよび、安藤五作氏はオキウデとよんだ（岐阜市教育委員会 二〇〇七：一〇八）。

＊7　このため当地では船だけでなく、風呂桶や美濃和紙の漉き舟、盥などにも用いられている。一方、コウヤマキは油分が少ないため海船には向かないという（那須氏談）。

＊8　貝原益軒は『大和本草』（一七〇九、国会図書館蔵）巻一一で、「節《マイハタ》」は「舩ノスキマヲフサクモノ」で「羅漢松ノ皮」だとしている。「羅漢松」は「犬マキ」を指すので、かつてはコウヤマキだけでなく、イヌマキの樹皮が使われた可能性もある（二一一〜二一二コマ）。

＊9　建築業界においても「近世には、揉錐であけた穴を大きくするための錐である「鎹」が使われていたが、近・現代になると姿を消している」ことが指摘されている（渡邉 一九九〇：一二三）。松井哲洋は中国の造船技術のなかでもよく似た道具が用いられ

ていることを紹介しており、これらは大陸由来の古い技術であった可能性が高い（松井二〇〇〇：六〇、二〇〇五：四九）。

＊10　「角釘がよく効く」ことは、前掲の松井が指摘するように、長良川の鵜舟の「釘間《くぎま》が広い」こととも関連する可能性がある（松井二〇〇五：三九）。釘間は釘と釘を打つ間隔のことで、那須氏は長さ約四寸のシキクギの場合は六寸五分の釘間を標準とする。これは一般の木造船の釘間より約三〜四センチ広く、船全体では一〇〇〜二〇〇本の釘の違いになる計算で、手間や経費を考えると小さくない差となる。

第五章　鵜匠装束
——労働着と見せる衣装のはざま

夫馬佳代子

一、装束の独自性を探る

本章は、鵜匠が着用する装束に着目し、装束を構成する要素や製作技術の記述を通して鵜匠装束がもつ特徴を明らかにするものである。

鵜匠装束とは、鵜飼漁において鵜匠のみが着用する装束や装身具のことである。この鵜匠装束については、その歴史や機能に関していくつかの指摘がある。たとえば、片野温は「平安時代鵜飼が宮中の行事として行はれ、鵜匠は其の儀式に舎人相当の待遇を以って、其の衣装を着けた」（片野 一九五三：一〇五）とし、鵜匠装束の歴史の古さに言及している。最上孝敬も「漁服は紺がすりやしま柄であり、袖もひろく、たすきをつかったようにきく」（最上 一九六七：四六）と記し、長良川などでみられる鵜匠装束は古風で異色あるものだという。可児弘明は「江戸時代の鵜匠は、タスキがけで鵜舟に乗った」（可児 一九六六：九五）とし、いまの装束につながる漁服が江戸時代からあると指摘している。実際、狩野探幽筆「鵜飼図屏風」（一七世紀）には篝火を備えた一四隻の鵜舟が描かれており、舟に乗る鵜匠はたすき掛けをしているものが多い。腰蓑の着用もみられる。一方、風折烏帽子や胸当（後述）はみられない。

可児は、こうした描写から腰蓑を除くと現在の漁服は江戸時代中期以降に現れたに違いないという（可児 一九六六：九六）。何に注目するかにもよるが、鵜匠が着用する装束の歴史は古い。

また鵜匠装束にはこうした歴史性だけでなく、機能性もある。本書第三章や第四章でも指摘されているが、漁の最中に鵜匠の動きが多い。操業中、彼らは鵜に首結いや腹掛けをつけたり、鵜を川面に放ったり、魚をのみ込んだ鵜を舟に戻したり、魚を吐篭に吐かせたり、篝籠に松明をくべたり、篝火の方向を調整したりする。このような一連の動作を円滑におこなうために、装束は機能的でなければならない。動作が緩慢になると漁獲効率が低下するばかりか、命の危険にもつながるからである。この点について、片野は「鵜匠の装束は動作が自由で漁猟に都合がよい」（片野 一九五三：一〇五）といい、可児も「動作が自由であり、機能的なデザインである」（可児 一九六六：九六）という。

このように、鵜匠装束に関しては絵画資料や文献などを手がかりに、その歴史性や機能性に関わる指摘が少ないながら存在する。このほか、地方の自治体史などでも鵜飼用具とともに装束が記録されていることがある。

しかし、装束の構成や製作技術の実地調査から鵜匠装束の特徴を導きだした研究はなく、歴史性や機能性といった観点以外の解釈もない。そこで、本章では鵜匠装束を構成する要素や代々受け継がれてきた製作技術の調査を通して、鵜匠装束の独自性を明らかにしてみたい。対象とするのは、調査が進んでいる長良川の鵜飼である。以下では、第二節において鵜匠装束の構成を概観する。第三節では鵜飼で利用する腰蓑に注目し、その製作技術の記述を通して腰蓑には丈夫さと見栄えという二つの側面が内包されていることを指摘する。最後に、第四節では鵜匠装束の独自性について考えてみたい。

二、鵜匠装束の構成

ここでは、鵜匠装束を構成する要素を長良川鵜飼の事例から概観する。鵜匠装束は、素材の特徴から大きく二つに

写真5-1　麻布でできた風折烏帽子（鵜匠家所蔵、岐阜県岐阜市、2024年4月、筆者撮影）

分けることができる。それは、風折烏帽子や漁服、胸当などの布製品と、腰蓑や足半などの藁製品である。長良川鵜飼の装束について、江戸時代中期の絵画資料をみると鵜匠の格好は多様である。そのなかで腰蓑を着用している鵜匠の姿が多く描かれている。それ以前の資料については不明である。一般に、腰蓑は川漁師が労働着として着用するものであり、絵画では鵜匠を伝統的な川漁師として描いたのかもしれない。その後、江戸時代後期以降になると、現在でもみられる装束に近いものを着用した鵜匠の姿が絵画資料で多く描かれるようになる。これは、歴代尾張藩主による上覧鵜飼のように、鵜飼漁を特別なものにみせる必要が生じ、そうした歴史的な背景のもとで次第に鵜匠の装束が統一化されてきたものと考えられる（夫馬 二〇一八：五七）。その後、一八九〇年に長良川筋に御猟場が設けられ、鵜匠が宮内省主猟局に所属した。これにともない、御猟場で鵜匠が鵜飼を執行するときに着用する装束が定められ、鵜匠装束としての規範が成立した。ここで重要なことは、現在の鵜匠装束が明治以前から継承されてきたものを基本にしている点である。

本節では、このようにして形成された鵜匠装束の構成要素をまとめる。構成要素には、前述のように烏帽子と漁服、胸当という布製品、腰蓑と足半の藁製品がある。以下ではそれぞれの特徴を示す。

烏帽子

鵜匠が頭部に被るものである（写真５－１）。長良川の鵜飼では風折烏帽子とよぶ。風折烏帽子は長さが鯨尺で三尺八寸五分（約一四五・八センチメートル）、幅は八寸六分（約三二・六センチメートル）であり、藍染した紺の麻布である。素材は過去より麻であった。現在、麻は高価になったが、鵜匠たちは意識的に麻を利用している。この烏帽子は鵜匠

写真5-2　現在の漁服（左）と胸当（右）（鵜匠家所蔵、岐阜県岐阜市、2024年4月、筆者撮影）

の衣装のなかで象徴的なものと捉えることもできるが、漁に欠かせない労働着としての機能も果たしている。麻の特質は熱に強く、布質が硬いことである。鵜匠たちは、漁の最中に近くの篝火から頭髪や眉毛を守る必要がある。このため熱に強い麻布を頭部に被る。実際、使用後の風折烏帽子をみると、火の粉の穴の跡が多くみられる。このことからも労働着としての役割を果たしていることがわかる。

また、布の硬さも重要である。布が硬い烏帽子を頭部できつく締めることができる。鵜匠たちは操業中に両手で手縄を操るため、烏帽子がほどけても締め直すことが難しい。よって、硬い麻布を頭部にしっかりと締める。こうすると解けないからである。漁で利用した烏帽子の両端に深い結び跡がみられるのはこのためである。さらに、鵜匠たちは烏帽子の布質が硬いため、頭部に結んだ型が操業中も崩れずに「烏帽子としての張りを表現できる」という。見栄えをよくすることで「見せる装束」という側面も意識し、麻布の烏帽子を利用しているのである。

漁服

漁服は鵜匠の衣装で着物に該当するものである（写真５－２）。漁服の基本形態は、身頃は単長着の形態であるが、袖は細幅の筒袖である。これは、一般的な着物の形態ではなく、労働着として漁に適した形態である。一般に、山仕事などの労働着は足が動きやすいように膝下部分がとくに細くなっている。一方、鵜飼では舟上で手縄を操ったり、鵜を持ったり放したりする作業が多い。このため、動きやすさが求められるのは上半身、とくに腕の部分である。よって、鵜飼の漁服には袖の形態に独特の特徴がみられる。すなわち、漁服は腕が前方で動かしやすいように脇部分にマチが設けてあり、かつ肘から袖口にかけて細身になっている。くわえて、袖口はスナップボタンなどを用いて手首部分をしっかりと締めることもできる。このように、袖部分は布のゆとりを意識的になくし、鵜匠の体形に沿うような形態にしている。

長良川鵜飼において漁服は古くから伝えられており、鵜匠家で使用されているものも基本的には同じ形態が保持されている。このことから、さきに記した特徴的な形態は舟上での作業が多い鵜飼漁にもっとも適した労働着の型だといえる。漁服の素材は濃紺の木綿生地である。本来は藍染の紺木綿を利用するのが伝統的とされているが、近年は藍染屋の減少により藍染の反物を入手するのが困難になっている。この漁服はそれぞれの鵜匠家で準備される。漁服と胸当（後述）の準備は女性の手仕事であり、鵜匠の妻や母が鵜匠の体型にあわせた型紙をもとに仕上げる。このとき、鵜匠の体にぴったりあわせるように仕立てるのが重要だという。

胸当

胸当は漁の最中に漁服が開いて胸元から火の粉が入るのを防ぐためのものである（写真5-2）。漁服の上から着装される。鵜匠家では代々伝わる胸当の型紙や裁断法があり、現在でもその形態が保持されている。また、鵜匠の体型にあわせて改良を重ねることもある。とくに、胸当上部の半円形の曲線部分は鵜匠が作業しやすいように考慮されている。くわえて、前記の漁服が体にフィットする形態であるため、物入れの空間がない。そのため、胸当の裏側に袋をつけることで、物入れの機能をもたせている。裏袋は鵜匠の要望が考慮された結果である。この裏袋の形態も漁の最中に片手で物の出し入れができるように大きさや深さが工夫されている。いずれも機能性を考えた作りである。

腰蓑

腰蓑は腰から下を覆う藁製の蓑である。腰蓑は鵜匠の衣装を代表するようにみられるが、かつては舟上などで漁をする労働着として全国的にみられた。鵜匠が着用する腰蓑は、漁の労働着として防水の役割をもつ。腰蓑は漁を一回おこなうと舟上でのさまざまな動作によって藁が抜け落ちたり、裾部分が擦り切れたりする。よって、鵜匠たちは擦り切れた部分を裏側にまわしたりしながら使用している。この腰蓑は防水といった機能性のほか、「見せる衣装」としての役割も果たしている。『長良川鵜飼習俗調査報告書』によると、鵜匠たちは腰蓑の見栄えにもこだわりがあるといい、「互いに出来栄えを競い、仕上がりの美しさを追求する」（岐阜市教育委員会二〇〇七：八三）と記録されている。実際、新しい腰蓑はまず特別な儀礼や行事のときに利用される。着装についても、腰蓑は膝下になるようにし、腰に沿うようにするなど注意が払われていた。鵜匠家では、毎年新たに二〜五着ほど腰蓑を作る。さきに布製品の製作は女性の仕事だと記したが、腰蓑や足半（後述）などの藁製品は鵜匠や船頭など男性の手仕事である。腰蓑の製作でとくに重視されるのが藁の選別である。伝統的な腰蓑は、もち米の藁であるモチワラ（糯藁）を利用してきた。この藁は長くて太く、粘りがあって編みやすいからである。しかし、近年は適度な長さの藁がなく、入手が次第に困難になっている。

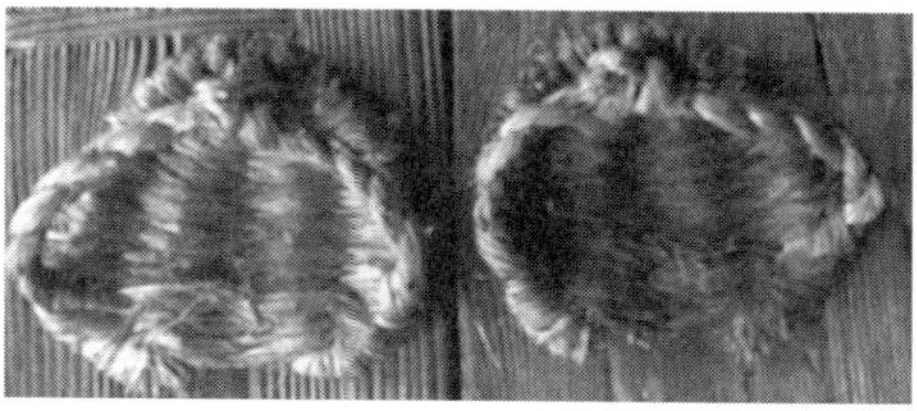
写真5-3　足半。藁で編んだ足先だけの草履（鵜匠家所蔵、岐阜県岐阜市、2024年4月、筆者撮影）

足半

足半は藁で編んだ足先だけの草履である（写真５‐３）。足半は履くと動きやすいとされ、かつては農作業や漁においても利用されていた。足半の製作は、腰蓑と同じように鵜飼が終了したあとの冬季におこなわれる。鵜匠たちは腰蓑作りの合間に足半も多く作りためておく。足半は漁による損傷が激しい消耗品だからである。足半の形態は、過去より使用されてきたものとほぼ同型である。

以上、長良川の鵜飼で利用される装束を概観してきた。鵜飼漁は舟上での動作、とくに上半身を使った動作が多い。よって、漁服は前方で手や腕を動かしやすいように脇部分のマチや袖口の絞りなど工夫がなされている。また、篝火の近くで漁をする必要があるため、烏帽子は熱に強くて硬い麻布が利用される。これらにくわえ、観覧船からの見栄えも意識し、漁服の着装や烏帽子の形などにも気を配る（夫馬 二〇一五：一三六）。このように、鵜匠装束は漁の労働着と見せる装束という二つの側面を併せもつ特徴がある。

三、腰蓑の製作技術とその独自性

前節で鵜匠装束の構成要素を概観した結果、装束には漁の労働着と見せる装束という二つの側面があることがわかった。これを踏まえ、本節では腰蓑に注目し、鵜飼の腰蓑がもつ独自性について検討してみたい。ここで腰蓑を取りあげるのには理由がある。日本では古くから稲の刈り取り後の藁を利用し、防水や防寒の労働着として背蓑や肩蓑、胴蓑、腰蓑などが作られてきた。とくに、漁の労働着としての腰蓑は地域や漁法により自然環境や作業強度が異なるため素材や形態もさまざまであった。たとえば、磯漁や網漁で用いられる陸前高田の腰蓑（モグミノ）は海草（アマモ）で作られていた。この腰蓑は「昭和初期にゴム製の前掛けが普及し始めると次第に使われなくなり、戦後にはほとんど見られなくなった」（陸前高田市立博物館 二〇二三：三一）とされる。腰蓑の利用に関しては他地域も同様であったと思われる。こうしたなか、いまでも利用される鵜飼の腰蓑を調べることで、鵜匠装束の特徴が導きだせるのではないかと考えたからである。とくに、製作過程を捉えることでその独自性が理解できると考えた。以下では、鵜匠による腰蓑の製作技術を記し、鵜飼の腰蓑にみられる特徴について検討してみたい。なお、本来であれば各地の腰蓑も一つひとつ説明する必要があるが、本章では紙幅の関係で割愛する。

三－一、腰蓑の製作技術

ここでは腰蓑の製作技術を明らかにする（写真５‐４）。前述のとおり、腰蓑を編む作業では長く刈りとられたモチワラ（糯藁）がよいとされる。現在、鵜匠家では農家などにモチワラの調達を特別に依頼している。モチワラはできるだけ手で刈り取ったものがよいというが、近年ではコンバインが刈り取ったものも利用している。しかし、後者の藁は傷がついていることが多く、編んだり曲げたりするときに折れてしまうことが多い。よって製作時はできるだけ長い藁を入手し、傷などを丹念に確認する必要がある。また、編む作業のまえには藁に霧を十分吹きかけて柔らかくしておく。これを「湿りかう」という。湿らせると編んでいる最中に切れにくいからである。

藁を打つ

腰蓑を編む作業は、藁打ちから始まる。入手したばかりの藁は硬くて柔軟性がない。そのため、藁の束を根元から穂先まで横づちで何度も叩いて柔らかくする。藁を打つと最初は外側が柔らかくなり、

写真5-4　現在使用されている腰蓑（左）と着装した状態（右）（鵜匠家所蔵、岐阜県岐阜市、2024年4月、筆者撮影）

内側は硬いままである。そこで、途中で外側の藁を内側に入れるなどして全体をまんべんなく打つ。ただ、藁を打ちすぎるのもよくない。打ちすぎた藁は節と節の間が割れたり、先端が切れたりするからである。そのため適度な柔らかさかどうかを、たえず手の感覚で判断する必要がある。この判断には経験が必要だという。

ツボを作る

ツボとは、二本の藁に撚りをかけながら綯《な》うことで一本にしたものである。腰蓑の上部に使用される。二本の藁を綯うことで藁に柔軟性と強度がつき、鵜匠の激しい動作にも耐えられる。また、腰蓑が締めやすいという利点もある。なお、二本の藁を綯わない藁のことをカケソとよび、横づちで打ったものをそのまま利用する。

ツボ作りは、まず節の間隔が揃う二本の藁を選ぶ。そして、藁の先端を万力などで固定する。かつては足の親指に巻いて固定していた。その後、藁に水をかけて柔らかくし、両手のひらで撚りながら、二本の藁を一本に綯う。このとき、一本がまっすぐになるように留意する。一着の腰蓑を作るのに必要なツボは、鵜匠の体型にもよるが約三〇〇本である。一シーズンで五着作る場合は、一五〇〇本から一八〇〇本ほどツボを綯う。

腰蓑を編む

つぎに、編み台に重石を巻いた紐を用意し、その紐で藁を一本一本固定しながら腰蓑を編みあげていく。いわゆる、ムシロを編む要領である。具体的には、ムシロの編み方と同様で、重石を巻いた紐を前後させながら藁を挟み込んでいく。編むときの力加減は重石の重さにゆだねることになる。編むときは、ツボとカケソを交互に重ねて編み込んでいく。まずツボを一本とり、その上にカケソを一本重ね、これを一組とする。これを紐で固定する。そしてまたツボを一本とり、という作業を繰り返す。ツボとカケソを揃えて並ぶように編み込むことで藁の隙間が閉じ、防水性がより高まる。また、こうすることで見栄えもよくなる。編み始めは、意図的に太くて丈夫な藁を選ぶ。これは、腰蓑の端部分は傷みやすく、かつ腰蓑を着用するときにきつく絞る部分であり丈夫さが求められるからである。

カシラを組む

カシラとは、腰蓑の上端にある腰紐が入る部分のことである（写真５-５）。この部分を綺麗に揃えて仕上げることを「カシラを組む」という。カシラの組み方は、編み物の仕組みと同様である。つまり、ツボとカケソの二本を一組として、一組ずつの藁を交互に交差させていくことを繰り返していく。このとき、順番を飛ばさないように留意する。カシラを組むという表現は、藁を交差させて締めるという一連の動作の繰り返しのことである。カシラを組むときは力加減が難しいという。緩すぎると解けてしまい、強すぎると藁が切れるからである。カシラを組むとき、一組の藁を交差させながら編んだ藁の上部（アタマという）をまっすぐに揃えることが重要だという。カシラがまっすぐに揃っている状態は見栄えがよいからである。

写真5-5　腰蓑の上部。腰紐が入る部分をカシラとよぶ（鵜匠家所蔵、岐阜県岐阜市、2012年1月、筆者撮影）

腰蓑の仕上げとアク抜き

カシラを組んだあと、飛びだしている藁を切り揃える。これを「アタマを切る」という。このように、腰蓑は藁を打ち、ツボを作り、カシラを組んで最後にアタマを切り揃えて完成となる。しかし、この状態で腰蓑が使用できるわけではない。新たに腰蓑を完成させると、アクを抜く必要がある。アク抜きは水を入れたプールや水槽、たらいを利用し、水のなかに全体を入れ込む。アクがついた状態のままだと、乾燥した日は藁も乾燥して切れやすくなるからである。こうしてできた腰蓑は、外側を表に出し、巻いて保管される。

三－二、鵜匠がもつ腰蓑の独自性

藁製の腰蓑は、前述のように各地の漁撈活動において労働着として活用されてきた。各地の腰蓑は身近な自然環境から入手した素材が巧みに加工され、独自の技術で製作されていた。たとえば、気仙地方の腰蓑は「普通海草で作りますが、昔は狸や豚の皮でも作った」（金野 一九七六：一六八）とされ、海草の腰蓑も「赤い鉱石のまじった土水に浸しておくと色が黒く発色して染物と同じ効果を出す」（岩手県教育委員会 一九七九：二九）というように生活の知恵をもとにした独自の技術で制作されていた。このような各地の腰蓑と比べると、いまの鵜匠たちが使用する腰蓑にどのような独自性があるのだろうか。筆者によるこれまでの調査結果を踏まえると、鵜匠たちの腰蓑には丈夫さと美しさを併存させる点に特徴があるといえる。

腰蓑は何よりもまず丈夫でなければならない。そのため、藁の素材や入手先へのこだわり、腰回りを丈夫にするためのツボ作り、防水性を高めるためにツボとカケソを組み合わせて編む方法など、漁の労働着として十分に機能するための技術が保持されている。くわえて、腰蓑作りでは、カシラを組むとき、二本の藁を交互に腰紐に巻きつけながら編み物のように交差させていく。この技術によって腰部分の耐久性が高まるだけでなく、見た目の美しさもくわわる。また、カシラの上部がまっすぐに切り揃っている状態が最高だとされる点や、二本の藁の節と節が合うものを選ぶことできれいな仕上がりのツボを作る点、藁の内部まで水分を十分に含ませることで藁を柔らかくし、一本ずつ撚りをかけて全体の見た目をよくする点など、仕上がり後の見栄えを意識した技術もみられる。すなわち、製作には丈夫さと美しさの二つを求める技術が併存しているといえる。

ここで重要な点は、丈夫さの範囲内で見た目にこだわっていることである。すなわち、丈夫さがすべての基本であり、それを損なわない範囲で見た目の美しさが加味されている。逆にいえば、観光鵜飼になった現在でも見た目のために丈夫さを犠牲にして変更したところはない。これは、鵜飼というのは生業の技術であるため、舟上での激しい動作に適し、それに耐えられる装束をいまでも重んじているからである。さらにいえば、鵜飼は舟上で火を扱い、水面では鵜を扱い、川を狩り下りながら魚を捕る漁法である。よって、漁の最中にひとつ間違えれば舟上での延焼や川への落下、岩への衝突などで命の危険につながることもある。したがって、装束は腰蓑だけでなく、漁服や胸当なども含め動きを妨げない形態に洗練され、鵜匠たちもそれを重視しているのである。

四、鵜匠装束の機能美

本章では、装束を構成する要素やその製作方法の記述を通して、鵜匠装束には漁の労働着と見せる装束という二つの側面があることを指摘した。さらにいえば、丈夫さと見栄えという側面のなかで、見栄えへのこだわりは丈夫さを損なわない範囲内でなされていることもわかった。鵜飼は舟上で篝火を使い、川面では鵜を操り、流れの速い河川を下りながら魚を捕る漁法である。いまでは観光化されているとはいえ、少しでも作業を誤ると火傷や転落、座礁の危険性がある。よって、操業中の動きやすさの重視や火に強い麻布の使用など、仕事着としての機能を最優先させている。その上で、鵜飼観覧における見せる装束としての側面も考慮している。このように考えると、鵜飼観光では鵜匠装束や装身具のいわば機能美をみているのではないだろうか。

ただ、このような解釈は筆者が主に調査をする長良川の鵜飼から導きだしたものである。本書の第一一章でも記されているが、長良川の鵜飼は近世期にアユの捕獲と貢納を通して尾張藩と強いかかわりをもっていた。そして、安定したアユ需要に対応するかたちで、多数羽の鵜を利用する漁撈技術が発展した。また、この地の鵜飼は過去より尾張藩主および諸国大名の観覧対象にもなっていた。こうした特殊な歴史背景があっていまの漁撈技術や鵜匠装束ができあがった。したがって、長良川以外の鵜飼で利用されている装束とは大きく異なることが想像できる。

　事実、筆者の予備的な調査を踏まえると、各地の鵜飼では舟上での姿勢や漁の方法によって着用する装束が異なる。たとえば、日田鵜飼では鵜匠が舟のなかで腰を屈めた姿勢で鵜を操る。このため、腰蓑の製作では硬くて中腰になるのが難しい藁は避け、川岸に自生する柔らかい素材のカヤが用いられる。また、原鶴鵜飼の鵜匠たちは、漁としての意識が高く、労働着として動きやすい防水用のビニール製カッパを着用し、腰蓑はつけない。頭部には烏帽子の形態をした被り物をするが、これは汗を止める実用的な目的で利用しているという。

　このように、鵜匠装束は漁の方法や鵜飼に対する意識、観光鵜飼の開始時に長良川鵜飼を参考にしたかどうかによって大きく異なる。過去には日本各地一〇〇か所以上で鵜飼がおこなわれていたというが、着用されていた労働着は多様であったと推測される。ただ、各地の鵜飼に関わる資料は少なく、なかでも衣装に言及したものはほとんどない。今後は、現在おこなわれている鵜飼の調査や絵画資料の熟覧を通して装束の変遷を明らかにする必要がある。

第六章　アユ――その生態からみた鵜飼

井口恵一朗

一、アユ科の系譜と生活史

一九七二年、島根大学の学生が、一〇〇〇万年前の地層（島根県松江市）のなかから、小さな魚の化石を掘りだした。当初はワカサギのなかまと同定され、博物館の片隅で忘れ去られてきたが、やがて再調査の機会が訪れる。電子顕微鏡を使って詳しく標本を観察した結果、分類学的にみて現生のアユそのままのアユであることが判明した（Kodera and Tomoda 2012）。決め手は櫛状歯とよばれる特徴的な歯で、これを両顎に備えている魚はアユをおいてほかにない。これまで三〇〇万年前と考えられてきたアユの出現時期が、新たな発見により一〇〇〇万年前まで遡ることになった。興味深いのはその年代で、地殻変動が日本列島を大陸から引き離し始めた時期に相当する。

アユの分類学上の立ち位置は変則的で、アユ科アユ属を構成する唯一の種とされる。ＤＮＡマーカーを使った系統解析によると、アユ科はキュウリウオ科やシラウオ科と祖先を共有し、アユ科、シラウオ科、キュウリウオ科の順で分岐したと考えられている（Ishiguro et al. 2003）。キュウリウオ科には、食用魚のワカサギやシシャモなどが含まれる。これら三つの科はともに沈性付着卵というカテゴリーの卵を産出し、外洋の魚に多い拡散するタイプの卵とは性質が

写真6-1　一定の空間内をパトロールする奄美大島産アユの成魚。体表の鮮やかな黄斑はナワバリ個体の証。背鰭を広げる行動（ディスプレイ）により侵入個体を威嚇している（鹿児島県奄美市、2015年7月、米澤俊彦氏撮影）

異なる。受精した卵が何か硬いものに触れると、卵膜が即座に反転して、基質に付着する仕組みが備わっている。そのため小砂利などの基質がなければ、産卵行動のスイッチが入ることはない。生まれたての仔魚は、鰭も鱗もなく、シラスとよばれる透き通った体つきをしている。なかでも、シラウオ科は変わり種でネオテニーという特異な発育様式を採用したため、変態することもなくシラスの姿のままで大きくなって繁殖をおこなう。一方、キュウリウオ科とアユ科では、稚魚の時代が終わるとストリームラインの輪郭を完成させる。流線形の体躯は水の抵抗を受けにくく、スピードを落とさずに進行方向を変えることができる（写真6-1）。

キュウリウオ科やシラウオ科の魚類とアユ科の生活史には、大きな違いがある。アユ以外では、生涯を沿岸域で暮らす魚種が大半を占め、一部が産卵のために河川を利用する。ところが、かつては海水魚だったアユの祖先は、淡水域への進出を大々的に果たしていった。前半生を海で過ごし、後半生を川で過ごすという本種の生活スタイルは、両側回遊とよばれる。秋の終わりが近づくと、孵化直後の仔魚は、早瀬のなかの産卵場から河口まで流下する。冬の間は波打ち際の砕波帯に棲み処を定め、カイアシ類などのプランクトンを食べて過ごす。春が来て水が温み始めると、最寄りの川を遡る。河川内を移動する間に歯が生え替わり、瀬と淵が交互に連続する中流域に到達すると先着順で定住生活に入る。夏の間は餌の付着藻類をめぐってナワバリ制社会を発達させる。秋が近づいて日が短くなると、性成熟の開始を合図にナワバリは解消される。繁殖の準備が整った個体から、群れを作って下流の産卵場を目指す。浮石の川床では産卵行動が繰り広げられ、体中のエネルギーを使い果たした親魚たちは、一年の生涯を閉じる。

日本列島は縦に細長く、脊梁山地を出発する川はどれも短くて速い。遡上の途についた若アユは、最初に砂や泥が堆積する下流域を通過する。この区間の食べ物は水生昆虫や石面から剥離した藻類などの流下物が主体で、それまで使ってきた円錐状の歯が役に立つ。さらに遡上を続けて瀬と淵が交互に連なる中流域に到達する頃には、ヤスリのような櫛状歯に生え替わる。この新しい歯は、石の表面に付着する藻類を削り取って食べるのに適している。スピードを出して泳ぎ回るアユにとって、抵抗の少ない流線形のボディは重要である。藻類が消化に悪いからといって、いたずらに消化管を延ばして腹部を膨満させるという選択肢はない。大アユに向かって成長量を稼ぐには、ひたすら食べ続けるほかはない。上流域の景観を代表する渓流では、河畔の木々によって日射が遮られる。藻類生産が下げ止まり傾向にある環境は、アユの生息には向いていない。繁殖シーズンが近づくと、中流域のなかでも海から最短の距離にある瀬を選んで産卵場が形成される。泥っぽい下流域に入ると、砂利などの産卵基質が乏しくなり、産卵場の条件を満たす川底はなくなる。孵化したばかりの脆弱な仔魚は、ただ受動的に流されるだけで降海を完遂させる。

現在のアユは、オホーツク海沿岸地方を除く日本列島のほぼ全域で再生産を繰り返し、しっかりと根をおろしている。本種の回遊現象は、島嶼河川に特有の環境条件と祖先から受け継いできた形質の絶妙なマッチングの上に成立する。なかでも、石の基質を必要とする付着卵やシラス型仔魚の貧弱な運動性能などは、系統的な制約とみなされる。河川内を流下する仔魚に摂餌の機会はなく、もたもたしていると頼みの綱の卵黄を使い切ってしまう。産卵場から河口までの距離が遠くなればなるほど、増大する飢餓リスクが生残確率を引き下げる。日本列島のアユが繁栄を築きあげてきた背景には、河川中流域への良好なアクセシビリティが深く関わっていると考えて間違いない。そして、この河川中流域こそ、日本各地で大小の鵜飼が盛んにおこなわれていた漁場である。さらに、鵜飼は春から夏にかけて最盛期を迎えるが、この時期は瀬と淵が交互に連なる中流域に到達したアユが大きく成長するときでもある。

二、アユが目当てにした付着藻類

キュウリウオ科の魚類は、北半球の高緯度地方に偏って分布する。それらとは系統的に近い関係にありながら、両側回遊魚のアユだけが分布の中心を中緯度地方に移して、温帯方面に生息圏を拡大させている。キュウリウオ科のなかにも、ある特定のタイミングで川のなかに入ってくる種類は存在する。繁殖間近のシシャモやワカサギは、礫質の産卵適地を求めて川を遡る。砂泥底の沿岸生息地では、産卵基質不足が制限要因となって繁殖成功を妨げてきたのかもしれない。河川進入は重要なターニングポイントとなる。アユにおいては、河川滞在期間の延長と連動させながら、南進を展開していったものと推察される。

アユがアユになる以前のいわばアユのプロトタイプを河川に向かわせた動機はなんだったのか。海洋の生産性は、高緯度側で高く、低緯度ほど低くなる。一方、内水面の生産性は、季節の影響を受けやすいものの、ざっくりとみれば、海洋とは逆の傾向を示す（Gross et al. 1988）。高緯度海域をあとにして南下の道を選んだアユの祖先にとって、これまで通りの海中生活を続けていたのでは、餌料供給が必要量を下回ってしまい予定した成長を実現できなくなる。けれどもそこに河川の生産力を導入すれば、不足した分の栄養を補うことができる。たしかに現生のアユは、南にいくほど海中生活期間を短くして、淡水への依存度を高めている。さらに、アユ祖先の河川進出を後押しした要因はほかにもある。湖や池のような止水のなかの一次生産は、植物プランクトンに委ねられる。一方、浮遊生活に不向きな流水のなかでは、石などの表面に付着する藻類が一次生産者の役割を担う。日本列島の淡水魚類相は、大陸由来のコイ科魚類を中心に構成される。コイ科グループの上下の顎には歯がなく、別途に咽頭歯とよばれる器官を喉の奥に備えている。たとえばコイの場合、砂泥底に突っ込んだ吻部から泥水を吸い込んでは口の中で餌を選り分けて泥を吐きだす。石面に付着した藻類を食べようにも、咽頭にある歯では歯が立たない。アユが出現する以前、日本の河川には餌資源たる付着藻類と藻食いという摂餌ニッチがセットで温存されていたことになる。

付着藻類には自己調節機能が備わっており、利用者側にしてみれば持続可能性の高い資源といえる。川底の石面には、流れの当たり具合に応じて、藍藻に珪藻や緑藻が絡みついた藻類群集が繁茂する。藻類細胞の増殖は、スタート直後の微増に始まって中段の急増を経たのちに鈍化に転じて終盤を迎える（図6-1）。最終局面に達した藻類マットは、付着基部が崩壊を起こし、剥離片となって流されていく。アユの食性が藻類に移行すると、早瀬の一定空間を防衛して食物を占有しようとする個体が現れる。これが摂餌ナワバリである。ナワバリ所有者は侵入者の撃退に時間を費やし、合間を縫って餌を摂る。速い流れのなかで細やかな動作を要求される本種にとって、ストリームラインの体形が威力を発揮する。大石の間をパトロールしながらの採食は、ナワバリ圏内の摂餌圧を分散させて、藻類密度を中庸の状態に保ってくれる。その結果、藻類の成長速度は高い状態で維持され、摂餌による減少分の素早い回復が見込まれる。見方を変えると、アユのナワバリ経営は、藻類の管理を通じて、自然の生産力を最大限に引きだしているといえる。

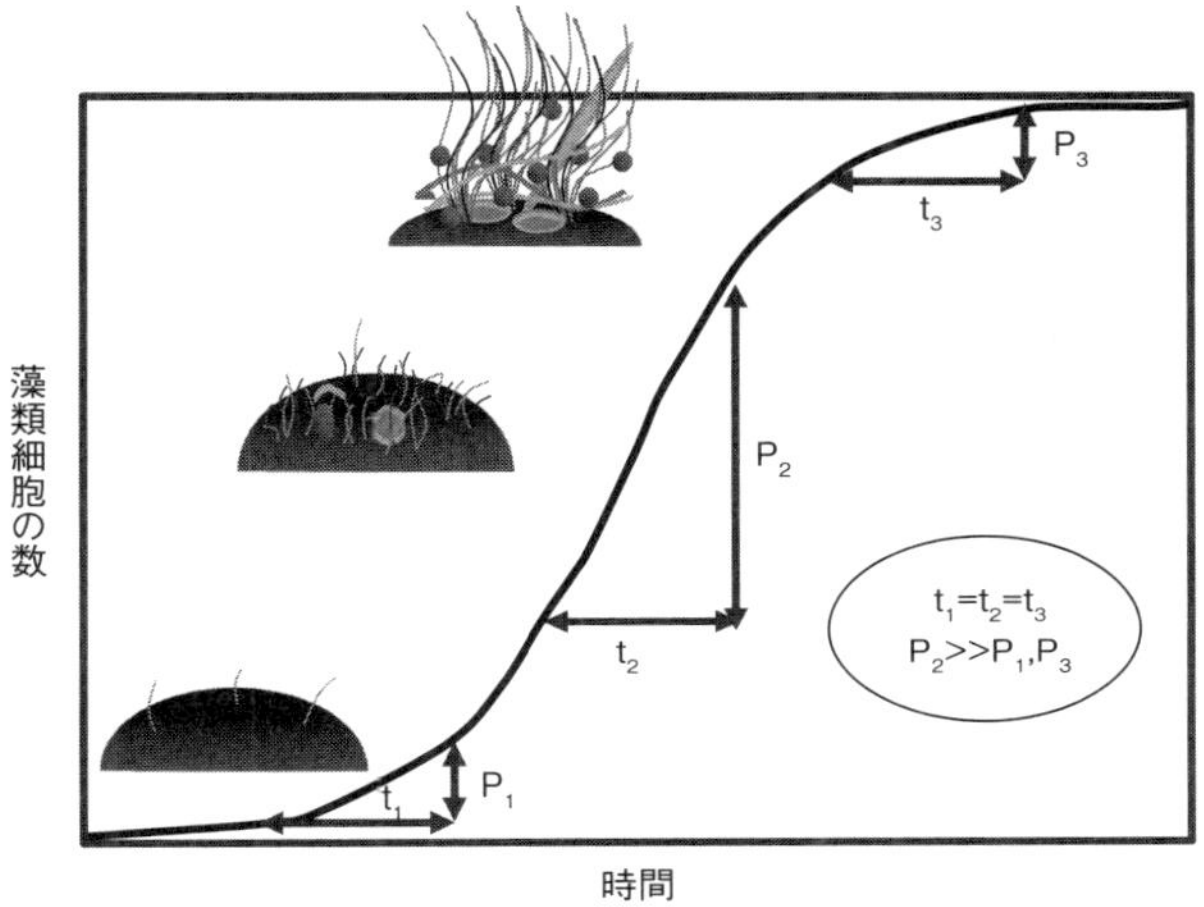

図6-1　付着藻類群集の成長モデル。単位時間あたりの藻類細胞の増加量は、序盤で少なく、中盤で多くなり、終盤で再び減少に転じる

出所：筆者作成。

ナワバリ防衛に奔走するアユには、藻類独占のイメージが先行するかもしれない。しかし、実際は大きく異なる。摂餌の瞬間、アユは石表面に勢いよく横面を押し当てながら、櫛状歯で削った藻類を開いた口で受け止める。餌を吸

い込むという積極的な動作が欠けているため、せっかく削り取った藻類も半分近くが口外にこぼれでてしまう。洗練された食事の作法からは程遠い。さらに、個々の藻類細胞を取り巻く細胞壁は難物で、消化・吸収に手間を要する。アユの体内に取り込まれた藻類細胞の半分近くが、生きた状態で糞として排出される。スレンダーボディに収納された消化管では寸足らずなのかもしれない。結局、一回の摂餌動作で剥がされた藻類のおよそ七〇パーセントが、粒状有機物（ＰＯＭ）として後方に散布される（Abe et al. 2023）。アユが供給するＰＯＭは、付着藻類を刈り取る能力のない魚種や濾過食をおこなう水生昆虫にとって貴重な餌源となる。さらに今度は、こうした一次消費者が高次の捕食者たちを支える。また、基質を離れたら流されるだけの藻類にとって、運びあげの仕組みがなければ、流程分布の維持は困難になる。アユが摂餌地点より上流側で排泄をおこなえば、流れに逆らうかたちで藻類の移動が実現する。以上のように「三方よし」の循環系を駆動させる中枢種として、日本の河川生態系におけるアユの存在意義は大きい。

このように、かつて日本列島のなかで未利用資源であった付着藻類と藻食いという摂餌ニッチを同時に獲得したアユは、藻類の高い生産性に支えられるかたちで分布域を広げ、個体群を維持させてきた。これが日本各地でアユを狙う漁法が広くみられる要因であり、その漁法が過去より長く続けられてきた理由でもある。

三、魚食性鳥類の摂餌戦略

カワウやアオサギなどの上位捕食者は、アユを含むさまざまな動物を餌として利用する。捕食者と被食者の関係性は、捕食者の餌項目の数だけ存在する。種間のかかわりが食う・食われるに代表される敵対的な関係に偏っていくと、生態系全体の安定性は損なわれていく。一方、アユの食べこぼしのように、分配を通じて他種の助けとなる相利的な結びつきが増えていくと、大方の予想に反して、ここでも生態系の維持が難しくなる。シミュレーションによると、敵対的関係と相利的関係が適度に混ざり合った状態で生態系に安定性がもたらされるという（Mougi and Kondoh

2012)。この結果は興味深い示唆を与えてくれる。たとえば、カワウがアユ狙い一色に染まったり、有害駆除からカワウが殲滅させられたりすると、生態系自体が劣化する羽目に陥るということである。

カワウは、一九五〇年から一九七〇年にかけて個体数の減少が続いた。一九八〇年ごろには日本全体でおよそ三〇〇〇羽にまで落ち込んだものの、その後増加傾向に転じて、二〇〇〇年以降は主な生息地だけでも七万羽から一〇万羽を数えるまで増大した。内水面の魚食性捕食者として、カワウと比肩する存在がアオサギである。長野県の千曲川で同所的に生息する二種を材料に肝臓や筋肉組織を使って炭素・窒素安定同位体分析を実施したところ、別々の餌を食い分けているという証拠は見当たらなかった（Natsumeda et al. 2015）。カワウが潜水採餌を得意とするのに対して、アオサギは浅瀬で待ち伏せたり水辺を徘徊したりして餌を探す。水に潜れないアオサギにとって、カワウに驚いて深場から飛びでてくる魚は、摂餌の機会を増やしてくれる。逆にまた、アオサギを恐れて深場に逃げ込む魚がいれば、カワウの出番となる。瀬と淵が続く環境に順応した両種は、ときに共同戦術を採り入れながら、頂点捕食者としての地位を確保している。

近年、遊漁解禁前の河川にカワウが大挙して押し寄せてきては、せっかくの放流アユ種苗を大量に捕食する事例が頻発している。食害にたまりかねた漁業者の間で、駆除を求める声が高まっている。山梨県は内陸に位置するため天然アユの遡上は少なく、アユ漁場の多くが種苗放流によって維持される。解禁まえの甲府盆地では、コロニーで一夜を過ごしたカワウが、その日の採食場を目指しては数羽単位で飛び立っていく。目的地までの距離はまちまちで、平均すると一〇キロメートル程度を移動する。投網による魚類調査では、カワウの採食現場付近で潜水ポイントを中心に魚影の濃さが際立っていることがわかった（井口ほか二〇〇八）。魚種の内訳をみると、ほかを抑えてアユが優占する。アユ漁解禁まえの川筋では、アユに偏った捕食が繰り返される見当である。この結果は、特定の魚種に対する選好性はないとする従来の見解には馴染まないようにみえる。実際に、カワウがアユを好んで食べているのかどうかはわからない。孵化場由来のアユ種苗には、人工的な給餌環境に慣らされて、外敵から逃避する性質が鈍化した個体も含まれる。捕まえやすい餌から狙うのがカワウの習性だとすると、野性味に欠ける放流アユが格好の餌食になるのも無理はない。

かつてのカワウは人間活動から距離をおいた生息地を好んでいたが、最近は都市化された地域にも進出するようになった。ヒトの接近を察知した鳥が飛び立つ際の間合いは飛行開始距離（ＦＩＤ）と定義され、逃避行動発現の限度とみなすことができる。このＦＩＤを用いて、都市部と農村部（ともに群馬県）のカワウを対象に、対ヒト危機回避の実態を明らかにした（Iguchi et al. 2015）。水面に浮かぶカワウに近寄っていくと、都会のカワウは田舎のカワウよりも短いＦＩＤを示した。農村と違って、都市部にはカワウの動向に無関心なヒトが多いせいかもしれない。カワウが飛び立った直後にエレクトリックショッカーを使用すると、その場にいる淡水魚を漏らさず捕獲することができる。都会のカワウが迫りくる危機に抗いながら逃避のタイミングを遅らせた場には、アユの有無に関係なく、餌魚の蝟集が認められた。カワウの意思決定に、利得と損益の収支が影響を及ぼしていることがわかる。損得勘定に敏感なカワウであれば、得やすい餌から利用するというのも道理である。絶滅の深淵から急回復に転じた背景には、本種の臨機応変な摂餌戦略の関与がうかがわれる。

実際、鵜飼においてもアユばかり捕るわけではない。本書第一五章でも記されているように、鵜匠たちは漁場によってフナやコイ、ウグイ、オイカワ、カワムツ、ボラ、コノシロなど多様な魚種を漁獲していた。得やすい餌を捕食した結果である。逆にいえば、鵜匠たちはどの時期にどの漁場で何が得やすいのかを把握していなければ、狙う魚を十分に得ることができない。

四、大陸側の内水面事情

アユは中国にも生息する。ただし、東シナ海から南シナ海にかけての海岸線に点在する生息地は、わずかに一一か所を数えるのみだという。中国版レッドデータブックによると、本種の危急の度合いは深刻で、現生の国内野生種のなかでは「瀕危険」に次ぐ「易危」に位置づけられている。これまで長い間、中国とベトナムの国境を流れるKalong川が、アユの南限であると信じられてきた。ところが近年、ベトナム内部に立ち入ったTien Yen川でアユの生息が確認された（Tran et al. 2017）。この発見により、本種の分布限界は、さらに六〇キロメートルほど南に移動することとなる。ところが、残念なことに、孤立した大陸のアユは、どこでも減少の一途をたどり、回復の徴候はみえてこない。大陸を流れる河川はどれも大河の様相を呈し、長大な下流域を擁する。海と中流域を短い距離で繋いで、アユの生息条件を満たしてくれる小規模河川が、大陸にはほとんどない。

東南アジアから中国南部にかけては米中心の食生活が普及している。野生のイネは熱帯地方の水生植物であり、栽培種の起源を長江に求める説が有力である。したがって、本来の稲作には、高温多湿な気候条件が適している。はるか昔、モンスーンが作りだす氾濫原のなかに水田が築かれ、稲作の歴史が始まる。水の消長にあわせて、一時的水域としての機能を継承した田んぼには、水路を伝って本川からさまざまな種類の魚たちが入り込んでくる。贅沢をいわなければ、農繁期であっても食材集めには困らない。水耕栽培のイネには連作障害が起こらない。だからといって苗間の除草を怠けていては、確かな収穫を手にすることはできない。イネと雑草は、水中の栄養分を取り合う競合の関係にあるからである。日々の過酷な労働に追われる稲作農民にとって、身近な淡水魚は、動物性タンパク質の供給源として不可欠の食料だったに違いない。東南アジアの農村で、米作りと漁撈が一体となった生産様式が連綿と続けられてきた理由がここにある。

乾季に入ると、水の引いたところから作付けが可能になり、漁場から圃場へと様変わりする。田んぼ周辺での食材調達が難しくなるこの時節、淡水魚の確保が大きな課題となる。現代の中国では、鵜飼にコンパクトな舟が使われることが多い。持ち運びに便利な鵜舟があれば、特定の漁場に縛られることはない。カワウと道具一式を携えた漁師は、魚影を求めて駆け回ることができる。こうした鵜飼が淡水魚の安定供給をもたらし、稲作農民に重宝がられたとして

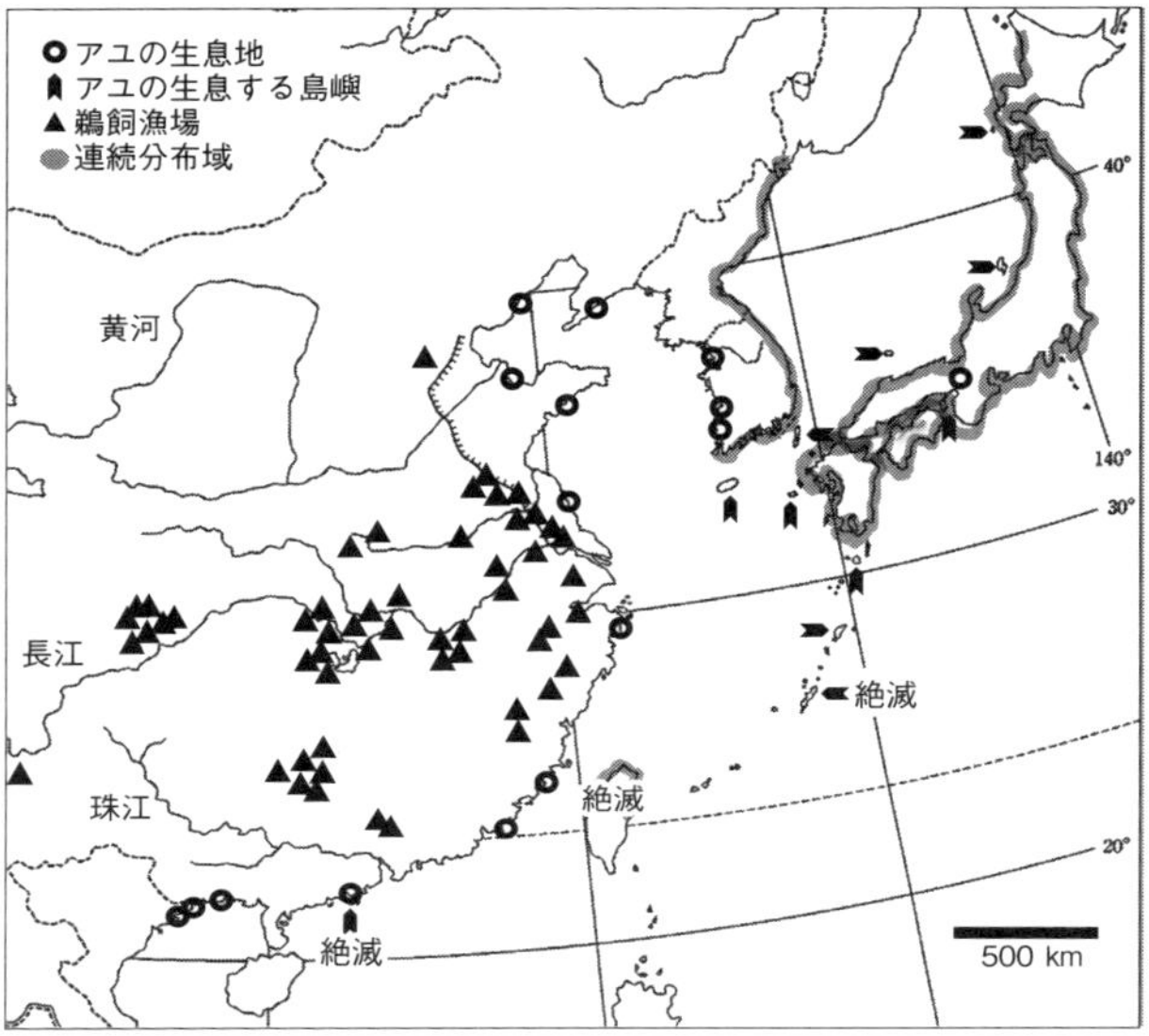

図6-2　大陸側におけるアユの生息地と鵜飼がおこなわれている地域

注：海岸線に沿った破線帯は連続して分布している地域を示す（矢羽印はアユの生息する島嶼を示す）。
出所：卯田宗平氏の協力をもとに筆者作成。

も不思議はない。需要と供給がうまくかみ合って、生業としての鵜飼が広まっていったのではないだろうか。濁りがちな淀みでおこなわれる中国の鵜飼は、長江中下流平原や四川盆地、華北平原に集中する。中国北部の麦作地帯は乾燥しているため、鵜飼に適したクリークが少ない。中国全土を俯瞰すると、稲作地帯に散在する鵜飼漁場と沿岸のアユ生息地は重複していないことがわかる（図6-2）。中国鵜飼の射程にアユは含まれていない。

日本でアユとよばれる淡水魚は、中国では香魚の名で知られ、かの地で鮎と書き記せば、それはナマズのことを指す。ちなみに中国のナマズと日本のナマズは同属の同一種で、前者が本家筋にあたる。中国鵜飼の獲物には、コイ、フナ、ドジョウ、ギギ、そしてナマズなど多くの種類が含まれる。止水の栄養に富んだ水で育った魚は、ときに泥臭く感じられることがある。そのせいか中国では、醤油や砂糖、酒などで素材を煮込む紅焼とよばれる調理法に人気がある。一方で、塩焼きがあまり好まれないのは、ハーブや香辛料を使わないシンプルな調理法では、泥臭さを消し去るのが難しいからかもしれない。海岸線に山並みがせまる温州（浙江省）では、絶滅に瀕するアユの再生を目指して、種苗放流などの取り組みがおこなわれている。当地の昔ながらのレシピでふるまわれたアユ料理が、まさに紅焼の一皿であった（写真6-2）。内臓を取り除かれたアユには濃い目の味付けが施され、金華ハムのトッピングが添えられている。アユを香魚とよぶわりには、本種の香りを楽しむ食文化は育まれてこなかったようである。

五、ヒトと風土と自然観

アユを漢字で鮎と書くようになった経緯は、『日本書紀』から読み解くことができる。以下は新羅遠征をまえにした神功皇后が玉島川（現、佐賀県唐津市）に立ち寄ったときの記述である。

針を勾《ま》げて鉤を為《つく》り、粒を取りて餌にして、裳の縷《いと》を抽き取りて緡《つりいと》にし、河中の石上に登りて、鉤を投げ祈ひて曰はく、「朕、西、財国を求めむと欲ふ。若し事を成すこと有らば、河の魚鉤を飲へ」とのたまふ。因りて竿を挙げて、乃ち細鱗魚《あゆ》を獲たまひつ。時に皇后の曰はく、「希見《めづら》しき物なり」とのたまふ。

（小島ほか　一九九四：四二一）

釣果で吉凶を占ったという伝説が残されている。アユ釣りの話が実際のできごとであるかどうかは別にして、『日本書紀』が編纂される以前から「餌で釣れるのは珍しい」というアユの生態がなかば常識として流布していたようである。神功皇后のアユ釣りは旧暦の六月ごろにおこなわれており、ちょうど若アユが遡上する時期（新暦四月）に相当する。櫛状歯に生え替わるまえであれば、漂流物を餌と間違えて食いつく可能性がないわけではない。さすがに「大物」

写真6-2　浙江省温州で提供されたアユ料理の一皿。醤油を使って濃い目の味付けがなされている（2008年8月、著者撮影）

の出現となれば疑わしいが、深読みのできる内容が含まれている。

弥生時代になると各地に稲作が広まった。耕作に適した川沿いの平地に人びとが集住するようになって、村が形成された。もともとが熱帯起源のイネは寒さには弱く、開花時期の最低気温が閾値を下回れば結実しなくなる。温帯の風土で稲作に適した時節は限定され、年に一度の作付けで収穫までこぎつけなければならない。村人は総出で米作りに精をだし、働き詰めの日々を送る。近くを流れる川の岸辺に佇めば、透き通った水のなかで、日毎に成長していくアユの姿を目にすることができたであろう。見えているのに捕まえられない状況はもどかしく、ひもじい思いをしていればなおさらである。朝に飛んできたカワウが潜った途端にアユをくわえて浮上する光景が日常となる。手懐けたカワウに獲らせたアユを皆で分かち合えれば、なかま内からの株があがること請け合いである。どこかの村の頭目がみずからの権威を誇示するために鵜飼の真似事を始めたとしても、荒唐無稽な話とは限らない。ちなみに村が繁栄すると、増加する生活排水が肥料効果をもたらして、付着藻類の成長は促進される。ゆくゆくは尺アユの里に発展するかもしれない。

進化の道のりをたどると、カワウもウミウもアユと同じ生態系を共有してきた間柄にある。鵜飼とはつまり、アユとは敵対的な関係にある捕食者を利用して成立する漁法にほかならない。河川の中流域で定住生活に入ったアユは、摂餌ナワバリを形成する。流程内のナワバリの数と大きさは、ナワバリ所有者の受け取る利得や損失に応じて変化する（Iguchi and Hino 1996）。たとえば、ナワバリ侵入者数が減少してほかの条件が同じままなら、単位面積あたりの防衛コストが小さく抑えられて既存のナワバリは拡大する。同じ水域内で鵜飼が常態化すると、強い捕食圧によって利得の期待値が押し下げられてナワバリの縮小が促される。増大した被食リスクがもとで摂餌機会の確保が難しくなると、魚の逸散を招いて漁場は崩壊する。昼間のアユは視覚を頼りにナワバリ侵入者の駆逐、捕食者の回避および付着藻類の摂餌をおこない、夜間は流れの緩やかな水底でじっとしている。暗がりで寝込みを襲われたとしても、夜目の効かないアユでは捕食者を認識することはできない。一定範囲の漁場でアユに的を絞った鵜飼を継続するのであれば、夜間の出漁が望ましい。よって、主にアユを狙う日本の鵜飼は夜間の操業が多いと考えられる。ただ、篝火が昼間と同じ明るさであたりを照らすことはない。夜鵜飼の成否の一端は、鳥目の暗視能力にかかっている。

いまから三〇〇年ほどまえ、釣れないはずのアユを釣りあげる画期的なイノベーションが開発された。竿からのびた糸の先には、釣り針と餌ではなくて、囮として生きたアユが結わいつけられる。釣り手は竿を操りながらナワバリと思しきあたりの水流に囮を誘導する。体に掛け針を装着された囮が既存のナワバリをかすめると、すかさず当の所有者から体当たり攻撃を受ける。接触を繰り返すナワバリ個体に、囮が振り回す針が掛かった瞬間、囮もろとも釣りあげられる。このユニークな釣法は、一般には友釣りという名称で親しまれている。友釣りはナワバリ防衛という社会的な行動に準拠しているために、漁場の劣化が起こりにくい。また、大掛かりな装備を必要としないため、一般人の参入にも門戸が開放されている。とはいうものの、遊漁としての友釣りが普及したのは戦後になってからの話で、それ以前は専門の職漁師の領域であった。友釣りの威力は絶大で、公共財の枯渇を防ぐという観点から、資源保護の発想が芽生えた。これが現代の漁業法に受け継がれて、内水面では漁業権の付与と引き換えに増殖の義務が課せられるようになった。種苗放流が増殖の主流となり、友釣りはかつての食糧調達の手段からレクリエーションへと変貌を遂げていった。そこに放流種苗を根こそぎ食べ尽くすカワウが現れて、漁業関係者から厄介者のレッテルを貼られるようになった。ただし、鳥の研究者を除けば、カワウとウミウを外見で識別できる人などほとんどいないのが現実である。

大学生にアユについて尋ねると、大方は知っていると答える。しかし、若者世代の半数以上は実際にアユを食べた経験がない。一般にアユといえばスーパーの鮮魚コーナーに並ぶパック販売の養殖ものを思い浮かべ、天然ものを目にする機会があっても高すぎて手が出ない。昔からアユには平生の食べ物というよりは、どこか特別なハレの日の御馳走という認識がある。たしかに強火の遠火で炙った塩焼きには格別の美味しさがあるが、ご飯のおかずというよりは、お祭りか何かの宴席の一品といった印象が強い。串を打ったアユの頭を下にして内臓を取らずに加熱する。丸ごといただいてこそ、本来の味、香り、歯触りが楽しめる。はらわたの苦みも味わって損はない。川を身近に感じる暮らしを送っていれば、郷土のアユの味を愛でるのは自然の成り行きとして理解できる。中国の鵜飼がかき集めてくる数多の淡水魚は、市井の人びとによって普段の食材として重宝される。一方、日本の鵜飼が提供する嘴跡のつけられたアユは、民衆の日常とはかけ離れた雰囲気を放つ。中国と日本の鵜飼には、対象とする獲物以外にも随所に違いが認められる。日本の鵜飼が漂わせる異質感の背景には、アユを育んできた風土が厳然と横たわっている。

第七章　鵜飼の美術
——平安時代から幕末に至る絵画化の諸相

三戸信恵

一、鵜飼の美術史を掘り起こす

日本では長きにわたり鵜飼が造形の対象として扱われてきた。古くは古墳時代の埴輪に例があり、中世の絵巻や漆工芸、近世の屛風、近代の洋画や日本画など、さまざまな時代やジャンルの作品に鵜飼をみることができる。

鵜飼の造形は、鵜飼習俗の研究においても早い段階から注目され、具体的な作例が紹介されてきた（ラウファー一九九六、可児一九六六）。美術史の立場からも、鵜飼を表した蒔絵作品を主な対象として、中世の六道絵や文献資料に現れる障子絵などに触れた日高薫（日高一九九三）、尾形光琳の鵜飼図を中心に、近世の鵜飼図の諸例を列挙した江村知子（江村一九九六）のように、鵜飼を題材とした作品の研究において言及されている。また、白水正は現存する絵画や工芸から鵜飼図を網羅的に集めて紹介し、さらに習俗研究の視点から個々の作品に関する詳細な検討をおこなっている（白水一九九四、二〇一五）。筆者も川合玉堂の鵜飼図に関する分析を試みた際、平安時代から明治時代にかけての鵜飼図の歴史を大まかにまとめたことがある（三戸二〇一五）。

こうした従来の研究を通して、存在が明らかになった作品の数は確実に増えてきている。だが、とくに近世初期までは現存作品が限られるため、歴史を掘り起こすには文献資料で補う必要があり、その点ではまだ十分材料が出尽くしているとはいえない。また、同じ鵜飼の図様が描かれていたとしても、それが仏教絵画なのか、物語絵なのか、風俗画なのかといった主題のジャンルによって、描かれる意味や目的は異なっているはずであり、作例だけでなく、作品を取り巻く枠組みや文脈も明らかにしていく必要がある。

そこで、本章では日本絵画を主な対象として、先行の研究により紹介されてきた作例を踏まえつつ、これまで取りあげられてこなかった作品や文献資料をくわえながら、鵜飼がどういった経緯や枠組みで描かれるに至ったのかを絵画史的な観点から明らかにしてみたい。なお、紙幅の都合により、対象とする時代は江戸時代末までに限る。

二、和歌と鵜飼の絵画化

本節では、日本の鵜飼が描かれるようになったもっとも早い事例として、平安中期の和歌の絵画化に注目し、そこから中世末まで、和歌という文脈のなかで鵜飼が繰り返し題材として取りあげられた過程を追っていく。

二－一、屏風歌の月次絵

日本では飛鳥時代に大陸から絵画技術が伝わり、本格的な絵画制作が始まった。ただ、平安時代前期までは唐風文化が奨励された時代であり、人物や風景を描くのももっぱら中国を題材とした「唐絵」であった。ところが、平安中期になるとその状況が変わり、唐絵をベースに、中国のモティーフが日本のモティーフに置き換えられていくことで、日本の風景や風物を題材とした「やまと絵」が描かれるようになったとされる（秋山 一九六四：四二一―五四）。

現在、当時のやまと絵は残っていないが、和歌に詠まれる内容がしばしば絵画化されていることから、和歌を通じて当時の絵画制作のありようを垣間見ることが可能である。そこで、鵜飼を詠んだ和歌から手がかりを探すと、紀貫之と平兼盛による次の三首が浮上する。[*1]

Ⅰ　六月うかひ
篝火のかげしるければ烏羽玉のよかはのそこは水ももえけり（『貫之集』）

Ⅱ　うかは
大空にあらぬものから川かみにほしとぞ見ゆるかがり火の影（『貫之集』）

Ⅲ　うかひの家のまへに河あり、うかふ
うかひする河べに年を送りつつうき世の中をしらでこそふれ（『兼盛集』）

Ⅰは九〇六（延喜六）年の内裏屏風、Ⅱは九二四（延長二）年の中宮穏子四十賀屏風（田中・田中 一九九七）、Ⅲは兼盛が没する九九〇（正暦元）年以前の内裏屏風の制作に際して詠まれたもの（田島 二〇〇七）で、すべて屏風歌である。屏風歌とは、屏風に添えられることを前提に詠まれた歌で、絵を見て詠む場合と、設定された題をもとに絵と歌が作られる場合があったとされる。いずれにせよ絵とセットだったとみてよく、文献上ながら、日本の鵜飼を描いた最初期の絵画作例に位置づけられる。

屏風歌の主題は単一ではなく、一月から一二月までの各月の風物で構成される月次の屏風が通例となっており、Ⅰの屏風では鵜飼は六月の題材に組み込まれ、ⅡとⅢについては順序からⅡが七月、Ⅲが八月と推定される。当時、都では夏に東の高野川と西の桂川が「禁河」とされ、五月五日から九月九日までの間、捕獲されたアユが毎日天皇に進上されていたという（小川 二〇一六：九―一一）。屏風歌の月はその期間内に収まっており、鵜飼が行事化されたことと、月次の主題にあてられたこととが関係しているとみてよい。

鵜飼がどのようなかたちで絵画化されたかは、詞書や和歌そのもので想像するしかない。Ⅲは詞書に「うかひの家のまへに河あり、うかふ」とあり、宣旨鵜飼（本書第九章参照）のように華やかなイベントとしてではなく、鵜飼の日常の営みを捉えた図様だったと推測される。

二-二、「月次の花鳥の歌の絵」

一三世紀前半、文献上に再び鵜飼の絵画化の例が登場する。それが『新古今集』の撰者であった藤原定家の「詠花鳥和歌」である。一二一四（建保二）年、後仁和寺宮の仰せにより、「月次の花鳥の歌の絵」のために新たに詠進したもので、一月から一二月までの花一二首、鳥一二首、計二四首からなる。そのうち、六月の鳥に鵜があてられ、「みじか夜のう河にのぼるかがり火のはやくすぎ行くみな月の空[*2]」と鵜飼が詠まれている。詠進の後にどのようなかたちで絵画化されたのかは不明だが、屏風などの大画面ではなく、巻物か冊子のような小画面を想定していた可能性が高い（武田 二〇〇八：五〇、渡邉 二〇一一：二二二）。

残念ながらこちらも当時の作例は現存しないが、江戸時代には定家詠花鳥和歌を題材とした絵画、工芸が多数残っており、参考になる。とくに、土佐光起「十二ヶ月花鳥図巻」（東京国立博物館）は、現存作例のなかでも早い時期のもので、朝廷文化の復興を目指した御水尾院の影響が指摘されている（遠藤 二〇一五：一三一–一三二）。ほかの大半の作例が花鳥画の体裁をとるのに対し、本作品では、桜狩や鷹狩など一部に人物が表され、六月の図には篝火のもとで二羽の鵜を操る鵜飼の姿が描かれている（図7-1）。定家が詠進した一三世紀の時点では、純然たる花鳥画ではなく、人事を含んだ平安時代以来の月次絵で

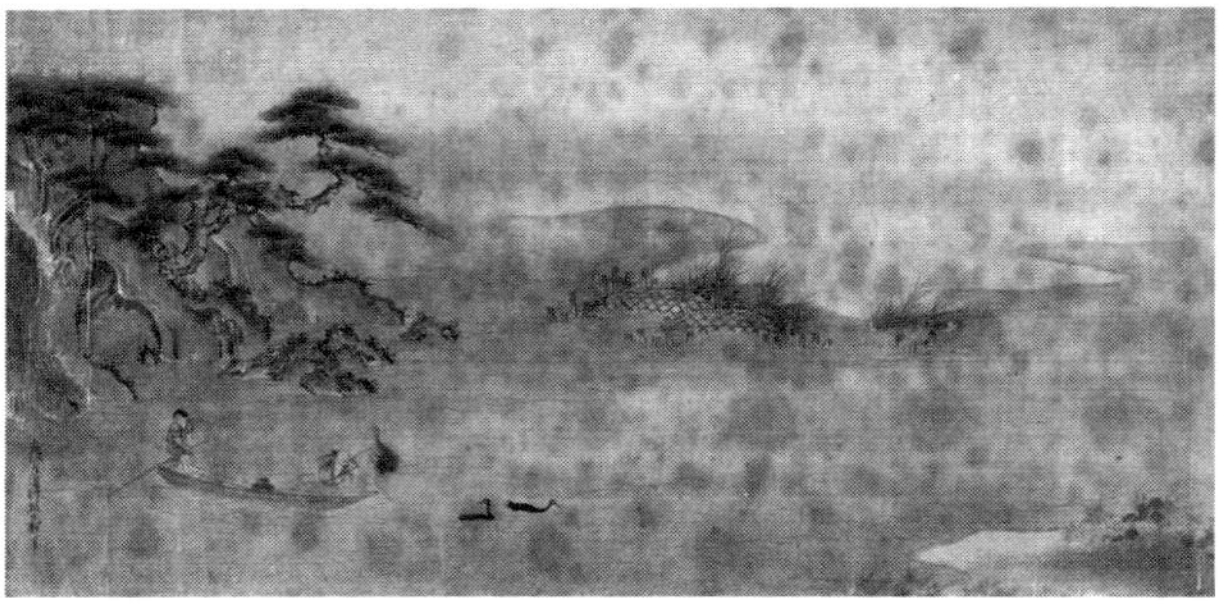

図7-1　土佐光起「十二ヶ月花鳥図巻」部分（東京国立博物館所蔵）
出所：ColBase（https://colbase.nich.go.jp/）

あったと考えられ（西本 一九八一：二二）、現存作例のなかでは成立時点の構想にもっとも近いもののひとつといえる。

二－三、鵜飼の名所を描く

季節の景物として鵜飼を絵画化した例は一四世紀後半の文献にもみいだせる。薬師寺公義の私家集『公義集（元可法師集）』には、後光巌天皇の側近であった柳原忠光の家の障子絵に寄せた和歌が四首収録される。それぞれ、桜の吉野山、春日社の鳥居に藤、宇治川の鵜飼、紅葉の宇津山を題材としており、障子絵は月次の名所景物画であったと推測される。鵜飼は「夕やみの色なる槇の島つ鳥宇治を夜川とかがりさすなり」[*3]と詠まれており、言葉通りにとれば、障子絵には宇治とわかるモティーフとともに篝火や鵜が描かれていたことになろう。

また、一四世紀の作とされる「山水人物蒔絵手箱」（ＭＯＡ美術館）（図７‐２）では、鵜飼の場面が蓋表と側面の二か所に表されている。蓋表では向かって左下に鵜飼で使う舟（以下、鵜舟）が配され、舟の上には左手に鵜使い、右手に船頭、中央に一対の鵜籠があり、鵜籠に渡した棒の上に鵜がとまっている。舟の周りには五羽の鵜が分散して浮かんでいるが、なかには鵜使いのほうを向く鵜もおり、鵜飼漁らしいようすを表現しようとする意図も窺える。側面にも同じく鵜籠を載せた一艘の舟と二羽の鵜を配するが、こちらの人物は舟を漕ぐ一人だけになっている。

この手箱の意匠には、鵜飼だけでなくさまざまなモティーフが盛り込まれて

図 7-2 「山水人物蒔絵手箱」（蓋表）全図および部分（MOA美術館所蔵）

いる。とくに、柴舟・蛇籠・水車・橋・柳という取り合わせからすれば、宇治を描いたとみるのが妥当である（日高一九九三：六六一―六六四、内田二〇二二：一九―二二）。だが、蓋表の中央に表される紅葉と筏流しに注目した場合、一義的には宇治川ではなく大堰川が想起されるという指摘もある（小池一九九一：二三五）。また、平安・鎌倉の和歌を通覧する限り、筏を詠んだ和歌で具体的な川名が挙がる場合はほとんどが大堰川である。また、一三世紀前半成立の歌学書『八雲御抄』では、「鵜」の項に「鵜川する所は多けれども殊よみならへる、大井、桂、うさぎ川、宇治など也[*4]」とあり、ここでも大堰川が一番に挙がっている。この手箱のように、蓋表の目立つ場所に筏流しと鵜飼が表されていれば、当時の人びとが第一印象で大堰川を想起することも十分にあり得よう。

この手箱が制作されるまでの時点で、鵜飼の名所として大堰川も宇治川も繰り返し歌に詠まれ、絵に描かれることで、どちらのイメージも共有されていたはずである。柳・柴舟・鵜飼の組み合わせなら宇治川だが、紅葉・筏流し・鵜飼を組み合わせたら、大堰川という答えにたどり着くほうが自然である。特定の名所を描いた可能性も否定はできないが、一方で、一つの場所や和歌に収斂するのではなく、受け手によってどちらにも解釈でき、大堰川と宇治川の鵜飼の和歌をいくらでも連想できる、開かれた趣向になっている可能性もあり得よう。

二-四、「扇の草子」の鵜飼図

一六世紀から一七世紀の初めにかけては、扇を象った画面のなかに歌絵を描き、その絵に相当する和歌を周囲に散らし書きした「扇の草子」が流行し、中世から近世初期にかけての新たな図像形成に多大な影響を与えたことが知られている。収録歌はじつに多彩で、各々の作例によって和歌の選択の方向性も異なるが、そのなかに鵜飼の和歌も含まれている。

ここではもっとも「扇の草子」らしい南園文庫所蔵の断簡（図7-3）を紹介したい。和歌は慈円の「うかひぶねあはれとぞみるもののふのやそうぢがはのゆふやみの空」が選ばれており、絵をみると、篝火を焚いた一艘の舟に二

図 7-3　「扇の草子断簡」部分（南園文庫所蔵）

人の鵜使いが乗り、各々が一羽ずつ鵜を手縄で操っているという、ほかの鵜飼図では見慣れない光景になっている。左側には宇治であることを示す柳と橋が描かれているが、面白いのは傍に一本の矢が飛ぶ描写で、矢は「や」、柳と橋で「うじがわ」、双方をあわせて「やそうじがわ」と読ませるようになっている（安原 二〇〇三：九六—九七）。こうした判じ絵の趣向が「扇の草子」の特色のひとつで、鵜飼を常識的に描くよりも、デフォルメやフィクションを交えて楽しませることに主眼を置いた例といえよう。

「扇の草子」は豪華本から手軽な版本まであり、絵入りの和歌集として幅広い社会層に楽しまれるとともに、一種のレパートリーブック（制作の際に画題や図様の参考にする資料集）としての役割も果たしていたとみられる（並木 一九八八：三五—三六）。「扇の草子」は歌材のイメージが流布し、共有される原動力になったのであり、「扇の草子」を通じて鵜飼の歌絵のイメージが中世から近世へと橋渡しされていくのである。

三、中世絵画にみるモティーフとしての鵜飼

前節では、和歌と絵画との密接なかかわりのなかで、鵜飼が絵画の主題として扱われてきたことを明らかにした。今度は仏教絵画や絵巻を手がかりに、鵜飼や鵜が場面のなかの一モティーフとして描き込まれているケースをみていきたい。

三－一、殺生禁断と鵜飼

鵜飼は殺生を悪とする仏教思想に基づいたイメージのなかにも取り込まれている。その早い例として挙げられるのが九品来迎図である。

典拠となる『観無量寿経』では、生前のおこないによって往生者を九つのランクに分け、殺生を含む「十悪」を為した者は下品下生に入る。一一一二（天永三）年に建立された鶴林寺太子堂の壁画[*5]では、一画面に大観的な景観が描かれるなか、下品は画面下半分近くを占め、仏堂の手前には獲物を担ぐ二人の猟師、水辺には網を引く漁師と舟に乗った鵜使いが描かれる（本書序章図1参照）。鵜使いは上半身裸で、烏帽子を被り、櫓を握って舟を漕いでいるように見える。舟の上には鵜籠と羽を広げる二羽の鵜が描かれる。

図7-4　模本「六道絵」のうち「畜生道」部分
（聖衆来迎寺所蔵）

また、六道輪廻の諸相を表した六道絵のうち、畜生道の図には、狩猟や弱肉強食といった殺生の場面が描かれており、そこに鵜飼を含む場合がある。

聖衆来迎寺所蔵本は平安時代中期の僧である源信の『往生要集』を典拠とする作品で、畜生道の「もろもろの水性の属は漁者の為に害せられ、もろもろの陸行の類は猟者の為に害せらる[*6]」という一節に対応して、画面中ほど右側に鹿狩と鷹狩、中央の水流に網漁、梁漁とともに鵜飼が描かれる（山本二〇〇七：五二）（図7－4、図は模本）。鵜使いは上半身裸（原本では褌姿、図7－4掲出の模本では腰蓑をつけた姿）で笠を被り、一羽の鵜を抱いているようである。傍らには傘を差した太鼓腹の男が座っており、漁師の頭領のようにも見える（加須屋二〇〇七b：二一八九）。一方、フリーア美術館所蔵の畜生道幅では、画面中央付近に鹿狩や鷹狩などの猟を配し、漁撈は下方に描かれる。聖衆来迎寺本は三種の漁撈を表していたが、ここでは鵜飼に集約され、舟には笠を被った鵜使いと鵜籠、水上には一羽の鵜が描かれている。

聖衆来迎寺本は一三世紀、フリーア本は一四世紀前半の作とみられる。両者に当時の鵜飼の実態がどこまで反映されているかは未知数だが、聖衆来迎寺本に関しては、描かれた動物が『往生要集』に言及される種属とは一致せず、当時日常目にしていた動物が取り込まれているとの指摘があり（加須屋 二〇〇七ａ：二二〇）、同時代のありようを一定程度は反映させていると考えてもよいだろう。

三－二、実景の中の鵜飼

今度は絵巻のなかに描かれた鵜飼に注目してみよう。一二九九（正安元）年成立の法眼円伊筆「一遍聖絵」では、巻第七（東京国立博物館）第四段に桂川での鵜飼が描かれる。舟に乗る鵜使いは褌姿で鵜を抱いており、聖衆来迎寺本六道絵の描写に通じる。舟の中央には一対の鵜籠が置かれ、傍にもう一羽の鵜がとまっている。

本図は一遍が京都の市中から桂に移った場面で、前段のにぎやかな町のようすから一変、鄙びた景色が描きだされており、夏の桂をそれらしく見せる意図がまずはあっただろう。鎌倉時代は名所絵でも説得力のある実景描写が求められた時代であり、本絵巻が名所絵的な性格をもつことからしても、鵜飼は一義的には実景らしさを出すモティーフとして選ばれたものとみてよい。*7

実景のなかに当世風俗として鵜飼を描くことは、室町時代から江戸初期にかけて流行した洛中洛外図屏風でもおこなわれている。洛中洛外図では鴨川の川漁が定番のモティーフとなっており、たとえば、現存最古の歴博甲本（国立歴史民俗博物館）では鵜の羽根がついた鵜竿で魚を網に追い込むようす、一七世紀初頭の作とされる堺市博物館所蔵本では網を引きながら鵜を放って魚を追い込むようすが描かれる。いずれも網を使った漁であり、桂川では舟を使った獲鵜（鵜に魚を獲らせる）であったのに対して、鴨川では網に魚を追い込む逐鵜（鵜に追い込ませる）が基本であったとみられている（白水二〇一五：一五）。

三－三、海景の中の鵜

「一遍聖絵」には鵜だけを描いた場面もある。巻一第二段では、一遍が故郷である伊予国から大宰府に旅立つこととなり、浜辺を歩くようすが表されるが、よくみると、浜辺に生える松には二羽の鵜がとまっている。このように海浜の鵜を描く例は、「北野天神縁起絵巻」（承久本、北野天満宮）、「善信聖人親鸞伝絵」（専修寺）、「男衾三郎絵巻」（東京国立博物館）など、中世の絵巻に散見され、定型化していたことがわかる。

諸例に共通するのは、実在する海浜が舞台になっている点であり、海景を実景らしく演出する目的があったものとみてよい。鵜は松にとまるだけでなく飛翔する姿や海に浮かぶ姿も描かれ、海に突きでた岩の上に鵜を配する図もある。荒磯の鵜に関しては、『八雲御抄』の「鵜」の項に「鵜のゐるいはと云は、あら海などにあり[*8]」とあり、本来は歌ことばから引きだされたイメージであったと思われる。荒磯の鵜は『万葉集』を淵源とする歌ことばだが、一三～一四世紀の歌集にもたびたび登場しており、実景らしさが求められた時代に、古典的な歌ことばが改めて注目され、活用されたものと推測される。それが絵巻のモティーフにも活かされ、松にとまる鵜から飛翔する鵜まで、多彩なバリエーションが生みだされていったのだろう。

四、近世の展開

以上、中世までの動向をたどってきたが、ここからは近世に目を移し、さらなる展開を追っていきたい。

四－一、古典的規範としての和歌と鵜飼図

まずは前代から続く和歌とのかかわりについてみてみよう。近世に入ると、和歌は宮廷文化を象徴する古典的な規範として機能し、和歌を題材とした豪華な屛風や絵巻、画帖が制作された。テーマは月次絵や名所絵、歌仙絵などさまざまだが、なかでも定家詠月次花鳥和歌は、将軍家や大名家、公家の需要が高く、将軍家の形見分けの品目に頻出し（玉蟲 一九八二：一〇二）、宮廷でも延宝度御造営の内裏の襖絵の画題に取りあげられている（藤岡 一九五六：二二二）。現在、京都御所に伝来する「四季屛風」も定家詠月次花鳥和歌を描くもので、幕末の安政度御造営（一八五五年）の際に作られたとみられ（遠藤 二〇一五：一一一一一三）、こうした上流階級での受容が幕末まで続いたことがわかる。鵜飼は六月に相当する右隻第六扇に登場しており、本章二－二で挙げた土佐光起の図巻と同じく古典的な図様で描かれている。

また、将軍家の居城である江戸城の障壁画にも、和歌にちなんだ鵜飼図が見いだせる。現在、障壁画は残っていないが、下絵を通じて主題やおおよその図様を確認できる。江戸城の御殿のうち、西の丸中奥の休息の間は、和歌に繰り返し詠まれた名所である歌枕がテーマになっており、下段の間に配された京名所のうち、桂川の図に鵜飼が描かれる（図７－５）。人物は月代を剃った近世の髪型で表され、古典的な主題表現のなかに当世風俗が織り込まれており、古典を忠実に再現しようとする御所との差異が垣間見える。

図 7-5　狩野養信「江戸城西の丸御殿（休息の間）障壁画下絵」部分（東京国立博物館所蔵）
Image: TNM Image Archives

四－二、物語絵のなかの鵜飼

近世には古典文学に取材する物語絵も流行したが、ここでも鵜飼の絵画化が認められる。その代表格が『源氏物語』を題材とした源氏絵である。

『源氏物語』の「薄雲」では、大堰川の傍の邸宅に住む明石の君のもとを光源氏が訪れ、篝火を見て歌を詠み交わす場面がある。この場面を絵画化したのが土佐光吉「源氏物語手鑑」（和泉市久保惣記念美術館）である。物語本文には、鵜飼そのものに関する言及は一切ないが、茂った木の間から複数の篝火が見えているという趣旨の記述があり、そこから鵜飼を想定したのだろう。画面上方には鵜飼が描き込まれ、舟には手縄で鵜を操る鵜使いと船頭が乗り、鵜は水上に二羽、船上に一羽配されている。この場面は同じ光吉の手になる「源氏物語画帖」（京都国立博物館）「薄雲」の図（本書第一〇章図10‐1参照）でも選択され、同様の場所に鵜飼が表されている。

また、『源氏物語』の「藤裏葉」では、源氏の住む六条院に冷泉帝と朱雀院が行幸された際、とおりすがりの一興にと、庭の池に舟を浮かべ、鵜飼をおこなう場面がある。これを描いた作例としては、住吉具慶「源氏物語絵巻」（MIHO MUSEUM）や「源氏物語図屏風」（シアトル美術館）（本書第一〇章図10‐2参照）、「公家遊楽図屏風」（岐阜市歴史博物館）が挙げられる。

四－三、能楽と鵜飼図

文芸や物語絵と関連するジャンルとして、能（謡曲）についても触れておきたい。

能の演目のひとつに石和の鵜飼を題材とした「鵜飼」がある。主人公の僧は甲斐の石和川で鵜使いの老人に出会うが、老人は自分が密漁の罪で殺された亡霊だと明かし、僧に鵜飼の様を見せて消え去る。僧が鵜使いの霊を供養すると、閻魔大王が現れ、無事に成仏できたことを告げる、という内容である。

従来の研究では、琳派の俵屋宗達および尾形光琳の鵜飼図に関して、能楽との関連性が指摘されている。宗達の「鵜舟図」（図7-6）は醍醐寺に伝わるもので、鵜舟に鵜使いと船頭が乗り、舟の中央に鵜籠と鵜が配されており、能の演目自体を絵画化したものではない。だが、「鵜舟図」は単体ではなく、さまざまな主題の扇面が集まった「扇面散図屏風」の一図で、ほかの扇面に関しても、「田家早春図」は「桜川」、「牛追い図」は「唐船」、「僧と女たち図」は「通盛」と複数の図に能楽との呼応関係が見いだせることから、「鵜舟図」も能の「鵜飼」を重ねることができる

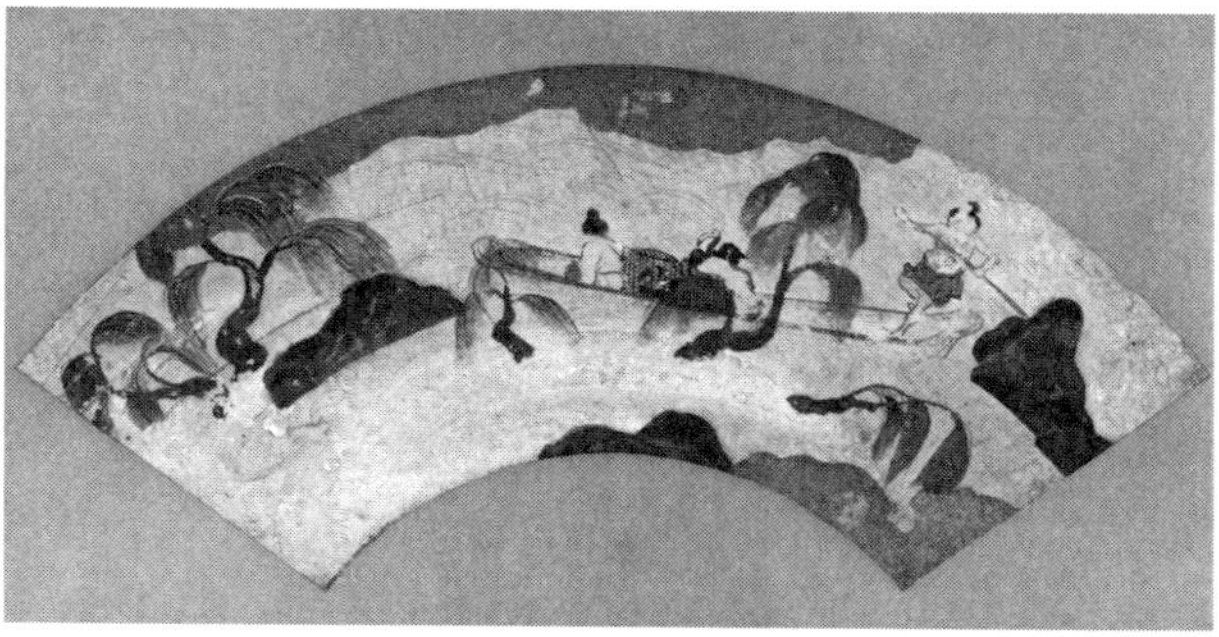

図7-6　俵屋宗達「扇面散図屏風」のうち「鵜舟図」（醍醐寺所蔵）

図7-7　尾形光琳「鵜船図」
（静嘉堂文庫美術館所蔵）

図 7-8　中村三近子編著、橘守国画『謡曲画誌』のうち「鵜飼」（名古屋大学附属図書館所蔵）
出所：国書データベース（https://doi.org/10.20730/100272798）

図 7-9　円山応挙「鵜飼図」（個人蔵）
出所：愛知県美術館（2013: 48）

という（河野 二〇〇三：一〇―一一）。近世初期の醍醐寺は、パトロンであった豊臣秀吉が能を好んだことを背景に、能とのかかわりが深くなっており（河野 二〇〇三：一二―一三）、扇面の画題を選ぶにあたり、能を連想させる内容であることがポイントになった可能性はあり得よう。

また、光琳の「鵜船図」（静嘉堂文庫美術館）（図7・7）は、烏帽子を被った狩衣姿の鵜使いを描いたもので、鵜使いは篝火を灯した鵜舟に乗り、二羽の鵜を操っている。能の舞台では、鵜使いは水衣に腰簑をつけた庶民の姿で、松明を手に演じており、「鵜船図」の図様とは隔たりがある。だが、光琳は若い頃から能を好み、みずから演じるほどの愛好者であったといい、鵜飼という主題を扱うに際し、能楽のイメージが何らかの影響を及ぼしたとしても不思議ではない。鵜使いを狩衣姿の老人として表現すること自体、従来の描かれ方からすればきわめて特殊であり、そこに能「鵜飼」に対する光琳の解釈が投影されていると考えること（江村 一九九六：三三―三六）は可能であろう。画面構成でも、鵜飼の光景としてではなく、鵜使いを主体とした図になっている点で、従来とは異なる新機軸を打ちだしており、発想の源のひとつに能楽があったとみて差し支えないように思われる。

一方で、江戸時代には能の演目そのものに取材した鵜飼図も制作されている。一つは舞台のようすを描きだすもので、鑑賞用の豪華な画帖として仕立てられた「能絵鑑」（国立能楽堂ほか所蔵）がある。もう一つは物語の場面として描写したもので、その嚆矢となったのが一七三五（享保二〇）年に刊行された『謡曲画誌』の挿図（図7‐8）である。『謡曲画誌』は「能を嗜む上流階級は勿論、謡を楽しむ中間層の好奇心を満たすビジュアルブックとしての役割も果たした」（松岡 二〇一三：二四一）とされ、鵜飼の新たなイメージが普及するきっかけにもなったと考えられる。その後の鵜飼図においても、一八世紀後半以降は、円山応挙の「鵜飼図」（一七七〇年、個人蔵）（図7‐9）、葛飾北斎の「鵜飼図」（MOA美術館）など、松明を持った鵜使いに力点を置く鵜飼図が登場している。つまり、能楽のイメージが転換点となって、従来とは異なり、鵜使いに焦点を当てた、新たな鵜飼図が描かれるようになったと考えられるのである。

四‐四、長良川鵜飼を描く

つぎに、近世に入ってから脚光を浴びるようになるテーマとして、岐阜の長良川鵜飼を取りあげたい。一三〇〇年以上の歴史をもつとされる長良川鵜飼は、近世に入ると、徳川家康らによる鵜飼観覧を機に、将軍家に鮎鮓を献上する幕府直属の鵜飼となっていった。一六二二（元和八）年以降は尾張藩から鮎鮓が献上されるようになり、一六六五（寛文五）年には鵜飼自体が尾張藩の所属に切り替わっている（片野 一九五三：一九―二六、網野 一九八〇：八三九―

八四〇)。こうした長良川鵜飼をめぐる尾張藩と将軍家とのかかわりに連動するかのように、尾張藩直属となって一〇年後の一六七五(延宝三)年、尾張藩二代目藩主の徳川光友が、参府の土産として「狩野某筆岐阜鵜飼の画屏風」[*9]を徳川家綱に送っている。

この「画屏風」と同じく狩野派の手になる鵜飼図の屏風が現存する。それが狩野探幽「鵜飼図屏風」(大倉集古館)(本書第一〇章図10‐6参照)である。本図には鵜飼だけでなく見物する人びとも描かれるが、右隻中央の日除けつきの舟には主賓と思われる武家の男性、左隻第三扇には若い武家の男子が目立つかたちで描かれており、貴人の鵜飼見物行事を記念するために描かれた可能性も指摘されている(中部 二〇〇七:八七)。

また、尾張藩主は代々岐阜を訪れる「岐阜御成」が慣例となっており、狩野晴真「長良川上覧鵜飼図」(岐阜市歴史博物館)のように藩の行事としての鵜飼を絵画化した作例も残っている。ほかにも、江戸中期の作と考えられる「鵜飼遊楽図屏風」(岐阜市歴史博物館)では、右隻第三扇に配された屋形舟に高位の武士と思しき人物が見いだせる。鵜舟は各隻に六艘ずつ描かれ、右隻は逆V字型、左隻は横並びで総がらみの配置になっており、画中に描かれる高位の人物を注文主と想定し、ショーとしての鵜飼のもっとも代表的な光景を描かせる意図があったのではないかという指摘もなされている(白水 二〇一五:一二〇)。

一方、一九世紀に差し掛かると、上層階級だけでなく庶民の間でも旅行が盛んになり、名所図会が相次いで刊行され、浮世絵師たちの手がける名所絵が大流行する。その流行のなかで、岐阜の名物として鵜飼がイメージ化され、印刷媒体を通じて広く普及していくこととなる。とくに影響力をもっていたのが、一八〇五(文化二)年刊行の『木曽路名所図会』に掲載された「長柄川鵜飼船」という題の挿図で、後にはまったく別の主題の浮世絵にまで転用されている。

幕末には、こうした観光ブームの余波や、美濃で南画(中国の明清絵画を手本とした文人趣味の色濃い絵画)が盛んになったことなどから、地元の画家による長良川鵜飼図が描かれ始めている。そのムーブメントは近代へと続き、川合玉堂

図7-10　戴進「漁楽図巻」部分（フリーア美術館所蔵）
出所：https://asia.si.edu/explore-art-culture/collections/search/edanmdm:fsg_F1930.80/

や前田青邨といった岐阜ゆかりの画家たちによる鵜飼図へと発展していくのである。

四‐五、中国絵画の影響

もう一点、近世の新たな動向として注目したいのが、中国絵画の影響である。

中国では山水画の点景として古くから漁撈が描かれてきたが、とくに明時代には、宮廷画家やその画風を継承した職業画家、すなわち浙派と総称される画家たちの間で、漁師や漁撈を描くことが盛んになっている（宮崎 二〇〇三：八四―八八）。人気のあった主題のひとつ、漁楽図は、漁で生活する人びとの暮らしを描くもので、さまざまな漁法で魚を捕るようすを表すのが通例である。戴進「漁楽図巻」（フリーア美術館）（図7‐10）では、釣り竿や引き網、四つ手網などに混じって一艘の鵜舟が登場する。鵜は舟に五羽、水上に二羽おり、漁師が竿のような細い棒を鵜に向かって差しだしている。また、本図巻と同系統の主題表現をとる呉偉「漁楽図巻」（バークレー美術館）、李著「漁楽図巻」（個人蔵）では、鵜舟に複数の止まり木が置かれ、その上にたくさんの鵜がとまるようすを描いている。

こうした中国の漁楽図の図像は日本に伝わり、近世絵画にその痕跡をとどめることとなる。顕著な例が四季耕作図である。四季耕作図は中国の耕織図をもとに成立した画題で、中国由来の図像がさまざまなかたちで流入しているが、なかに田園風俗のひとつとして漁楽の図像を織り込むケースが散見される。狩野山雪「四季耕作図屏風」（東京藝術大学大学美術館）では、夏に相当する右隻第四扇から七扇にかけて、引き網や四つ手網を使った漁楽図定番のモティーフが散りばめられるなか、第六扇に一艘の鵜舟が配さ

図 7-11　狩野栄信「岳陽楼図」全図および左幅部分（メトロポリタン美術館所蔵 , Mary and Cheney Cowles Collection, Gift of Mary and Cheney Cowles, 2022）
出所：www.metmuseum.org

れている。また、久隅守景の「四季耕作図屏風」（石川県立美術館）は、狩野派が手がけてきた中国風俗の耕作図を日本の風俗に変えたもので、鵜飼も日本でおこなわれていた徒歩鵜飼に置き換えられている。

幕末には、木挽町狩野家の栄信と養信が広範な中国絵画学習をおこない、楼閣山水図の新たな様式を確立したと指摘される（野田 二〇一八：一三九―一四三）。栄信「岳陽楼図」（メトロポリタン美術館）は対幅の楼閣山水図で、大きくは右幅に岳陽楼、左幅に漁楽を配するが、右幅にも漁師が描かれており、漁楽の要素が色濃い作例である（図7‐11）。右幅で岳陽楼の手前に描かれた舟は、同じ図様が栄信「四季山水図」（三井記念美術館）の夏幅に見いだせ、中国絵画学習で得た漁楽の図像を活用したものと考えられる。左幅の画面中ほどには、舟の上と岸のとまり木に鵜が描かれ、鵜飼が表されている。この図様についても、東京藝術大学大学美術館に所蔵される東洋画模本[*10]のなかに類例が確認でき、右幅の舟と同じく、中国絵画学習を通じて狩野家にストックされた漁楽の図像に基づくものとみてよいだろう。

一方、狩野派とは別に、江戸中期以降には中国絵画を手本とした南画が流行しており、その潮流においても中国風俗の漁楽や漁夫がたびたび取りあげられている。前項で触れたように、

図7-12　村瀬秋水画・村瀬藤城賛「山水図屛風」のうち「長良川夜漁図」（岐阜市歴史博物館所蔵）

一九世紀には美濃で南画が隆盛し、村瀬秋水（図7‐12）や高橋杏村、山田訥斎らが長良川鵜飼図を手がけているが、彼らのベースにあるのは中国の文人画であり、それを発展させるかたちで長良川鵜飼を描いていることは間違いない。実際、彼らが描く山水画には点景人物にしばしば漁夫や漁楽が含まれており、南画家としての山水図の素養が鵜飼図制作の基礎をなしたのである。

五、鵜飼が題材になるということ

本章では平安時代から幕末に至るまでの鵜飼の絵画化の諸相に迫った。全体を通してみえてきたのは、初期の段階から継続的に鵜飼を扱ってきたのが、和歌を題材とした絵画だということである。それが日本における鵜飼の造形化の根幹をなしていたといっても過言ではない。

また、中世には、歌絵の画題としてだけでなく、副次的なモティーフとして鵜飼や鵜を描くことが定着している。仏教絵画では殺生の例示として鵜飼を描く例が複数確認でき、絵巻では実景らしさを演出するために鵜飼や鵜をモティーフとした作例があることを示した。ただ、絵巻に描かれた鵜のなかには、実景らしさだけでなく、殺生禁断や奇瑞といった何らかの象徴や寓意を同時にはらんでいると思われる例もあり、実際には単純な文脈で切り取れない面もある。その点については本章では詳しく述べることができなかったため稿を改めたい。

近世になると、歌絵の鵜飼図は将軍家や大名家、公家の需要と結びつく例が多く、鵜飼という主題が権力や権威の表象の一角をなしていたことは確かである。京都御所の四季屛風や江戸城の襖絵がその象徴といえよう。また、物語絵で挙げた源氏絵の作例も、上層階級の注文主が想定される。とくに、本書第一〇章で詳しく取りあげられる「源氏物語図屛風」や「公家遊楽図屛風」は、鵜飼を背景ではなく前景に押しだし、華やかなイベントとして描きだしている点で、月次絵や物語絵の一題材というレベルを超えており、近世の特筆すべき鵜飼図として、今後の研究が期待される。

さらに、本章では、近世になって出てくる新たな動向として、次の三点を指摘した。一つ目は能「鵜飼」の影響により、鵜使いを主役にした鵜飼図が登場すること、二つ目は長良川鵜飼をテーマとする鵜飼図が誕生すること、三つ目は中国絵画の漁撈図や漁楽図の影響が認められることである。なお、中国絵画の影響に関しては、漁撈や漁楽以外にも、宮本武蔵「鵜図」（永青文庫）や渡辺崋山「鸕鷀捉魚図」（出光美術館）のように、鵜を花鳥画的に描く作例があり、それぞれに対し、関連する中国絵画の文脈が想定できる。この点についても別の機会に論じてみたい。

これまでみてきたように、鵜飼は芸術家の個人的な思いだけで描きだされるわけではない。鵜飼の絵画化は、当時の社会において鵜飼がどのような存在であったのか、当時の人びとが鵜飼に対してどのような関心を抱いていたのかといった鵜飼の社会性を反映しているといえよう。逆にいえば、鵜飼を題材とした作品を分析することで、当時の社会や人びとの関心を検討することもできる。本章では表層的な部分しか切り取ることができなかったが、本来はそこに切り込むことこそが重要だと考えており、今後の課題としたい。

【注釈】

＊1　三首の和歌は「新編国歌大観」編集委員会編（一九八五）による。
＊2　「新編国歌大観」編集委員会編（一九八五）による。
＊3　「新編国歌大観」編集委員会編（一九八九）による。

＊4　久曽神昇編（一九六四）による。
＊5　鶴林寺太子堂の建立年代や壁画の制作年代については近年別の説も出されているが、確定には至っていないことから、従来の説に従った。
＊6　石田瑞麿校注（一九七〇）による。
＊7　本図では一義的には実景らしさを演出するために鵜飼を表したと解せるが、そればかりではない可能性もある。この場面には鵜飼だけでなく簑笠を被り弓矢を持つ猟師らしき人物が描かれている。同様の組み合わせは「執金剛神縁起絵巻」（東大寺）中巻第五段の淀の渡しの場面にも見いだせることから、単なる偶然ではないと思われる。詳しくは稿を改めたいが、中世絵画において、鵜飼というモティーフのもつ殺生の象徴としての側面がいかに強力であったかをよく示していることはたしかである。
＊8　久曽神昇編（一九六四）による。
＊9　『徳川実紀』第五篇、黒板勝美編（一九九九）による。
＊10　東京藝術大学大学美術館所蔵の東洋画模本に鵜飼図が存在することについては水野裕史氏のご教示を得た。

コラム①　ウミウの人工繁殖
――その難しさと楽しさ

沢木万理子

宇治川の鵜飼に携わるなかで、ウミウの人工繁殖は、私にとって奇跡のようなできごとでしたが、それは幸せと悲しみの両方をもたらしました。

鵜飼で活躍するウミウは飼育下では産卵しないことが通説でした。二〇一四年五月、鵜小屋へ餌やりにいくと、床に割れた卵が落ちていました。「えっ、産んだの?」と驚きで叫んでいました。数日まえから二羽のウミウが木の枝などを一か所に集めるなどの行動がみられたので、このつがいの卵だと思いました。そののち三〜四日に一個のペースで合計五個の卵を産みました。そのなかで割れずに採れた三個の卵をインターネットで購入した孵卵器で温めました。飼育下でのウミウの産卵は前例がなく、孵卵器の温度設定もわからないまま鶏卵の温度設定でようすをみることにしました。

その後、検卵によって有精卵は一個のみと確認されました。無事に生まれるかもわからないなか、孵化後に向けた準備を進めていきました。六月二八日の朝、卵に小さな穴が開いていていて、か弱い鳴き声が聞こえるという一報を聞き、慌てて宇治へ向かいました。ただ、その日は午後になっても卵に変化がなく、ときどき鳴き声が聞こえてくるだけでした。このまま死んでしまうのではないかという不安な気持ちで見守る状態が深夜まで続きました。翌二九日へと日付が変わった頃、卵のなかで雛が身体を回転させながら、卵殻を嘴で割り始めました。午前一時ごろついに雛が誕生しました。体重は五四グラムで羽毛が無く、目も開いていない赤い肉の塊のようでした（写真①-1）。私たちは、この奇跡の瞬間を感動と興奮のなかで喜び合いました。

ウミウの雛を育てることは、わからないことばかりで苦労と失敗の連続でした。エサはイワシやアジをフードプロセッサーでペースト状にしたものを与えます。生まれたての雛に餌を与えることはとても難しく、なかなか食べてくれませんでした。孵化からすでに一八時間が経過しても、ほとんど餌を食べてくれず焦りました。せっかく生まれてきたのに育てることができないなんて……人工孵化に後悔さえ感じました。急遽、京都市動物園の先生にお越しいただき、先生の指導のもと、小さな注射器の先端を切ったものを使用して餌を与え始めました。雛は、孵化後しばらくは卵黄の栄養分を身体に蓄えているので、餌を食べなくても大丈夫だということを後ほど知りました。

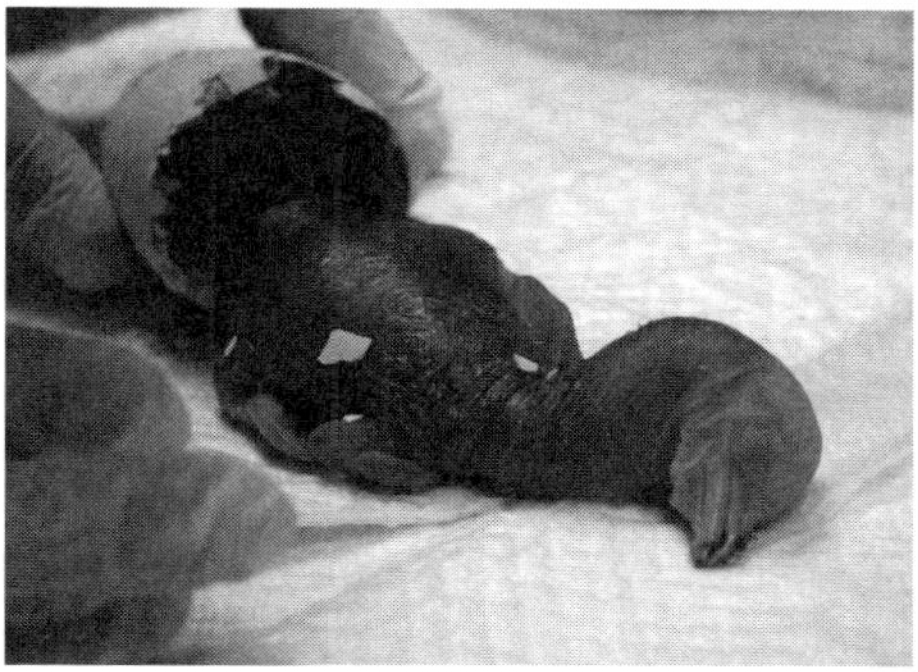

写真①-1　ウミウが孵化した瞬間。目が開いておらず、幼毛も生えていない（宇治市観光協会提供、2017年5月）

当時、日本で初めて人工孵化で生まれたウミウは、全国ニュースや新聞でも大きく報道されて話題になりました。このことが逆に大きなプレッシャーとなっていました。私と江﨑洋子鵜匠は、二四時間泊まり込みの体制で雛を育てました。当時は疲労と寝不足とプレッシャーで体力的にも精神的にも辛かったのですが、いまになって当時を思い返すと毎夜が修学旅行のような楽しい思い出へと脳内変換されています。きっとアドレナリン全開のナチュラルハイな状態だったのかもしれません。驚くような速さで成長していくようすに、この雛のためなら何でもできるくらいの気持ちになります。もしかしたらこれも母性というものでしょうか。

二〇一四年九月、巣立ちを迎えたウミウの若鳥を鵜小屋に入れ、ほかのウミウたちとの共同生活を試みました。しかし、若鳥はこのときまで人間によって育てられたためか、ほかのウミウたちを怖がっていました。時間はかかりましたが、いまでは鵜小屋での生活に馴染み、産卵して人工孵化の二世の母鳥となりました。

翌二〇一五年の産卵時期に向けて、事前に巣材を与えるなど産卵を促す試みを始めました。また、新たに平面孵卵器も導入しました。さらに、初年度は偽卵に鶏卵を使用しましたが、親鳥に偽物と見破られました。そこで私と江﨑鵜匠はともに美大出身というプライドをかけ、色や形状、重さなどがウミウの卵と遜色ない偽卵を制作しました。この偽卵は我ながら見事な出来栄えで、巣のなかで親鳥もわからないものでした。しかし、私たちも採卵のときに本物と偽卵の区別がつかなくなってしまい、あとに疑卵には小さな印をつけ区別できるようにしました。

二〇一五年、二組のつがいが計一三個を産卵し、一〇個の有精卵から二羽の雛が孵化しました。昨年の反省を踏まえ、この年は人と雛との間に距離をおき、早い時期からほかのウミウたちと一緒に過ごさせました。その結果、この年に生まれた二羽は野生のウミウと変わらない性格となりました。雛の段階での人との距離感や接触度合いにより、人に慣れるウミウ、慣れないウミウになることもわかりました。ただ、この年は孵化率が二〇パーセントと低いことが翌年への課題となりました。そして、卵の管理方法などを学び、温度を〇・一度単位で管理できる立体孵卵器を導入しました。

二〇一六年、二組のつがいが一三個を産卵し、一〇個の有精卵から五羽が孵化しました。孵化率は五〇パーセントに向上しました。課題を克服したという喜びもつかの間、三羽の雛が生後一〇日ごろまでに死亡しました。生命の誕生を目のあたりにした喜びから一転、人工呼吸や心臓マッサージの甲斐もなく手の中で死んでいく雛。もう、死なせたくない。私たちは、ウミウの人工孵化や育雛について再び見直しました。そして雛の死亡は未成熟な状態で孵化したことが原因のひとつだと考え、卵のなかで十分に育ってから孵化させるために孵卵器の温度と湿度を変更しました。その結果、二〇一七年は四組のつがい（メス同士のつがい一組を含む）が計二〇個を産卵し、一一個の有精卵から五羽

写真①-2 宇治川の鵜飼。人工孵化で育ったウミウも鵜飼で利用する
（宇治市観光協会提供、2022年9月）

が孵化し、そのすべてが巣立ちを迎えました。当初からトライ・アンド・エラーの繰り返しでしたが、ウミウの人工繁殖について一定の成果を得ることができたと感じています。現在では、人工孵化で生まれたウミウは一二羽となりました。

日本の鵜飼において、野生のウミウを捕獲して飼い馴らすことは伝統文化のひとつです（写真①-2）。人工繁殖のウミウで鵜飼をおこなうことはその文化にそぐわない事かもしれません。しかし、昨今の地球規模での環境の変化などにより、ウミウの飛来が少なくなるかもしれません。また、動物の権利を過激に主張する活動の影響などから、野生のウミウの捕獲が制限されることもあるかもしれません。ウミウの人工繁殖は、さまざまな要因でウミウの捕獲が難しくなったときに、ウミウを補充する手段のひとつとして鵜飼の継承につながるかもしれません。私たちは、ウミウの人工繁殖に関することをしっかりと記録しておくことが必要であり、義務でもあると考えています。

後篇　日本史のなかの鵜飼

第一部　古代から近世

第八章　古墳時代の鵜飼
——日本における鵜飼の始まり

賀来孝代

一、鵜と鵜飼を表す造形

日本における鵜飼の痕跡は古墳時代の考古遺物に現れる。頸に紐を結んだ鵜を象った鵜形埴輪がそれである（写真8-1）。現状で最古の鵜形埴輪は大阪府太田茶臼山古墳から出土した五世紀中ごろのものである。鳥形遺物は縄文時代から確認されており、弥生時代には鶏形など鳥の種類がわかる出土例が増えてくる。しかし、そのなかに鵜形は含まれていない。鵜形遺物が見つかるのは古墳時代からであり、埴輪のほか、大刀の象嵌《ぞうがん》画像や小像で装飾した須恵器が出土している。古墳時代は三世紀後半～七世紀の前方後円墳に代表される古墳が造営された時代をいい、鵜形遺物はすべて古墳から出土している。

写真8-1　魚をくわえた鵜形埴輪（保渡田八幡塚古墳）
出所：かみつけの里博物館提供（転載不可）

本章では日本の鵜飼に関わる資料としては最古のものと考えられる古墳時代の鵜形遺物に着目し、その種類や分布、表現の特徴について明らかにする。その上で、限られた資料からではあるが、古墳時代の鵜飼について考えてみたい。以下では、まず鵜形遺物の出土例と種類、表現方法をまとめる。その成果を踏まえ、鵜形埴輪に焦点を当て、その形態的特徴や鵜飼を示す表現、鷹狩の鷹との違いなどを検討する。最後に、以上の成果を踏まえながら、古墳時代の鵜飼の姿について考えてみたい。

二、鵜形遺物の種類

本節では、古墳時代の鵜形遺物について、その種類や表現方法などをみておきたい。具体的には、鵜形埴輪と大刀象嵌画像、装飾須恵器である。表8‐1は、鵜形埴輪が出土した遺跡名と鵜形表現の諸要素、時期をまとめたものである。現在、鵜形埴輪は、西は大阪府から東は茨城県までの二四遺跡から二八例が確認されている。埴輪とは古墳に立て並べるために作られた中空で底のない素焼きの土製品のことで、古墳の専用品である。埴輪には円筒形の円筒埴輪と、器物や武器、武具、建物、船、動物、人物などを象った形象埴輪がある。鵜形埴輪は後者の動物埴輪のうち、鳥を象った鳥形埴輪に含まれる。鵜形埴輪の形状は単体埴輪が多いが、少ないながら人物埴輪の腕に載る小型のものもある。鵜形埴輪には鵜の特徴である鈎状の嘴や、鵜飼を示す頸結紐《くびゆいひも》が表現されている。鵜形埴輪の出現は五世紀中ごろからで、六世紀後半ごろまでの出土例がある。鵜形埴輪が古墳に置かれた状況がわかる例はほとんどないが、墳丘をとりまく濠と濠とに挟まれた堤上に設置された形象埴輪区からの出土例があり、ほかの多くの形象埴輪とともに配置されたと考えられる。

つぎに、大刀の象嵌画像についてみてみたい。象嵌画像とは、刀身に鏨《たがね》で細い溝を彫り、その溝に金線や銀線を嵌め込んで文字や文様を描いたものである。鳥が魚を追う構図が銀象嵌で描かれた大刀は、三例が確認されている（表8‐2、図8‐1）。五世紀末～六世紀初めの熊本県江田船山古墳例は象嵌銘のある大刀で、刀身の一面に馬と花形輪

表 8-1　鵜形埴輪一覧表

	種類	遺跡名	出土地		形状	嘴	頸結紐	翼	時期	文献
1	鵜	太田茶臼山古墳	大阪	茨木市	単体+止まり木	不明	粘土紐	開く	5C中頃	土生田 1988、賀来 1999
2	鵜	土師ニサンザイ古墳	大阪	堺市	単体+止まり木	不明	不明	不明	5C後半	堺市教育委員会 1978
3	鵜	茶山遺跡	大阪	羽曳野市	小型+人物腕か	鈎	ナシ	開く	5C後半～末	河内 2002
4	鵜	上之宮古墳	大阪	大阪市	単体(頭頸部)	不明	沈線	不明	5C後半	中村 1975
5	鵜	太秦高塚古墳	大阪	寝屋川市	単体	不明	沈線	閉じる	5C後半	濱田 2002、2009
6	鵜	今城塚古墳	大阪	高槻市	単体+止まり木	不明	不明	閉じる	6C前半	高槻市教育員会 2004、2011
7	鵜	外山3号墳	愛知	岡崎市	単体(頭部)	鈎	不明	不明	5C末～6C初	小幡ほか 2000
8	鵜	冨士山古墳	神奈川	横浜市	単体	鈎	ナシ	表現ナシ	6C中葉	横浜市歴史博物館 1998
9	鵜	殿塚古墳	千葉	横芝町	単体(頭部)	鈎	不明	不明	6C末	芝山古墳・はにわ博物館蔵
10	鵜	白山愛宕山古墳	埼玉	行田市	単体	+魚か	ナシ		5C後半	篠田 2016
11	鵜	三杢山9号墳	埼玉	本庄市	単体(頭部)	+魚か	不明	不明	5C末～6C初	賀来 2005
12	鵜	小沼耕地遺跡１号墳	埼玉	加須市	単体(頭部)	鈎	不明	不明	6C後半	田中 1991
13	鵜	小沼耕地遺跡１号墳	埼玉	加須市	単体(頭部)	鈎	不明	不明	6C後半	田中 1991
14	鵜	伝神川村出土	埼玉	神川町	単体	不明	粘土紐	閉じる-線刻	6C	東京国立博物館 1986
15	鵜	北塚原9号墳	埼玉	神川町	単体	不明	紐剥離痕＋鈴か	開くか	6C中～後半	増田 1971、賀来 2003、 (公)埼玉県埋蔵文化財調査事業団 2016
16	鵜	青柳古墳群	埼玉	神川町	単体(頭頸部)	不明	粘土紐か	不明	6C	金鑽 1953、丹羽 2007
17	鵜	後山王3号墳	埼玉	美里町	小型	鉤鈎	ナシ	開く	6C	長滝・中沢 2005
18	鵜	井出二子山古墳	群馬	高崎市	小型+人物腕	鈎	ナシ	開く	5C後半	後藤 1953
19	鵜	保渡田八幡塚古墳	群馬	高崎市	単体	+魚	粘土紐+鈴	閉じる-線刻	5C末	若狭 1999、若狭ほか 2000
20	鵜	保渡田八幡塚古墳	群馬	高崎市	小型+人物右腕	不明	粘土紐	開く	5C末	若狭 1999、若狭ほか 2000
21	鵜	藤岡市三本木大原	群馬	藤岡市	小型	鈎	粘土紐	表現ナシ	6C	加藤 1976、大塚 1996
22	鵜	小林古墳群K-1号古墳	群馬	藤岡市	単体(頭部)	鈎	不明	不明	6C後半	志村ほか 2022
23	鵜	小林古墳群K-1号古墳	群馬	藤岡市	単体(頭部)	鈎	不明	不明	6C後半	志村ほか 2022
24	鵜	小林古墳群K-1号古墳	群馬	藤岡市	単体(嘴のみ)	鈎	不明	不明	6C後半	志村ほか 2022
25	鵜	新田郡強戸村成塚	群馬	太田市	小型+人物左腕	鈎	粘土紐	不明-剥離	6C	相川 1931、加藤 1976
26	鵜	糠塚1号墳	茨城	取手市	小型	鈎	ナシ	開く	6C	宮内・本橋 2001
27	鵜	舟塚2号墳	茨城	東海村	単体+止まり木	表現ナシ	赤色塗彩	開く	6C中頃	東海村教育委員会蔵(未発表)
28	鵜・鷹	伝大室出土	群馬	伝前橋市	単体(腰に鈴)	鈎	粘土紐	閉じる-線刻	6C	大塚 1996

出所：筆者作成。

表 8-2　大刀象嵌鵜飼画像一覧表

		遺跡名	出土地	画像	嘴	頸結紐	翼	時期	文献
1	鵜	江田船山古墳	熊本　和水町	鳥＋魚 （馬＋花形輪状文）	鈎	横線	閉じる	5C末～ 6C初	本村 1991、賀来 2002b・2004、塚田 2016
2	鵜	伝藤岡市 西平井	群馬　藤岡市	鳥＋魚 （＋花形輪状文）	鈎	ナシ	閉じる	6C前半	小嶋 2021
3	鵜	石塚谷古墳	三重　多気町	鳥＋魚 （＋花形輪状文）	鈎	円弧線	やや開く	6C後半	中里・西村 1998、穂積 2008、賀来 2017

出所：筆者作成。

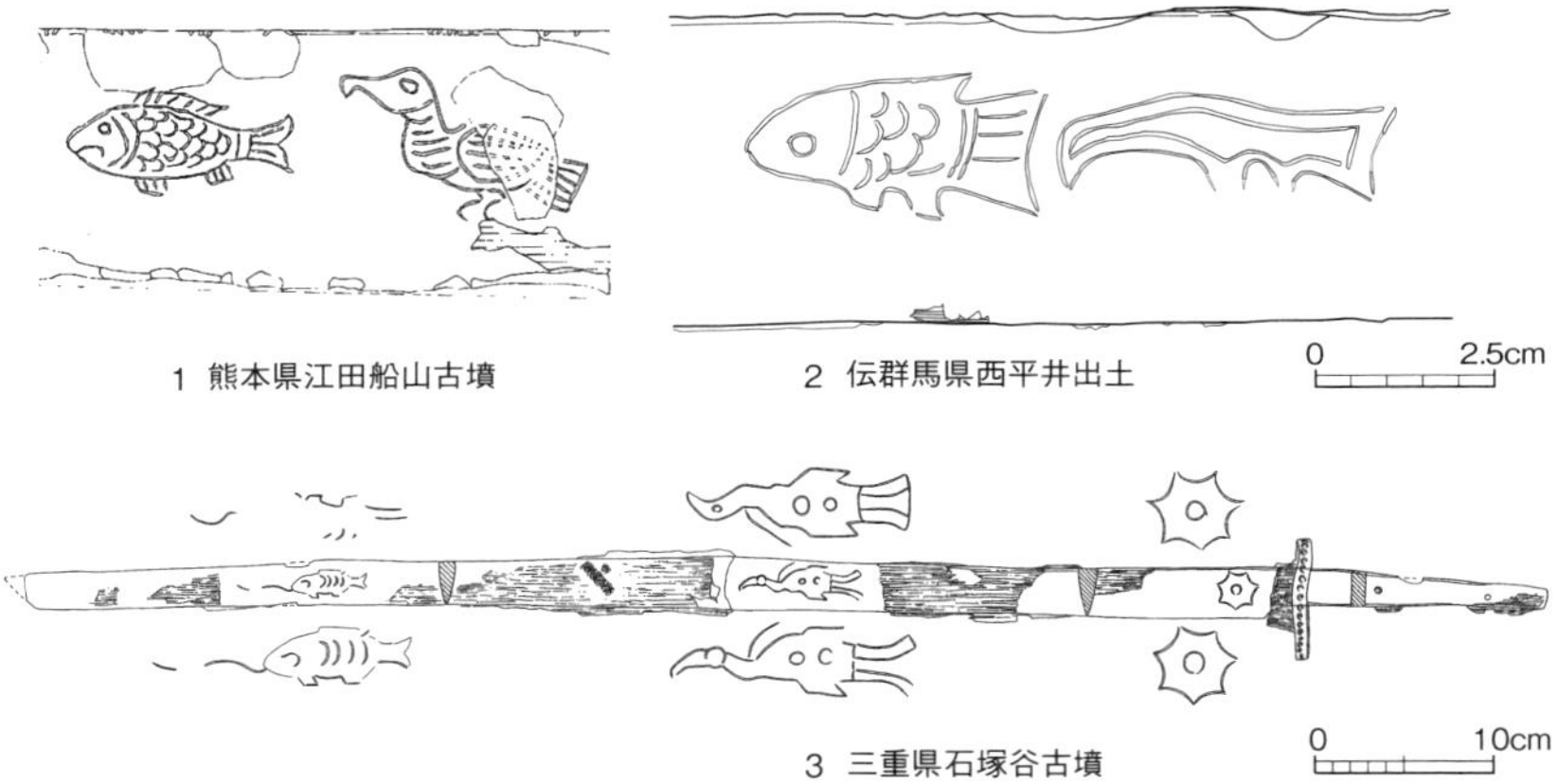

図 8-1　魚と鵜を表す大刀象嵌画像

出所：1は本村（1991：212）、2は小嶋（2021：279-280）、3は穂積（2008：48）。

状文が、もう一面に魚と鳥が描かれている。その鳥は先端が屈曲した嘴をもち、両脚を垂らし、翼を畳んで潜水する姿から、水中で魚を追う鵜*1だと考えられる。鵜の頸には横線が描かれ、これが頸結紐の表現だとすれば鵜飼を表した画像だと考えられる。六世紀前半の伝群馬県西平井出土例は、象嵌で刀身の片面に魚と鳥、花形輪状文が描かれる。画像の魚と鳥はかなり粗略化しているものの、鳥の鈎状の嘴や垂らした両脚、畳んだ翼は、江田船山古墳例の画像を踏襲しており、鵜飼という画題を引き継いでいる可能性が高い。六世紀後半の三重県石塚谷古墳例では、魚と鳥と花形輪状文が刀身の両面に同じ構図で描かれている。画面中央の鳥の細長い嘴は先端が屈曲しており、頸からは短い円弧が張りだして描かれている。この円弧が頸結紐だとすると鵜飼を表現していると考えられる。象嵌大刀は副葬品で、江田船山古墳・石塚谷古墳では埋葬施設から出土している。

装飾須恵器は一例が確認されている。岡山県旧国府村出土の六世紀後半の須恵器で、壺の肩に人物や鳥、魚の小像が小壺を挟んで配置されている。小像そのものが鵜飼を示すわけではないが、人物と鳥、魚という組み合わせと配置が鵜飼を表現していると考えられているものである（梅原 一九六四、可児 一九六六）。

三、鵜形埴輪の表現

前節では鵜形遺物について概観した。つぎに、本節では鵜形埴輪に焦点を絞り、鵜と鵜飼表現の特徴を抽出し、鳥形埴輪のなかで鵜形を識別する表現を明らかにしたい。その上で鷹狩の鷹との違いについても検討する。鵜形埴輪は鵜飼の鵜を写し取っているものの、必ずしも鵜飼を眼前にして作られた写実的な造形物ではない。鵜形埴輪の造形表現に沿って工房で製作されるからである。一方で、埴輪は具象的な立体造形物であり、視覚的情報を多く内包しているのもまた事実である。ここでは鵜形遺物のなかでもっとも出土例の多い鵜形埴輪に、どのように鵜飼が表現されているのかを検討する。

三－一、埴輪にみる鵜と鵜飼の表現

図８－２は、鵜形埴輪にみられる鵜あるいは鵜飼の特徴を抽出し、まとめたものである（賀来 二〇一七）。この図では鵜形についてのみ取りあげているが、鳥形埴輪には鵜形のほか鶏形・雁鴨形・鷹形・鶴鷺形があり、それぞれ元となる鳥の特徴を備えている。その鳥独自の特徴、たとえば鶏形には鶏冠、雁鴨形には平たい嘴を表現される。一方、鳥の種類を超えて共通する特徴、たとえば鶏形と鵜形には止まり木、雁鴨形と鵜形では水鳥に共通する水かきが表現される。そのため、鵜形を識別するにはつぎに示す特徴をひとつ、あるいは複数確認し、複合的に判断する必要がある。

鵜形を識別する特徴は次のとおりである。A頸に紐を結ぶ（粘土紐を頸に巻く。結わえた紐の先端は背中に垂らす）、B嘴が鈎状である（細長い嘴の先端が屈曲する）、C尾が下がる（背中の延長上か、やや下がる）、D脚に水かきがある（脚の先端を円形に広げて水かきを作り、三本線のヘラ描きで足指を表す）、E翼を広げる（粘土板の翼を身体の左右に張りだす）、F止まり木に載る、G人の腕に載る、H魚をくわえる（別作りの魚を嘴に挟む）。

こうした特徴を踏まえ、鵜形埴輪をみてみたい。まず、鵜形埴輪の頸に巻いた粘土紐は鵜飼時に鵜の頸に結ぶ頸結紐を表している（特徴A、以下同）。この紐は鵜の喉をせばめ、のみ込んだ魚が紐のところでひっかかるようにしておき、あとで人が鵜に魚を吐きださせるためのものである。紐の緩みを調整して、緩みを通らない大きい魚は人のものとなり、緩みをすり抜けた小魚は鵜のものとなる。この頸結紐こそが鵜飼漁を成り立たせているといえ、頸に紐を表現することで埴輪に鵜飼を表現しているといえる。頸結紐は頸を一周するだけか、後ろで結んで紐の先端が垂れて背中で途切れている。鵜飼では頸結紐とは別に鵜を制御するために人と鵜とを繋ぐ紐（手縄）をつける場合もある。しかし、鵜形埴輪に確認できるのは頸結紐のみである。また、鵜が人の腕に載っていること（同G）は、この鳥が人の管理下にあることを表している。

鵜飼は鵜を遣って魚を捕る漁法であるが、鵜形埴輪で表現されている鳥が鵜であるかどうかの判断も重要である。埴輪の鳥をみると、先端が屈曲する嘴をもち、尾羽が下がり、脚の先端に水かきが表現されている。これは鵜の形態に合致する（同B・C・D）。また、水かきをもつ脚で止まり木にとまり、翼を広げる形状（同D・E・F）は、鵜が潜水後に濡れた翼を広げて乾かす行動そのものである（図8-2の1と3と5）。

鵜は親水性の高い羽毛（水をよく吸収する羽毛）をもつ。親水性が高い羽毛は水中では空気の抵抗が小さいため潜水に有利である。その反面、濡れやすい。濡れた羽毛は体温を奪うため、鵜は潜水後に杭や枝にとまって翼を広げ、太陽や風にあてて羽毛を乾かす必要がある。この行動はほかの水鳥にはなく、鵜に独特の行動である。また嘴にくわえた魚（同H）を上に向け、のみ込もうとする一瞬を捉えた鵜形埴輪（図8-2の2）も鵜の捕食行動を表している。

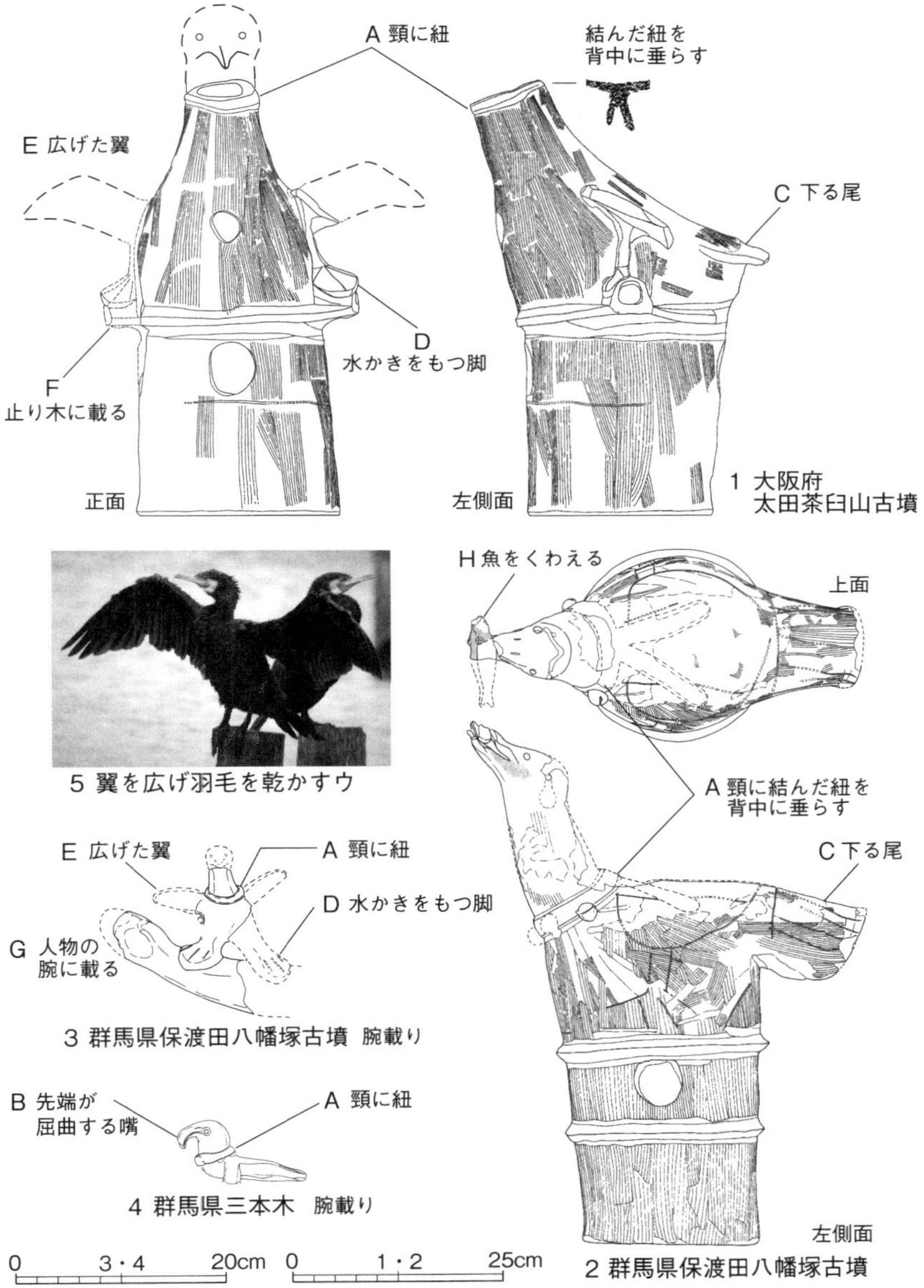

図 8-2　鵜形埴輪の特徴

出所：1は土生田（1983：89）を一部改変、2は若狭ほか（2000：300-302）、3は若狭ほか（2000：284）、4は大塚（1996：98）、5は寺田一美（写真提供）。

これらのことから埴輪が表現している鳥はまぎれもなく鵜であり、鵜形埴輪は鵜の形態だけではなく、生態も写し取っている（賀来 二〇〇四、二〇〇九）。そして、頸に紐を結わえて魚をくわえる姿は、魚食性である鵜を遣った鵜飼を象っているのである。

このように、鵜形埴輪は鵜の特徴を備えているのだが、一体の埴輪が、鵜とほかの種類の鳥の特徴とを併せもつことがある。たとえば、保渡田八幡塚古墳例（図8－2の2）では、頸結紐や魚をくわえた姿は鵜飼の鵜を写したものである。しかしながら、鵜であれば細長いはずの嘴は幅広く、鵜にはない鼻孔を表し、羽毛に隠れて見えないはずの耳孔を穿ち、さらにはまるで鶏のような耳朶を表現している。こういった複数種類の鳥の特徴の混在は、埴輪をモデルに埴輪を作るという製作方法が関係していると考えられる。鵜形埴輪を作る際、鵜形出現以前から作られていた鶏形や雁鴨形を見本にしたため、鵜の埴輪を作ろうとしながらも鶏形の耳朶や雁鴨形の嘴の表現が混じって、自然界には実在しない鳥を象った鵜形埴輪になってしまったと考えられる（賀来 二〇〇二a、二〇〇九）。

ひとつの埴輪に複数種類の鳥の表現が混在するもうひとつの理由として、製作実行者（埴輪工人）が実物をよく知らないで埴輪を作っている可能性もあげられる。鵜飼を実際に見たことがない、鵜飼に使う鵜のことをよく知らない、といった鵜と鵜飼に対する情報不足により、鵜の姿を正しく埴輪に反映できず、複数種類の鳥の表現をひとつの鵜形埴輪に入れこんで作ってしまったと考えられる。たとえば、伝大室《おおむろ》出土例（表8－1の28）は嘴が鈎状で、頸に紐を結ぶと同時に腰に鈴をつけた鳥形埴輪である。この埴輪には鵜飼の鵜と鷹狩の鷹両方の特徴が明らかに混じっていて、鵜形でもあり、鷹形でもあるといえる。しかし、このような鳥は実在せず、また、両方をおこなう狩漁方法もない。したがって製作側の事情、つまり、製作者が鵜飼・鷹狩のことをよく知らず、情報も不足したなかで鵜飼と鷹狩が混在した埴輪を作ってしまったものだと推測できる。

一方で、鵜形埴輪は鵜飼であることに必要な情報をもっていることもたしかである。鈎状の嘴や広げた翼、頸結紐など鵜と鵜飼の表現がなされているからである。日本には多くの鳥が生息するなかで鳥形埴輪に写された鳥がわずか

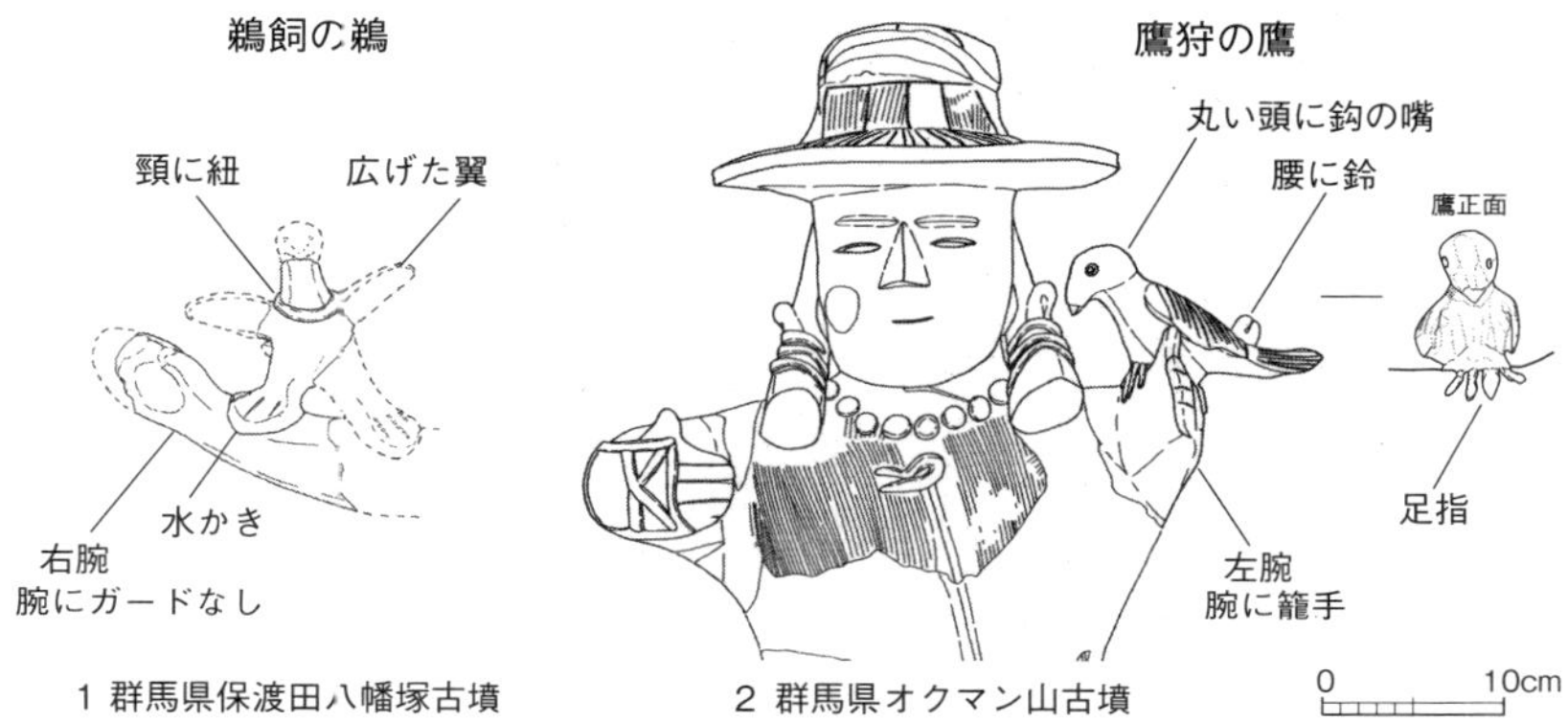

図 8-3　人物埴輪の腕に載る鵜飼の鵜と鷹狩の鷹
出所：1は若狭ほか(2000：284)、2は太田市教育委員会(1999：13、14、19)。

数種類なのは、それぞれの種類が、その鳥に由来する役割を必要とされて選ばれるからである。鵜形埴輪も鵜だけができる鵜飼という役割を担って象られたものであり、鵜形埴輪はすべて鵜飼を表しているといえる。

三―二、人物埴輪の腕に載る鵜飼の鵜と鷹狩の鷹

これまで、人物埴輪の腕に載る鳥といえば鷹狩の鷹だと認識され、破片で見つかった小型の鳥はすべて鷹形だとみなされてきた。ところが、そのなかに鵜形がいることがわかってきたことで、鵜飼でも鳥を腕に載せることがあると判明した（加藤 一九七六、若狭 一九九九）。人物埴輪の腕に載ることによって、鵜飼が鵜と人との協業であることが明確に示されたといえる。埴輪配列にくわわる際に、鷹狩と同様に狩漁を表すものとして、鵜を腕に載せた人物埴輪が配置されたのであろう。

実際の鵜と鷹はそう似てはいないが、嘴の先端が屈曲するという類似性や人物埴輪の腕に載る小型の鳥という共通性があり、鵜形と鷹形とは埴輪の造形としては見分けがつきにくい。現状では鷹形の単体埴輪は出土していないため、人物埴輪の腕に載る小型の鳥に着目し、鵜飼の鵜と鷹狩の鷹にみられる表現の違いについて指摘しておく。

図８‐３は、人物埴輪の腕に載る鵜飼の鵜と鷹狩の鷹を示したもの

である。埴輪表現において屈曲する嘴は鵜に長く、鷹では短い。鵜飼では頸に紐、鷹狩では腰に鈴をつける。鵜は翼を広げ、水かきのある脚で腕に載るのに対し、鷹は翼を閉じ、籠手で保護した腕を足指でつかむ。また、鵜飼の鵜は左右どちらの腕にも載るのに対し、鷹狩の鷹はすべて左腕に載るという違いがある（賀来 二〇〇四）。

四、古墳時代の鵜飼の姿

鵜形埴輪は鵜と鵜飼を反映していることが埴輪の観察から確認できた。ここでは、その成果を踏まえながら古墳時代の鵜飼の様相を考えてみたい。また、古墳時代に並行する時期の韓半島にも目を向け、鵜飼の姿を探る。

人物埴輪の腕に載る鵜の存在は、古墳時代には移動の際に鵜を人の腕に載せることがあったことを示唆している。鷹狩は鳥を腕から直接放つ狩りであるのに対し、鵜飼は鳥を水に入れてからおこなう漁であるため、本来腕に載せておく必要はない。埴輪という点からみると人物が鵜飼を表す鵜をともなって儀礼の場に並んでいる状況と読み取れ、実際に鵜飼をおこなうときの鵜の運搬手段であったかどうかは不明である。

一般に、鵜飼漁において人と鵜とを紐で繋いでおこなう漁法を「繋ぎ鵜飼」、鵜の頸に紐をつけただけで自由に魚を獲らせる漁法を「放ち鵜飼」とよぶ。鵜形埴輪では頸結紐は頸を一周するだけか、頸結紐の先端が背中で垂れて途切れていて、人と繋がる手縄の紐は表現されていない。このことから、埴輪の表す鵜飼は放ち鵜飼であった可能性が高い（賀来 二〇一七）。大刀象嵌画像でも、鳥の頸結紐はどこにも繋がっていないことから、放ち鵜飼が想定される（内田 二〇一一）。

また、鵜形埴輪の出土状況をみると一体での出土が多い。二体の出土は保渡田八幡塚古墳（単体と人物の腕載り）と小沼耕地遺跡一号墳、三体の出土は小林古墳群K‐1号墳のみである。現状の鵜形埴輪からは、一度に多数の鵜を遣う鵜飼を想定するのは難しい。

これらの事実からみると、鵜形埴輪が表す古墳時代の鵜飼は、一羽かごく少数の鵜を遣い、人と鵜を紐で繋がない放ち鵜飼であった可能性が高い。また、頸結紐に鈴などの飾りを多数つけた鵜形（保渡田八幡塚古墳例ほか）は、特別な場に臨むため盛装していると考えられる*2（賀来 二〇〇四）。以上のことから、埴輪が映しだす鵜飼は特定の場でおこなう儀礼としての規模の小さなものだったのではないかと推測する。鳥を操って魚を捕らせる鵜飼という技術は視覚に訴え、規模は小さくとも高い効果をあげる狩猟漁法として評価されていたと考える。右腕に鵜を載せる人物埴輪と重ねると、たったいま、壮麗な鵜飼漁で活躍した、頸結紐をつけた一羽の鵜を、鵜飼をおこなう者が腕に載せて周囲に掲げてみせる姿が浮かんでくる。

このように、鵜形埴輪が映しだす古墳時代の鵜飼は、小規模ながら鵜飼としての体裁が過不足なく整っているようにみえる。しかし、それ以前の時代には、鳥形遺物は多種多数が確認されているものの鵜形遺物はみつかっていない。つまり、前時代から古墳時代へと継承されたようすがないのに、五世紀半ばに至って鵜飼は前例なく現れたといえる。同時期の韓半島に目を転じると、加耶（三国時代、韓半島南部）の鳥形土器の鳥の頸に粘土紐が一周する例があり、鵜飼の可能性が指摘されている（五世紀中葉、朴 二〇一〇）。同じく加耶に、頸に紐はないものの魚のようなものを嘴にくわえ、水中に脚を垂らして水面に浮かぶ水鳥を模した鳥形土器（五世紀前半、東京国立博物館 二〇〇四）があり、魚をくわえた鵜を想起させる。また、日本で出土した鵜飼画像をもつ象嵌大刀（図８‐１）の魚と鵜などの文様や象嵌の金工技術は韓半島や中国大陸に由来するものと考えられている（高久 一九九三、古谷 一九九三、内田 二〇一一、橋本 二〇一三、塚田 二〇一六）。四世紀末ごろから文物だけでなく金工や馬匹生産といった多くの技術が技術者をともなって韓半島から日本に入ってくる。鳥を遣って鳥を捕る鷹狩*3や鳥を遣って魚を捕る鵜飼も、当時の韓半島から新しい狩漁技術として日本に渡来した可能性が高い。

五、権威の表象と鵜飼

鵜形遺物のなかで、もっとも具体的に鵜飼を造形しているのは鵜形埴輪である。鵜の形態・生態を含めて古墳時代の鵜飼の様相を埴輪の造形に写しとっている。そこには「頸に紐を結わえた鵜」という鵜飼の本質ともいうべき姿が表されていた。一羽かごく少数の鵜を遣った放ち鵜飼はかつては存在したが、現在の日本ではみることのない漁法である。このように本章では埴輪の分析を通して古墳時代の鵜飼のありようを考えることができた。

では、墳墓である古墳という場所で鵜飼を表すとはどのような意味があるのだろうか。鵜形埴輪が出土した主要な古墳を取りあげ、埴輪の出土状況などからなぜ古墳に鵜形埴輪を配置したのかを考えてみたい。

最古の鵜形埴輪が出土した太田茶臼山古墳は墳長二二六メートルの前方後円墳で、鵜形埴輪は周濠の中堤に設けられた埴輪区画に多種多数の形象埴輪とともに配置されたと推定されている。[*4] 前方後円墳の総数約五二〇〇基のうち、墳長が二〇〇メートルを超えるものは、わずか四〇基ほどしかなく、そのほとんどが畿内に集中している（広瀬二〇〇三）。このことからもわかるように、大型の前方後円墳は圧倒的な権威を顕示した各時代の王墓である可能性が高い。したがって太田茶臼山古墳は五世紀中ごろの王墓であると考えられる。また中堤の埴輪区画は、新たに設けられた形象埴輪の配置場所であり、そこに置かれた鵜形埴輪もまたこの時期に新たに登場した形象埴輪のひとつである。つまり、古墳は墳形や墳丘規模によって階層と権威をみせているもので[*5]あり、なかでも五世紀中ごろの王墓では中堤の埴輪配置区を設け、鵜形埴輪など新しい種類を含む形象埴輪群を配置するという埴輪祭祀が始まったと考えられる。鵜形埴輪は「王権祭祀における重要な儀礼に仕立てられ」（森田二〇一八：七四）た鵜飼を表しており、まさしく太田茶臼山古墳から鵜飼儀礼が始まった可能性が高い。

畿内を中心とする王墓と同時期の地方の首長墓では、規模を縮小しつつも埴輪祭祀を共有するようすが読み取れる。

具体的には、形象埴輪の種類・数量・大きさなどの諸要素をそれぞれ減らすなどした埴輪群が各地の古墳に配置された。これは、同じ埴輪祭祀を共有することで王権に列していることを示し、地方においても王の権威を形象埴輪群によって視覚的に表す役割を果たしている。したがって、実際には鵜飼の存在を知らない地域の古墳にも鵜形埴輪はもたらされ、形象埴輪群のなかに鵜飼儀礼を担うものとして配置された。その根底にあるのは、鷹狩とともに渡来した、まったく新しい狩漁技術としての鵜飼である。人鳥一体でおこなわれる鵜飼技術の掌握を周囲に知らしめす意図をもって、鵜飼は鵜形埴輪に象られたのである。

【謝辞】

本稿をまとめるにあたり、次の方々・機関にお世話になりました。記して感謝申しあげます（五十音順）。亀田佳代子氏、唐沢孝一氏、かみつけの里博物館、河内一浩氏、小嶋篤氏、寺田一美氏、東海村教育委員会、朴天秀氏、日高慎氏、広瀬和雄氏、森島一貴氏、森田克行氏。

【注釈】

＊１　本章では日本に生息するウ類を「鵜」と総称し、種は限定しない。また造形物は鵜形と表記する。

＊２　鈴付きの紐を結んだ保渡田八幡塚古墳例について、若狭徹は「首長が主催する顕示性の強い鵜飼」（若狭 二〇〇二：二〇）そのものを表しているとしている。

＊３　鷹狩は高句麗（韓半島北部）の石室壁画（五世紀初、三室塚など）に描かれている。

＊４　太田茶臼山古墳は宮内庁治定の天皇陵（継体天皇三嶋藍野陵）であるため、調査は濠改修時のごく一部しかおこなわれていない。鵜形埴輪は堤から内濠側へ転落した状態で見つかっており、本来は堤上に配置されたものと考えられる。

＊５　日本においては前方後円墳をはじめとして、前方後方墳、円墳、方墳など、墳形によって階層秩序があり、墳丘規模によっても階層性をもつ。前方後円墳は同じ墳形を共有することで共通性を、墳丘の大小によって階層性を表していることや、墳丘斜面

を覆う葺石やテラスに並ぶ埴輪、二重三重にとりまく周濠などの外部表飾によって視覚性が高いことが指摘されている（広瀬二〇〇三、二〇〇九）。

第九章　平安時代の鵜飼
――異文化としての古代鵜飼

小川宏和

現在、鵜飼と聞くと日本各地の観光鵜飼、なかでも毎年多くの観光客で賑わう岐阜県長良川のものが馴染み深いかもしれない。当地の鵜匠は、宮内庁式部職に所属していることも広く知られていよう。禁漁区で皇室に納める鮎を捕る鵜飼は御料鵜飼とよばれる。暗闇に燃える篝火の風情や、幾羽もの鵜を操る匠の技は、古くから人びとの心を惹きつけてきた。

このように、かつて生業のひとつでもあった日本の鵜飼は、今日多くの人びとにとって娯楽目的の鵜飼として続けられている。しかし、とりわけ古代において、鵜飼は生業や鑑賞・観光の対象とは異なる役割を担うことがあった。古代、鵜飼に従事する人たちは朝廷官司に直属して漁をおこない、鮮魚を御贄《みにえ》として天皇に献上する特権的な技能集団であった。漁に使用する鵜は毎年諸国から貢進され、天皇による御覧を経たあとに分配されるという特異な儀礼の存在も明らかにされている。本章では平安時代の鵜飼と朝廷とのかかわりに着目し、彼らの活動と技術、およびそれを支える貢鵜制度の実態と変遷について検討してみたい。

一、鵜飼漁の技術

一－一、和歌にみる鵜舟と篝火

かつての鵜飼漁には、鵜を駆使する方法や漁場、時間帯などによりさまざまな型が存在した。つまり、①「逐鵜（鵜で魚を網などに追い込む）」か「捕鵜（鵜に魚を捕獲させる）」か、②「徒行（かち）遣い」か「船遣い」か、③「繋ぎ鵜（鵜と鵜匠を繋ぐ手縄をつける）」か「放ち鵜（手縄をつけない）」か、④「昼漁」か「夜漁」か、⑤「流水面（河川）」か「静水面（湖沼）」か、という区別により、漁法の組み合わせが生じていたのである（竹内 一九八三）。たとえば『万葉集』には、奈良時代に地方で活動していた鵜飼のようすが詳しく詠まれており、その漁法は篝火を焚いて「伴」とよばれる集団を組んで河川を遡上する、夜漁の徒行遣いとして分類できる（小川 二〇二四）。

平安遷都後の史料には、夜漁の船遣いの鵜飼がみえ始める。*1 当該期の鵜飼については、これまでの研究でも現在の長良川の鵜飼とほぼ同じ漁形態であることが指摘されているほか（網野 一九八〇）、篝火をともす詩情に満ちた夜漁に、現代でも人びとの心を捉える「見せ鵜飼の原型」が見出されてもいる（可児 一九六六）。古代にみえる淡水漁撈のなかでも、鵜飼漁は比較的その技術の詳細がうかがえる例のひとつといえる。本節では平安時代における鵜飼漁の技術について考えてみたい。

次の史料は、平安時代の鵜飼漁の技術を伝える比較的早い事例のひとつである。*2

史料一『貫之集』一一一〇番歌

延喜六年、月次の屏風八帖が料の歌　四十五首、宣旨にてこれを奉る廿首

（〇中略）

六月、鵜飼
篝火の　かげしるければ　うば玉の　夜川の底は　水も燃えけり

九〇六（延喜六）年月次屏風の「六月」の主題に「鵜飼」が選ばれ、紀貫之が和歌を詠進した。鵜飼がともす「篝火」がよく燃えているので、夜の川底の水も燃えているように見える、との歌意である。屏風には歌絵が描かれたとみられ、篝火が鮮やかに描かれていたのではないか。なお鵜飼漁が夏季におこなわれる点は当時も同じであり、とくに「六月」（新暦の七～八月）は最盛期とされていたのであろう（第二節で後述）。

そして、和歌において篝火はしばしば「鵜舟」と結びつけられていた。たとえば在原業平（八二五～八八〇）の作歌として「大堰河　浮かぶ鵜舟の　篝火に　小倉の山も　名のみなりけり」（大堰河に浮かぶ鵜舟の篝火によって、あたり一面が明るくなり、小暗いという名をもつ小倉山も名前ばかりなのだなあ）（『業平集』の一写本〈新編国歌大観第七巻-2業平-七五〉）が伝わっている。現在も嵐山の鵜飼として催される大堰川の鵜飼が題材とされており、鵜舟が灯す煌々とした篝火の勢いを想像させる。また一〇〇一（長保三）年の七月、赤染衛門は夫で尾張守の大江匡衡を訪ねた。途中、杭瀬川に滞在した際、「夜、鵜飼ふ」のを目にして「夕闇の　鵜舟にともす　篝火を　水なる月の　影かとぞ見る」（『赤染衛門集』一七五）と詠んでいる。長良川鵜飼で知られる今日の岐阜県域において、篝火を用いた夜漁の船遣いが、この時期すでに確認できるのである。

以上のように、和歌において「鵜舟」（鵜飼）と「篝火」を結びつけることは当時の常套的な表現であった。とりわけ、篝火の明るさが闇夜との対比により強調される点が特徴といえる。ただし以下の史料にみるように、こうした和歌の表現は、実際に川で舟を操り、篝火を焚いて漁をおこなう鵜飼たちの存在とその技術を背景に生みだされたものである。

一－二、夜漁の船遣い

九七一（天禄二）年七月、藤原道綱母は二度目の初瀬詣において宇治に滞在した際、宇治川の鵜飼を見物している。

史料二『蜻蛉日記』九七一（天禄二）年七月

（○前略）未の時ばかりに、この按察使大納言の領じたまひし宇治の院にいたりたり。（○中略）困じにたるに、風は払ふやうに吹きて、頭さへ痛きまであれば、風隠れ作りて、見出だしたるに、暗くなりぬれば、鵜舟ども、かがり火さしともしつつ、ひとかはさし行きたり。をかしく見ゆることかぎりなし。（○中略）目も合はで夜中過ぐるまでながむる、鵜舟どもの上り下りゆきちがふを見つつは、

うへしたと　こがるることを　たづぬれば　胸のほかには　鵜舟なりけり

などおぼえて、なほ見れば、あかつきがたには、ひきかへていさりといふものをぞする。またなくをかしくあはれなり。

（○中略）

さる用意したりければ、鵜飼ひ、数を尽くして、ひとかは浮きて騒ぐ。「いざ、近くて見む」とて、岸づらにもの立て、榻など取りもて行きて、下りたれば、足の下に、鵜飼ひちがふ。魚どもなど、まだ見ざりつることなれば、いとをかしう見ゆ。来困じたるここちなれど、夜の更くるも知らず、見入りてあれば、これかれ、「いまは帰らせたまひなむ。これよりほかに、いまはことなきを」など言へば、「さは」とてのぼりぬ。さても、あかず見やれば、例の夜一夜、ともしわたる。いささかまどろめば、ふなばたをごほごほとうちたたく音に、われをしもおどろかすらむやうにぞさむる。明けて見れば、昨夜の鮎、いと多かり。それより、さべきところどころにやりあかつめるも、あらまほしきわざなり。（○後略）

「かがり火さしともしつつ、ひとかはさし行きたり」、「数を尽くして、ひとかは浮きて騒ぐ」という描写から、多

数の鵜舟が篝火を灯して漁をおこなっていたことは確かであろう。夜の闇との対比により篝火を強調する和歌表現も、あながち過大表現ではなかったとみられる。「あかつきがた」（夜明け前）には別の網漁がおこなわれている点からも、やはり鵜飼は夜間の漁が一般的であったと考えられる。

そして、右の史料には、鵜舟や篝火のほかにも鵜飼漁の技術が具体的に記されている。まず「上り下りゆきちがふ」、「鵜飼ひちがふ」からは、鵜舟が川を行き違いに上り下り移動しつつ漁をしていたことがわかる。民俗事例においても、川の流れを下りながらおこなうのが普通である。場所によっては上りながら魚をとるところもあったが、獲物が小さく、鵜の疲れが激しいという（最上　一九六七）。また、「ふなばた」（船端）を「ごほごほとうちたたく音」がするのは、現在のように鵜を活気づける目的のほか（長良川の鵜飼研究会　一九九四）、棹や櫂で船縁を叩き、岩陰の魚を追いだし捕獲するための行動（長良川鵜飼文化の魅力発信事業実行委員会　二〇一三）とも読み取れる。

さらに、「数を尽くして、ひとかは浮きて騒ぐ」との描写にも注意される。鵜飼の発する言葉に関しては、『源氏物語』（松風）の記載が想起される。桂の院に遊ぶ光源氏一行が、鵜飼を召して納涼したことが語られており、そこで源氏は、鵜飼によって須磨に流離したときに聞いた「海人のさへづり」を思いだしているのである。明石の巻には、「あやしき海人どもなどの、貴き人おはする所とて、集まり参りて、聞きも知りたまはぬことどもをさへづりあへるも、いとめづらかなれどえ追ひも払はず」とあって、身分の低い海人たちが源氏の姿を一目見ようと参集するが、「聞きも知りたまはぬことども」とあるように、源氏は彼らの発する言葉を聞き取れていない。松風にみえる記載は、当時の鵜飼の社会的身分や、人びとの鵜飼への認識が反映されたものとみられ、貴重な記述である。宇治の鵜飼の「騒ぐ」行為についても、このような鵜飼による発話とも考えられる。しかし一方で、現代鵜飼においては漁の最中、先述の船端を叩く行動とともに、鵜に対して「ホウホウ」などと声かけをすることがある。とりわけ上掲のような漁の場面では、こうした鵜を鼓舞するかけ声であった可能性もあるのではないだろうか。

一－三、鵜の取り扱い

つぎに、平安時代の鵜の取り扱いについて考えてみたい。この点、まずは左の史料が手がかりとなる。

史料三『うつほ物語』（吹上・上）

（〇前略）鵜四つ、籠、朸、いとめづらかなり（〇後略）

紀伊国の長者・神南備種松が、帰京する仲忠一行に豪勢な贈り物をする場面であり、贈り物の中には「鵜四つ」もいた。近現代の事例によると、鵜を運搬する際には竹籠を使用し、二羽一組ずつを入れるものをフタツザシ、仕切りをして二組四羽入れるものをヨツザシといい、それらを荷負い棒で運ぶ（最上 一九六七、長良川の鵜飼研究会一九九四）。古代においても鵜を籠に入れていたことは、平城宮出土木簡に「鵜籠」とあることや、後掲史料一九からも確認できる（小川 二〇二四）。したがって右の記述の背景には、鵜を籠に入れ、朸（天秤棒、荷負い棒）に下げて運ぶ方法があったと考えられる。民俗事例も踏まえれば、籠に二羽ずつ入れて合計四羽を一度に運んだ可能性もある。

さらに、右にも「四つ」とみえる鵜の数量について参考になるのが、地方諸国から中央への貢鵜関連記事である。当該期、中央官司に直属した鵜飼は、諸国から貢進された鵜を支給され、御贄生産に従事していた（第二節で後述）。これらの記事をみると、「十二」（史料一五、一六）、「四」「二」「六」（史料一七）とあって、その多くが偶数であることに気づく。この点、現代鵜飼で作られる鵜のペア（疑似的な配偶関係）に注目したい。鵜匠は、新たに送られてきたウミウ（シントリとよぶ）を二羽ひとつの籠に入れてペアにする。鵜匠たちはペアのことをカタライとよぶ。通常、鵜匠はシントリを二羽ずつ注文し、新たに送られてきたその二羽でカタライを作るという（卯田 二〇二一）。以上を踏まえると、平安時代の偶数の貢鵜について、すでに鵜のペアリングが意図されていたとも解釈できるのではないか。

『蜻蛉日記』にみえる「昨夜の鮎、いと多かり」という漁獲量も踏まえると、鵜を二羽以上用いる複数遣いであった可能性もあろう。

それでは、鵜飼たちはこれらの鵜とどのように接していたのであろうか。この点は院政期のものになるが、つぎの史料が挙げられる。

史料四『梁塵秘抄』巻第二　雑三五五

鵜飼はいとほしや　万劫年経る亀殺し　また鵜の首を結ひ
現世はかくてもありぬべし　後生わが身をいかにせん

このように「鵜の首を結ひ」とあることから、鵜に首結いをつけて駆使する鵜飼の存在を示している。首結いとは、鵜の首を紐で結び大きな魚をのみ込まないようにする一方、小魚をのみ込ませて体力の消耗を防ぐ技術である。日本における鵜飼の首結いの事例については、かなり遡って『隋書』東夷伝倭国条の「小環を以て鸕鷀の項に挂く」を初見とし、右の史料までその例はみえない。なお、古代の鵜飼が手縄を使用した繋ぎ鵜か、または手縄を使用しない放ち鵜かは史料から判断することが難しい。

他方、首結いと並記される「亀殺し」は、江戸時代にも長良川鵜飼が鼈（ドチ・スッポン）を鵜の餌にしたことと関係することが指摘されている（網野　一九八〇）。近世の長良川鵜飼では鵜飼漁の期間外に鵜の餌を確保するため、スッポンを捕獲する「どち突」がおこなわれていた（鈴木　二〇二二）。右の史料は、当該期の殺生禁断思想の広がりを背景に作られた歌謡ではあるが、結果として鵜飼による鵜の飼養技術を伝えており貴重といえる。

さて『蜻蛉日記』によれば、道綱母は一晩中鵜飼を見物して楽しんだ後、夜が明けて「いと多」い「昨夜の鮎」を目にする。夜通しおこなわれた宇治の鵜飼たちの漁によって、一晩で少なくない鮎の漁獲量があったのである。鮎の量は、少なくとも各所へ十分な贈り物にすることができるほどであった（「さべきところどころにやりあかつめる」）。ただし、以下にみるように「さる用意」とは彼女の見物のためだけの鵜飼の準備ではない。次節からは、中央官司に属した鵜飼集団の漁獲対象となる魚種や、その消費のありかた（用途）にも留意しつつ、彼らの活動の様相について紹介したい。

二、鵜飼の御贄貢進

二－一、御厨子所《みずしどころ》鵜飼の出現

まず左の史料により、八世紀以降の鵜飼の制度的位置づけについて確認しておきたい。

史料五『令集解』職員令40大膳職条　令釈所引　官員令「別記」

大膳職（〇中略）
雑供戸〈謂は、鵜飼・江人・網曳等の類なり。釈に云はく、別記に云はく、鵜飼卅七戸・江人八十七戸・網曳百五十戸。右の三色人等、年を経て丁ごとに役し、品部として調・雑徭を免ぜよ。〈〇後略〉〉

右の職員令《しきいんりょう》とは、いわば中央省庁に勤務する職員の定員や職務内容を規定した法律である。鵜飼は、このうち宮内省所管の大膳職に「雑供戸《ざつくこ》」として属していた（瀧川　一九六七）。大膳職とは調膳や食材調達を担当する官司であり、雑供戸とは「贄戸」（考課令条最条古記）、すなわち宮中に生鮮食品を献上する役目を担った家々を指す。贄戸に指定された鵜飼集団は、「品部《しなべ》」（専門技能者）の身分を与えられ、宮中に鮮魚を献上する見返りに税や労働を免除され、天皇や朝廷の食生活を支えていたのである。彼らは「長上」（『続日本紀』七二一〈養老五〉年七月庚午条）に率いられて活動していたこともわかる（後述）。

職員令は大宝令（七〇一年施行）では官員令《かんいんりょう》とよばれており、右の「別記」はその施行細則とされている（大山一九九九）。明文化された贄戸鵜飼に関する規定の初見はこの大宝令であるが、七世紀後半の持統朝までにはすでに御膳に供する川魚の貢進を担っていたことが明らかとなっている（小川二〇二四）。

そして、平安時代の九世紀末〜一〇世紀初頭、鵜飼の制度的な位置づけに変化が訪れる。初めにつぎの物語史料を掲げる。

史料六『源氏物語』藤裏葉

神無月の二十日あまりのほどに、六条院に行幸あり。（〇中略）巳の刻に行幸ありて、まづ馬場殿に、左右の寮の御馬牽き並べて、左右の近衛立ち添ひたる作法、五月の節にあやめわかれず通ひたり。未下るほどに、南の寝殿に移りおはします。道のほどの反橋、渡殿には錦を敷き、あらはなるべき所には軟障をひき、いつくしうなさせたまへり。東の池に舟ども浮けて、御厨子所の鵜飼の長、院の鵜飼を召し並べて、鵜をおろさせたまへり。小さき鮒ども食ひたり（〇傍線筆者）。わざとの御覧とはなけれど、過ぎさせたまふ道の興ばかりになん。

（〇後略）

右は、冷泉帝と朱雀院の六条院行幸を描いた場面である。注意したいのは、饗宴参加者が南の寝殿へ移動したときのことで、一行は「東の池」で「御厨子所の鵜飼の長」や「院の鵜飼」に遭遇する。鵜飼たちは、そこで「小さき鮒」などを捕らえるパフォーマンスを披露していた。このうち「御厨子所の鵜飼の長」は、物語史料以外からも、その実在を確認することができる（史料一九）。このことから、鵜飼たちは奈良時代から「長」が集団を率いる体制を維持する一方（小林一九八〇）、「御厨子所」に所属していたことがわかる（西村一九三三）。

御厨子所とは、九世紀末に成立した新しい食膳担当機関であり（佐藤 二〇〇八）、その成立とほぼ同時に鵜飼もその管理下に入った（小川 二〇一六）。同所は、その成立と同時期の宇多朝以後（九世紀末以後）に生まれた遊宴行事を担当し始めたことも明らかにされている（佐藤 二〇〇八）。そして、この変化に対応するように、当該期より鵜飼の遊宴行事への参加が散見し始める。右の物語史料に限らず、史書にも「天皇、神泉苑に幸し池水を臨覧す。鸕鷀をして遊魚を喫わしめ」という神泉苑での例がみえるほか（『日本紀略』八九五〈寛平七〉年三月三日庚申条）、「上皇、鸕鷀の水に入るを御覧ず」（『日本紀略』九四七〈天暦元〉年一二月九日己丑条）との記事も該当しよう。以上により、『源氏物語』に描かれる御厨子所の鵜飼の長の存在や、庭園における饗宴への参加は、鵜飼が実際に経験した制度的位置づけの変化や、活動内容が反映されたものと考えられる。

他方、改めて右掲史料をみると、御厨子所の鵜飼の長たちは昼間の「未下るほど」に漁をおこなっていたことがわかる。こうした記述などから、鵜飼漁は必ずしも夜に限定されたものではなかったことが指摘されている（可児 一九六六）。庭園における饗宴行事など、漁にパフォーマンス的要素が多分に含まれる場合、しばしば日中にもおこなわれていたのであろう。

二－二、東西供御所《くごしょ》の鵜飼と日次御贄《ひなみのみにえ》

しかし、とりわけ食事という消費形態を目的とした漁の効率や漁獲量を考えた場合、河川において篝火を使用する夜漁がより適した形態であったことは『蜻蛉日記』の記事などからも容易に推定できる。そしてこの夜間の漁撈活動こそが、御厨子所鵜飼の主たる活動であった。九世紀末、御厨子所独自の食材調達ルートが整備され（佐藤 二〇〇八）、その管理下に入った鵜飼集団が、御膳の食材調達＝御贄生産の一部を担い始める。

つぎの史料から、御厨子所鵜飼たちの活動の拠点や、漁獲品目、漁獲物の用途を明らかにすることができる。

史料七『西宮記』（巻十　乙　臨時丁　侍中事）所引「日中行事文」*3

巳一刻、日次御贄の事を奏す（〇中略）

近江国供御所、毎日進る。定色無きなり。

（〇頭書）［九月九日より始め新嘗会に至り供す。］

近江国田上御網代、毎日氷魚を進る〈某月より某月に至る。内膳式に見ゆ。〉

山城国宇治御網代、毎日鮎魚を進る。

葛野河供御所、毎日鮎魚を進る。某月より某月に至る。埴河供御所、毎日鮎魚を進る。葛野河に同じ。鵜飼鯉・鮎を進る。

冬は鮒、夏は鮎、（〇後略）

史料八『西宮記』（巻八　臨時乙）

禁河〈埴河、左衛門府検知す。葛野河、右衛門府検知す。〉巳上、夏に鮎を供す。

『西宮記』は一〇世紀後半に成立した私撰儀式書である。引用されている「日中行事文」は延喜から天暦年間の成立で（佐藤二〇〇八）、蔵人の毎日の仕事（日中行事）を時刻ごとに書きあげている。今回取りあげたのは「巳一刻」（午前一〇時前後）の項目であり、そこには「日次御贄」、すなわち毎日天皇の御膳に供される生鮮食材の奏上に関する定めが記されているのである。右のとおり、ここには御膳に供される各種食材の品目や貢進地、生産者が列挙されている。

このうち鵜飼に関連して重要なのが、毎日「鮎魚」を進上するという葛野河と埴河（現在の京都市桂川と高野川）である。史料八が記すように、両河は天皇が所有し「夏」に「鮎」を供する「禁河」に指定されていた。後掲史料一〇にみえる宣旨飼の場も踏まえると、鵜飼が葛野河と埴河を主な拠点に活動していたことがわかる。

以上から、鵜飼は天皇が所有する禁河たる埴河・葛野河の供御所を主な漁場とし、捕獲された鮎は毎日天皇に献上されていたことが指摘されている（網野 一九七三、一九八〇）。また、葛野河と埴河に置かれた「供御所」は九世紀末の御厨子所の成立を前提に整備された供御貢納地であり、御厨子所に直轄されていた（小川 二〇一六）。したがって、葛野河・埴河供御所における日次御贄の貢進に従事していた鵜飼とは、まさに先述した御厨子所に所属する鵜飼集団であったと考えられる。供御所で活動する彼らは「供御鵜飼」とも称された（史料一七、一九）。

なお、これら葛野河・埴河供御所（以下、東西供御所と表記する）の二か所に宇治の鵜飼をくわえて「三所鵜飼」とよばれたとの説がある（黒田 二〇〇五）。宇治も鵜飼による供御貢納地であったことについては、「宇治・桂の鵜、皆放ち棄てらる。鷹犬の類、皆以てかくのごとし。此の両三年、殊に殺生を禁ぜらるるところなり。」（『百練抄』一一二六〈大治元〉年六月二一日条）という記事を根拠として挙げたい。当該期、殺生禁断令は多く供御貢納地が対象とされたため、「桂」（葛野河）にくわえて「宇治」の「鵜」も放たれたとみられる。すなわち『蜻蛉日記』にみえる鵜飼の活動には御贄貢進にともなう漁も含まれており、前述の「さる用意」とは、その準備も指していると考えたい。

二―二、鵜飼の御贄貢進期間と漁獲対象

前項では、鵜飼が御贄として鮎を貢進していたことを確認した。ただし鮎の進上については夏のことで、史料七によると冬は鮒が進上されており、鯉も鵜飼によって漁獲されている。前掲の『源氏物語』によれば、右の鮒も鵜飼の漁に関するものかもしれない。それでは、御厨子所の鵜飼が調達する漁獲物としては、どのような魚種が主とされていたのであろうか。

まず史料七をみると、鵜飼による夏季における鮎の進上について、「某月より某月に至る」とその期間も定められていたようであるが、ここでは省略されている。そこで、従来引用されてこなかったつぎの史料を取りあげたい（小川 二〇一六）。

史料九『侍中群要』第四　日記体

日記体
日下に支干を書す。〈或は各これを注書す。〉次で天の晴陰を注す。辰一刻、格子を上ぐ。同四刻、主水司御手水幷びに御粥を供す。巳一刻、日次御贄を供す。〈衛府は番に随え。近江国日次所。東西河。件の河、五月五日以後九月九日以前、御贄を供す。宇治・田上御網代、九月九日より新嘗会に至り、氷魚を供す。（○後略）〉

『侍中群要』とは蔵人の業務マニュアルである。「日記体」は蔵人が記す日記のフォーマットで、蔵人がこなす一日の仕事を時刻ごとに記す形式をとる。各時刻の業務は先の日中行事文とも一致しており、同時期のものと考えられる。注意したいのは、「巳一刻、日次御贄を供す」に記された細字双行の注書であり、そこには「東西河。件の河、五月五日以後九月九日以前、御贄を供す」とある。この「東西河」が史料七にみた鵜飼の活動の拠点、東西供御所を指すことは間違いないだろう。つまり、御厨子所の鵜飼たちは毎年五月五日〜九月九日の期間、日次御贄を供進することが求められていたのである。

関連史料によると、鵜飼といえば夏の「六月」というイメージが存在したらしい（『能宣集』八七、『貫之集』一‐一〇）。そして史料八にみたように、禁河として「夏に鮎を供す」との記述からも、やはり鮎が中心の漁獲対象とされていたことが推定される。古くより鮎は「四月」以降に捕獲対象とされ（『古事記』仲哀天皇段など）、その生態は「春生、夏長、秋衰、冬死」と認識されていた（大東急本『倭名類聚抄』鱗介部龍魚類）。秋の九月には、宇治・田上の網代が氷魚（鮎の稚魚）の貢進を開始している（史料七、八）。

東西河は、とくに鮎の特産地として広く知られていたようである。たとえば、西の葛野河は「あゆかは」（鮎河）と通称されていたことがうかがえる（『躬恒集』二七）。東の埴河の鮎は、代表的な宮中料理のなかで「羹は東河の鮎を沸かす」といわれるほどの名物であった（『玉造小町子壮衰書』）。これらのことから、御厨子所鵜飼たちは鮎を中心の漁獲対象としていた可能性が高いといえよう。

二―四、御贄の象徴――鵜飼と「河膳苞巻《かぜんのあらまき》」

そして、東西供御所の鵜飼集団が献上する鮎は、天皇が食べるそのほかの食品と比べても、きわめて重要視されていたことがわかる。これまで注意されてこなかった次の史料をみてみたい（小川 二〇二一）。

史料一〇『侍中群要』第三　供御膳次第

供御膳次第（〇中略）

御厨子所、また八種を供す。（〇中略）九月九日より新嘗会に至り、氷魚を供す。同日より五月五日に至り、雉を供す。五月五日より、東西河、鮎を供す。〈河膳苞巻と号く。己〔包カ〕体、東西相異なる。〉（〇後略）

供御膳次第は、一〇世紀後半～一一世紀前半に天皇が毎日口にしていた食事（朝夕御膳）の供進次第を伝えている。右は、御厨子所が提供していた日常の食膳（佐藤 二〇〇八）の一部である。注目したいのは、やはり東西河に関する記述で、ここでも明確に両河は「鮎」を供することが記されている。

興味深いのは、その細字双行注である。その記述によると、「東西河」が供する鮎は「河膳苞巻」と「号」（なづ）けられ、その「苞体」（包みの形態）は「東西」で「相異」なるものだったという。つまり、東西供御所の鵜飼が貢進する鮎は、「河膳苞巻」として御膳に供されていたのである。

苞巻とは、「苞苴」と書いてアラマキとも読まれ、植物で包んだ魚や肉を意味する。藁製のアラマキは魚鳥肉の保存に効果的で運搬の便にも優れ、平安期には進上物や贈答品の標識と認知され、単独あるいはほかの品々とともに進上・贈与された。さらに、そうした進上・贈与行為を受けてアラマキを備蓄・支出できることが、財力や富の象徴にもなっていた。

一方、同時にアラマキ（ツト）は、その内容物が天皇に捧げられる贄（大贄）であることをも意味した（倭名類聚抄・厨膳具、類聚名義抄・仏下）。当該期、「供御の贄は、最も鮮好を貴ぶ」（『類聚三代格』巻一〇　供御事　八五五〈斉衡二〉年正月二八日太政官符）とみえるように、何よりも鮮度が重んじられている。古代において、アラマキは高い鮮度が確保されつつ天皇に進上される食品＝贄の象徴でもあったのである。

くわえて鵜飼と「苞苴」（贄）との関連については、時代は遡るものの、やはり次の伝承が想起される。

史料一一『日本書紀』神武即位前紀戊午年八月乙未条

（〇前略）天皇、吉野の地を省たまはむと欲して、乃ち菟田の穿邑より、親ら軽兵を率ゐて、巡り幸す。（〇中略）水に縁ひて西に行きたまふに及びて、亦梁を作ちて取魚する者有り。〈梁、此をば揶奈と云ふ。〉天皇問ひたまふ。対へて曰さく、「臣は是苞苴担が子なり」とまうす。〈苞苴担、此をば珥倍毛菟と云ふ。〉此則ち阿太の養鸕部が始祖なり。

神武天皇東征の終盤、吉野入りの場面である。天皇が吉野川に沿い西に進むと「梁」で漁をする「苞苴担之子《ニヘモツガコ》」＝「阿太の養鸕部《ウカイベ》が始祖」[*4]と出会う。同内容を載せる『古事記』では「苞苴担之子」が「贄持之子」、阿太の養鸕部は「阿陀之鵜養之祖」と表記される。鵜飼の「苞苴担」（贄持）＝天皇への御贄進上者としての性格が色濃く反映された記述といえるだろう。

そして、後代、天皇が毎日食べる日次御贄のうち、鵜飼が献じる贄が文字通り「苞巻」として供されている点は偶然ではないだろう。『和名抄』所引の『日本紀私記』も「苞苴」を「オホニヘ」と訓じており、贄の実態は本来植物で包まれた「苞苴」であったため、ニヘモツの用字に「苞苴」があてられたと考えられる。

以上、鵜飼が捕らえた鮎が「河膳苞巻」として天皇に供されたのは、「苞巻」＝アラマキが贄を意味したためであった。そのアラマキを貢進する鵜飼は、『古事記』『日本書紀』にみえる伝承も背景に、食品の進上を通じて天皇に奉仕する贄人[*5]の象徴として再度認識されたのではないだろうか。

三、貢鵜制度の変遷

三－一、平安時代の貢鵜国

御贄貢進に従事する鵜飼たちは、朝廷から鵜の支給を受けた上で活動していた。そして、これらの鵜は「官鵜」「貢鵜」として定められた国々から毎年献上されていたことが明らかにされている。以下、貢鵜制度の実態について、鵜の生態も踏まえつつ検討してみたい。まず鵜を貢進する国々について概観する。

佐渡国

史料一二『日本後紀』八〇五（延暦二四）年一〇月庚申条

佐渡国の人、道公全成を伊豆国に配す。官鵜を盗むを以てなり。

貢鵜の存在を示唆する初見史料である。「佐渡」の例は史料一五にもみえ、九世紀初頭、同国で捕獲された「官鵜」が中央へ進上されていたことが推定できる。したがって平安京には、この官鵜の支給を受ける鵜飼集団もすでに存在したと考えられる。

大宰府

史料一三『日本三代実録』八七〇（貞観一二）年二月一二日甲午条

（〇前略）大宰府言さく、対馬嶋下県郡の人、卜部乙屎麻呂、鸕鷀鳥を捕らへむがため、新羅の境に向かひき。（〇後略）

史料一四『日本三代実録』八八七（仁和三）年五月二六日己亥条

大宰府の年貢鸕鷀鳥、元は陸道よりこれを進る。中間、海道を取り、以て路次の煩を省くも、事を風浪に寄せて、しばしば違期を致す。今、旧に依り陸路より入り貢れ。

大宰府は、毎年「年貢鸕鷀鳥」を貢納していた。史料一三にみえる「卜部乙屎麻呂」の行動はその捕獲にかかわるものと考えられる。鵜の輸送は一時元来の陸路から海路に変更されたが、風浪を口実に頻繁に期日を過ぎたため、このとき再び陸路輸送を命じられたらしい。後述するように、八八五（仁和元）年にも「是より先、彼府の年貢鵜、期を違ふ」とあり（史料一八）、大宰府の貢鵜違期は常態化していた。

出羽国

史料一五『親信卿記』九七四（天延二）年八月十日条

「〔　　〕鵜飼」

十日、出羽の貢りし年料鵜□〔十カ〕二率、奏聞の後、三所の鵜飼に分ち給ふ。その儀、所に仰せて鵜飼等の進りし御贄の度数勘文を進らしめ、〈今年度数、同員数。〉右兵衛陣の外に出でて、御贄を進る次第に任せ分ち給ふ。預・出納・小舎人ら相共にこれを給ふ。能登・［　］(佐カ)渡等の貢、先日分ち給ふこと已に了んぬ。

史料一六『権記』一〇〇〇（長保二）年九月二日条

（〇前略）

出羽国の年料鵜を蔵人所に貢進す。本解文に載せたる十二率の中、五率は見進、其の残り、途中にて死す。また、冷泉院に一率、東宮(居貞親王)に二、左大臣(藤原道長)家に二、皆本数に満たずして、途中にて死すといえり。右(藤原顕忠)・内(藤原公季)府料、また以て死に了んぬ。

一〇世紀段階、出羽国は毎年一二羽の年料鵜を「三所の鵜飼」に四羽ずつ供給していたとみられる。先述のように、「三所鵜飼」は東西供御所と宇治の鵜飼を指す。半数以上の鵜が死に、解文（上申書）に書かれた予定数とずれが生じていた。史料一六では計一二羽のうち七羽が途中に死んでおり、史料一七でも「六鳥」のうち「二鳥」を失っている。大宰府の例で輸送経路をめぐり曲折があったことをみたが、当時の動物輸送の苦労がうかがえる。

能登国

史料一七『中右記』一〇九三（寛治七）年八月二六日条

今日、能登国が例に依り進る所の鵜鶘は、右衛門陣において蔵人左衛門尉藤永実分ち給ふ。出納一人幷びに御厨子所預一人、束帯を着し、胡床に着す。小舎人一人。〈衣冠を着し、解文を進る。〉一々覧じ畢り、供御鵜飼らを召して、これを賜ふ。〈鵜鶘の数四、儲料二、合わせて六鳥なり。しかるに途中において二鳥死に了んぬと云々。〉

能登国はすでに史料一五にもみえ、一〇世紀後半までには毎年の鵜の貢上国に設定されたことがわかる。末尾の「儲料」は、死亡による欠失や保管飼育などを考慮した予備分と考えられる。

以上の例から、平安期において出羽国、能登国、佐渡国、大宰府からの貢鵜が確認できる。注意すべきは、鵜を貢進している国々が、いずれも日本海側に位置していることである。この点は、当時の鵜飼が使用していた鵜の種類や生態を考える上で重要な手がかりとなる。

三－二、鵜飼が用いる鵜の種類と生態

現在、日本の鵜飼で使用される鵜は中国のように人工繁殖させたものではなく、定期的に捕獲された野生個体である（卯田 二〇二一など）。したがって日本の鵜飼は、常に野生を補給しなければ成立しない技術と位置づけられている（篠原 一九九〇）。日本にはカワウ・ウミウ・ヒメウ・チシマウガラスの四種類が生息しており、このうち、漁に駆使される種はカワウとウミウである。かつては複数の地域でカワウが用いられることもあったが、現代鵜飼の多くは、沿岸部に飛来・繁殖する渡り鳥のウミウを使用している（本書第二章参照）。これは、ウミウのほうが大きく丈夫で深く潜れるなど、漁に適するためともされている（最上 一九六七）。

それでは、平安時代の鵜飼に使用されていた鵜はいずれの種なのであろうか。近現代の鵜飼で使用されているカワウとウミウの生態について確認したい（十王町一村一文化創造事業推進委員会 二〇〇〇、環境省 二〇一三、亀田 二〇二二など）。

まず、カワウは日本全国に生息する留鳥であり、海岸や湖沼に近い内陸の森林に営巣し、付近の湖沼・河口・内湾などで採餌する。また、この種は日長時間の変化・気温などの季節的な影響を受けず、周年繁殖可能な種とされる。

他方、ウミウは日本列島を南北に季節移動する渡り鳥である。外洋に面する断崖や、孤立島などのある海岸部に生息し、付近の比較的浅い海で魚を捕獲する。その繁殖は本州北部、北海道、ロシア沿海州沿岸部で確認されており、冬期には一部繁殖地に残るものもいるが、多くが本州から九州に至る日本各地の海岸部に南下して越冬する。

このように、両種は渡りの有無・営巣方法・繁殖生態といった基本的な生態が異なる。二種の特徴を踏まえると、平安時代の貢鵜国は日本海側に位置していることから、鵜の種類については、まずは海岸部に渡来するウミウである可能性が高い。

そこで、つぎにウミウの渡来経路についてみてみたい。ウミウの渡りのコースには、①北海道東岸から本州太平洋沿岸、②北海道西部から本州日本海側、③ロシア沿海州から西日本日本海側という三コースが明らかとなっている。本州への渡りの最盛期は新暦の一一月の中下旬で、翌年の四月から五月にかけて再び北上する。なおウミウは時速約六〇キロメートルで移動し、各コースとも数日で渡るため到着時期に大差はないようである。

そして、右の渡りのコースのうち、②は、史料一二、一五、一六、一七（佐渡、出羽、能登）、③は、史料一三、一四（大宰府）に対応することがわかる。史料一三には「対馬嶋」住民の行為が記されており、大宰府貢鵜は③コースにあたる九州北部が実際の主な調達地とみられる。

以上のことから、ウミウの飛来地と史料上の貢鵜地が一致することが明らかとなった。可児弘明は既に佐渡・大宰府の例から、鵜の「産地」と貢鵜地の関連性を指摘したが（可児　一九六六）、出羽・能登の例をくわえても、なお有効な指摘といえる。平安期、御贄生産をおこなう鵜飼たちは日本海側のウミウが支給され、漁に使用していたのである。

三―三、仁和元年貢鵜違期断罪の詔

前項において、貢鵜地とウミウの飛来地が重なることをみた。さらに平安朝廷は、ウミウの渡りの時期までも理解した上で諸国からの貢鵜を制度化し、運用していた。まずは先行研究では触れられてこなかったつぎの史料を掲げる（小川　二〇一六）。

史料一八『日本三代実録』八八五（仁和元）年一〇月一九日庚午条

大宰府少貳已下官人より贖銅を徴す。是より先、彼府の年貢鵜、期を違ふ。詔を刑官に下し断罪す。刑部省断じて云はく、「（○中略・適用される刑法を列挙）此等の文に拠って検ぶるに、府司すべからく四月以前に貢進すべし。しかるに官符の旨に違ひて七月に延及す（○傍線筆者）。その日数を計ふるに、既に罪止を過ぐ。（○後略・杖罪や罰金刑の処罰内容）」

八八五（仁和元）年一〇月、常態化していた大宰府の年貢鵜違期について、天皇の「詔」が刑部省に下され断罪された。断罪に際しては適用される律（刑法）が列挙され、その結果、大宰府の責任者らが杖で臀部を打つ刑や罰金刑（贖銅）に処されている。

とくに注意したいのは傍線部分であり、九世紀末の段階、大宰府は本来「四月以前」に鵜を貢進する定めであったことがわかる。貢鵜違期は以前から問題視されていたが、この度改めて「官符の旨」に違い、貢進が「七月」にまで及んだ点が糾弾されたのである。

一〇月は恒例の年終断罪奏の時期にもあたるが、通常は貢鵜違期に限らず、天皇の詔が刑部省に下されて断罪がおこなわれる例はみられない。また、当該年の年終断罪奏は一二月に実施されている（『日本三代実録』同年一二月二三日癸酉条）。このことからも、右の断罪はきわめて異例の措置であったと考えられ、当時の貢鵜に対する朝廷の価値観を読み取ることができ興味深い。また、「四月以前」という貢鵜期限を定めた太政官符（公文書）の存在を明示するなど、ほかにはない貴重な記事と評価できよう。

三－四、九世紀の貢鵜と鵜飼のスケジュール

史料一八により、九世紀の貢鵜と鵜飼の関係を復原することができる。表9－1は貢鵜と鵜飼の年間スケジュールを示したものである。まず注目したいのは、貢鵜が「七月」まで遅れる点が問題視されていたことである。この理由

表 9-1　貢鵜と鵜飼の年間スケジュール

	9世紀	10世紀	備考
10月	ウミウの飛来／貢鵜捕獲開始	ウミウの飛来／貢鵜捕獲開始	
11月			
12月			
1月	貢鵜・馴養期間	貢鵜・馴養期間	
2月			
3月			
4月	貢鵜期限／貢鵜分給		鮎の遡上開始
5月5日	東西河の鵜飼、日次御贄生産開始	東西供御所の鵜飼、日次御贄生産開始	
6月			
7月	御贄生産期間	御贄生産期間	
8月		貢鵜期限／御贄勘検・貢鵜御覧・分配 東西宣旨飼	
9月9日	東西河の鵜飼、日次御贄生産終了	東西供御所の鵜飼、日次御贄生産終了	宇治・田上網代、氷魚貢進開始

出所：小川(2016)より改変。

としては「七月」以前からの需要、すなわち第二節にみた「五月」開始の日次御贄生産が該当するだろう。一〇月の断罪は、「九月」の御贄生産を終えたタイミングとも理解できる。したがって、大宰府以外からの貢鵜も御贄生産者である鵜飼に分配される点で用途は共通するため、「四月以前」との期限は他国にも一般化できる。また、京を中心とする「東西河」の認識は遷都後まもなくすでに存在し（『日本後紀』七九九〈延暦一八〉年八月戊寅・己卯・癸未条）、中央に送られる「官鵜」も同時期に確認できるため（史料一二）、東西河での鵜飼の御贄生産は、供御所が整備されるまえの九世紀初頭まで遡る。

さらに、史料一二の八〇五（延暦二四）年の佐渡国「官鵜」盗難記事が「一〇月」であることが想起される。ウミウの渡りの最盛期は新暦の一一月下旬であり、現在の一〇月下旬〜一二月上旬にあたる時期、すでに貢鵜を捕獲済みであったことが推定できる。要するに、各国の貢鵜捕獲作業は、越冬地まで南下するウミウの飛来とほぼ同時に開始されていた可能性が高い。

このことから、「一〇月」の貢鵜違期断罪は、「一〇月」以降に始まるウミウの捕獲期間が念頭に置かれ、実施されたものと考えられる。現在の茨城県日立市伊師浜海岸のように、ウミウが北上する新暦の四〜五月にあたる季節にも捕獲がおこなわれていた可能性もあるだろう。

なお、おそらく捕獲したてのウミウが御贄生産開始の直前に届けられたわけではない。この点に関しては、ウミウが各国で馴養された上で貢進された可能性が考えられる。たとえば鷹の場合、貢進まえから「鷹養人」などが数か月現地で調習にあたったことが明らかにされている（弓野二〇一六、秋吉二〇〇四）。鵜についても、史料一二に「官鵜を盗んだ」とあるため、何らかの飼育施設の存在が想定できる。すでに八世紀には「諸国所有」の「鵜」も存在し、『万葉集』では国司に身近な鵜飼も詠まれていることも参考になる〈『続日本紀』七四五〈天平一七〉年九月癸酉条、『万葉集』一七-三九一一など〉。鵜についても、各国で馴らされた上で期限までの貢進が求められていたと理解しておきたい。*6

以上のことから、九世紀の貢鵜国はウミウの飛来に合わせて、「一〇月」に捕獲し始め、年貢鵜（官鵜）として馴養したうえ、「五月」に開始される鵜飼の日次御贄生産に間に合うよう、「四月以前」に中央へ届けることが定められていたと考えられる。

三-五、一〇世紀の貢鵜の変質（一）――貢鵜御覧・分給儀礼の誕生

前節では、九世紀の貢鵜が「四月以前」を期限としていたことをみた。ところが一〇世紀の貢鵜分給関連の記事をみると、いずれも八月以降のものであることに気づく。他方、史料一八では貢鵜到着が「七月」に及んだことが糾弾されており、こうした齟齬はどのように理解すべきだろうか。

結論から述べると、一〇世紀以降の貢鵜は五月開始の御贄生産での導入を目指しておらず、九世紀末から一〇世紀初頭にかけて、貢鵜期限そのものが八月に変化した可能性が高い。そして、この変化の契機となったのが、貢鵜御覧・分給および東西宣旨飼という二つの儀礼・行事の創出である。まずは貢鵜御覧・分給の儀をみてみよう。

御贄貢進をおこなう鵜飼たちが貢鵜の支給を受けて活動していたことは既に述べたが、その支給はただ事務的・機械的におこなわれていたわけではなかった。史料一五では年料鵜が（天皇に）報告されたのち、三所鵜飼に分給され

ており、史料一七では、天皇が鵜の一羽一羽を御覧後、供御鵜飼に下賜・分給されている。そして「その儀」（史料一五）ともあるように、この貢鵜の御覧・分給にあたっては、定まった次第をもつ儀礼が執行されていた。左にその次第の一部を掲げ、儀礼内容を現代語訳でまとめる。

史料一九『侍中群要』第十

鵜を御覧ずる事

『家』解文を奏覧し、下し給ふ時、御覧あるべきの由を仰せらる。即ち御簾を垂れ、御厨子所の鵜飼ら舎人装束を着し、瀧口戸に（〇筆者注・鵜を）持参し、御前にこれを出し、これを入る。もし鵜飼ら候はざらば、所衆・出納らこれを役す。しかる後、鵜飼らを召して分かち給ふ。兵衛陣前に胡床を立て、蔵人・出納・御厨子〔所脱カ〕預らこれに着す。或はただ陣屋においておこなふ。上古は進物所の樹下にて給ふと云々。

鶻・鷹を進る時

諸国鶻を進る時、解文を奉りし後、蔵人、右兵衛陣外において鶻飼を召し（〇筆者注・鵜を）分ち給ふ。蔵人・出納、胡床子に居り。御覧ある時、所衆、鶻籠を取りて御前に参ると云々。御鶻は所衆同じく持参すと云々。

御覧の後、鵜飼に給ふ事

『家』出納一人・蔵人一人・預ら、鵜飼長らを召し、右兵衛陣前においてこれを給ふ。〈上古の例、進物所の栗の木の下においてこれを給ふ。今、その木転倒すと云々。〉

貢鵜御覧・分給儀礼の次第

①解文（上申書。鵜の貢進数などを記載）を奏覧する
②御覧鵜の実施有無が伝えられる
③（清涼殿の）御簾を下ろす
④御厨子所の鵜飼（鵜飼長）をよぶ。鵜飼は舎人装束を着用する
⑤鵜飼（または蔵人所・御厨子所職員）が鵜を鵜籠に入れて持参する
⑥御簾の前で籠から鵜を出し、天皇に見せる
⑦御簾を上げる
⑧鵜飼に鵜を分配・支給する
※分給前に、鵜飼が貢進した御贄の勘検作業が実施される場合あり（史料一五）

このように、天皇による貢鵜の御覧、鵜飼への分給には定められた手順が存在した。鵜を入れた籠を鵜飼自らが持参し、天皇がそれを「見る」ようすは、現代人にとってきわめて特異な光景といえるのではないか。そして、この貢鵜御覧・分給の儀において鵜飼が着用した「舎人装束」とは、いわゆる召具装束であり、舎人らが行幸などに供奉する際の服装である（近藤二〇〇七）。この点から、鵜飼の天皇への直属性を読み取る説がある（網野一九八〇）。贄人の象徴である鵜飼にふさわしい、天皇に近侍し奉仕する者の姿と理解できよう。

三-六、一〇世紀の貢鵜の変質（二）――東西宣旨飼の誕生

九世紀末～一〇世紀初頭に貢鵜御覧・分給儀礼とともに整備されたのが、同じく八月に実施される「東西宣旨飼」とよばれる行事である（渡辺二〇一二）。行事次第を掲げ、現代語訳でまとめる。

史料二〇『侍中群要』第十　東西宣旨飼事

東西宣旨飼の事〈埴河　葛野河　一条院御宇の後、その事を聞かず。〉

藏人二人〈東西に相分つ〉御厨子所の預等を相率ひて、供御鵜飼等を召し、河辺に至り行事す。〈前日、出納河辺に有り、諸司の平張等を用意す。〈〇中略〉〉飼獲たる所の魚は、早く馳せる使者、供御に備ふと云々。その遅速に依り、東西の勅使、各称唯するものなり。

凡そ此の事、或は二・三夜に及び、毎日魚を献ず。爾る後帰参す。或は東河一夜にして還る。

東西宣旨飼の次第

① 儀式の前日、蔵人所の出納が埴川（東）と葛野川（西）の河辺に行き、諸司に仮屋等の用意ついて指示をおこなう。

② 当日、使者の蔵人が御厨子所の職員らを率い、供御鵜飼を招集して東西の河辺で行事する。

③ 鵜飼が漁獲した魚は、俊足の使者が天皇に献上する。その際、東西の河で速さを競い、（勝ち負けにより）東西勅使がかけ声をする。

④ 行事は二・三夜に及ぶこともあり、毎日魚を献上する。東の埴河は一夜で終了することもある。

右のとおり、東西宣旨飼とは、蔵人に召された供御鵜飼が連夜東西の河辺において漁をおこない、使者がその獲物を供御に備える遅速を競う行事である。行事にどのような意味が込められていたのか解釈は難しいが、埴河での漁が一夜で終了する点などから、決まった一組が負けるしきたりの存在を想定し、年占いとしての性格を読み取る説もある（可児 一九六六）。いずれにせよ宣旨という天皇の言葉によりおこなうことを建前としていたとみられ、貢鵜御覧・分給儀礼とともに鵜飼の天皇への直属性が示されたものと考えられる（網野 一九七三、一九八〇）。

さて、近年その実施例をもとに検討がくわえられた宣旨飼の日程について取りあげたい（小川 二〇一六）。同行事は九〇六（延喜六）年の例を初見とし（『躬恒集』一二〇番歌・題詞）、毎年八月の二一、二二日頃に開始され、その後二、三夜程度おこなわれるものだった（『左経記』一〇一七〈寛仁元〉年八月二四日条）。

注目したいのは、史料一五で参照した『親信卿記』である。当該史料には、八月一〇日の記事（史料一五）の後、二二日条には宣旨飼の使者の派遣に関する記録が残されている。つまり、九七四（天延二）年八月一〇日に分配された貢鵜は、同月二二日の宣旨飼において使用された可能性が高い。

このように一〇世紀の貢鵜は、八月上旬に天皇の御覧を経た後に御厨子所の供御鵜飼へと分給され、御贄生産終了も近づく八月中下旬におこなわれた宣旨飼において導入されたのである。要するに、平安時代の貢鵜は九世紀の御贄生産での駆使を意図したものから、一〇世紀の儀礼的なものへと変容を遂げていたと考えることができるだろう。

三－七、貢鵜違期断罪詔の意義

貢鵜の変質は、第二節にみた九世紀末の御厨子所の供御鵜飼の成立と深く連動した現象であったとみられる。当該期に鵜飼が御厨子所独自の食材調達を担い始めて以降、使用する鵜（ウミウ）の需要は増し、数量の安定的確保が課題になったことが推定できる。八八五（仁和元）年の貢鵜違期断罪は、天皇への安定的な日次御贄の献上と、その一部を担う御厨子所の鵜飼集団の整備を意図した措置だったのである。くわえて、こうした鵜飼の制度的位置づけの変化に併せ、鵜飼を贄人の象徴として改めて価値づけるため、貢鵜御覧や東西宣旨飼というパフォーマンスの整備がおこなわれたのではないだろうか。

四、異文化としての古代鵜飼

ここまで平安時代の鵜飼について検討してきた。最後に本章で明らかにしたことを整理しておきたい。

まず、平安期の鵜飼漁は、地域によっては徒行遣いも存在したと考えられるが、史料上では河川において鵜舟を操り、篝火を焚く夜漁の船遣いが確認できる。漁の最中には、鵜の活気づけや魚を脅すことを目的に船端を叩くという現代鵜飼にも類似した行為がみられる。また、鵜を鼓舞するかけ声を発していた可能性もある。貢鵜の数量から、ペアリングの存在や、鵜を二羽以上操る複数遣いも想定できる。鵜には首結いがつけられており、陸上を運ぶ際は籠に入れ、荷負い棒で担いだ。鵜には餌として亀（スッポン）も与えられていた。

八世紀以前から中央官司に属した鵜飼は、九世紀末から一〇世紀初頭、新設の食膳調備機関である御厨子所に移管され供御鵜飼（三所鵜飼）と称された。彼らは禁河に指定された東西供御所（埴河・葛野河）や宇治川を拠点に、五月から九月にかけて、日次御贄として主に鮎を進上していた。鵜飼が漁獲した鮎は、「河膳苞巻」とよばれる贄を視覚的に表現する形態で天皇に提供された。古くから天皇への御贄進上者に位置づけられてきた鵜飼を贄人の象徴と位置づける作法であったと考えられる。

供御鵜飼が用いる鵜は諸国から朝廷に供給されていた。平安朝廷は、体格が大きく鵜飼に適した野生のウミウを安定的に確保するため、その渡りの時期・飛来地などを把握し、当地を擁する出羽、能登、佐渡、大宰府管轄内の日本海沿岸を、官鵜の馴養・献上地として設定していた。ただし、当時「ウ」の用字に区別がない点も踏まえると、ウミウとカワウという種が把握されていたとはいえない。朝廷は、日本海沿岸に飛来する体格の大きい鵜が、鵜飼に向くことを経験的に知っていたとみられる。

九世紀の貢鵜国は、ウミウの飛来に合わせて「一〇月」に年貢鵜を捕獲し始め、官鵜として馴養した上、「五月」に開始される鵜飼の日次御贄生産に間に合うよう、「四月以前」に中央へ届けることが求められていた。ところが一〇世紀以降は、鵜の貢進期限が御贄生産終了が迫る「八月」に変化し、その年の貢鵜は、貢鵜御覧・分給儀礼および東西宣旨飼という行事の執行を目的としたものに変容を遂げる。

右の変化は九世紀末〜一〇世紀初頭の御厨子所鵜飼の出現と連動しており、鵜飼が御厨子所独自の食材調達を担い始めて以降、用いるウミウの需要は増し、数量の安定的確保が課題となったとみられる。したがって、八八五（仁和元）年に実施された異例の貢鵜違期断罪は、天皇への安定的な贄の献上と、その一部を担う御厨子所の鵜飼集団の整備を意図した措置と考えられる。また、同時期、鵜飼の贄人としての性格を改めて強調するため、貢鵜御覧や東西宣旨飼という儀礼が整備された。

これまで、古代の鵜飼については、その実態が十分に明らかにされてこなかった。本章では平安時代を対象として物語史料や古記録、儀式書などを手がかりに朝廷と鵜飼のかかわりを検討し、当時の鵜飼技術や鵜の取り扱い、御贄貢納活動、貢鵜制度の実態を明らかにすることができた。本章の冒頭で、長良川鵜飼に代表される現代日本の観光鵜飼について述べた。そうした現代の観光客が古代鵜飼の特権的な立場や、ウミウに固執して輸送の困難を顧みず朝廷まで供給する制度、輸送が遅れた際の刑罰、天皇が貢鵜を上覧する儀礼の存在を知ったとき、その意図や価値を想像することは難しいのではないだろうか。この異文化ともいえる古代鵜飼の存在を理解するためには、贄の貢納形態や、鵜飼が献上する鮎そのものの意味、鵜の象徴性など、さらに一連の文脈について考える必要がある。

【注釈】

＊１　ただし先述の『万葉集』は越中国という地方でおこなわれていた鵜飼のようすを伝えるものであり、当該期の鵜飼のすべてが徒行遣いから船遣いへと変化したことを意味するものではない。

＊２　以下、史料の字体は原則として常用漢字とし、細字は〈　〉で括って示す。

＊３　新訂増補故実叢書本を底本とし、（前田育徳会尊経閣文庫 一九九四）により確認・修正をおこなった。

＊４　「鸕」や「鸕鷀」、「鸕鷀鳥」などはいずれも鵜を意味し、史料上とくに区別はない。

＊５　平安期の「贄人」の用例に『類聚三代格』八八三（元慶七）年一〇月二六日太政官符があり、『西宮記』巻一〇（侍中事・日中行事文）にみえる「御贄持」と同義とみられる。

＊6　民俗事例を参照すると、島根県益田市高津川の鵜匠は、訓練した鵜を広島県三次の鵜匠にも提供していたという（篠原一九九八）。

第一〇章　鵜飼の表現
——鷹狩図に描かれた鵜飼

水野裕史

一、鵜飼を描く意図

「鵜鷹逍遙」という言葉がある。鵜を使って漁をし、また鷹を使って狩りをする遊興のことを指す。溝渕利博によれば、中世末には言葉の使用例がある（溝渕 二〇一三）。たとえば、一五五八（永禄元）年の年記のある『信玄家法』には「鵜鷹逍遥のこと、余酖すべからず。諸隙を妨げ不奉公のもとなり」とあり、すでに一六世紀には用語として成立していたことがわかる。このように鵜飼と鷹狩は対のように狩猟の代表格となっていたことを窺わせる。しかし、絵画の現存作例を概観すると、鵜飼図の作例は鷹狩図に対して非常に少ない。また、鷹や鵜そのものの作例も歴然とした差がある。たとえば、一七世紀に以心崇伝によって編纂された『翰林五鳳集』は中世から近世初期における画題を総覧できる史料であるが、相当数の鷹の絵の存在に対して、鵜の絵はたった一点だけである。このような差の理由は、どこにあるのだろうか。

鷹狩と鵜飼の比較については中澤克昭による論考がある。中澤は、多くの文学資料と絵画資料を渉猟し、鵜飼と鷹狩の相違点と共通点を浮かびあがらせている。彼は膨大な文字資料や絵画資料が残されている鷹狩に対し、それらが少ない鵜飼は「文字テキストや図解のようなものを必要とせずに、伝統的な技術や習俗が伝えられてきたことを物語っている」とする（中澤二〇一八：五三）。また、最近では鷹狩や鵜飼などの狩猟と権力の相関関係についての研究報告もある（福田・武井二〇二一、中澤二〇二二）。

本章では、鷹狩図のなかに小さな鵜飼の描写が含まれている例に注目したい。そして、それが何を表現しているのかを検討することで、鵜飼を描く意図を探ってみたい。絵画とはその存在自体が権力と強く結びついており、鷹狩や鵜飼の美術も発注者の権力の象徴として捉えることができる。ただし、これらの絵画が権力の象徴として機能するためには、特定のプロセスが重要であり、それには人びとの間で画題の意味やイメージが共有されている必要がある。そうでなければ、絵画は一般に理解されず、無意味な存在になる。鷹狩や鵜飼を知らない人にとって、絵画にこれらの行事がどのように表現されているかは理解できない。この観点からすると、鷹狩と鵜飼の作例数の差は、双方の意味やイメージが共有される程度や範囲の違いが関係しているのかもしれない。実際、鷹狩は、日本全国でおこなわれた広範な狩猟行事であり、地域を超えて広まっていった（福田・武井二〇二一）。一方、鵜飼は規模が小さく季節的におこなわれていたこともあり、その土地以外ではあまり知られていなかった可能性もある。このことが、鵜飼を描いた絵画が少ない理由のひとつかもしれない。鷹狩図のなかの小さな鵜飼の表現とは、全国区の鷹狩に対する地方区の鵜飼を描いたものといえるのではないだろうか。

本章では、鵜飼の表現を手がかりとして、鷹狩と鵜飼の描写の共通点と相違点についてみていきたい。

二、『源氏物語』の絵画

『源氏物語』は、日本文化の基層のひとつともいえる。『源氏物語』には一八帖「松風」、一九帖「薄雲」、三三帖「藤裏葉」に鵜飼の場面がある。しかも、その場面には鷹狩のことも書かれている。ただし、鵜飼が絵画として表現され

図 10-1　土佐光吉・長次郎「源氏物語画帖」
（京都国立博物館所蔵）
出所：ColBase (https://colbase.nich.go.jp)

ているのは、「薄雲」と「藤裏葉」の二場面である。本節では、この二つの場面に注目し、鵜飼の描写をみていきたい。

まずは鵜飼の描写がみられない一八帖「松風」を確認しておく。「松風」では、光源氏の別邸である桂の院の饗応にて、鵜匠たちをよび寄せている。鵜匠たちの言葉が須磨や明石の海女のようだと思いださせる。源氏絵には、この場面は採用されておらず、饗応の場面で若殿たちが鷹狩で捕獲した獲物の小鳥を結びつけた荻の枝を土産に持参する場面が多く描かれている。物語としては、明石の君を想起させる鵜匠が相応しい描写のように考えるが、いくつかの源氏絵では小鳥を持参する描写が採用されている。

一九帖「薄雲」では、鵜飼の場面が絵画化されている。土佐光吉・長次郎「源氏物語画帖」（京都国立博物館蔵）（図10-1）の画面左上には鵜舟が描かれており、一羽の鵜もみえる。この場面は、光源氏が大堰の舘を訪ね、鵜舟の篝火漁火を眺めつつ、明石の君と歌を詠み交わしたものである。図には、篝火そのものは描かれていないが、舟の先端に松明の根本が描かれている。ここでは、大堰川という鵜飼がおこなわれた場所が示されている。現在も京都の大堰川の流域にある嵐山では鵜飼がおこなわれており、この地域の鵜飼を描いたものだと考えられる。

三三帖「藤裏葉」でも、鵜飼の場面が描かれる。「薄雲」とは異なり、大きく画面のなかに表されている。シアトル美術館に所蔵される「源氏物語図屛風」（図10-2）（以下、シアトル本）は、紅葉の盛りである神無月、冷泉帝が六

図 10-2 「源氏物語図屏風」（シアトル美術館所蔵）
Friends of the Seattle Art Museum, in honor of the 75th birthday of Dr. Richard E. Fuller

条院に行幸、同時に朱雀院も御幸した場面を絵画化したものである。この両者に対し、光源氏は心を尽くしてもてなし、余興として東の池に舟を浮かべ、鵜飼を観覧したのであった。いわゆる見せ鵜飼であり、二艘の鵜舟による昼の鵜飼が描かれている。狩衣姿の鵜匠は巧みに鵜を操り、鵜は魚を獲る（図10－3）。複雑に入り組む水面の渦の合間に描かれた鵜は、優雅に描写されている。鵜匠や鵜、水面の描写は丁寧かつ的確に表され、謹直な描線による建造物や鵜舟、人物など、すべてにおいて緩さを感じさせない。階の下に控える左少将と右少将は、それぞれ鵜飼で捕れた池の魚、蔵人所の鷹飼が北野で狩りをした雉を奉っている。屏風の右端には、この献上と鵜飼を眺める女房たちの姿が描かれる。画面にみられる揺るぎない正確な描写は、本図が婚礼調度といった格式ある作品として制作されたことを象徴する。

ほかに「藤裏葉」の鵜飼を描いた源氏絵として、岐阜市歴史博物館所蔵の「公家遊楽図屏風」（以下、岐阜歴博本）を挙げる。岐阜歴博本は、シアトル本を左右反転した構図を採る。二艘の鵜舟には各三名の人物が乗っており、二名が乗るシアトル本とは異なる。また、鵜飼の鑑賞者は、シアトル本では女房たちであるのに対し、岐阜歴博本では御簾越しの冷泉帝と朱雀院たちであった。シアトル本よりも人物にやや稚拙な描写が認められ、鵜飼の上に描かれた前栽の配置に乱れが生じていることから、シアトル本よりも後の作とみておきたい。住吉具慶「源氏物語絵巻」

図 10-3　「源氏物語図屏風」部分（シアトル美術館所蔵）

（ＭＩＨＯ ＭＵＳＥＵＭ蔵。以下、ＭＩＨＯ ＭＵＳＥＵＭ本）にも鵜飼が描かれる。「藤裏葉」の鵜飼の場面は、冷泉帝と朱雀院が邸内を移動する際の中休みとして渡殿で鵜飼を眺める。シアトル本と岐阜歴博本の直前の場面を表したものと考えられる。渡殿の冷泉帝と朱雀院、光源氏は隠れているものの、背中のみが描かれ、彼らの視線が鵜飼に向かっていることを暗示する。

シアトル本と岐阜歴博本は、鵜飼で捕った魚と狩りをした雉を献上している。これらは支配者への服属の証とする贄であった。つまり、鵜飼と鷹狩は、権力と結びついた為政者のための共通の儀礼とみることができ、これらの作品は、権力を表すための絵画の一例と認めることができるだろう。ただし、これらの場面では、直接的な鷹狩の場面は採用されておらず、雉などの獲物の描写によって暗示されている。「藤裏葉」では、鵜飼が余興としておこなわれた。天皇にみせるという行為は、鵜飼がもっていた権威を示している一方で、アトラクションとして鵜飼が楽しまれていたことも読み取れる。アトラクションとしてではなく、狩猟儀礼がもつ権力を強調している『源氏物語』の場面がある。二九帖「行幸」は、光源氏が養女の玉鬘を弟（光源氏と藤壺の子）の冷泉帝の後宮に尚侍として出仕させようと思い、大原野へ鷹狩のために行幸する天皇の姿をみせるという話である。古くから源氏絵では、この鷹狩の場面が絵画の対象となってきた。たとえば、土佐光吉「源氏物語図屏風」右隻（メトロポリタン美術館）には、天皇による大規模な鷹狩が画面全体にわたって描かれている。中央の行列に鳳輦に乗る天皇、画面上には大原野で鷹狩をする場面、画面右には犬飼たちの姿もみえる。画面全体の描写から、天皇のみに許された野行幸という鷹狩への権威を感じ取ることができるだろう。

源氏絵における鵜飼の描写は、鷹狩と比較して、画面に占める図様の割合が小さい。また、見せ鵜飼を描くということは、権力の表象というより、鵜飼そのものを楽しむ対象として、描き、鑑賞していたとも解釈できる。このように鵜飼を鑑賞するには、絵のなかにも鑑賞者の視点が必要となろう。たとえば、「薄雲」では光源氏と明石の君、シアトル本は女房たち、ＭＩＨＯ　ＭＵＳＥＵＭ本では冷泉帝と朱雀院、光源氏がその役割を果たしているといえる。ただ彼らは高位の身分者であり、庶民たちの視点とは異なる。つぎに、庶民たちが娯楽として鵜飼を楽しむ場合について、鷹狩と比較しながら考えてみたい。

三、狩猟を楽しむ

三－一、鷹狩――野行幸

鷹狩は、為政者のみに許された特権的な狩猟であった。ただ、それを見物できる人は限られた階層ではなく、身分や性別に関係がなかったと考えられる。純粋に見物するだけでなく、強制的あるいは自然に鷹狩を見たこともあったであろう。鷹狩は主に田畑でおこなわれ、そこでは勢子によって獲物が追い立てられる。人びとの生活環境に入り込み、日常と隣り合わせの行事であった。そのため、鷹狩図には、このような被支配者層の人びとが見物するようすが描かれる。

年中行事に、「野行幸」とよばれるものがある。野行幸とは、平安時代前期の儀礼書『新儀式』に記され、鷹狩のために天皇が大原野・北野・嵯峨野などの京都近郊の野に行幸することであり、古代において盛んにおこなわれた行事である（榎村 一九九三：一一七）。その野行幸の絵画化を示す文献として、近世初期に書写された『基成朝臣鷹狩記』（宮内庁書陵部蔵）がある（塙 一九二五：二八三）。

一　河内國於片野。政頼十巻の譜中肝要を跋書にする者也。五巻は代々御門の野の行幸の繪なり。

鷹狩の流派のひとつである政頼流による全一〇巻の鷹書があり、そのうちの第五巻は、野行幸を描いた絵としている。[*1] 本書の成立年代について、中澤克昭によれば、少なくとも近世初期には成立していたとする（中澤 二〇一一）。また、奥書自体が複数の写本を寄せ集めたものとされ、この記述から中世末期における野行幸絵の存在を立証することは困難とする。ただ、遅くとも写本が制作された近世初期には野行幸絵があったことを認めることができるだろう。かつて、筆者は、近世後期に制作された「野行幸図」（宮内庁書陵部）を手がかりに、中世に制作された「野の行幸の絵」の復元を試みたことがある（水野 二〇一四）。本図は、六名の随身と騎乗する殿上人の行列から始まる。続いて、天皇のみが乗ることができる鳳輦と五一名に及ぶ随身が描かれる。その後には騎乗し、腕に鷹を携えた公卿と犬飼、随身が各一名描かれている。また雉とそれを逐う鷹と犬、鷹匠と犬飼なども表されている。

ほかにも宮内庁書陵部には、三本の「野行幸図」が所蔵され、すべて白描による江戸時代後期の作例である。モチーフ同士が近接し、余白がなく、空間に押し込められているような印象がある。おそらく美的な観賞用というよりは記録化、つまりは絵巻を制作する際の手引きとなるように制作されたものと考えられる。

織豊期における野行幸の再来と考えられるのが、一五九一（天正一九）年の豊臣秀吉「大鷹野」である。この年の一二月、豊臣秀吉は尾張や美濃で大規模な鷹狩を催した。このときの鷹狩の復路では、その行列が大津より京への道三里にわたって続いていたと伝わる。また、京の大路には見物の男女が入り交じり、御所の築地上には、仮の御座所が設けられた。正親町上皇や諸家摂家門跡そのほかの公家衆も衣冠をただし、秀吉の大鷹野帰りを迎えた。なお、福

図10-4　狩野永納「秀吉鷹狩絵巻」下絵　部分
（京都大学総合博物館所蔵）

田千鶴はこうした大鷹野によって二万羽以上の水鳥が捕獲され、尾張近郊の生態系を乱すものであったと指摘している（福田 二〇一八）。

この行列では、鳥類を据える人物の一行が登場する。じつは、その先頭にいる鳥こそが「鵜」なのである（図10‐4）。秀吉「大鷹野」に関する史料としては、勧修寺晴豊『晴豊記』、吉田兼見『兼見卿記』、太田牛一「大かうさまくんきのうち」などがある。しかし、鵜に関する記述を認めることができるものは、つぎに引用する一六七八（延宝六）年一二月書写の「豊臣太閤大鷹野和字記」のみである。

やゝあつて、しな〳〵の装束かいつくろい、まづしまつ鳥をすへ、まへをよぎるともからをせいして通ぬ、次に、わし、くま鷹のあれぬるさま、誠にこぶしたゆげに見ゆ、すゝのねほの〳〵きこゆれば、やがてむれきたる大鷹のさまはしねかうりやうをたゝみ、うしろに瀧をながしかく、たい車をとほし、白ふましらふきくろふやあがけ紅葉ふすたかはした山がへり、ほうしやうくらゐの気なみもきよらに、かもゐさぎゐにすへつれて、とき〳〵笴をたづさへて、見よりたゝさきつくろいぬ（傍線筆者）

鵜の古名「しまつ鳥」の文字がみえる。鷹狩の行列にもかかわらず、先頭の鳥が鵜であるということは何を意味するのだろうか。鵜飼の名所となっていた尾張の地でおこなった狩猟であることを意識した可能性がある。尾張は古代から鵜飼が盛んで、とくに有名な地域であった。この地域でおこなわれた狩猟行列において、先頭に鵜が位置することは、尾張が鵜飼の伝統的な中心地であることを示すシンボルとして解釈できる。つまり、この配置は、地域の誇りと文化を象徴的に表現しているものと考えられる。

本図には、このような鳥類を据える人物の行列のほか、多くの人びとが見物するようすが描かれる。京の大路には見物の男女が入り交じり、仮の御座所が設けられたことから、相当数の観客がいたことであろう。そのような賑わいのようすが、絵巻の下絵ながらも伝わってくる。

三ー二、鵜飼

鷹狩絵巻のなかの一場面として、鵜飼が描かれる作例がある。「大名鷹狩絵巻」(埼玉県立川の博物館蔵、以下、川博本)には、鵜飼の描写が認められる。徳川林政史研究所に所蔵される「鷹狩絵巻」(以下、徳川本)にも同じような表現がある。また、鵜飼の場面はないが、埼玉県立歴史と民俗の博物館所蔵の「鷹狩絵巻」(以下、歴博本)、西園寺家所蔵「放鷹狩猟絵巻」(以下、西園寺本)にも似た図様を認めることができる(水野 二〇一九)。本節では、川博本を中心に、鷹狩と鵜飼の描写の違いを考えてみたい。

本図は、一巻構成の絵巻物である。まずは鷹狩に向かう行列から始まる。行列の中心には、黒馬に騎乗する月代の人物が描かれている。端正な顔立ちで、笑みを浮かべている。口唇には朱が塗り込まれている。衣文線は、朱の線上に墨線で二重に引かれている。鞍骨と鐙には、金が散らされ、騎乗する人物の富を象徴する。周囲には侍者が描かれる。真横を向く侍者たちの顔貌を見れば、極端なまでに鼻が大きい人が多いことに気づく。絵師の個性とみるか、未熟な表現とみるかは判断が難しいところだが、的確な人物描写も散見されることから、とりあえず絵師の個性とみておく。行列の先頭には、三名の鷹匠が見出せる。これらの行列は、すべての鷹狩絵巻に共通する。ただ、徳川本、西園家本には行列を眺める人びとが描かれるが、川博本には認められない。

この行列の先には、田畑で鷹狩をしている場面が描かれる。田には水がためられており、稲のような植物もみえる。このことから鷹狩は、田植え直後の初夏におこなわれたようである。獲物は白鷺であり、三羽が見える。一般的に鷹

図 10-5　「大名鷹狩絵巻」部分
（埼玉県立川の博物館所蔵）

狩は農閑期におこなわれ、庶民の生活を脅かさないようにするが、あえて、そのような慣例を無視したのだろうか。つぎは松によって場面が転換され、冒頭にいた身分の高い人が鷹狩をするところが描かれる。奥では勢子たちが水鳥を追い立てている。水鳥たちは頭頂部が赤く塗り込められ、まえの鷹狩の獲物とは異なる。そして、賑やかで混沌とした鷹狩から変わり、穏やかに小鳥たちが佇む場面となる。

「御膳所」とよばれる狩場付近の寺院や有力農家での休憩の場面が描出される。そして輿に乗って移動する。その先の舘には二頭の犬がいる。瓦を焼く窯らしい場面も描かれる。そして、その先に鵜が描かれる。鵜たちは、河に突きでた樹木の上で佇む。その下には先に続く漁撈を鑑賞する船団が描かれる。ひときわ大きく豪華な舟は、主人公の乗る舟であろう。曳き網漁や巻き網漁もみえる。そして一艘の鵜舟が描かれる（図10‐5）。鵜匠は三羽の鵜を操り、先頭の鵜は魚を捕食している。二羽の鵜は舟の中程にある鵜籠のようなものの上で羽を休める。舟上には篝火がなく、昼の鵜飼であることがわかる。鵜遣いは腰蓑をつけているが、烏帽子は着装していない。本書第五章でも示されているように、腰蓑は川漁師が労働着として着用するものであり、絵画では鵜遣いを伝統的な川漁師として描いたのかもしれない。漁撈や鵜舟の描写は、西園寺本にはないが徳川本にも類似のものが認められる。

画面は再び転換し、小鳥たちが舞う。鷹狩で捕獲した獲物、鷹狩で使用した鷹を携えて、舟で凱旋するようすが見て取れる。舟が浮かぶ河原には、家々が立ち並び、一行のようすを眺める。挑灯や行灯が灯されており、夜の場面であることがわかる。河には橋が架かり、絵巻は終わる。

では、なぜ鷹狩絵巻の中の一場面として、鵜飼が描かれたのだろうか。単純に「鵜鷹逍遥」の概念から組み合わされた可能性もあるが、漁撈の場面まで描かれているため説明がつかない。この問題として、唐突だが、ルイス・フロイスが記した『日本史』のなかの秀吉の大鷹野に関する記述が参考になる。フロイスは、秀吉の大鷹野を源頼朝の「富士の巻狩」の再来と評価する。「富士の巻狩」とは、一一九三（建久四）年に富士山麓にて頼朝一行が大規模に催した巻狩である。鹿や猪の狩猟をおこなったものであり、鷹狩はおこなわれていない。この場面を描いた絵画作例として「曾我物語図屏風」（山梨県立博物館）がある。類例も多いが、右隻の右端に鷹を据えた頼朝の一行が描かれることが定型化している（三戸二〇二〇、小口二〇二〇）。フロイスは、この巻狩と比較し、大鷹野をつぎのように評価する。

（秀吉は）多数の猟犬と高価な各種の鷹（日本にはその優れたものが少なくない）を用いることによって、その点では単に鹿や猪を射止め、自らの力ですなわち、鷹を用いないで鳥類を捕獲するに過ぎなかった頼朝の（巻狩り）とは異なるものであることを示そうと欲した。

（フロイス二〇〇〇：一八五―一八六、括弧内は筆者）

巻狩しかおこなっていない頼朝より、巻狩と鷹狩もおこなった秀吉の功績を顕彰している。具体的には、彼が異なる種類の狩猟を同時におこなえたことが、彼の権威として機能したことを指摘できる。先述の「秀吉鷹狩絵巻」には、鷹狩で捕獲した鳥類だけではなく、鹿や猪、魚といったさまざまな獲物が描かれていた。これらの多様な獲物は、秀吉の権威の象徴であり、また、狩猟の主催者や見物人も描かれていることで、絵巻を鑑賞する者は主催者や見物人と同じ視点に立つことができる。これにより鑑賞者は美術作品を通して権威を感じていたと考えられる。川博本と徳川本は、権威を暗示するために鵜飼と漁撈を採用したのであろう。そして、見物する人物まで書き入れることによって、鑑賞者は絵巻に没入し、権威を感じ取ったに違いない。

本書第三章や第一五章をみると、鵜飼は地域に特有の行事や生業であったことがわかる。一方、鷹狩は全国に普及した行事であった。鷹狩の絵だけでは地域性を読み取ることは難しい。しかし、地域特有の鵜飼を描くことで、特定

図 10-6　狩野探幽「鵜飼図屏風」（大倉集古館所蔵）

の景観を示す名所風俗図のような機能を付与することが可能となる。この点で、狩野探幽「鵜飼図屏風」（大倉集古館）（図10・6）に、長良川鵜飼図の象徴ともいえる「松の山（金華山）、川岸の絶壁、山から落ちる滝」が描かれているという指摘は重要である（白水 二〇一五）。また、本図には、長良川鵜飼特有の漁法や鵜舟まで描き込まれており、本図に名所絵のような性格を認めることができる。

　川博本や徳川本には、特定の景観を示す図様が見当たらない。これらの鷹狩絵巻においては、同様の絵画手法が用いられており、それは職人の生業を描く「職人尽絵」に近い性格をもっていると解釈できる。つまり、川博本や徳川本では、特定の地域や風景を強調することよりも、鷹狩の行事そのものや狩猟に関連する職人の活動に焦点が当てられている。

四、社会階層を超えた鵜飼

本章は、「鵜鷹逍遙」の言葉を手がかりとして、鵜飼図と鷹狩図の共通点と相違点について考察した。鵜飼図は、鵜飼という特有の行事の絵であった。特定の地域や景観に関連しており、鵜が魚を獲るようすが描かれる。これは、地域性や風景を強調し、名所風俗図として位置づけられる。一方、鷹狩図は鷹狩という広く普及した狩猟行事の絵であった。鷹狩は全国的におこなわれ、権力を象徴する行事としても捉えられてきた。鷹狩図は、その広がりと権力を表現し、狩りのプロセスや鷹狩に関連する要素が描かれる。したがって、鵜飼図と鷹狩図はそれぞれ異なる地域性、文化的背景、社会的意味をもつ絵画であると指摘でき、日本の多様な狩猟文化を反映しているといえるだろう。

狩猟と権力が結びつくためには、その狩猟に対する深い知識を必要とする。正しい知識がなければ、狩猟行為自体を理解することは難しく、権力の象徴を認識することもできない。中澤克昭が指摘するように、鷹狩には鷹書とよばれる相当数の故実書が存在し、それによって鷹狩の実践者や鑑賞者たちは、その背後にある権力を理解できた。一方で、鵜飼には故実書のようなものが極めて少ない。つまり、鵜飼の鑑賞には、鷹書のような専門的な知識が必要ではなく、いいかえれば特別な知識がなくとも鑑賞者は鵜飼を理解できたのであろう。たしかに現代の鵜飼をみても、鵜が魚を獲るシンプルな狩猟行為をすぐに理解でき、明快である。絵のなかの鵜飼はわかりやすく、魅力ある狩猟を描いたものであった。

狩野探幽の「鵜飼図屛風」には、多くの鵜舟が描かれており、その周囲には、鵜飼を鑑賞する武士や庶民たちの舟もみられる。この作品には、庶民としての立場からも鵜飼を楽しむようすが描かれている。一六八八（貞享五）年五月、松尾芭蕉は「又やたぐひ長良の川の鮎なます」と、長良川での鵜飼見物の句を詠んだ。鷹狩絵巻の鵜飼、探幽の作品、芭蕉の句は、鵜飼が為政者による特権的な儀礼から離れ、一般の庶民たちにも広まっていたことを示している。鵜飼は社会階層を超えた娯楽として発展していったことが絵画作品から読み取れるだろう。

【注釈】

＊1　現在、「野行幸」を描いた絵巻は近世後期の作例であり、書写年代である近世初期のものは存在しない。

第一一章　鵜飼制度の変容と鵜匠
——尾張藩による保護と鵜匠の働きかけ

筧真理子

一、尾張藩を突き動かしたもの

長良川の鵜飼は、長良（岐阜市）・小瀬（関市）の鵜匠によりおこなわれる。船団を組んで漁をする、木曽三川における最大規模の川漁で、かなりのスピードを保って舟で移動しながら漁をするため、各村の漁場との関係が曖昧であるという特徴ももつ。長良川の鵜飼については、尾張藩から将軍家への献上鮎鮨を背景とした保護制度、鵜匠・鵜舟の数や上納鮎（役鮎）数、鮎鮨の調整と献上体制など、主に制度面での研究が重ねられてきた。近年では、鵜飼を「観る」側からの研究（望月二〇一九、二〇二二）や、尾張藩の役割に焦点を絞った研究（鈴木二〇二二）など新しいアプローチも現れている。

しかし、長良川の鵜飼において尾張藩による保護と鵜匠とのかかわりはわかっていない。具体的には、その特徴である尾張藩領域外での活動は、尾張藩から保護されて成立したのだろうか。また、鵜匠の格式や扶持米などは、尾張藩から一方的に与えられたのか。御救金給付や活動範囲の拡大などが鵜匠側の訴えで実現したことは指摘されている（鈴木二〇二二）が、制度全体の変容において鵜匠側の働きかけの影響はないのだろうか。本章では、役鮎や鮎鮨については先行研究（片野一九五三、網野一九八〇、松田一九八一、白水一九九七、一九九八など）に譲り、鵜飼制度の変容に対する鵜匠のかかわりを考察していきたい。第二節から第五節までは尾張藩などの「保護」が年代によってどう変わったか、およびそこにみられる鵜匠の動きを確認する。第六節では幕末から明治初期にかけての状態を明らかにする。

二、一七世紀——献上鮎鮨制度の開始と尾張藩による慣行保証

室町・戦国時代の美濃の鵜飼については、一五世紀の観覧記録、一五五九年に斎藤龍興により立政寺門前の蓮池での餌飼が禁じられたこと、一五六八年に織田信長が武田信玄の使者に鵜飼を見せたことなどがあるが、詳しいことは不明である。一六七五年に書かれた「中島両以記文」[*1]に「長良川役土岐殿御代より致初、山城殿（※斎藤道三、引用者注）御代ニ鵜飼役鮎少上ヶ初、信長公御代ニ鵜飼多成ニ付、御役鮎重り、只今之極之由」と、鵜飼の役鮎が納められたことは徴証がある。また、江戸時代に鵜飼の篝松に対して鵜匠に課された「松木役」は、一五九一年以前から篝松の入手を請け負った者が納めた運上に由来すると伝え[*2]、鵜飼の篝松は領主が設定した特別枠として調達されていた。これ以外には、信長から鵜匠への禄米給付、一六〇三年に大久保長安が美濃国郡上郡から安八郡までの川々で新簗・新ソジ（瀬張網）を禁じて鵜匠へ給米料を与えた[*3]という伝承があるが、これらはいずれも近代の史料に初めて登場するもので、この時代に何らかの特権が与えられたとしても、たしかな支証はない。

一六一五年七月、将軍徳川秀忠は大坂夏の陣からの帰路に岐阜で鵜飼を観覧した。[*4]おそらく鮎鮨も食したであろう。江戸時代の鵜匠制度を支える根本となった将軍家への献上鮎鮨は、この年から始まる。一六一九年五月には、小瀬の鮎を岐阜の御鮨屋（鮎鮨の調整所）へ運ぶ人足を勤めるという理由で小瀬村のほかの役儀が免除された。同年九月には美濃で五万石が尾張藩に加増され、長良・小瀬も尾張藩領となった。鮎鮨も一六二一年から尾張藩を通して将軍家

へ献上されることとなる。

この時期に、小瀬鵜匠に一〇五石余、長良鵜匠に二〇二石余が「鵜飼之者引得高」として諸役免許される。さらに尾張藩は、他領との交渉において前面に立つ。一六五一年、小瀬鵜匠の餌飼（鵜飼のシーズンオフに鵜を連れて各地に出かけ、餌を採らせる）を差し止めようとした幕領二か村について、幕府の美濃代官岡田善政へ交渉して「如前々ゑがい仕候へ」との返答を得た。[*5] 一六五三年、松平綱吉（のちの五代将軍）の美濃国内所領における長良鵜匠の餌飼について交渉し、「札引ケ候ハ、如毎餌飼可仕」ようにした。[*6] 一六五五年には、武儀郡須原村と郡上郡木尾村の山川境を「須原村と木尾村川堺ハ、母野田通堺之事　但鵜飼之儀ハ、先規之通各別之事」との証文が郡上藩役人と尾張藩役人の連署で作成されている。[*7] これらは鵜飼・餌飼の便宜を図るものであるが、いずれも「如前々」「先規之通」とあるように、それ以前からの慣行を尾張藩が認めさせたものである。

一六八八年には、長良川支流の津保川筋において長良鵜匠が漁を阻止される事件が起こる。鵜舟を通すまいとする小屋名村（幕領と旗本知行地の相給）は「堰及破損ニ付、従古来鵜舟通シ候儀無之」とし、鵜匠側は「新規防止」と主張して争った。しかし双方に証文はなく、一六九〇年に長良・小瀬の鵜匠が江戸の評定所へ出訴した。このときは「今般所論之鞍知村前之上堰ハ、鵜舟可持越之」との判決がでる。しかし証文の文言をめぐり再論が起こる。小屋名村は鞍知村の堰から津保川の水を引いていたが、南の山田村と立会の堰もあり、この堰も含むかどうかが争点になったと思われる。その結果、一六九三年には評定所で「鵜船は御鮨御用ニ候間、小屋名村堰崩れ候とも破れ候とも無構通り候へ」と申し渡された。[*8] これは鵜匠の権威の強さを示す事例として知られるものだが、最初の裁許では小屋名村は堰が破損されないように、鵜匠は漁ができるようにと、双方痛み分けのかたちで決着している。幕府は津保川での鵜飼漁を認めるものの、地元村の利害も配慮していた。しかし、のちの裁許では鵜匠側の全面勝訴となっている。鵜匠は訴訟に江戸へ行く経費を尾張藩から拝借しており、裁定についても尾張藩から幕閣へ働きかけがあったと想像される。

一七世紀においては、訴訟や境界裁定など何らかの新事態において尾張藩は鵜匠が従来おこなっていた鵜飼漁・餌飼の慣行を他領主・幕府へ認めさせるよう動いたと思われる。しかし「如前々」などの語に示されるように、尾張藩は積極的に鵜飼を「保護」するというよりも、従来からの慣行を保証していたといえる。

三、一八世紀半ばまで——不漁と尾張藩直接介入体制

長良川は金華山下流で三筋に分かれて流れていたが、一七〇〇年ごろから現在の流れが主流となる。[*9] これは長良鵜匠にとっては漁場が狭まることとなり、不漁へとつながった。一七〇七年、「鵜匠共年々困窮」により長良の鵜飼舟は一四艘を七艘に半減し、役鮎の半分は銀納と変更された。同時に、長良の鵜匠頭二名・小瀬の鵜匠頭一名に苗字と宗門自分一札（一家だけで一冊の宗門改め帳が提出できる格式）が許され、扶持代金三両ずつが給されることとなった。[*10] 鵜匠内部の階層であった鵜匠頭が尾張藩から公式に認められたのであり、その翌年には長良の鵜匠頭が川通りの抜荷を取り締まる川通目付に任じられる。尾張藩は長良川が金華山下で分流する地点に川役所を置き、長良川を下る材木・竹・荷舟をチェックして課税した。これは支流域および途中での川揚げも対象としている。税を逃れる動きを取り締まるため、川を知悉する鵜匠が水運管理体制に組み込まれたわけである。なお、一七四六年には小瀬の鵜匠頭も抜荷守に任じられた。

しかし不漁による長良鵜匠の困窮状況は続き、一七二七年秋には「鵜匠差免」、つまり免職を願いでるに至った。これを受けた尾張藩は一七二八年に「鵜匠之儀、古来より大切成公儀御用相勤申儀ニ候故、中達候通指免候儀難成」として長良の鵜飼経営に直接介入することを決める。それまで鵜匠は魚問屋から前借りし、翌年の漁の下鮎（役鮎として上納する以外の漁獲）を納めて引き落としており、問屋へは返済未納金が累積していた。この年から、藩が鵜飼の仕入れ金を鵜匠に事前に渡し、下鮎は問屋を介さない河戸売（川原でのセリ売と思われる）としてその代金は役人が管理して仕入れ金と差引し、余りを鵜匠に渡して未納金を返済させるようにしたのである。長良の鵜飼漁について従

来の問屋の役割を藩が代行し、藩の管轄下で鵜飼をおこなう体制であった。これについては先行研究にも述べられているが、[*11]その引き金となったのが長良鵜匠の「差免」願いであったことは触れられていない。

同年一〇月に尾張藩は長良・小瀬の鵜匠がドチ（スッポン）を捕獲するため各地を回るにあたっての証書を各鵜匠へ付与した。その文面は「例年鵜飼（餌）取之者共、国々えとち突ニ差遣ス、公義御用相勤候儀ニは候得共、於所々威勝成儀無之様可相慎旨」を鵜餌取の者へ申し渡して回らせよというものであった。[*12]シーズンオフの鵜の餌となるドチを突く（捕獲する）地域は、尾張藩領分を越えて美濃・伊勢・三河と広範囲にわたる。異なる領主の支配領域を往来するドチ捕獲者の身分証明書を尾張藩が発給したわけだが、文中の「例年鵜飼取之者」という語は、これ以前から鵜の餌となるドチ突きに鵜匠たちが諸国を回っていたことを示している。ドチ突きには鵜を連れていくわけではなく、外見からは鵜匠であるかどうかわからないが、これ以前には尾張藩の身分保証もないままドチ突きに回っていたわけである。また、この証書は鵜匠の願いにより発給されており、ドチ突き先でのもめ事の存在を示唆している。

さらに尾張藩は一七二八年に美濃国内の幕領を管轄する笠松代官に対して、鵜飼漁および餌飼を村方が網漁・簗漁などで妨害しないよう申し入れた。幕領である千疋村・三輪村・宮上村はそれを了承している。[*13]ただし、一七四二年には厚見郡江崎村（加納藩領）の新土場（渡船場）へ狩り下った鵜匠に対して村が「高川」（川年貢を納めている区域）であると抗議し、最終的には江崎村へ鵜を狩り込まないことと決まった。[*14]

尾張藩による長良鵜飼漁への介入体制は一七四四年までは継続が確認できるが、約束されていた魚問屋への未納金返済はわずか二年で中断した。[*15]一七五〇年からは鵜匠への御救金給付が常態化し、同じ年に藩は鵜匠の必要経費を調査している。[*16]また、一七四〇年前後にはドチ突きに際して一七二八年と同文の通達が尾張藩大代官から二度にわたり出されている。[*17]

この段階では、鵜匠頭が扶持米を支給されて尾張藩の体制内に組み込まれた。長良鵜匠の窮乏の訴えに応じて、その経営に尾張藩が直接介入し、ドチ突き証書の発給や笠松代官へ鵜飼漁妨害の防止を依頼する。こうした尾張藩の行動は、他領との訴訟や交渉などがなくとも、日常的な鵜匠および鵜飼の保護へ踏みだしているといえよう。

四、一八世紀後半――幕府の触書と尾張藩の保護体制

上記のような状況のなか、一七五二年二月、幕府勘定奉行から、「尾張殿より年々岐阜鮎漁有之」るため、新簗・新ソジなどで鮎を堰き留めることや、鵜舟先での網漁など、鵜飼漁の妨害行為を禁ずる触が長良川水系川々のうち郡上郡から安八郡の沿岸の村々および領主へ出された。翌年にも「新簗新そじ等、取払相残り候村方も有之哉」として重ねて発令されている。[*18]

これが出された経緯は明らかではないが、宛先に尾張藩は含まれておらず、尾張藩が関与したことは確実であろう。また、実際に川筋村々の新規の漁撈活動が増えていたことも背景にあったかもしれない。支流を含む長良川水系の川々での鵜飼漁の優先性を幕府が認めた、長良川鵜飼にとって大きな意味をもつ触であった。一七五二年に武儀川沿いの跡部村・三輪村・宮上村の簗が取り払いを命じられたのは禁令の効果で、先述した江崎村へ鵜を狩り込まないとの約束もこのとき反古となった。[*19]

尾張藩ではこののち、在地有力者などを「鵜先廻り」に命じて、鵜飼漁および餌飼の場となる川通りを見廻らせた。[*20]また、幕府の触では長良川水系での優先性が認められるのは鵜飼漁だけなのか、餌飼も含むのかは明確ではないが、尾張藩および鵜匠側は餌飼も含むと解釈した。一七五三年に尾張藩は川から離れた池での餌飼について鵜匠へ聞き合わせをし、鵜匠は「近年私どもが見出した池なら指し止められても差し支えない」と返答している。[*21]

一七五六年ごろには、伊勢国三重郡曽井村（久居藩と長島藩の相給）と鵜匠の間で争論が起こっている。これはドチ突きをめぐるものであろう。同じ頃に伊勢でのドチ突きについて鵜匠が口上書を提出したことと、一七五七年に伊勢・美濃でのドチ突きに御紋付き絵符を尾張藩が発給しているのは、伊勢での争論に対処するためと思われる。同じ

年には、小瀬鵜匠が伊豆へ鵜を買い求めにいくときの御紋付き絵符も発行している。[*22] また、一七五六年には鵜匠目付に苗字帯刀が許された。[*23]

一七七六年には、再びドチ突きをめぐって伊勢で事件が起こった。伊勢国鈴鹿郡・三重郡・朝明郡・河曲郡・安芸郡へはたびたび鵜匠がドチ突きに回っていた。しかしこの年に河曲郡へいったところ、紀州藩御鳥見役所から「以後は河曲郡は九月から三月まで殺生禁止」と指し止められてしまう。これは鷹狩の獲物となる鶴などを保護するためであった。翌々年に鵜匠は御鳥見役と掛け合い、地域を限定して「ひそかに突」くことを認められるが、河曲郡で村人からドチを取りあげられてしまった。鵜匠の訴えを受けた尾張藩年寄が紀州藩へ「鵜匠共之儀、往古鮎鮨公儀御用也……領分ハ勿論、御料他領共無差別鵜之餌泥亀突ニ相越」すこと、とくに河曲郡はドチが多く「古来より重ニ突来」たのでこれまで通り認めてほしいと内談し、一七七九年三月ごろに、「飼付鶴」の居所以外はこれまで通りにすることが認められた。[*24] この史料によると、鵜匠のドチ突きは従来から「御場之内端之差問無之場所、内々頼ニ付突せ来」たという。

一七七九年九月に尾張藩は、近年はドチが少なく鵜匠が難渋しているとして、尾張藩領分内に設定されている家中の鷹場や御留池でのドチ突きを許した。[*25] これは、上記の紀州藩との交渉がもたらした処置であっただろう。美濃においても一八〇四年に、加茂郡木野村（幕領）でドチ突きをめぐり争いが起こるが、[*26] 幕府の下川辺役所に尾張藩北方代官所が交渉し、「餌取之儀ハ田畑畔細道其外堤小堰等迄もへんれき仕来」と決着したらしい。

一七五二年の幕府の触が出されたのち、鵜飼漁および餌飼の長良川水系での優先性は認められたが、従来からおこなってきたドチ突きが各地で衝突を引き起こした。これは、鈴木（二〇二二）が述べるように村人の生業空間に鵜匠が立ち入ることによるが、ドチが少なくなって鵜匠たちの捕獲範囲が広がったことも背景にあるだろう。一七七九年の争論で紀州藩は「近年御場中ノ鶴飼付所迄入込差障ニ相成」と述べており、鵜匠側の行動が従来の範囲を超えてきたことを指摘している。

五、一九世紀初めから献上鮎鮨の終焉まで――「官費鵜漁」体制

幕府の触が出されたのちも鵜匠の経営は楽ではなく、一八〇四年七月、長良・小瀬の鵜匠は「今般両地一統退役奉願上候ニ付、何分之御吟味被仰付、若御減シ等被仰付候共、両地一統無之候儀は急度御請申間敷候、此上何分之難渋相懸り候とも同罪可受者也」と全員で証文を取り交わした。[*27]「御減シ」とは鵜匠の人数のことであろう。尾張藩ではとりあえず翌年から鵜匠一名に一〇両ずつの手当金支給を開始し、鵜匠の経営状況を調査した上で、一八〇八年からは鵜飼経営の新体制が定められる。手当金一〇両は廃止し、一二名の鵜匠各人へ①給米一〇石、②シーズンオフおよび新鵜などの鵜の餌代一六両、③篝松代七両、④舟乗り（艫乗・仲乗・中鵜遣など）の給金・仕着せ金九両、⑤新鵜買い入れ代五両を毎年渡す。これに対して鵜匠は尾張藩の御用を勤めるとともに三〇両ずつ上納し、鵜舟・舟具・鵜籠などは自分賄いとする、というものであった。これにともない、従来は異なっていた長良・小瀬の役鮎が同等となった。[*28]この体制を鵜匠は「鵜飼一巻不残御入用被成下」、明治期には「官費鵜漁」と表現している。つまりは尾張藩丸がかえの鵜飼の始まりで、この体制が幕末まで続いた。鵜飼で使う鵜について、鵜匠が格式上昇や紛争解決にあたり「御預鵜」と強調するようになるのもこれ以後のことで、鵜の代金を藩から支給されるようになったからであろう。鵜匠の格式も上昇し、一八二三年には鵜匠目付に宗門帳末一判、平鵜匠に尾張藩領外での苗字帯刀が許された。[*29]

新しい体制がスタートしたものの、一八三六年に鵜匠は再び困窮状況を尾張藩に訴える。この頃はとくに鮎が不漁で、上納済み分と借金で納付する分を除く上納残額を、鵜匠一二名のうち二名は春御渡し金と今年の漁獲分で上納、四名は住家を売って上納、四名はすでに質入れしている家屋の「御上様より御売払」を願い、二名は売払う物もないので難渋していると訴えている。[*30]幕府から一七五二年と同内容の触が出されたのは翌一八三七年のことで、鵜匠からの訴えにより尾張藩が幕府に働きかけたと考えられる。

一八二四年、尾張藩は領分内で餌取りや餌飼をする休泊代・弁当代を定め（他領では従来通り相対）[31]、一八二六年には領分内でドチ突きをするための鑑札を発給した。[32]これらは、他領で頻発していた争論を抑えるため、自藩領分でのドチ突き・餌飼ができる体制作りであったと考えられる。

ドチをオフシーズンの鵜の主要な餌としたのは一九世紀中期までで、それ以後はドジョウなどを買って餌とするようになった。[33]そのため、ドチ突きをめぐる争論はこの時期以後には確認できない。しかし餌飼をめぐる争論は起こっている。一八三四年四月、山県郡北野村（幕領・旗本知行地の相給）の小川で餌飼をしたところ一羽が離れ、村の者が捕獲したが衰弱してしまった。村方は鵜が苗田を荒らしたと主張し、今後は小川へ餌飼に来ても苗代田や作物を植えた田畑へは鵜を入れないよう願う。このときは鵜匠の権威がましい行動も村方の反感をかっている。一八三五年二月には、再び加茂郡木野村の溜池での餌飼が妨害され、のち一羽の鵜が死んでしまった。鵜匠は尾張藩北方代官所に訴え、最終的には木野村を含む八か村が餌飼を妨害しないとの一札を提出し、鵜匠へも北方代官所から「万端相慎神妙ニ可致餌飼」と申し渡された。[34]一八五三年には、武儀郡極楽寺村（幕領）の溜池での餌飼を村役人が差し止めようとする。鵜匠は一八三四年に幕領二六か所の溜池に殺生禁止の制札が建てられたが餌飼は格別との許可を得たこと、極楽寺村の溜池もそこに含まれると主張した。[35]これも鵜匠側の勝利となったことと思われる。一八四〇年・一八四八年には餌飼先で鵜飼の「御預鵜」が誤って殺される事件が起きるが、いずれも仲裁人が入り、代わりの鵜を出すことで内済した。[36]

この頃には、用水に関して村方と鵜匠が相談する事例も出てくる。一八三二年、長良川沿いの山県郡戸田村・側島村（幕領）が用水を揚げるため新仮堰を仕立てたが、「御用鵜漁妨ニ相成」るため公儀から取り払いを命じられ、井水路を造った。しかし一八四〇年が渇水のため入り組みとなり、用水不足時には鵜匠がその場へ出張して相談すると証文を取り交わした。一八四四年には、長良川沿いの武儀郡下白金村（岩村藩と旗本の相給）が用水の模様替えを小瀬・長良鵜匠へ相談したが承知しないため、尾張藩北方代官所へ鵜匠の説得を依頼した。この結果、模様替えは鵜飼漁に支障がないようおこなうこととし、下白金村から鵜匠への証文には渇水時は耕作が成り立つように「可相成丈ヶ御勘弁被下候様、御頼申上置候事」と書き添えている。[*37]
一八五五年には、武儀郡板取村（尾張藩領）から仕出す段木の牧川通り川下げが餌飼の支障になるため、段木の川下げをおこなう年は餌料として板取村役人から小瀬鵜匠頭に六両ずつ差しだすことなどが取り決められた。牧川通りは小瀬村鵜匠が餌飼をおこなう地域であった。[*38]
こうして尾張藩丸がかえの鵜飼となり、尾張藩領分でのドチ突きの体制も整えられ、餌飼をめぐる争論や用水・水運の利害調整も鵜匠の有利に運んできたが、一八六二年になって献上鮎鮨が停止される。尾張藩の音信用や藩主のための御用は継続したとはいえ、将軍家への献上鮎鮨停止は鵜匠にとって制度の根幹が揺らぐことであった。一八六三年三月には、鵜匠へ支給されていた新鵜買入代が半減された。

六、幕末・維新期――「川通」管轄への意欲

一八三五年、長良鵜匠頭は、鵜飼漁見物船から鵜匠が運上を取り立て、それを尾張藩の長良川役所へ納めることを願いでた。[*39] 鵜匠が漁と直接関わらない分野の管轄に意欲をみせたのは、これが最初と思われる。

一八六四年三月、小瀬・長良鵜匠は従来通りの扶持を願い、同時に自分たちは「美濃地御領分御境」に住居し地理なども知悉しているので、当今の時勢のなかで武備についても相応の御用向を勤めたいと、新たな「御用」への意向を示している。[*40] 同月、鵜匠は再び給米継続を尾張藩に願いでる。このときは、一六一九年の尾張藩への美濃国における加増五万石のうち一万石は鵜飼・鮎鮨入用のためと「古来より申伝」えると主張し、給米が廃止されたら川筋取り締まりにおける尾張藩の威光もなくなり「御他領所々入会、精分次第混雑之殺生場」となって水産資源が涸渇してしまうという理由付けであった。[*41]「一万石は鵜飼入用のため」という主張は、このとき初めて登場する。

一八六七年八月、少しまえから盛んになっていた鮎釣（友釣）を、運上を取り立てて許可することの可否を尾張藩川並奉行が鵜匠に諮問した。鵜匠は、折針が残った鮎が尾張藩音信用などに混じっては恐れ多くかつ鵜の命に関わる可能性があること、運上制になれば鮎釣の者が足場を築くなどして鵜飼や荷舟の通路にも支障をきたすことを挙げて反対した。また、金銭だけの問題であるなら、「川通」を任せてもらえば鵜匠が鮎釣などをおこなう者へ鑑札を渡して取り締まり、運上を取り立てて上納すると述べている。鵜飼漁から一歩踏みだして、自分たちが川漁全般を管轄することを提案したわけである。川並奉行は「右川筋（※郡上郡から安八郡までの長良川筋、引用者注）之義ハ……由緒も有之、他領入会之土地ニ候処、無何と右川ハ鵜匠之物之様、一般ニ相心得居候ヨリ、是迄数百年来一円ニ大手ヲ広ケ、鵜漁ヲ初餌飼ヲも致来り、随て数百丁之川筋、昼夜之背漁夥敷、瀬毎ニさで等入置有之由ニ候得共、鵜飼立向ヒ候頃ニハ、人影も見セ不申、鵜匠共勝手ニ取払候ても、仇等取斗候義決て無之」い状況であり、もし鮎釣を許可すると川筋の取り締まりが弱まり、もとに戻すことはおぼつかないとの考えを述べている。さらに「美濃国での加増五万石のうち一万石は鵜飼・鮎鮨の入用として拝領した」と「土地および他邦おゐても」申し伝えると、一八六四年の鵜匠の主張をそのまま受け入れ、運上徴収が必須であるなら鵜匠の提案を検討してはどうかとの意見を述べている。[*42]幕府から鵜飼漁の優先性が認められた区域では、仕掛けてある漁具を鵜匠が勝手に取り払っても抗議がないというのは、鵜匠に対抗して訴訟をしても認められない現状への諦念が村方に浸透していたからであろう。

一八六七年一二月、鵜匠目付に宗門自分一札、平鵜匠に尾張藩領内外ともに苗字帯刀が免許された。[*43]献上鮎鮨が停止している状況下での格式上昇は、鵜匠についての上記のような尾張藩側の認識によるものであろう。

幕末維新期の揺れ動く政治情勢のなかで、鵜匠は自分たちの由緒を強調し、川漁全般を管轄することを尾張藩に提案して新たな道を探るが、その後の動きは長良・小瀬の鵜匠では異なってくる。

一八六七年五月、長良鵜匠は朝廷への進献が実現したら礼金を出すとの約定書を多田納主馬に送った。従来、尾張藩の御鮨所で調整した粕漬鮎を尾張藩から摂家・親王家などの朝廷関係者へ進献していたが、ここで長良鵜匠は直接の献上体制を作ろうとしたのである。献上先は、王政復古後に新政府最高職の総裁となる有栖川宮熾仁家であったが、同家からはさらに「禁裏御所」へ献上するはずであった。一八六八年八月に、長良の有力者で宮家との間を取りもった川出金之右衛門と長良鵜匠は宮家の紋付き提灯や絵符などを拝領し、九月から塩漬鮎・糀漬鮎などの進献が始まる。進献開始時には尾張藩が介在していたようだが、おそらく形式だけのことであり、その後は尾張藩北方代官所へ鵜匠が宮家とのやり取りを届けるのみであった。この進献は廃藩置県直前の一八七一年六月までは確認できる。*44 小瀬鵜匠が廃止されたときも長良鵜匠が存続したのは、この有栖川宮家とのつながりがあったからであろう。

一方、小瀬鵜匠は一八六八年一〇月に廃止され、給米なども無くなった。同年一一月に小瀬村旧鵜匠は鵜飼漁の継続と、川漁取り締まりを自分たちに仰せつけられることを尾張藩北地総管出張所へ嘆願し、この結果、同じ月に「川漁締役」に任じられ、扶持二人分ずつが支給されることとなる。*45 一八七〇年には一条家へ小瀬村旧鵜匠が鵜飼漁の鮎粕漬・鮨を納めることとなり、紋付き提灯・目印纏などが渡された。*46 これは、存続を認められていた長良鵜匠と同じ処遇を求めての模索であったと思われる。

しかし、一八七一年の廃藩置県にともない、小瀬の「川漁締役」も長良の鵜匠もともに廃止される。こののち、鵜飼漁は岐阜県に漁業税を納めて継続するが、ほかの川漁業者との争い、新規の鵜漁者の出現など厳しい時代を迎えることとなる。

七、「慣行の保証」から「保護」へ――尾張藩を動かした鵜匠の訴え

中世以前の鵜飼および美濃の漁業の具体相は明らかではないが、少なくとも一七世紀中期以前には、「如前々」と認識されて鵜匠は鵜飼漁・餌飼をおこなっていた。一七世紀には尾張藩は、鵜匠に諸役免許の土地を認めて生活をバックアップするとともに、鵜匠が従来おこなっていた慣行を幕府・他領主に対して保証する役割を果たした。長良川の

川瀬が変動して鮎が不漁となった一八世紀前半には、長良鵜匠の困窮の訴えに応じてその経営に直接介入し、笠松代官へ鵜飼妨害の排除を働きかけるなど積極的な保護者として動くようになる。この頃から、従来の慣行が各地で緊張関係を産み争論が多くなったであろうことも考えられる。また、鵜匠頭へ扶持代米支給・格式授与をするとともに尾張藩の水運支配のなかに位置づける。鵜匠への御救金が常態化する一八世紀後半には、おそらく尾張藩が関与して幕府の禁令が出され、支流を含めて長良川水系が鵜飼の漁場として公式化した。尾張藩はこの禁令を餌飼へも拡大解釈し、「鵜先廻り」を任命して漁・餌飼がスムーズにおこなえるように図る。一九世紀に入ると、鵜匠全員の退役覚悟での願いを受けて一八〇八年の新体制が作られ、鵜飼が尾張藩の丸抱えとなる。一八三七年の幕府の三度目の禁令も鵜匠が困窮を訴えたことへの尾張藩の対応であろう。この頃から鵜匠の「権威」が上昇し、訴訟や水利などでの鵜飼漁の優位性が示される。一八六二年の献上鮎鮨停止後は、鵜匠は川漁全般を管轄することに意欲を示し、新しい時代に対応しようとした。

尾張藩の支配領域を超えた鵜飼漁・餌飼・ドチ突きの保証や保護を可能としたのは、鈴木（二〇二二）が指摘するように、藩領を越えて近隣に影響力をもつ尾張藩であったからこそであろう。しかし、これらはいずれも従来から鵜匠がおこなってきたことで、尾張藩・幕府の保護で始まったものではない。また尾張藩の一七二八年・一八〇八年の鵜飼保護体制の大きな変革は、いずれも鵜匠の訴えが尾張藩を突き動かしたことを忘れてはならない。この捨て身の行動の背景には、困窮という差し迫った事情があるとはいえ、献上御用を勤めているという鵜匠の自負と自信があったと思われる。

【謝辞】
本稿は、足立征一朗氏・足立陽一朗氏・山下哲司氏・上松家・中尾家・上杉和央氏・森島一貴氏・三重県総合博物館をはじめとする多くの方がたから史料の提供および使用をお許し賜って執筆しました。文末ながら、厚くお礼を申しあげます。

【注釈】

（注釈内の史料集Aは『岐阜市史　史料編　近世一』、Bは『新修関市史編纂史料集　十四・十五』、Cは片野（一九五三）所収「長良川鵜飼史料」、Dは『岐阜県史　史料編　近世六』を指す）

＊1　史料集A八一三頁。

＊2　史料集B一八番。

＊3　史料集C六・一〇頁。

＊4　徳川実紀。なお、この年五月に徳川家康が大坂からの帰陣途中に岐阜で鮎鮨を食べた（史料集D一〇八四頁）というが、大坂夏の陣後に家康は岐阜を通っていない。

＊5　御国方覚書　上（徳川林政史研究所蔵）。

＊6　注5と同じ。

＊7　『岐阜県史　史料編　近世四』一八九頁。

＊8　史料集D一〇七三―一〇七四頁。

＊9　この時期については、一六九八年とも（史料集A二三五頁）、一七二二年とも（史料集D一〇八六頁）いう。あるときに一気に変動したわけではなく、次第に本流が変わったということであろう。

＊10　史料集D一〇八五頁。一六〇三年から鵜匠二一名に給米料一〇両ずつを支給した、あるいは一六六〇年に鵜匠頭三名に帯刀を許し扶持米料として月二両を給したともする（史料集C一〇頁）が、史料集A八四七頁などから扶持代金支給は一七〇七年に始まったものと考えられる。

＊11　片野（一九五三：五二―五四）および網野（一九八〇：八四七―八四八）。一七二七～一七二八年の経緯については史料集A六六四―六六七頁。

＊12　史料集A八四七頁。

＊13　史料集D一〇七四頁、史料集B八番、史料集C三六頁。史料集Cで、三輪村は「小瀬・長良鵜飼衆、尾州へ御願申上候て尾州より笠松え申来り候」と述べている。

＊14　諸事内外入込帳（上松家文書）。
＊15　史料集A六二九・六六五頁。
＊16　史料集A八五一頁、史料集B三番。なお、これ以前にも鵜匠へはたびたび拝借金・御救金が許されているが、一七五〇年以後は毎年一定額が鵜匠一名ずつへ給されるようになる。
＊17　史料集B五一・五二番。年紀はないが、発給者の大代官在任期間から年代を推定。
＊18　史料集A八五三—八五四頁など。既述のように、ほぼ同内容の触を大久保長安が出したとされるが、文言が一七五二年のものと酷似している。一七世紀初頭にこのような触が出された可能性は低いと思われる。
＊19　史料集A八五一・八五四頁、史料集D一〇七五頁。三輪村・宮上村の簗は新規ではないので、幕府の下川辺役所へ継続を願ったが認められず、是非にもというなら江戸へ出訴せよといわれて諦めている。
＊20　尾濃百姓由緒留・不破五助覚書（ともに名古屋市史資料、名古屋市鶴舞中央図書館蔵）、史料集A八六〇頁。
＊21　史料集B一二番。
＊22　伊勢での争論と絵符発給は、史料集A八五一頁。鵜匠の口上書は史料集B四九番。これには年次がないが、長良鵜匠が一四名の時期（一六八七～一七二九年）を五〇年前としていること、一七五六年に苗字帯刀が許される小瀬鵜匠目付の小市が苗字を名乗っていないこと、長良鵜匠頭のメンバーから一七五五年ごろと推定した。
＊23　鵜匠目付は長良・小瀬に一名ずつが一七四三年に任命された。これにより鵜匠の階層は鵜匠頭—鵜匠目付—平鵜匠となる。ただし、長良の鵜匠目付は尾張藩川役所の役職との兼役であり、一七六八年に鵜匠目付を辞任した（史料集A二一七頁）。これ以後、鵜匠目付は小瀬のみに置かれている。
＊24　尾州御領濃州小瀬・長良鵜匠之儀ニ付、山澄淡路守殿朝比奈惣左衛門殿え御内談御手扣写（口尾家文書、三重県総合博物館蔵）。
＊25　『新編一宮市史　資料編七』二七一頁。
＊26　詳細は鈴木（二〇一二）に取りあげられている。
＊27　史料集B一九番。
＊28　史料集B二二番、鵜飼来歴之記録（関市教育委員会〔二〇一二〕所収　足立陽一郎家文書一〇六）、史料集C一二一～一二三頁。

この新体制についても網野（一九八〇：八五一）に触れられるが、鵜匠の退役願いについては言及されていない。

＊29　史料集D一〇八五頁、鵜飼来歴之記録（前掲）。
＊30　史料集B三七番。
＊31　史料集C一二三頁。
＊32　史料集B二〇番。
＊33　史料集C四頁、鵜飼来歴之記録（前掲）。
＊34　木野村どち突出入・同餌飼出入・北野村餌飼出入・倉知村細竹折取一件留（足立征一朗家文書）。北野村・木野村と鵜匠の争論については鈴木（二〇二二）に詳しい。
＊35　関市教育委員会（二〇一二）所収　足立陽一郎家文書一三。
＊36　一八四〇年の事件は、関市教育委員会（二〇一二）所収　足立陽一郎家文書一一。一八四八年の事件は史料集C一二七頁。
＊37　史料集A八四一―八四二頁、乍恐以書付奉願上候（辰四月付け、山下哲司家文書）。
＊38　史料集A八四二頁。これについても鈴木（二〇二二）に詳しい。
＊39　史料集A八七五頁。原史料には「未四月」とあるのみで史料集Aでは一八七一年かとするが、松田（一九八一：四四三―四四六）では一八三五年としており、これが正しい。
＊40　史料集A八六〇―八六一頁。
＊41　注40に同じ。
＊42　史料集A八六二―八六五頁。
＊43　史料集B二番、鵜飼来歴之記録（前掲）。平鵜匠はこれまで、居住地を含む尾張藩領内でみずからの格式を示すことは認められていなかった。一八三三年に平鵜匠が宗門自分一札と尾張藩領分内でも苗字帯刀を許されることを願う（史料集B二七番）が、許可されていない。また鵜匠目付に許された宗門帳自分一札は宗門帳末一判の上の格式となる。
＊44　史料集C一三六―一三七頁、史料集A八三五頁・八六五―八六九頁、岐阜市教育委員会（二〇〇七）所収　山下家文書九四。多田納主馬についてはまだ明らかにできていない。

＊45　史料集B五四番・五五番、鵜飼来歴之記録（前掲）。

＊46　岐阜市教育委員会（二〇〇七）所収　山下家文書五七―一。中絶していたものの復活というが、江戸時代に前例は確認できない。

第一二章　俳諧にみる鵜飼
――自他合一の自然観

篠原　徹

一、歴史資料としての俳諧

俳諧・俳句によって博物誌が可能なことを示したのは子規研究者でもあった俳人・柴田宵曲である。彼の『俳諧博物誌』はそのことを実践してみせた著作である。俳諧・俳句の大道とは少々遠いが、俳諧・俳句の観察の微細なことが博物誌を可能にしているといっているのである。近世から近代の子規までの生物を詠み込んだ句の博物誌的評釈をしているのであるが、狼や熊あるいは狸や兎など句の博物誌的評釈はきわめて興味深いが、筆者はこのあたりの事情はすでに別に論じているので要点のみを記す（篠原 二〇一〇）。芭蕉と同時代人であり有力な蕉門の俳人であった丈草に「狼の声そろふなり雪のくれ」の句がある。宵曲の狼の句の渉猟によれば近世で狼が群れをなしていることを詠んだものはこの句以外にはないという。群狼が山野を疾駆する姿は一七世紀の後半ではもはや滅多にみられるものではなくなった。宵曲によって集められたこれ以降の狼の句はほとんど「声の狼」を表現している。宵曲によって狼に関する句から読みとれる狼と人の関係は、少なくとも近世を三つの時期に区分できそうである。実際人びとが山野でしばしばその姿をみることがあった「姿の狼」の時代、山中を旅しているときにしばしば耳にする「声の狼」の時代、そして狼が絶滅した幕末から近代初期の「心の狼」の時代の区分である。いずれにせよ宵曲は近世の俳人が詠んだ句が博物誌的な資料となることを教えてくれる（柴田 一九九九）。

さて、もうひとりこの俳諧・俳句が歴史的な資料たりうることを示したのは柳田国男である。柳田国男は「生活の俳諧」のなかで「たとへば俳諧の主題としては、俗事俗情に重きを置くことが、初期以来の暗黙の約束であるが、是が可なり忠実に守られて居た御陰に、単なる民衆生活の描写としても、彼の文藝はなほ我々を感謝せしめるのである」（柳田 一九六九：一六八）と述べている。その実例として挙げられた句は「月の径に沓拾ふらし」（芭蕉連句集「水鳥よの打越の句の付句）である。この付句を「この沓は馬の古沓、拾ひ集めて塵塚の堆肥に加える」という当時の農民の生活の一部であると評釈した。俳諧が近世の農民生活史を教えてくれるというわけで、俳諧が歴史的資料となりうることを柳田国男は示した。

二、俳諧・俳句にみる観察

俳諧を貴顕の世界から芸術性を高めつつ庶民の文芸にしたのは芭蕉であるが、彼は庶民生活の観察から得られたものを俳諧の素材にしている。また庶民生活誌（史）の世界に冷静な共感をもち歴史に埋もれてしまった農民や漁民あるいは貧者や敗者の知られざる歴史を開拓したのは柳田国男である。芭蕉の残した全発句のなかで現れる庶民の景姿は以下のものであり、じつに多様である（篠原 二〇一一）。

「下級の僧侶（僧・聖小僧・坊が妻、以下括弧内は芭蕉の句中の言葉）、農民の女（芋を洗ふ女・かか）、神官（宮守）、下女（干鱈さく女）、山人（山賤）、座頭、行商人（鰹売り・酢売り）、巫女（御子良子）、市井の酒飲み（上戸）、漁師（海士）、鵜匠（鵜舟）、盗人、鳥さし、遊女、雑兵（兵共）、乞食僧（鉢叩き・薦を着て・空也の僧）、船頭、大道芸人（猿引・猿の面・まんざい）、山伏、相撲取り（すまふとり）、馬喰（馬かた）、左官、大工（大工・工）」

芭蕉の発句のなかには言葉では明示されないが庶民の景姿が鮮やかに観察されている句は多い。岐阜の妙照寺の住職・己白への挨拶句に「やどりせむあかざの杖になる日まで」はその典型的な例であろう。これは当時の農民が畑地に入ってきた雑草アカザ（アカザ科シロザの変種で若い葉は食用にもされた）を残しておいて数か月経って主茎が大きくなるのを待ってそれを杖にしたことを背景にした句である。

庶民の生活や暮らし方に精通していた芭蕉は、アカザの杖にするまで数か月かかるので、言外に長逗留を示唆している。この俳諧に内在する博物誌的資料性と歴史的な資料性を確認した上で、つぎに鵜飼を俳人たちがどのように詠んだのかをみていき、そこから何を読みとることができるのかを考えてみたい。

三、俳諧・俳句のなかの鵜飼

三－一、蕉門による鵜飼の詠みかた

鵜飼が詩歌のなかに現れるのは万葉集からであるが、そのありようはどうやら記紀の時代は「鵜川」とよばれるものであった可能性が高い。近代になってから鵜飼は現在の長良川鵜飼に代表されるように観光鵜飼として新たな明治漁業法の制約から生き延びることになるが、それまでの生業としての鵜飼もかなり広範な地域で「鵜川」としておこなわれていた（本書第一五章を参照）。記紀の時代の鵜飼はやがて殺生禁断という仏教思想の影響を受け、それが詩歌のなかにも現れるが、万葉集の鵜飼を詠む歌には微塵もその影はなく、むしろ芭蕉以降の生業や生活を純粋に観察する態度に近いものであった。殺生禁断という仏教思想の影響が詩歌のなかにはっきり現れるのは戦乱の中世からである。謡曲「鵜飼」は甲斐石和川の鵜遣いの老人の亡霊が旅僧のまえで罪障懺悔を演じることが主旋律である。殺生への罪障感を示すのは、芭蕉以前の俳諧のなかでも「いさり火や鵜がひがのちの地獄の火　貞徳」などはその代表的なものである。こうした日常的には魚食はするくせに貴顕による身勝手な殺生禁断に対する罪障感のなかで、芭蕉の時

代に俳人たちは鵜飼をどうように詠んだのかをまずみてみたい。

おもしろうてやがてかなしき鵜舟哉　芭蕉
鵜とともにこころは水をくぐり行　鬼貫
葬の火の渚に続く鵜舟かな　丈草
鵜のつらに篝こぼれて憐也　荷兮
細道に篝こぼるる鵜舟かな　許六
声あらば鮎も鳴くらん鵜飼舟　越人
鵜飼火に燃えてはたらく白髪かな　北枝
十二羽の声の中なる鵜匠かな　木導
中食に鵜飼のもどる夜半かな　浪化
声かけて鵜縄をさばく早瀬かな　涼菟

鬼貫以外は蕉門の俳人であるが、いずれも川沿いの堤上でみる夜のアユ漁に特化した舟鵜飼の観賞であろう。芭蕉の長良川鵜飼観賞は一六八八（貞享五）年の旧暦の五月の中、下旬ごろだというので、現在なら六月の観光舟鵜飼の真っ最中であろう。芭蕉の有名な鵜飼を詠んだ上述の句の評釈はおよそ似たようなものであり、「「歓楽極マリテ哀情多シ」（古文真宝後集）の普遍的感情を、長良川の鵜飼を通して具現化したもの。謡曲を踏まえつつも、表すところは名残惜しさにとどまらず、生の哀れさや殺生をくり返す人間の業にまで及んで深妙」（雲英・佐藤 二〇一〇：二〇八）といったところである。これを庶民生活誌の資料という点から考えてみると、こうした評釈が当時の庶民（鵜遣いという漁民の感性や感情であったのかという問いになる。つまり、農民や漁民の代弁者である芭蕉は鵜飼の「何をおもしろい」と思い、「何を悲しい」と思ったのか。おもしろいのは人間に馴化させているけど鵜の野生性を保持させておこなう特異な漁であろう（卯田 二〇二一）。人間の労働の代替として使役する牛馬などとはその点は大いに異なるし、狩猟で勢子として使う犬はどこまでも補助的な役割であるのに対して鵜飼の鵜は主役である。

問題は「何が悲しいのか」ということであるが、殺生を繰りかえす人間の業を悲しむという仏教的な罪障感という感覚が背後にあるのだろうか。鵜が魚を獲って生きるのは当然のことであり、野生の鷹や鳶が魚や小動物をいくらとっても悲しいとは思わない。鵜が生きるために魚を獲っても獲っても人間が横取りしてしまう馴化させられた鵜そのものを悲しいと思ったのではないか。

たしかに丈草の句はたくさんの鵜飼舟の篝火を葬列の火に見立てていて、いかにも殺生する人間の業を詠んでいるようにみえる。丈草は武士を致仕して仏門に帰依した人であるので、むしろ例外と考えたほうがよさそうである。芭蕉の句にも殺生禁断の禁忌を犯すことへの罪障感があると評釈するものが多い。けれども鵜飼の句と同じ時に詠まれた芭蕉の句「又やたぐひ長良の川の鮎なます」をみれば、比類ないほどの珍味鮎膾を賞味しているのでそんな感覚はなかったのではないか（堀切二〇〇六）。

獲物を横取りされる鵜に対して芭蕉が悲しいと思ったとすれば、それは鵜の労働に対する感情移入であり一種の擬人法といってもいいだろう。この擬人法的な他者理解は鬼貫の句ではもっと明確である。動物という他者への理解が通常では動物の生態や習性の理解に留まるのであるが、荷兮や越人の句では擬人的な解釈によって動物の心までわかるといっているのであり、人間と動物の自他合一の世界を俳諧が現出しているといっては大袈裟であろうか。

三－二、蕪村の時代と鵜飼

俳諧の素材として野生や栽培（家畜）を問わず自然を詠む俳人といえば、一七世紀に活躍した蕪村を取りあげねばならない。蕪村は同じ生物を素材とする句を多く詠む習癖があり鵜飼を詠んだ句は二四句もあるが、同時代の俳人の句も含めて数句取りあげてみたい。

春の水にうたゝ鵜縄の稽古哉　蕪村　　見うしなふ鵜の出所や鼻の先　蕪村
目ふたいで僧の過行鵜川哉　蕪村　　口明て鵜のつく息に篝かな　蕪村
曲り江にものいひかはす鵜ぶねかな　召波　　鵜つかひを見に来し我ぞ浅ましき　樗良

家近く鵜の声もどる夜明けかな　闌更
つかれ鵜の腮に月のしずくかな　大江丸
鵜の咽に魚とり直す早瀬かな　白雄

昼の鵜の現に鳴くか籠のうち　青羅
鵜の影や鮎は川原に飛び上がり　如行

殺生する人間の業の深さゆえに、鵜飼を見ないで通り過ぎようとする僧さえその不自然性を俳諧にしてしまう蕪村の自在さである。しかし、この時代の俳人たちのなかには樗良の句のように仏教思想の影響を受けている句もあるにはある。上述した句はいずれも鵜飼を調査したことのある人なら非常に細かい観察に基づいていることがわかる。「口明て」の蕪村の句や「つかれ鵜」の大江丸の句では擬人法的な表現による鵜と人間の一体感を読みとることができる。

芭蕉の時代から蕪村の時代にかけて鵜川という言葉は鵜飼と同じような用法で使われている。またこの時代には鵜匠という言葉は使われてはいないのではないかと句からは推測できる。むしろ「鵜つかひ」（樗良の句）という言葉のほうが普通であったのではないかと思われるし、近代でも生業として鵜飼をおこなっていたところでは「鵜づかい」といっていたようだ（最上 一九六七）。この言葉には若干蔑視が含意されていたと思われる。しかし、これは仏教思想による罪障感さえ、貴顕の下の階層それも最下層に担わせてしまうという罪の転化ではないのか。

鵜飼漁法は鵜の野生性（魚を獲るということ）を保持させて人間に従わせるという、ほかにはみられない特異な漁法である。このことの具体的な実践は人間への馴化では片方の風切り羽を切り取ることである。こうして人間から逃走しても遠くまで飛べない状態にしておけば攻撃性や狩猟習性を保持したまま人間だけに攻撃性を向けなく馴化できる。またもうひとつ鵜飼漁法で重要なことは野生の鵜を捕獲して荒鵜の状態のものをすでに馴化した馴れ鵜の一羽とペアを組ませることである。こうした技術を筆者はペアリングと名づけたが、これは鵜飼漁法のなかでもっとも重要なことである（篠原 一九九〇）。

それは日本の鵜飼が川の流れの速いところでおこなわれ、とくに舟鵜飼の場合は多数の鵜を手縄を使って制御する必要があるからである。鵜がペアリングされてなければバラバラに動いてしまう。しかし、この技法は舟鵜飼に固有のものではなく、放し鵜飼の漁法においても必須のことである。徒歩鵜飼では通常手縄を使わない。しかし、徒歩鵜飼で使う鵜も野生のものを捕って馴化させるとき、やはりペアリングさせる。じつは徒歩鵜飼や放し鵜飼といわれる鵜飼漁法にもいろいろな漁法があって、ペアリングしておかなければ使えない場合もある（本書第一五章参照）。この二つの鵜飼漁法の本質的な技法は中国大陸の鵜飼でもみられるものである。日本列島への伝播はこの二つの鵜飼の本質的技法が伝播し、そののち日本列島のなかで固有な鵜飼漁法が展開したのではないかと想定している。とくに対象魚がアユに特化していったのは日本列島での鵜飼漁法の大きな特徴である。

筆者は俳諧・俳句のなかに鵜の片側の風切り羽を切ることと、ペアリングの技法を詠んだ句はないものかと探していた。しかし、いまのところ近世の俳人たちのなかには残念ながらそこまで繊細な観察に及んだ句はみつからなかった。近代になると「船ばたに並んで兄鵜弟鵜かな　鬼城」とペアリングを兄と弟と見立てる句を一句みつけた（池田一九六八）。

三－二、一茶と鵜飼

近世の俳諧のなかで鵜飼を詠んだ句をみてきたが、最後に一茶の鵜飼の句をみてみたい。一茶も鵜飼を結構詠んでいるが、残念ながらどの河川の鵜飼かよくわからない。彼の終の棲家であった新潟県の柏原付近の中小の河川で、いわゆる徒歩鵜飼や放し鵜飼を含む鵜川がおこなわれていたのではないかと推論している。

ひいき鵜は又もから身で浮かみけり　一茶　　はなれ鵜の子のなく舟にもどりけり　一茶
疲れ鵜の叱られて又入りにけり　一茶　　一村や鵜にかせがせて夕枕　一茶
鵜の真似を鵜より巧者な子供かな　一茶　　賑はしく鐘の鳴込む鵜舟哉　一茶

一茶の句では「ひいき鵜」「疲れ鵜」「はなれ鵜」などの鵜の形容に大きな特徴がある。「ひいき鵜」がいるということは頻繁に鵜飼をみていることを表している。また特定の鵜を個体識別していることになるので、そのことも重要なことである。霊長類学における個体識別法の萌芽とでもいえる。「疲れ鵜」の句はいかにも一茶らしい動物への慈しみを感じさせ、句全体が擬人法的である。

「はなれ鵜」は鵜飼の句のなかで最大の謎の句である。この句について宮地伝三郎は『俳風動物記』「香魚のすむ国」に「鵜飼と鵜飼文化圏」の項を設けて俳諧・俳句から鵜飼ついて論じている。そのなかで掲句について、つぎのように述べている。

日本のウミウは、渡りの途中に捕えた荒鵜を仕込むので、鵜匠のところでの繁殖はない。そのうえに、鵜縄をつけて操る。カワウよりは大型で、捕魚能力もウミウの方がまさる。親どりが自分のひなの鳴き声をきき分けて戻って来るのは、ありふれた現象である。ところが、鵜縄を解かれて自由に餌をあさっている親鵜が、子のなき声に誘われて戻ったという一茶の句は、簡単にはなっとくし難い。一茶のころには、いまとちがってカワウが使われていたのか。ウミウも鵜匠のもとで繁殖する場合もあったのか。鵜飼文化史の問題として、まだ未解決なのなら、この句の当否について、探査を進めてほしい。（宮地　一九八四：二四―二五）

この宮地の指摘は興味深い問題である。野生の鵜が捕獲されて訓練されて鵜飼に使われる鵜が飼育中に卵を産んで孵化したことはないというのがいままでの通説であったが、一茶の句はそれを覆す例を提示していることになる。最近興味深いことに宇治川の鵜飼でウミウが産卵し孵化して、その後育てられて鵜飼に使われるという特異的なことが新聞紙上を賑わした。その後の経過も含めて卯田宗平が詳しく報告している（卯田　二〇一七）。

「一村や鵜にかせがせて夕枕」の句は村のレベルで雇われた鵜匠と少数の投網や建網を使う村人に稼がせることを

表した句ではないだろうか。村のレベルでの魚の需要というのは正月まえなどに鵜匠が村から依頼されて鵜川を村人と一緒にたてることがあったことなどを想定している。これは最後の徒歩鵜飼の鵜匠であった高津川の塩田嘉助さんから聞いた話である。やはり「鵜川」という生業鵜飼であったと思われる。舟鵜飼は長良川に代表されるように早くから生業の鵜飼ではなく見せ鵜飼つまり観光鵜飼になっていたが、生業の鵜飼はこうした小規模の徒歩鵜飼が多くの河川にあったのではないかと思われる。

四、鵜飼の句にみる自然観

芭蕉と蕉門の俳人の鵜飼の句、蕪村とその時代の俳人の鵜飼の句、そして一茶の鵜飼の句を取りあげて近世における俳諧にみる鵜飼の詠まれ方をみてきた。芭蕉、蕪村そして一茶を取りあげることは、ちょうど一七世紀、一八世紀、そして一九世紀と近世全体のなかの鵜飼の風景を眺めることになり都合がいい。それまでの近世以前の文芸というものが貴顕の嗜みとして存在していて、自然を直接みずからの眼でみて感得するという観察・類推ではなかった。それは文字を通して獲得された建前の自然観や生命観であったといえる。とくに仏教思想による影響はただならぬものがあり、この桎梏からなかなか解放されることはなかった。それを芭蕉は俳諧を貴顕の世界から庶民の世界のものにした。そしてその文芸を貴顕の文芸の真似事ではなく、みずからの眼で自然を観察し感得して表現する文芸を創出した。服部土芳が『三冊子』のなかで芭蕉の言葉として取りあげている「松の事は松に習へ、竹の事は竹に習へ」という至言はそれをよく表している（服部・向井 一九三九：一〇一）。掲句の多くが擬人法的な表現で鵜とそれを操る人間の一体感を表している。この一体感は「鵜の事は鵜に習え、鵜飼の事は鵜匠に習え」という方法から醸成されたものであろう。

ただ、この対象へのアプローチは日本文化の深いところでさまざまな領域に通底している「見立て」による「情動」

なので、現在我々が手にしている生態学的な観察とそれからの演繹による類推とは同一ではない。見立てのなかでも擬人法や擬動物法（伊谷・塚本 一九九六）がよくみられるが、これは自他合一の一歩手前の感覚であろう。

鵜飼という技法にとって重要なペアリングや片側風切り羽切除といったことは詠まれていない。しかし、詠まれた句は明らかに身勝手な殺生禁断という軛から飛翔して、自然と人間の一体感へ向かっていることは間違いない。それは人が鵜となり、鵜が人となるという自他合一の自然観といってもいいだろう。

コラム②　鵜飼を展示する
——長良川うかいミュージアムの現場から

河合昌美

岐阜市長良川鵜飼伝承館（愛称「長良川うかいミュージアム」）は、鵜飼を紹介する日本初のミュージアムとして、二〇一二年八月に岐阜市の長良川沿いに開館した。同館は、シアターにおける鵜飼の映像展示、鵜飼漁で実際に使われる（使われた）用具や鵜匠装束の実物展示、触って楽しめるインタラクティブな体験型の展示などを通して長良川の鵜飼の魅力を紹介している。また、屋外の生態展示コーナーではウミウを飼育しており、鵜飼漁で利用されるウミウの行動や生態をいつでも観察できる。そして、同館ではこれらの常設展示とは別に、鵜飼や長良川をさまざまな切り口から捉える特別展示を年間四～六回ほど開催している。特別展示は二〇一二年の開館から二〇二三年夏までのおよそ一一年間で、計五五回開催してきた。ジャンルは民俗や美術、自然、歴史など多様である（表②-1参照）。

特別展示を企画するにあたり、心がけていることがある。当館は一般の鵜飼観光客が多く来館するため、難しい文献などを利用した展示は避け、実物とわかりやすい解説パネルを利用した展示や、体験展示を重視している。たとえば、プロジェクションマッピングを利用した展示や、二次元バーコードを使って鵜飼にまつわる音を聞く展示、VR（Virtual Reality）を利用して三六〇度視点で図巻をみる展示、漢字表記で「香魚」とも記されるアユの匂いを嗅ぐ展

表②-1 過去に企画した特別展示のジャンルとタイトル

ジャンル	回数	主なタイトル
民俗	25	宮内庁式部職鵜匠、長良川の鵜飼漁の技術、長良川の鮎鮨、長良川鵜飼と和船
美術	7	岐阜ゆかりの画家 鵜飼の美、鵜匠家の美術品と文化人との交流
自然	7	清流長良川の自然、長良川に伝わる漁法・漁具、夏休み企画 鵜と鮎のひみつ
歴史	5	いにしえの鵜飼、戦国から江戸時代の長良川鵜飼、鵜飼も家康!?
工芸	2	工芸に見る鵜飼、工芸品と長良川鵜飼――郷土の技と伝統
写真	3	移りゆく鵜飼の風景、ぎふ長良川の鵜飼写真展 いのちのあかりがともる夜
文学	2	川端康成『篝火』をめぐる恋文、長良川鵜飼に魅せられた文学者
そのほか	4	What's UKAI――鵜飼ってなんだろう、収蔵品からみる岐阜長良川の鵜飼

注：2012年の開館時から2023年夏まで、およそ11年間に開催した55回の特別展示を対象とした。
出所：筆者作成。

示など、五感を使った体験展示も導入した。とくに、夏休みには体験展示を増やしたり、小学生の自由研究に役立つ長良川の生き物や妖怪をテーマにした展示を開催したりしてきた。

当館では特別展示室だけの入室者数は数えられないが、来館者の反応や入館者数の増減を踏まえると、過去に人気があった企画は文豪・川端康成を取りあげた展示である。川端康成は、初恋の人と結婚の約束をした夜に長良川の鵜飼を見ており、この経験は自伝小説『篝火』にも登場している。川端康成と初恋の人との書簡が見つかったことがニュースとなり世間をにぎわしていた時期と会期が重なり、手紙の一部が展示で見られたことも観覧者の増加につながった。このように、企画にあたり「旬のテーマ」を盛り込むことも意識している。ほかにも、国の重要無形民俗文化財の指定を受けた際はそれに関連した展示をし、織田信長が岐阜城に居城して四五〇年を祝う年には、鵜飼を初めて「おもてなし」として活用した織田信長にまつわる展示なども企画した。いずれも多くの人びとが興味を持ちやすいテーマから入って鵜飼の魅力を知ってもらえるように工夫している。表にもあるとおり、特別展示は民俗・美術・自然・歴史・工芸・写真・文学などさまざまな分野に関わる多くのテーマを、多様な手法で企画したものである。観光だけではわかり得ない鵜飼の魅力や、漁だけではない広い意味での鵜飼文化に触れられる展示を目指している（図②-1）。長い年月受け継がれてきた伝統文化や技術は、多くの人がかかわり、多くの人を魅了してきた。長良川の鵜飼には一三〇〇年以上の歴史とその間に蓄積されてきた技術がある。これからも長良川うかいミュージアムは、この伝統を伝え、護り、広める使命を果たしていきたい。

図② -1　2022 年 9 ～ 12 月に開催した特別展示のポスター

第二部　近代から現代

第一三章　近代漁業制度と鵜飼
――長良川鵜飼における皇室の保護とその意義

大塚清史

一、現代における長良川鵜飼

本章は、明治維新以後の鵜飼保護に関する諸政策のなかで、とくに漁業制度に着目して検討することで、皇室による鵜飼の保護とその意義について明らかにするものである。まず、以下では筆者がなぜこのような問題意識をもつかを説明する。

現在、長良川の鵜匠九名は宮内庁式部職の非常勤国家公務員として鵜飼漁に従事していることは周知のことである。同庁ホームページでは御料鵜飼について皇室の保護のもとおこなわれ、その経緯は江戸時代尾張徳川家の保護を受けて継続していたものが、明治維新により失われ消滅の危機に瀕した際、ときの岐阜県知事の要請により長良川の三か所に御猟場を設置し、ひきつづき御料鵜飼として鵜飼漁をおこなうと紹介されている。さらに、現在では駐日外国大使夫妻などを招待し、日本の伝統文化を紹介する場でもあると記されている。この御料鵜飼は年八回開催するのが通例で（ただし天候、河川状況により中止もある）、駐日外国大使夫妻などの招待はその内二回、これを本御料とよび、そのほかを平御料とよぶ。いずれも岐阜市長良の鵜匠は岐阜市古津の禁漁区から、関市小瀬の鵜匠は通常の鵜飼漁開始場所のやや上流から漁を開始し、捕獲した鮎は皇室へと送られる。

一方、一定の水面において特定の漁業を営むためには都道府県知事の許可が必要であり、鵜匠がおこなう鵜飼漁も岐阜県知事の「う飼漁法」許可により法令に定められた条件のもとおこなわれている。つまり「う飼漁法」の漁業権を所有していなければ宮内庁の鵜匠にも就任できないのであるが、この点について岐阜県漁業調整規則（令和二年一二月一日規則第一一〇号）の関係条文は以下のとおりとなっている。

第三十二条　次に掲げる漁具又は漁法によって水産動物を採捕しようとする者は、漁具又は漁法ごとに知事の許可を受けなければならない。

（一～八　略）

九　う飼漁法

（一〇～一六　略）

２　前項（第九号に係る部分を除く。）の規定は、次に掲げる場合には適用しない。

（一　略）

二　漁業権又は組合員行使権を有する者がこれらの権利に基づいて採捕する場合

三　法第百七十条第一項の遊漁規則に基づいて採捕する場合

右条文では、「う飼漁法」は知事許可の漁法であり、漁業協同組合が管理する共同漁業権および組合員以外の者が採捕する遊漁の対象外としている。そのため許可条件をつぎのように定めている。

第三十三条　前条第一項第九号に掲げる漁法につき知事が採捕の許可をすることができる者の数は、九人以下とし、その使用する船舶の数は、一人につき一そうとする。

2　前項の採捕の許可は、優先順位によってする。

3　第一項の採捕の許可の優先順位は、次の順序による。

一　その申請に係るう飼漁法により採捕する区域において経験がある者

二　前号に掲げる者以外の者

4　前項の規定により採捕の許可をする者を定めることができないときは、知事は、次に掲げる事項を勘案して採捕の許可をする者を定めるものとする。

一　当該採捕する区域におけるう飼漁法の経験の程度

二　う飼漁法にその者の経済が依存する程度

つまり、「う飼漁法」は岐阜県内で九人九艘が限度の定数漁業で、選定は漁をする区域において鵜飼漁の経験や経済的に依存する者が優先される。鵜匠は一般的に世襲とされ、鵜匠家に生まれた男子は鵜の世話を幼少よりおこない、青年に達すれば宮内庁式部職鵜匠補として鵜匠とともに鵜飼船に乗って鵜飼漁に従事し、その技術を習得していく。したがって当条文は実質的に長良六名、小瀬三名の鵜匠による「う飼漁法」の漁業権継承を保障し、他者の参入を排除したものといえる。

さらに、第三五条では鮎を採捕する禁止期間として一月一日から五月一〇日までを定め、第三七条では「う飼漁法」の禁止期間を一〇月一六日から翌年五月一〇日までとする。そのため長良川の鵜飼は毎年五月一一日に始まり、一〇月一五日に終わる。鵜飼漁が可能な区域は第三九条において①長良川の全水面と、支流合流部からそれぞれ②板取川の美濃市面平小倉用水堰まで、③武芸川の関市武芸川町跡部山県用水堰まで、④津保川の関市小屋名山田用水堰までとしており、これは堰が鵜飼船の通航の妨げとなるためである。また、鵜の餌飼はこの限りでないが三月一五日から五月一〇日までは禁止期間と定めている。餌飼とは鵜の飼育のため中小河川などへ鵜を運び、魚を獲らせることで、禁止期間は稚鮎の遡上時期にあたる。そのためこの期間は陸餌飼と称して餌飼車に鵜を乗せ、陸路規制対象外の池や用水に出かけていた。餌飼は昭和三〇年代終わりまでおこなっていたが、現在は冷凍魚などの給餌に替わり実施していない。また、鵜飼漁の範囲は現在御料鵜飼など特別な漁を除き、長良鵜匠は岐阜市鵜飼い大橋から長良橋まで、小瀬鵜匠は関市鮎の瀬橋から上流約六〇〇メートルまでの限られた区域で観覧船を対象におこない、漁獲量を確保するため広範囲に漁場を移動することはない。しかしながら、これらの権利は従来通り維持しているといえる。

くわえて、水産動物を採捕する禁止区域を定めた第四〇条では、戦前宮内省の御猟場に指定されていた岐阜市古津と美濃市立花を全魚種終年採捕禁止と定める一方、第四四条で「試験研究、教育実習、増養殖用の種苗（種卵を含む。）の供給（自給を含む。）又は御料う飼その他特別観覧に供するためのう飼漁法（以下この条文において「試験研究等」という。）のための水産動物の採捕について知事の許可を受けた者が行う当該試験研究等については、適用しない。」という除外規定を設けている。これに基づき、さきに述べた御料鵜飼は宮内庁式部官長が岐阜県知事に宛て特別採捕許可申請書を提出し、その許可を得て長良鵜匠が古津禁漁区で開催している。

このように現行の長良川鵜飼に関する制度を概観すると、鵜匠、鵜飼漁および御料鵜飼に関する権利は岐阜県の漁業調整規則で保護されているといえよう。では冒頭に紹介した「皇室の保護」とは具体的に何を指すのであろうか。この点について伊東久之は「宮内庁式部職鵜匠であることはよく知られている。しかし、その中身については、単なる肩書きか格式かのように思われており、その職務内容はあまり知られていない。」とし、御料鵜飼による鮎貢進が「禁裏供御人の姿を今に引き継ぎ、現代的に組み直したもの」であり、「庇護を受けるということは、その伝統を守ることが義務づけられたということでもある」として、長良川鵜飼の技術伝承の精緻さ、鵜匠の地位にふさわしい格式の高さをあげた（伊東 二〇〇七：三一五）。これは現代の視点に立てば、皇室の御料鵜飼のもたらす意義を包括的に指摘したものである。しかしながら、江戸時代鮎鮨貢進のため幕府・尾張藩の庇護を受けていた鵜匠制度が、明治維新により近代法治国家へと転じるにあたり、従来の権利が容易に継承され今日に至ったとは考えにくい。むしろ当初は旧体制の特権的制度として否定的でさえあったものが、明治三四（一九〇一）年、日本の漁業取締の基本的枠組みを定めた漁業法公布に基づく岐阜県漁業取締規則制定までに、どのような経緯をたどり、また皇室がどのように関係したかを明らかにしたい。

二、明治初期における漁業政策とその転換

二-一、幕藩体制解体後の改革と鵜匠の困窮

明治四（一八七一）年の廃藩置県による藩の廃止、同六年地租改正法と地租改正条例による地租の金納、同七年太政官布告第一二〇号による官有地に「河」の明記と地所貸渡の際の借地料および区入費徴収、翌年の太政官布告第一九五号による海面を区画し捕魚採藻をおこなう者に対する借用願提出の義務付けなど、政府は一連の改革により従来の権利を廃して河川を官有化し、その水面を利用しようとする者には貸出の上対価を金銭で徴収することとした。そして同九年太政官達第七四号にて各地方に於て府県税を課し、従来の慣習に従った営業取締を達している。

かかる改革を受け、鵜匠は鵜飼漁の権利を維持するため同六年一名につき年一〇両の冥加金を納める旨岐阜県庁に出願して認められ、翌七年には冥加金を廃して鵜飼税二円五〇銭と改定された。一方、鵜飼漁以外の川漁の取り扱いについて岐阜県令長谷部恕連は、同六年八月二八日租税頭陸奥宗光に宛て長良・揖斐・郡上の三川における魚漁の利益が少なくないにもかかわらず、統一的な課税がなされていないため「不公平ナルノミナラス、時トシテ争論ヲ生シ候」状況であることから、取締鑑札を発行し、有税の者は従前通り、無税の者は鑑札一枚に付き年額五銭の税を課す伺いを発出し、九月一二日に「長良川外二川魚漁稼之儀、追而一般之税額御確定迠ハ申立通可取計事」との認可を受けた。*1 この政策は漁業者に納税義務を課すことで税収の増加を図るとともに、等しく徴税することで「不公平」を是

正するものである。そして、この「不公平」には納税義務の有無のほか、漁業者の漁法の権利も含まれていた。

この点について筧真理子は長良鵜匠山下家所蔵文書をもとにその実態を詳らかにしている。たとえば同六年中猟（網漁）を例年より早く開始した中真福寺村（現、岐阜市）安藤儀兵衛等と、それを鵜漁の妨害とした長良鵜匠との間で起こった時節違中猟差止の争論で、安藤は漁税を納付している以上「鵜匠より何漁ニても差障り候筋無之」「如何成大業之漁ニても勝手侭奉取計」と公言した。[*2] この訴訟は示談となったが、翌年同様に時節違中猟をおこなっていた芥見村、日野村（いずれも現、岐阜市）の漁業者について長良鵜匠が戸長へ延引を頼談したところ「新漁御免許相成候付難差延」と断られ、さらに小瀬鵜匠は近年小瀬から上流の曽代村（現、美濃市）に至る川筋で張出網が設置され、鵜飼漁の際鵜が網にかかり死鳥になる恐れがあるとして村々に差止を頼談したところ「如何様仕候ても不苦敷彼是差障ケ間敷申答候ハヽ、其方共差扣可申」[*3] と取り合わなかった。また、新規鵜漁を企てるものもあらわれ、同一〇年には鵜飼船の数が一八艘にまで増え、長良鵜匠は相互扶助の組合を設立、新規鵜漁参入者の不認可を数度にわたり県庁、郡役所に請願している（筧 二〇〇七：二二七―二二八）。同一四年の「町村略誌」によれば、争論となった芥見村の漁業者は一一人、日野村一四人を数え、その県税収入は同九年全県で「鵜遣」九六円二五銭に対し、「漁業」は四三四円八二銭五厘と約四・五倍の差があった。[*4] かかる徴税による魚漁取締は、従来優先的におこなっていた鵜飼漁の慣行にほかの漁業者が異を唱え苦慮するとともに、鵜飼漁への新規参入をも許すものであった。くわえて、鵜匠家の経営は苦しく、同一四年の豊漁時で長良鵜匠七軒あわせて一九〇〇円の黒字であったが、不安定な漁獲や不測の出費などをしのぎ専業で生活を維持していくには困難が多く、県による保護は必要不可欠であった（筧二〇〇七：二三二）。

つまり、従来幕府・尾張藩により認められていた鵜飼漁とその優先的な漁業権に対し、岐阜県は政府の旧慣維持の方針に基づいて鵜飼漁は認可したものの、鵜飼漁に差障りのある漁法を規制するような優先的な権利は公認されず、くわえて、給金支給による経済的支援を失った結果、従来から鵜飼漁を生業としていた鵜匠は早々に活計が立ち行かなくなったといえよう。

一方、慣習により規制されていた漁期や禁漁区域が消滅したことで乱獲が起こり、岐阜県は漁業資源保護の必要性に迫られた。そのため同一三年より魚族滋殖のため漁法や漁期を制限する布達を矢継ぎ早に発布し、同一八年甲第一三号布達にてそれら個別に出した内容を取り纏めた。その際、須原村（現、美濃市）須原神社前から墨俣村（現、大垣市）渡船場までの区間において毎年五月一三日から一〇月三一日まで中猟網・長縄釣・手投網・張網・タモ網・ホリ網による漁業を禁ずる（ただし手投網以下は夜間に限る）制限を新たにくわえている。当規制内容は、同一三年「長良川鵜飼保護方之儀ニ付上申」として岐阜県が内務省に申請し認可されたが実施を見合わせ、改めて同一七年に提出した「鵜飼保護ノ為メ漁業禁止之儀伺」で認可された規制内容と類似しており、その理由は鵜飼漁に対する妨害、不漁などによる鵜飼漁継続困難への対処であった。

二－二、鵜飼保護に向けた方針転換

かかる鵜飼保護へ向けた岐阜県の方針転換は、明治天皇の明治一一（一八七八）年北陸東海両道の諸県御巡幸および同一三年の京都府ならびに山梨三重二県御巡幸が契機ではないかと従来から考えられてきた。同一一年では一〇月二三日岐阜行在所（現、岐阜市本願寺岐阜別院）に駐輦になり、同所では管内著名物産として美濃紙、養老酒などとともに長良川産「鮎アルコール漬」の陳列がおこなわれ、乙夜の覧に『美濃奇観』（上下二巻）が供された。本書は小瀬村（現、関市）三浦千春の著作で上巻は鵜飼と鮎鮨、稲葉山など、下巻は養老瀧と養老酒、多芸の行宮址など、美濃地方の名所と物産を解説した書である。とくに鵜飼は「鵜を使ふ図」「鵜匠手縄持たる図」など彩色図版を多数挿入し、鵜飼漁の伝統技術を詳述している点が注目される。また、翌二四日夜には右大臣岩倉具視等非番の官員などが鵜飼を見物し「少々時節後れたれども十分捕獲あり。直に行在所へ差上ぐ。実に愉快なる見物なり」[*5]との所感を残している。同一三年には六月二九日に多治見行在所（現、多治見市御幸町）に駐輦すると、内膳課に養老酒の購入を命じ、翌日には侍従富小路敬直を長良川に遣わし鮎を捕るため鵜飼漁をおこなった。翌日名古屋行在所に届けられた鮎は官員、兵にまで頒ち、同じく届けられた養老酒を飲まれている。

このような経緯から明治天皇が長良川の鮎を好んだことは推測できるが、国が岐阜県に対して鵜飼保護政策の働きかけを示す史料は管見の限り見当たらない。その後同一九年国の漁業組合準則公布を受け、捕魚採藻の季節を定め、漁具漁法および採藻に制限をくわえるため、長良川中流域須原村（現、美濃市）から穂積村（現、瑞穂市）まで六八か村を地区に一二種の漁法をおこなう漁業者全員により長良漁業組合が設立され県の認可を受けた。その規約第四条一項で鵜飼は「一夜中再度以上漁業セサルモノトス、但餌飼ハ此限ニアラス」[*6]とし、二項大網以下一三項鮎掛針までの全漁法中、鮎掛針を終年禁漁にするほかは、すべてほかの漁業者通過（実質的に鵜飼漁）の際は同時に漁をすることを禁止、または漁具取除きと定め、鵜飼漁優先が規定された。くわえて中猟網、夜川網、火振網、友釣は漁の開始時期を併せて定め魚族滋殖を図っている。しかし、鵜匠は一夜一度の狩下り限定のため、不漁の場合再度上流にのぼり漁をすることができず漁獲量確保の点で不利であった。また、ほかの漁業者と同時に漁をすることを禁ずる規定も、先の甲第一三号布達で鵜飼期間中禁漁（一部夜間のみ）との規定に比して制限を緩和している。一方で餌飼を除くの但し書きは、そもそも鮎が減少してほかの漁業者の多くが休漁する冬季であり、利害衝突の恐れが少ないため認めたと思われる。このように当規約は鵜匠とほかの漁業者と共存を図る内容であり、その視点に立てば優先規定も鵜飼漁の安全な実施を担保するものと評価できよう。

三、長良川筋御猟場設置の経緯

前節で触れたように、岐阜県では鵜飼保護のためほかの漁法に制限をくわえようとしたが、江戸時代のような一方的な制止は難しく、共存を図るものとなっていた。そのためより強い保護政策を考究し、長良川筋を宮内省御猟場に指定し鵜匠を宮内省主猟局に所属させ、鮎を皇室へ納める立案をおこなったようである。明治二三（一八九〇）年二月一七日岐阜県知事が宮内大臣に宛てた「長良川鵜飼ノ義ニ付申請」では、古代の遺業漸次衰廃することを鵜匠はじめ有志者挙って概歎し、「古来の遺業御保存」のため鵜飼漁業の区域である須原谷村（現、美濃市）より穂積村までを御猟場に編入し、鵜匠を主猟局に所属させることで鵜匠の幸福栄誉、鵜飼漁の保護が図られると説いている。

そもそも御猟場とは、皇室の狩猟場として同一四年千葉県習志野原の陸軍省管轄地に聖上御遊猟場を指定したのが最初である。指定区域は宮内省が関係する省と協議の上決定し、あらかじめ住民の意向を確認した上で国から府県へ指定区域内狩猟禁止の指令が出され、それを受けて府県は布達により公衆の狩猟を禁止した。つまり岐阜県の当申請が認可されれば、鵜飼漁の区域として記載した長良川中流全域は終年禁漁となり、仮に鵜匠が宮内省所属となっても皇室の命による御用漁以外は捕魚できないことになる。[*7]岐阜県は鵜飼期間中の禁漁強化を期待したのかもしれないが、御猟場指定による規制はほかの漁業者のみならず鵜匠にも不利益をもたらす恐れがあった。そのためか、県は六月二一日御猟場指定箇所を嵩田村（現、郡上市）など、瀬尻村（現、関市）など、藍見村（現、美濃市）などの三か所に限り、改めて「長良川鵜飼ノ義ニ付申請」を宮内大臣に提出している。主管する主猟局ではこれを受けて実地検分を実施し、岐阜県は指摘により申請場所が漁業に不適当と思料して再度三か所の候補地を八月二三日に提出した。これが御猟場指定を受けた区域、すなわち嵩田（嵩田村、大原村：現、郡上市）、立花（安曽野村、須原谷村：現、美濃市）、古津（古津村、日野村：現、岐阜市）の三御猟場である。このように主猟局は区域の指定にあたり好漁場を重視したようである。実際、これらの区域は同一二年長良鵜匠宗代《(ママ)》二名が岐阜県令の求めに応じて回答した「御尋ニ附」（山下家文書）で、嵩田御猟場を含む高原村（現、郡上市）より河和村（現、美濃市）の区間、立花御猟場を含む立花村大瀧瀬より寺瀬（現、美濃市）までの区間、古津御猟場の古津村地先いずれもが鮎魚遊行至極の場所で、六月から九月中旬まで禁漁とすれば魚を多く残すことができると提案しており、漁獲量とともに終年禁漁は魚族滋殖にも資する見込みであった。[*8]

このように府県が御猟場設置を宮内省に願いでることは、茨城県の仙波湖御猟場（現、水戸市）に前例をみることができる。当御猟場は同一六年茨城県令の上申により指定されたもので、偕楽園に隣接する景勝地仙波湖が、江戸時代魚鳥禁猟であったものの明治に入り納税を条件に解禁となるや乱獲がたたり魚鳥が減少し、湖面を雑草が覆い水量も減少して壮観を失するのみならず、湖水を利用した灌漑にも影響がでたため、千葉県などの例により御遊猟場に定め、古蹟を永く保存するとともに公園の覧眺の勝、灌漑水利の便を保全することが目的であった。この上申に対し香川宮内少輔は返書で「千葉県下ノ振合ニヨリ、聖上御遊猟場ト御定之上断然魚鳥猟禁止相成度旨、縷ヽ御意見御申越之趣、委曲拝承仕候、右者至極御尤之義ト存候」[*9]と合意している。つまり、御猟場の指定は皇室の狩猟を目的としたものであるが、それにともなう区域内狩猟禁止によって伝統文化や資源の保護継承に援用できることを国や地方は認識したといえる。岐阜県における長良川筋御猟場指定の申請は、この前例を参考にしたのであろう。ただし、当初長良川中流域の鵜飼漁をおこなう全区域指定を目論んだものの、結果として三か所合計約一四七一間（約二・七キロメートル）に留まった。当区域指定にあたり岐阜県知事は、地元諸村はいささかの差し支えもないばかりか村長はじめ「満足」を表明していると主猟局へ報告している。この満足とは、指定による栄誉であれば広域の方がより高まるものであろうが、実際にはきわめて限定した点を考慮すれば、地元漁業者との指定区域調整の結果による所感とみていいだろう。

四、長良川筋御猟場の特殊性と岐阜県漁業取締規則

四－一、長良川筋御猟場規則の制定

明治二三（一八九〇）年一二月一九日、内務大臣西郷従道、農商務大臣陸奥宗光連名により「其県下美濃国長良川筋ニ於テ別紙絵図面ノ場所今般御漁場ト被相定候条、自今右区域内ニ於テ人民ノ漁業ヲ禁止スベシ」[*10]との訓令が岐阜県へ発せられた。二六日には宮内大臣より内閣総理大臣へ御猟場設置の報告がおこなわれ、明治天皇にも奏上されている。これを受け岐阜県は二七日「県下美濃国長良川筋左記ノ場所今般御猟場ト被相定候条、自今該区域内ニ於テ人

民ノ漁業ヲ禁ス（下略）」[*11]との布達を出している。宮内省主猟局では、この長良川筋三か所を「鮎御猟場」として名称を長良川筋御猟場と定め、翌年五月六日長良川筋御猟場規則を制定した。同規則第三条では監守長（一名）、監守（各区一名）の配置、第四条で金華山（現、岐阜市）ならびに古城山小倉山（現、美濃市）御料林の枯損松樹を篝用として鵜匠へ無代価下渡を定めている。監守長、監守はほかの御猟場でも配置する職員で、服務規程で監守長は主猟局長の指揮を受け御猟場内の事務および監守、鵜匠小頭、鵜匠を監督するほか、三名の監守とともに場内の巡検、漁業期間中の景況報告、犯罪者取締りと警察署への告発などを職務とし、監守は監守長の指揮を受け場内の巡検、景況報告、犯罪者取締りなどにあたった。ただし、ほかの御猟場では有給であるのに対し、平時の手当金や旅費は支給せず、御猟にかかる随行、出張、宿泊についてのみ支給する定員外無給の扱いである。これは岐阜県知事が申請の際、俸給などの支給は必要なく、管外出張の際のみ実費支給を申しでたためである。また、枯損松樹鵜匠下渡も同様の申し出によるものであった。

鵜匠については服務規程で「鵜匠小頭并鵜匠心得」としてつぎの三条が定められた。

第一条　　鵜匠小頭ハ監守長監守ノ命令ニ随ヒ鵜匠ヲ指揮スヘシ
第二条　　鵜匠ハ古代ノ遺業ヲ継続シ各所散在ノ鵜匠互ニ親睦団結シ漁業ヲ励精スヘシ
第三条　　平時手当金ヲ支給セスト雖トモ御用ニ付漁業ニ従事スルトキハ相当ノ手当金ヲ給スヘシ[*12]

右記のとおり、鵜匠の職務は古代の遺業を継続することであり、いいかえれば遺業を継続する者が鵜匠となる。そして監守長、監守同様知事の申請により平時手当金の支給はなかった。[*13]これに基づき鵜匠に山下光太郎ほか一一名が任じられ、うち長良鵜匠山下九平、小瀬鵜匠足立榮次が鵜匠小頭に任じられている。

四－二、御猟場と既存制度との整合性

このようにして設置した長良川筋御猟場であるが、既存の制度との整合性が後日問題となった。まず、前出の岐阜県宛禁漁区設置の訓令では、御猟場を「御漁場」と表記しているが、同二四年二月それに気づいた主猟局長は訓令文を作成した農務局長に宛て、捕魚の場所であるから「漁」の字は至当であるが、当省においては捕獲物の種類にかかわらず「御猟場」と記載しているので「猟」の字に改められないか照会した。その結果、農務局は岐阜県へ「猟」の字に改めるよう通牒を出している。そもそも漁猟を目的に河川の水面を御猟場に指定するのは当御猟場が初めてで、その後も明治四三（一九一〇）年指定の神通川筋御猟場[*14]の例があるだけであった。

また、御猟場に鵜匠小頭、鵜匠をおくのは当御猟場独自の制度であったが、宮内省内における身分は「全ク漁夫ニシテ別段身分取扱ヲ要セサル他ノ御猟場ニ於テ見回ト称シ候者同様ノ義[*15]」であるとして、ほかの御猟場で雑役に従事する見回にかえて鮎漁に従事する主猟局雇用の雑仕扱い[*16]であった。同三六年、各御猟場ごとに定めていた御猟場規則や、規則自体がない御猟場のために統一した御猟場規則を定めようとした際、この鵜匠小頭、鵜匠が問題となった。当初統一した御猟場規則のもと、必要に応じて各御猟場の細則を定める方針であったが、その案が作成されたのは長良川筋御猟場のみで、規則は「狩猟」を規定するのに対し、細則案は「鵜飼ヲ以鮎漁ヲ執行」することを規定し、その従事者に鵜匠をおくこと、漁服を着用することなどを定めるものであった。その後局内で再検討の結果、同三八年宮内大臣が認可した御猟場規則は「狩猟又ハ漁猟スル者」と規定し、鵜匠に関する固有の事項は別に定める御猟場職員職務章程に含むこととし、その第一条に「各御猟場ニ監守長一名、各区ニ監守見回又ハ鵜匠小頭鵜匠若干名ヲ置キ（下略）」と雑仕ながら御猟場職員として明記された。さらに監守長の定員外無給扱いも、当初の状況と異なる事情もあるとして、同三七年定員内有給に改められている。

このように長良川筋御猟場は成立当初、指定区域、設置目的、職制と職務、俸給などの制度がほかの御猟場と異な

る特殊な例であり、全御猟場の制度を統一するにあたり課題となったが、鵜匠が鵜飼をもって鮎漁を執行し、捕獲した鮎を皇室に送る形態は堅持された。このような例外を許容し得たのは、古代の遺業継続のみならず鮎御猟場としての重要性のためであろう。

一方、国においても従来各府県の布告による漁業取締の統一を図るため、同三四年新たに漁業法を制定した。これを受けて岐阜県は同年漁業取締規則を定めている。当規則第三三条では長良川筋以外での鵜飼漁禁止、第三四条で長良川の嵩田村より糸貫川合流（現、瑞穂市）までの区間において、五月一一日から八月三一日まで中猟網、五月一一日から一〇月一五日まで魚簗、張網、長縄針を禁止した。この区間は従来からの長良、小瀬鵜匠の漁業区域であり、規制は本章二‐二で触れた長良漁業組合規約第四条と比較して一夜中再度の鵜飼漁禁止が削除され、他漁業者通過の際の同時漁業禁止にかわり鵜飼期間中の禁止漁法を定めている点、鵜飼漁優先の規則となっている。また、新たに第三条にて鵜飼漁業は知事の許可を要し、第一八条で「鵜飼漁業者八十二人以下トシ其ノ使用スル舟ハ一人一艘ニ限ル」と定めた。つまり、鵜飼漁は知事の許可漁業で、その人数は当時の長良鵜匠七人、小瀬鵜匠五人合計一二人の定数漁業としたのである。本章四‐一でみたように鵜匠は宮内省においては長良川筋御猟場で漁業に励精し、古代の遺業を継続することを心得とした。漁業取締規則の当条文は、御猟場指定を受け、鵜匠の職務と心得を、鵜飼漁業者として法的に権利を保障するとともに、ほかの漁法を制限することによって鵜飼漁を保護したといえよう。

五、漁業制度と皇室保護

以上、明治維新時から明治三〇年代にかけて鵜飼に関する漁業制度と皇室のかかわりを概観した。そのなかで直接的に皇室と関係する法令は長良川筋御猟場指定にかかる人民の禁漁を定めた明治二三（一八九〇）年の国の訓令とそれを受けた岐阜県の布達だけである。御猟場は、その指定過程でわかるとおり独自の法律に基づくものでなく、国が公衆の禁猟（漁）区域を指令した上で宮内省が御猟場に指定し、同省が定める規則やそれに基づく章程により管理する制度である。したがって、長良川筋においても宮内省の規則が及ぶ範囲は指定区域を超えるものではない。御猟場以外での漁業は当然河川の管理者である岐阜県が国の認可を得て定める法令により管理した。明治初期の岐阜県の漁業政策は明治天皇御巡幸による鵜飼漁の鮎献上を契機に鵜飼漁の優先的な法令整備を進めるも、地元漁業者と共存を図るものとなり、それは御猟場指定区域選定にあたっても同じことであった。その目論見がようやく達せられるのは、御猟場指定後の漁業取締規則制定によってである。

以上の点から、皇室による鵜飼漁の保護でもっとも実質的であるのは、鵜匠を宮内省に所属させ古代の遺業を継続することを心得としたことであろう。それを根拠に岐阜県は漁業取締規則で古代の遺業を継続すべき鵜飼漁業者を知事許可漁業かつ定数漁業に定めたと考えられる。第一節で述べたとおり、現在の岐阜県漁業調整規則でもこの二点は「水産物採捕の許可」と「う飼漁法の許可の特例」として維持され、その定数も九人以下と現在の宮内庁式部職鵜匠の人数と一致させている。一方、ほかの漁法を制限する鵜飼漁優先の条文はないのである。そして、これは伊東久之のいう「伝統を守ることが義務付けられた」ことによる技術伝承の精緻さ、格式につながるものであり、ひいては皇室による保護の本質であるといえるのではなかろうか。

では第二次世界大戦後御猟場の制度が廃止されたにもかかわらず、なぜ御料鵜飼として継続されたかが疑問となろう。大正二（一九一三）年帝室林野管理局の照会に対する主猟寮の回答において、長良川筋御猟場は「全国中他ニ求ムル可カラサル特殊ノ御猟場ニ付本寮ニ於テハ最モ重キヲ置候」[*17]と位置づけている。特殊であるからこそ戦後も形を変えて継続し得たと考えられるが、この点は別稿に改めたい。

【注釈】

＊1　「長良川外二川魚漁取締之儀ニ付伺」『岐阜県史料三九　諸官省へ建言幷伺書刊本書写共』国立公文書館蔵。

＊2　「乍恐御答旁御歎願奉申上候」（岐阜市教育委員会 二〇〇七：二四八）。
＊3　「乍恐以書付歎願奉申上候」（岐阜市教育委員会 二〇〇七：二四九）。
＊4　岐阜県（一八七七：六八）。
＊5　岐阜県（一九二五：一五一―一五二）。
＊6　「長良漁業組合規約」（岐阜市教育委員会 二〇〇七：二五五）。
＊7　たとえば大正一五（一九二六）年八月小瀬鵜匠が平時の鵜飼漁のため立花御猟場内を通過中、鵜を川に入れた所を巡査に現認され、関警察署より科料を課されている。
＊8　漁獲量確保、魚族滋殖に対する施策は御猟場設置以降も続けられた。明治三二（一八九九）年古津御猟場が水流の変化により寄洲を生じ魚族の棲息する流域が狭隘になったとして、下流側に二五〇間延長した。同様の理由で同三五年立花御猟場を上流側へ約二一〇間延長している。
＊9　御猟場掛『猟場録　明治一六年』第三号内　一八八三年　宮内公文書館蔵。
＊10　農第五二九四号「命令指令（農商部）」八四　岐阜県歴史資料館蔵。
＊11　岐阜県令第六一号「岐阜県管内布達」岐阜県歴史資料館蔵。
＊12　主猟局『例規録』明治二四年　第六号　宮内公文書館蔵。
＊13　ただし明治二八（一八九五）年より主猟局では鵜匠が近年内情困難であるとの事から、手当金として鵜匠小頭年額二五円、鵜匠年額二〇円の支給を開始している。
＊14　神通川流域三か所（第一区：現、富山市笹津周辺、第二区：現、富山市新保周辺、第三区：現、富山市有沢周辺）に鮎、鮭、鱒の御猟場として、富山県知事の申請により設置。ホリ網、テンカラ網、流網、刺網、竿釣などの漁法で地元漁師が捕獲し、手当金は富山上新川婦負水産組合が受領した。
＊15　一二月一日上請按（主猟局『例規録』明治二三年　宮内公文書館蔵）。
＊16　雑仕の職種は、鵜匠小頭、鵜匠、猟場見回のほか、写字生、鳥養人、犬養人が定められていた（明治四五年「主猟寮雑仕小者ニ関スル規則」主猟寮『例規録』明治四五年・大正元年　宮内公文書館蔵）。

＊17　猟甲第七七号（主猟寮『猟場録』大正二年　宮内公文書館蔵）。

第一四章　生業としての鵜飼

——江の川流域における鵜飼漁

葉杖哲也

一、生業としての鵜飼への二つの考え方

鵜飼は古墳時代にはすでにおこなわれていた長い歴史をもつ漁法である。これが存立・継続した基盤については、大きく分けて二つの考え方がある。

ひとつは、かつて鵜飼が日本各地一五〇か所以上でおこなわれていたのは「鵜飼は漁業だったから」（可児一九六六：一二）という視点である。すなわち、鵜飼は漁獲効率が高く、生業として存立可能だったという考え方である。もうひとつは、「もっぱら川魚を獲物として、冬は鯉・鮒、夏は鮎猟を中心としたが、経済的には、漁網などを用いる漁法の進歩にくらべて、漁獲高では対抗できないので、鵜飼は勝れた技術の練磨を鑑賞する興趣本位の遊猟として維持存続されることになった」（国史大辞典編集委員会 一九八〇：四二）という指摘に代表される視点である。すなわち、漁業としての鵜飼の存在を認めつつも、その生産性を低く捉え、貴族階級・有力な武士勢力といった社会の支配的な層と結びつき、その庇護のもとで存立したという考え方である。後者の事例としては、支配者層に淡水魚を提供することを前提に、さまざまな保護を受けていた例や、支配者層から鑑札や許可を得て鵜飼漁をおこなってい

た例がある。

ことに、支配者あるいは庇護者との結びつきについては次のような変遷がうかがえる。古代においては『古事記』や『日本書紀』に記された阿陀（阿太）鵜飼部の記述を嚆矢とし、律令制下では大膳職所属の品部のひとつに、さらに平安朝には前代の系統を引き継ぎつつ御厨子所に属していたように、鵜飼は職制を変えながらも宮廷と結びついて継続していたことが認められる。中世に入っても引き続き宮廷もしくは公家社会と結びつきながらも、時代の変化にともない武家社会との結びつきを強めていく。

ただ、さきに記した二つの考え方について、鵜飼漁の実態に即して具体的に検証されたものは断片的に確認できる程度である。そこで、本章では江の川中流域における三次鵜飼の報告および聞き書き記録のなかから、鵜飼漁がおこなわれていた一九五〇年以前の状況と、観光鵜飼ではあるが、なお漁業としての性格を色濃く残していた一九七〇年代前半以前の鵜飼漁の様相を復元する。そして、この成果を踏まえながら、漁の効率性を検討し、三次地域で生業としての鵜飼が長年続けられてきた要因についても考えてみたい。

二、三次鵜飼について

二－一、三次鵜飼の漁場環境

三次鵜飼は、広島県域の江の川中流域にあたる三次市粟屋町落岩を拠点とし、主にアユを対象とし、晩春から晩秋にかけて夜間に繋ぎの舟鵜飼としておこなわれてきた。伝承も含めると中世末以前に起源があるとされ、以来途絶えることなく継承されてきたとみられる伝統的な漁法で、現在は観光鵜飼として存続している。

江の川は、広島県山県郡北広島町阿佐山を水源とし、島根県江津市江津で日本海にそそぐ、総延長約一九四キロメートルの中国地方最大の河川である。鵜飼がおこなわれる場所の河況は、可児藤吉の分類（可児　一九四四）でいえば、おおむね中流型（Bb型）であり、三次市三次町市街地付近で西城川、馬洗川、可愛川の主要三支川が合流するあたりでは一部に下流型（Bc型）を示す箇所さえ存在する。さらに合流点から約三キロメートル下流からは、通称江の川関門とよばれる先行谷の部分に入り、河川型は再び中流型を示すが、瀬では両岸および河川中に一メートル以上の岩が多数存在する渓流的な様相を示す箇所も少なくない。三次鵜飼はこのような複雑な河況を含んだ、拠点から上流側約一〇キロメートル、下流側約三〇キロメートルを出漁範囲としてきた。この操業範囲の河況は、ほかの鵜飼実施場所でみられる礫を主体とする河況とは異なる箇所が多い。

二―二、三次鵜飼の歴史的変遷

近代以前の変遷

三次鵜飼の起源は明らかではないが、地元では、戦国時代末期に毛利氏に敗れた尼子氏の落武者が始めた徒歩鵜飼がその起源という伝承が残る。また、江戸時代に広島藩が地誌編纂のため、領内の町・村の状況を提出させた「国郡志 御用ニ付下調書出帳」のひとつである『三次町国郡誌（吉岡家本）』（個人蔵）（以下『国郡誌』とする）には、近世以前の鵜飼を「一説に古ハ綱を長くして舩は使わず、川辺より一人壱羽ずつ持壱人りが松明を燈じ居り申候由、是れ最初之由にも御座候。其後便利を考へ舩に乗り、松明を調ゑ鵜業仕候儀に御座候（かつて鵜飼は舟を使わず、長い綱をつけた鵜を一人一羽ずつ持ち、一人が松明を灯して川辺から徒歩鵜飼をしたのが初めだという。そののち便利を考えて舟に乗り、松明を整えて鵜飼をするようになった）」（巻之一　鵜飼之事、括弧内は引用者、以下同）とある。伝承と『国郡誌』は共通点が多く、三次鵜飼の始まりは近世以前に夜間の徒歩鵜飼として始められ、近世までには舟鵜飼へと変わっていったと考えられる。

近世に入ると、一七世紀中ごろに三次藩初代藩主浅野長治が、幅広の舟に多数の鵜匠が乗っておこなっていた鵜飼を、現在の形に近い鵜舟や漁具、漁法へと改良するよう命じたという『国郡誌』の記述（巻之一　鵜飼之事）がある。

一九世紀前半ごろの様相について、一八三四年に刊行された漢詩集『春草堂詩鈔』の記述からは、鵜舟一艘に鵜匠・操船者・篝火持ちの三人が乗り込み、苧殻を灯火に用いる夜の繋ぎの舟鵜飼で、鵜匠は五羽程度の鵜を操る、という、それより百年後の大正時代までと変わらない状況が読み取れる（葉杖 二〇二二）。他方、同時期の、鵜飼の地域社会での位置づけとしては『国郡誌』に、「今時は……壱夜に夥敷と里、町内尚又他所にも多分卸し申候、是にて日々之軽費を無不自由呉し申候（いまは一晩の鵜飼漁で多数の魚を捕り、三次町内だけでなくほかの場所にも多く卸し、毎日の生活費にも不自由なく暮らしている）」（巻之一　鵜飼之事）、「塩鮎并に鮓鮎鱣等にも仕立他所にも悉々出し申候（塩鮎や鮎鮓などにも加工して、ほかの場所向けも含め、すべてを出荷している）」（巻之二　川産物之事）とあり、漁業として成立していたことがうかがえる。また、同書には三次町に三艘の漁舟があったと記されており、当時の三次鵜飼の操業規模はこの程度であったと考えたい。

近世における三次鵜飼と支配者層との結びつきを直接的に示す資料はない。もっとも、藩主の命により鵜飼方法の改良がおこなわれたとの記述や、三次藩浅野氏五代の伝記である『三次分家済美録』に、三次藩存続中（一六三二〜一七二〇年）に四度将軍家へアユ（塩鮎）を献上（うち二度は「例年のごとく」と記述）し、他大名への贈答にもアユを贈った記録が残る（広島県双三郡三次市史料総覧編修委員会 一九八〇）。これらのアユの獲得法に関わる記録はないが、当時有力なアユ漁法であった鵜飼で捕らせたことも考えられる。しかし、鷹狩については藩の制度下に置かれ、近世を通して猟の記録が残っていることからみると、藩の制度下で鵜飼がおこなわれた可能性は低いと考えられ、三次鵜飼と支配者層との公的なかかわりはなかったと推測される。

なお、一九二六年に記された『三次鵜飼の記』（藤井 一九二六）には、三次藩が一七世紀中ごろに「藩主直営にして漁夫を鵜匠と賜ひ、鷹匠同様扱ひにて士分なりし」（二頁）、一九世紀中ごろに「天保年間従來の待遇を廢し、米金の給與を廢せらる。川漁取締を命じ一名に三人口の御蔵米を給せらる」（三頁）という、百年以上まえの事象についての初出となる記述がある。ただし、この記述は前述した一九世紀初頭には鵜飼が漁業として成立していたことを示す同時代性をもつ資料と矛盾する。くわえて、三次藩が制度的に鵜飼に関わっていたことを裏づける資料がこれまでのところまったく確認されておらず、信憑性に疑念が残る。そのため、本章では一九世紀初頭には漁業として鵜飼が成立していたという立場をとりたい。

近代以降の変遷

近代に入っても、三次鵜飼は漁業としての性格が強く、明治維新などの社会の変動による影響は限られていたのではないだろうか。ただ、聞き書きによると、鵜匠は田畑をもたず、農業で生計を立てられなかったため、不定就労の川漁に頼らざるを得なかった状況は変わらなかったとみられる（三次鵜飼文化伝承会二〇〇四）。

この時期の三次鵜飼の様相は、一八八三年に東京上野公園で開催された第一回水産博覧会に出品された「廣島県管下三次郡原川筋烏鬼捕鮎之圖」と題された軸装の掛図および『水産博覧会第一区第二類出品審査報告』（農商務省農務局一八八四）（以下『審査報告』とする）からうかがうことができる。図の上半には操業状況が描かれ、下半には使用漁具などの描写と鵜飼の概要が記述され、三次鵜飼のようすを視覚的に知ることができる最古の資料である。操業状況は近世の記述とほぼ同一で、操業場所は白波がないため淵または瀞と思われるが、川岸には大小の岩が複数あり、江の川の河況を特徴的に捉えている（図14－1）。

この出品に対し、『審査報告』では「一夜獲ル所百尾乃至三四百尾許リト（一晩の漁で一〇〇～四〇〇匹捕る）」（五五頁、括弧内は引用者、以下同）、「鵜飼ノ技ハ美濃國長良川ヲ以テ古今精妙ノ處ト稱ス而シテ本川亦近年頗ル進歩ノ徴アリ（鵜飼の技は長良川鵜飼が古今精妙とされるが、三次鵜飼も近年大きく進歩している）」（五五頁）と報告し、さらに「作州雲州等ヨリ往々此處ニ至リテ傳習ヲ請フ者アルニ至ル（美作・出雲などから鵜飼の技術習得に来る者がいるほどになった）」（五四頁）、「皆是レ實際ノ便益鮮少ナラス他州人民ノ方法傳習ヲ請フモノアルニ至モ亦宜ナル哉爾後一層勉勵シテ其装置方法ヲ改良セハ将来或ハ長良川鵜飼ト同等ノ地位ニ達センモ未タシルヘカラス（これらの利点は多大で、ほか

図 14-1　初めて描かれた三次鵜飼
出所：「廣島県管下三次郡原川筋鳥鬼捕鮎之圖」（個人蔵）、筆者撮影。

の地方から習得に来る者がいるのもうなずける。今後さらに改良に努めれば、長良川鵜飼と同等のレベルの鵜飼になる可能性もある）」（五五頁）として、主に技術面で高く評価・期待されたこと、漁業として成立するには十分な漁獲があったことがうかがえる。なお、出品の結果、褒状を受賞している。同博覧会での鵜飼に関する出品のなか、長良川鵜飼の四等入賞以外で入賞・褒状授与があったのは三次鵜飼だけである。

一方、この『審査報告』中に「稚魚ヲ害スルノ恐アリ近時熊本縣ニ於テハ鵜漁ノ制限ヲ設ケタリ是宜然ルヘシ（幼魚を害する恐れがあるとして最近熊本県で鵜飼を制限したのももっともである）」（六〇頁）という記述があり、鵜飼に対する全国的な制限の兆しが早くも現れ始めていることは注意が必要である。その後、鵜飼の篝火に集まる害虫による稲田被害なども理由にあげられ、鵜飼は規制を受けるようになる。実際には一九〇一年の漁業法などの制定をうけ、広島県では一九〇二年の県令五五号で鵜飼を禁止した。しかし、三次鵜飼関係者は県や国と粘り強く交渉した結果、一九〇四年の県令四号で例外扱いとして存続が認められた。

その後、一九一五年の芸備鉄道の開通をきっかけに、集客力のある観光資源として鵜飼が注目されるようになる（広島県立歴史民俗資料館 二〇二三)。鵜舟の数も一九二四年には九艘だったものが、大正末ごろの写真では一三艘に急増しており、観光鵜飼の盛況と歩調を一にしていた印象を受ける。ただ、観光の依頼を受けると鵜匠たちは当番制で対応し、そのほかの者は出漁するというように、ひきつづき鵜飼漁で生計を立てていた。なお、一九二四年に篝火が苧殻からカーバイドランプへと変化し「ヒトボシ(篝火持ち)」が不要になり、一艘に乗る人数が二名になった(広島県双三郡三次市史料総覧編修委員会 一九八五)。その後、太平洋戦争が始まると、灯火管制がとられ、夜間光を発する鵜飼の篝火は厳禁となり、鵜飼漁は中止させられた。

一九四七年に撮影された写真(広島県立図書館 二〇一二)が示すように、三次鵜飼は終戦後すぐ再開された。しかし、一九四九年の漁業法の改正とそれにともなう一九五一年の広島県内水面漁業調整規則制定により、漁業としての鵜飼(冬の鵜飼を含む)は原則禁止となった。しかし、鵜匠たちは鵜飼保存会を組織して運動し、操業範囲や漁期の大幅な制限を受けたものの、知事の許可を受けておこなう観光事業としての操業許可をとりつけた。以後、遊覧船が鵜舟と併行して移動しながら観覧する川下り並走式として、一九九二年からは周遊式の観光鵜飼として継続している。

三、生業としての三次鵜飼の実際

ここでは、一九八三年に黒瀬正敏が残した漁撈調査カード、一九八〇年代の篠原徹の論考(篠原 一九九〇)、二〇〇〇年代前半の江の川水系漁撈文化研究会による聞き書き記録をもとに、漁として鵜飼がおこなわれていた第二次世界大戦以前の三次鵜飼の様相や民俗知を明らかにしてみたい。

三－一、川に対する認識

鵜飼に限らず川漁全般において、瀬や淵の形状、水深、流速、岩の所在や形状だけでなく、川の流心がどこにあるかを熟知することが不可欠である。

三次鵜飼の鵜匠による川の認識は、まずマエカワとセドガワの区別がある。これは三次鵜飼独特の呼称と思われる。灯火のカーバイドランプが右舷側に火口を向けた固定式で、鵜飼は常に右舷でおこなわれることから、右舷側をマエ、左舷側をセドといい、そこから川の名称もマエカワ・セドカワとよび分ける。ただし、この呼称は、カーバイドランプの導入後（大正時代末以後）につけられた名称と考えられる。それ以前の呼称については確認できていない。

そのほか、川の呼称には次のようなものがある（図14－2）。川岸はアゲやイソ（磯）、中洲はナカジマ（中島）やナカス（中洲）、ナカガワラ（中河原）、瀬の始めはセガタ（瀬肩）、瀬の終わりは浅い所がセジリ（瀬尻）、深い所がドブ、淵の頭はフチガシラ（淵頭）、流れの中心はスジ（筋）やナガレスジ（流れ筋）、小さくて浅い瀬はコゼ（小瀬）、川の深みはウチなどとよぶ。これらの呼称は鵜匠と川漁師で概ね共通している。

では、鵜匠たちはどのような河川環境が鵜飼に適していると認識していたのだろうか。彼らは「深さ二メートルぐらいまでの瀬（コゼ）が良く、浅い瀬や淵のよどんだ所は駄目」、「深くては潜る時間もかかるし、灯火も届きにくいのであまり捕れない」という。もっともよい漁場だったのは巴橋から祝橋の下手までで、鵜匠たちは「瀬が良くアユが多いし、火も良く届く。ほかの瀬に比べようもない」と振り返る。また、建網漁（川に刺し網を横断させてアユを追い込む漁の現地呼称）が盛んになるにつれ、刺し網が引っ掛かり建網漁が難しい岩混じりの瀬や瀞も鵜飼の好漁場と認識されていったようである。さらに、個々の場所では魚影が濃く、漁獲が多い場所と認識されていたナガレスジの把握も重要であった。

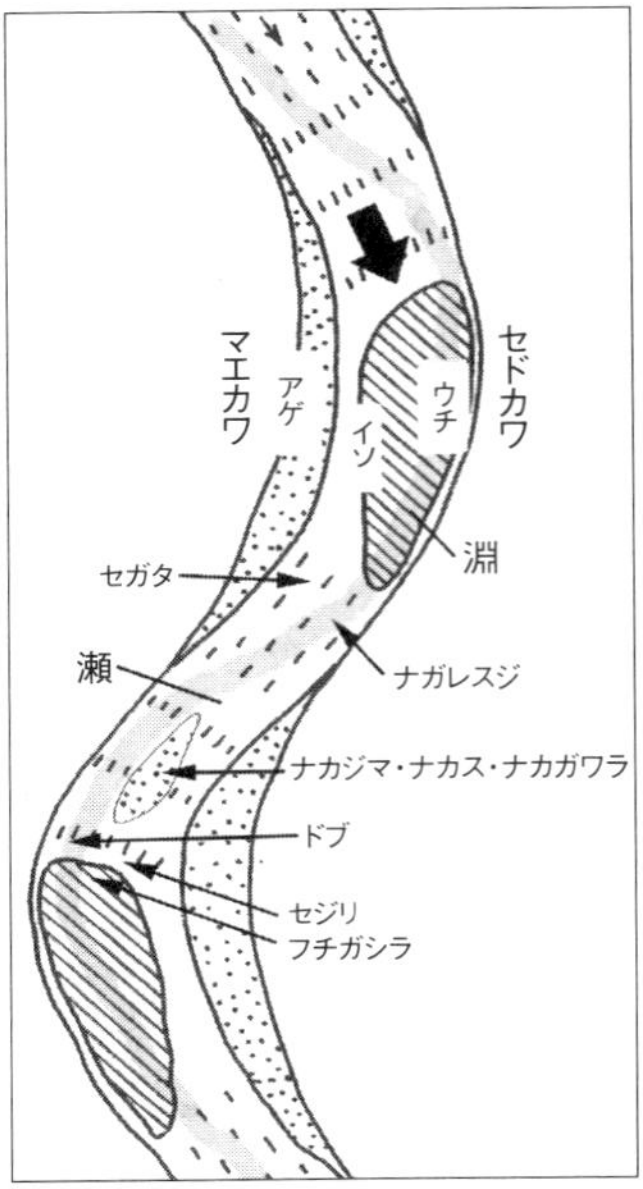

図 14-2　鵜匠による川の呼称
出所：筆者作成。

三－二、漁業範囲と漁場

生業としての鵜飼を成立させるには、同一箇所で漁を繰り返さないために、広い操業範囲の確保が必要である。鵜飼ではなく、集団のアユ建網漁の事例だが、「一度漁を行ったところに魚が帰ってくるには一週間はかかる」という聞き書き記録（広島県立歴史民俗資料館編 二〇〇二）があり、鵜飼漁も同様だったと推測できる。当時は、鵜飼漁に限らず広島県が発行する漁業鑑札を受けると、許可を受けた河川ではどこでどのような漁法をおこなってもよかった（広島県立歴史民俗資料館・江の川水系漁撈文化研究会編 二〇〇〇）。したがって、鵜匠たちは先述した広い範囲に出漁し、一日の往復移動距離が五〇キロメートルに及ぶこともあったという。

三－三、鵜匠の漁業暦

鵜飼漁は、『国郡誌』や『審査報告』にあるように、古くから漁獲の多さが記されている。しかし、実際には増水や冬季などで出漁できないときもあった。そのため、鵜匠たちは年間を通して鵜飼漁だけでなく、ほかのさまざまな漁を組み合わせていた。その実際について、これまでの聞き書きなどから鵜匠の漁業暦をまとめると表14－1のようになる。ここでは三人の鵜匠の聞き書きをもとにまとめている。

鵜飼については、禁漁期間の設定以前は四月下旬、以後は六月一日から晩秋までが漁期である。時期による鵜飼の状況を細かくみていくと、解禁当初はアユが支流まで十分遡上していないため主に江の川本流が漁場になり、アユが成長すると支流でも漁をおこなった。解禁から七月末までは十分な漁獲が期待できるが、盆前になるとアユが鵜に追われることに慣れるのか、あるいは生息域を深みに移すためか漁獲が減る。六月ごろは川のどこでもアユが捕れるが、九月以後にアユが下りだしたらナガレスジでないと捕れないようになり、漁獲量も減少するという。そのため、秋以後はほかの漁法や仕事をする鵜匠も出始める。このとき、まだ鵜飼を続ける者がほかの舟の者と組んで漁をおこなう

表14-1　鵜匠の漁業暦

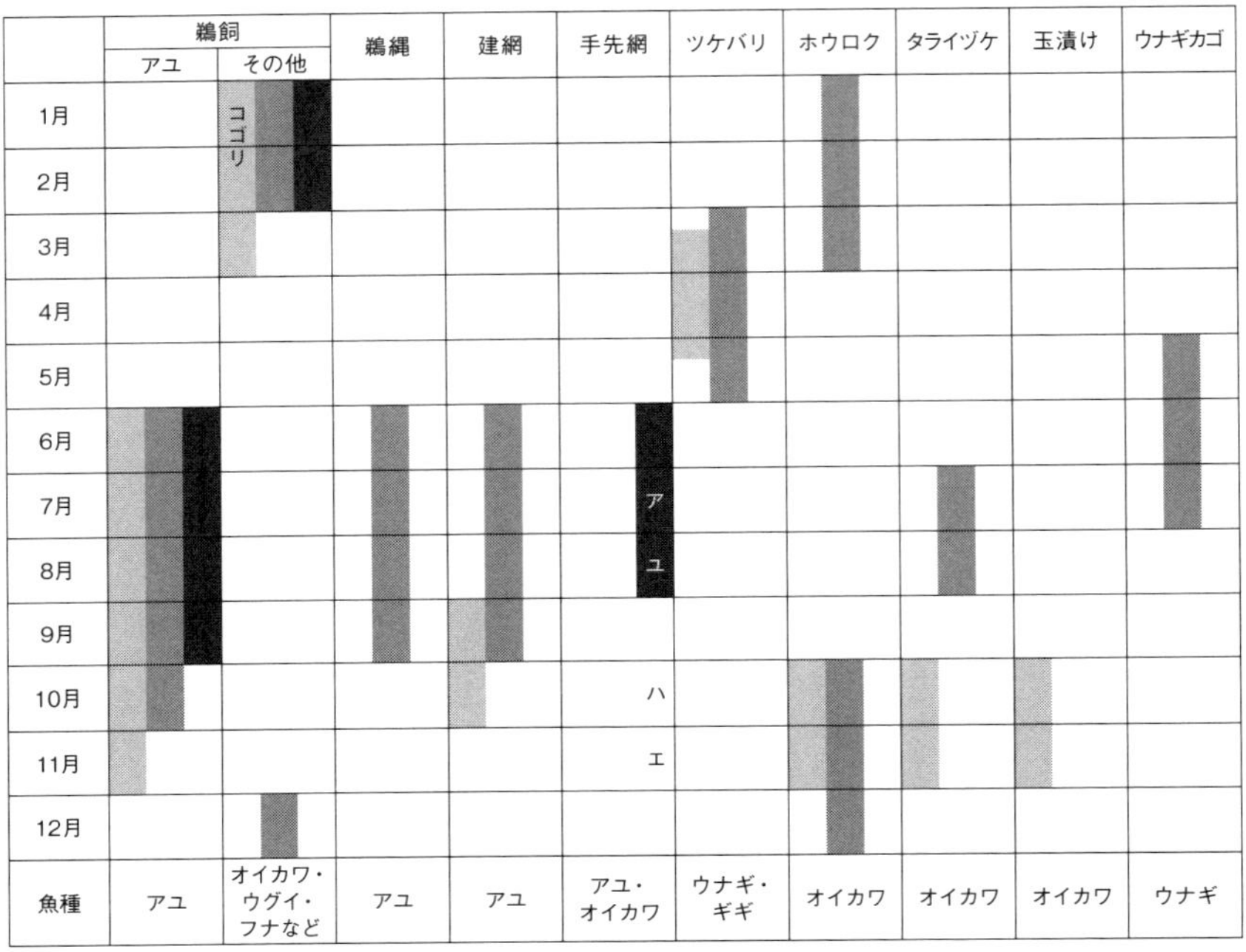

鵜匠Aの漁業暦　鵜匠Bの漁業暦　鵜匠Cの漁業暦
出所：広島県立歴史民俗資料館聞書調査（1983年実施、広島県立歴史民俗資料館編 1984）をもとに筆者作成。

ことがあった。これを鵜匠たちは二艘の舟を一艘に「クズス（崩す）」とよんでおり、具体的にはA鵜匠とB鵜匠のカジコが組んで漁をするといった具合である。その際は、それぞれの舟が鵜を四羽ずつくらい出し合っていた。

鵜飼の漁期以外では、川漁師がおこなう漁法の多くを鵜匠もおこない、ハエ（オイカワ）・ウナギ・イダ（ウグイ）・フナ・ギギュウ（ギギ）などを漁獲対象としている。鵜飼の漁期には主にアユを狙う漁がおこなわれ、昼間には脅し漁（鵜縄）、増水・濁水時にはすくい網（手先網《テサキアミ》）というように鵜飼ができないときの漁が多く、鵜飼の漁獲を補完していたと考えられる。また、それぞれの鵜匠の漁業暦をみると、鵜匠によって漁法や漁期に若干の違いがみられる。鵜飼以外の漁法が多く、かつ漁期が長い鵜匠ほど生計を漁獲に頼っていたと考えられる。

三－四、三次鵜飼の漁業戦略

一般に、川漁では河川の状況や天候の変化、魚の習性といった自然環境を熟知した人の技、いわゆる「川漁師の知恵」が漁獲を左右する。鵜飼はさらに鵜に対する知恵と技が必要であり、それらを含めたものが「鵜匠の知恵」といえるだろう。また、多数の鵜匠がいた三次鵜飼では資源が限られた川で鵜匠たちが共存していくことが求められた。そのために鵜匠の間で不文律のルールが存在し、それを鵜匠たちは「オキテ（掟）」とよぶ。まずそれをみていきたい。

オキテのなかでもっとも重視されたのは操業場所の選択である。操業場所は共同操業をおこなう江の川本流と個人操業をおこなう支流の二つに大きく分かれる。この二つをどのように選択し、あるいは組み合わせてその日の漁をおこなうかを決めていく。支流では、ほかの支流に比べて多くの漁獲が期待できた可愛川・西城川では操業場所がカミヤ（鵜飼可能箇所の上流端から支流の中間点まで）、シモヤ（中間点から本流合流点）に分けられた。その上で、可愛川・西城川のカミヤ、あるいは馬洗川・神野瀬川で個人操業をおこなった日は本流での共同操業には参加できないことになっていた。つまり、本流で操業しようと考える鵜匠たちは、支流では可愛川・西城川のシモヤでしか操業できないことになる。この選択が漁獲に大きな影響を与えるため、鵜匠の経験と知恵と腕の見せ所のひとつであった。

それぞれの舟がどこで操業するかの選択は「カワバン」とよばれる順位に従う。この順位は操業場所の選択だけでなく、操業時の鵜舟の並び方にまで適用された。順位がもっとも高い者は一番（セドフネ）、次いで二番、三番と続き、もっとも低いものはマエフネとよばれる。カワバンはその年の漁期の初日に鵜匠がくじを引いて決める。ただ、固定式ではなく日替わりで、翌日には一番がマエフネになり、日毎に順位が繰りあがっていく。

一日の漁は、まず操業場所の選択から始まる。これを鵜匠たちは「ヒョウジョウ（評定）」とよび、夕方になると拠点の河原に集まり、操業場所を選ぶ。具体的には、この時一番が支流での操業を選ぶと、本流での共同操業の権利を失い、二番が共同操業を選べば二番がセドフネを務めるというようになる。このようにヒョウジョウでその日の漁の計画が左右されるため、ヒョウジョウでは、鵜匠同士での駆け引きがみられた。この際もカワバンのよい者は、本流でおこなわれる共同操業で漁獲が見込めるため、ここではあまり力を入れなくてもよい。鵜匠の言葉を借りると「上から流れてくればいい」（本流での漁に備えて支流では積極的に漁をしなくてもよい）となるが、順位の悪い者は、共同操業での漁獲に多くは期待できず、個人操業の多寡にその日の生活がかかってくるため、「皆がえっと来ん所へ逃げにゃあならん」（ほかの鵜匠が操業しない支流を選択し、漁をしなければならない）ようになる。

支流での漁は、鵜匠が自由にそれぞれの技能に応じておこなうため、共同操業のように定まった漁法はない。ただ、川のなかほどを下り、浅瀬に逃げさせた魚を鵜に追わすとよく捕れるという原則がある。この漁法をノセという。この方法は本流・支流を問わず鵜飼の操船法の基本として伝えられている。なお、支流でも複数の鵜舟が同じ漁場に入ってもよいが、その場合はカワバンの上位の者が、川での位置取りや操船法の選択に優先権があり、カワバンの下位の者はそれに従わないといけなかった。

本流での共同操業に参加する場合は、拠点の河原に開始時刻（おおむね午前〇時）までに戻らなければならなかった。その際もカワバンは有効で、一番の者が、舟の並び順および後述する操船法の決定権をもっていた。舟の並び順は、ナガレスジが川の右岸・左岸のどちら側にあるかと一番が選択する操船法により決められることが多い。そして、ナガレスジがマエカワ・セドガワと変わるたびに鵜匠たちは優先順に従い鵜舟の配列を変えていった。配列を変えるところをカワリバ、カワリバのなかで舟を岸に上げ、鵜を休め、漁獲を整理する場所をアゲバとよんだ。そこでは、鵜匠は鵜を休めながら体調などを確認し、カジコはマエカゴに入れられた漁獲物をアユとそのほかの魚に分け、アユをコオリオケに入れた。

なお、このオキテは川を下るときのみ適用された。ときにはその日の漁獲が多い所で、帰りにもう一度共同操業することがあったが、その際は順位に関係なく漁をおこなった。そのほか、共同操業のとき、ある場所より下流の操業を放棄すれば、その代わりにそこより上流で何度でも漁をすることができた。それをセガエシとよぶ。セガエシをするかしないか、するとしたらどこでするかの判断が、とくに順位の低い鵜匠の知恵の見せ所だった（黒田 二〇〇三）。

漁獲物については、建網漁の共同操業のように漁獲を均等分配する「モミ」のような仕組み（黒田 二〇〇五）はなかった。しかし、ここまで述べてきたオキテによって、概ね平等に機会を与え、困窮する鵜匠が出ないようにしていた。このため、鵜飼では順位によって漁獲に大きな差が出ても、「捕る舟と捕らん舟にばく大な差ができるが、順番なので仕方がない」という鵜匠の言葉が表すように、鵜匠の間のケンカやいさかいを避ける役割も果たしていたことがわかる。なお、平等という考えは鵜匠間だけでなく、鵜舟のなかでも同様で、そこでは鵜匠が頭だが、漁獲物の分配は鵜匠・カジコ・ヒトボシとも均等であったという。これは、川という限定的な領域で限られた資源を対象におこなう生業であるがゆえに生活のなかから導かれた決まりといえよう。

三－五、三次鵜飼の漁法

鵜の操り方はもっぱら鵜匠の技術によるところが大きく、鵜飼漁は鵜舟の操船技術によるところが大きい。江の川における鵜飼の操船法は、先述したノセが基本となり、その後に深みに隠れた魚を捕るアナヤリ（共同操業の際の漁法名とは別物）を組み合わせることが多い。共同操業では、ほかの鵜舟とおこなうという状況にあわせて上記の操船法を応用した、ソウガラミ、アナヤリ、ウチワリ、イソノリ、ツルノスゴモリの五つの漁法がある（図14－3）。

ソウガラミは、漁をしながら川を下り、アゲバの手前で深みにいるアユを浅瀬に追いだし、それを捕る漁法である。このとき、浅瀬に追ったアユは一番だけが追うことができた。ただし、ほかの舟が一番の後を追うのは認められた。

アナヤリは岩の多い淵などでおこなわれる漁法である。一番がアナヤリをすると決め、ほかの舟に宣言すると、船団は岸から一間くらい離して漁をしながら下って岸にアユを追い込み、その後一番が引き返して舟のタナを岸にこするぐらい近寄せてそれを捕る。アナヤリは一番とそれ以外の舟で漁獲に大きな差がでる漁法である。

ウチワリは、カワバンの悪い者が逆手を取る漁法である。瀬でも淵でもおこなわれる。カワバンの悪い者が船団が

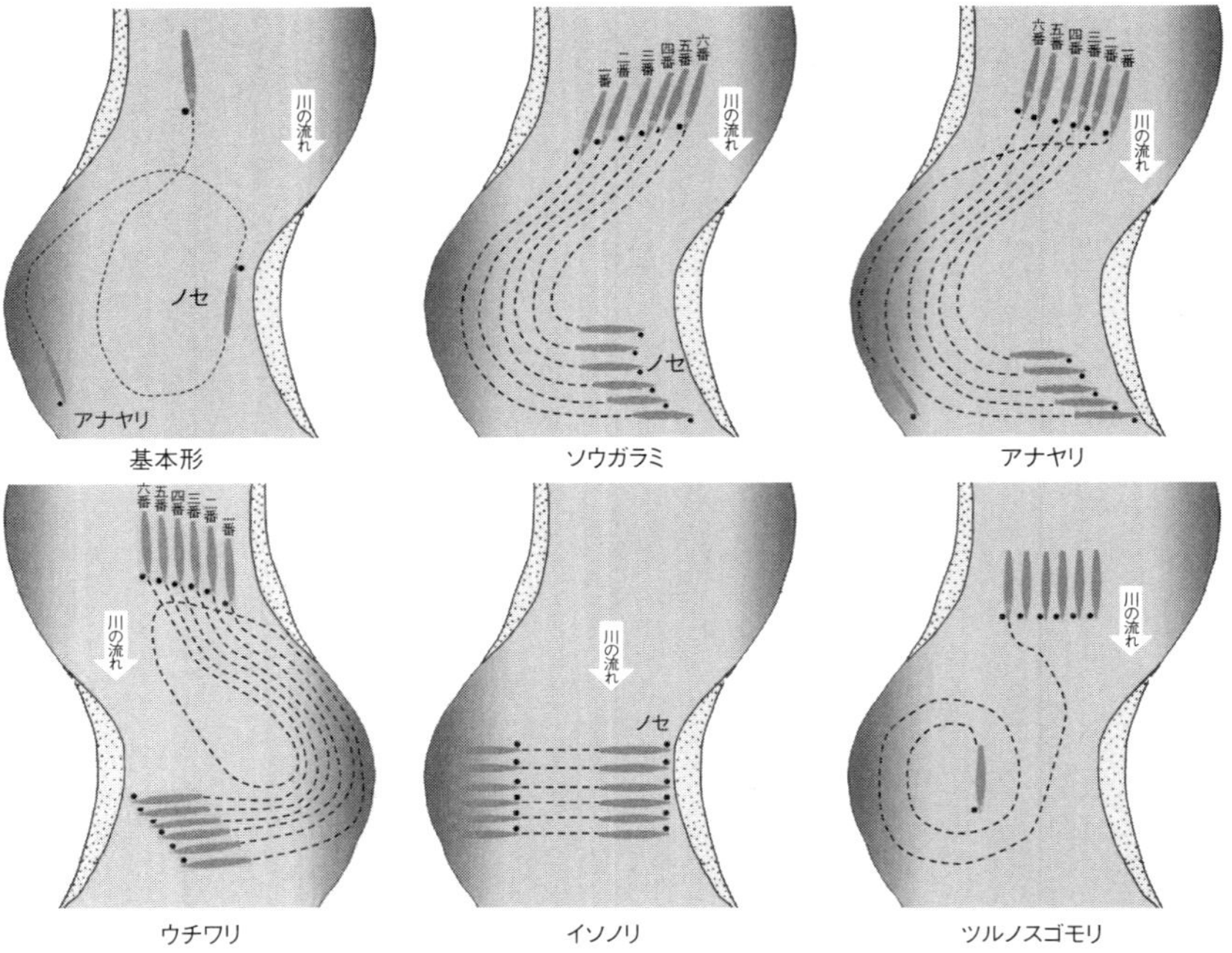

図 14-3　三次鵜飼における漁法

出所：三次市教育委員会（1977）、広島県立歴史民俗資料館聞書調査(1983年度実施)、篠原（1990）をもとに筆者作成。

狩り下った場所に引き返し、追われて川の深みに入ったアユを狙い、岸すれすれの所で漁をする。このとき、セドブネのすぐ後ろに行ってはいけない。また、アナヤリをするときはウチワリはできなかった。

イソノリは淵にいるアユを捕る漁法である。淵において、流れに直交するように舟を並べ、そこから一斉に浅瀬に舟を進め、浅瀬に追い寄せられたものを捕る。

ツルノスゴモリは、淵で漁をしながら円を描くように舟を進め、それを次第に狭めて追い込まれたアユを捕る漁法である。この方法は「観光鵜飼で見せるため」や「漁でもおこなった」という二通りの聞き書き記録が残っているが、いまとなっては確認できない。

漁法とはいえないが、鵜舟の間隔を均等にするのもルールだった。マエが広いほど鵜が使える面積が広くなり、より多くの漁獲が期待できる。しかし、自分の舟のマエ側を広く取ると後ろの舟のマエが狭くなり、その舟の漁獲が減ってしまう。実際に舟の間隔をめぐって鵜匠たちが怒鳴りあうということも度々あったという。

ここまでみてきたように、三次鵜飼の漁法（操船法）は基本となるノセと、五種類のバリエーションからなることがわかった。ほかの河川の鵜飼でこのような多様な漁法が記録されたものはなく、三次鵜飼がおこなわれる河川環境の多様性とそのなかでより多くの漁獲を得るために改良を重ねてきた鵜匠の姿がうかがえる。本章では字数の関係でふれることができなかったが、鵜舟をはじめ漁具についてもさまざまな改良が重ねられてきた。

三－六、三次鵜飼の漁業としての効率性

鵜飼の漁業としての効率性については、観光鵜飼となる以前のデータが残っていないため、江の川漁業協同組合に残る一九七〇年の漁獲量調査記録をもとに推測してみたい。対象とした一九七〇年は、一九七二年の大水害とその後の治水工事により江の川の様相が大きく変化し、生業としての鵜飼がおこなわれていた頃とは単純に比較できなくなる以前であること、すべての鵜匠が戦前の鵜飼漁経験者であった最後の時期にあたることから設定した。

当時の鵜飼の実際として、観光鵜飼をおこなったあと、時間をおかずに許可範囲の上流端まで引き返し、そこから許可範囲一杯で鵜飼をして漁獲を得ていたという聞き書きの記録が残る。鵜飼漁ができるのは観光鵜飼の実施期間のみである。一九七〇年の実施期間は確認できなかったが、当時は年によって異なるものの、知事の許可を受けて開始時期が六月一～一五日、終了が九月一～一五日だった。

漁獲量を検討するまえに、当時の江の川漁業協同組合における漁業権行使種別および行使可能漁法についてみると、表14－2のとおりである。鵜匠は特種に該当し、鵜飼（鵜使漁法）以外はおこなえなかった。そのため鵜匠の漁獲量は観光鵜飼の時期におこなわれた鵜飼漁によるもののみといってよい。カジコについては、鵜匠でないため特種ではなく、アユ建網がおこなえない弐種だった。ちなみに特種以外の者はその下位種別の漁法もおこなうことができた。

当時の鵜飼の漁獲高を示したものが表14－3である。対象としたのは記録されていたすべての鵜匠およびそのカジ

表 14-2　江の川漁業協同組合の漁業権行使種別と行使可能漁法（1970 年）

種別	組合費（円）	組合員数	行使可能漁法
特種	10,000	4	鵜使漁法
壱種	8,000	86	アユ建網
弐種	5,800	190	寄網、手かけ、切川、うなわ、固定うけあみ
参種	4,000	350	のべなわ（舟使用）、手さき、たいまち、うなぎ籠箱づけ、ほうろく網
四種	2,300	104	あゆ友釣、あゆちゃぐり、投網
五種	1,700	9	ちょんがけ、たもあみ、ほこづき、あなづけ、のべなわ、徒手採捕、うなぎ籠箱づけ（2本以下）、投釣、竿釣
六種	1,000	2	つぼさで

出所：筆者作成。

表 14-3　鵜匠と川漁師の漁獲比較（単位：kg）

	属性	種別	6月	7月	8月	合計
A	鵜匠	特	25	62	38	125
B	Aのカジコ	2	25	62	38	125
C	鵜匠	特	19	72	52	143
D	Cのカジコ	2	40	80	60	180
E	鵜匠	特	120	150	94	364
F	鵜匠	特	80	90	40	210
G	専業川漁師	1	48	87	135	270
H	専業川漁師	1	70	100	150	320
I	専業川漁師	1	72	126	173	371
J	専業川漁師	1	50	70	150	270

出所：江の川漁業協同組合「1970年漁獲量調査記録」をもとに筆者作成。

コ（A～F）である。対比したのは、広島県立歴史民俗資料館の漁撈調査の結果を踏まえ、その当時も確実に川漁で生計を立てていた専業川漁師で、当時主流となっていたアユ建網を軸にさまざまな漁法をおこなっていた漁師である（G～J）。

漁獲量の集計については、鵜匠A・Cとそのカジコは合算して考える。見方を変えればこの二組は、鵜飼を漁業としておこなっていた時代にみられた漁獲の平等分配という決まりを一九七〇年時点でも続けていたといえる。

それぞれの漁獲量をみると、鵜匠たちのアユの漁獲量は二一〇～三六四キログラム、平均して二八六キログラムであった。月別の漁獲量では七月がもっとも多い。一方、専業川漁師は二七〇〜三七一キログラム、平均して三〇七キログラムであった。月別では八月がもっとも多い。双方を見比べると、鵜匠の漁獲量は専業川漁師のそれに比べて少ない。また、アユ漁獲量のピークとなる月が鵜匠と専業川漁師で異なるのは、漁法の特性（鵜飼とアユ建網）の違いによるものと思われる。そのことは鵜匠の漁業暦の項で述べた時期ごとの鵜飼漁による漁獲の聞き書き記録とも符合する。ただし、三次の鵜飼は一九六六年より操業許可範囲が約三キロメートルに限定された。すなわち、鵜匠たちはこの限られた許可範囲で連日のように鵜飼漁を続け、上記の漁獲量を得ていたのである。このことを考えると、漁獲効率は高く、漁獲量も専業川漁師と遜色がない。ゆえに、三次鵜飼は夏の漁期だけをみれば、漁業で生計を立てることも不可能ではない漁法だといえる。

四、鵜飼が漁業として成立するための要件

本章では、生業としての三次鵜飼について、その歴史や漁業暦、漁法、共同体維持のための掟、漁の効率性についてみてきた。これらの成果を踏まえ、最後に鵜飼が漁業として成り立つ条件について考えてみたい。

これまで詳しく述べてこなかったが、鵜飼漁がほかの漁法と異なる点がある。それは、漁の手段である鵜への給餌が必要なことである。漁期中であれば当日の漁獲物のなかから餌を与えることができる。一方、休漁期になると別途餌代が必要になる。したがって、生業としての鵜飼漁は休漁期の餌代も含めて考えなければならない。ここでは、餌代の負担も考慮しながら鵜飼漁が成り立つ条件について検討してみたい。

表14‐4は年間の餌代を示したものである。この表は漁期以外の鵜の飼養に関わる調査報告（社団法人中国地方総合調査会 一九七五）をまとめたものである。飼育する羽数が異なるため個々の餌代に違いがみられるが、負担額は一日で二〇〇〇〜四〇〇〇円である。平均すると一日で二七七八円である。当時、休漁日数は年間三〇〇日であったた

表 14-4　鵜への給餌代

鵜匠	羽数	年間餌代(円)	一日餌代(円)
ア	13	1,200,000	4,000
イ	9	700,000	2,333
ウ	12	600,000	2,000
合計	34	2,500,000	8,333
平均	11.3		2,778

出所：社団法人中国地方総合調査会（1975）の記録をもとに筆者作成。

め、単純計算すると年間で平均八〇～九〇万円ほどの負担となる。この年間負担額を夏季の限られた出漁日数だけで得るのは難しい。実際、一九七四年における鵜舟一艘あたりの収入は四九五七円／日であった。

前節の最後で「夏の漁期だけをみれば、漁業で生計を立てることも不可能ではない」と記した。夏の漁期には、ほかの漁法と遜色がないくらいに漁獲があるからである。しかし、年間を通してみると餌代という経済的な負担があり、鵜飼漁のみで暮らしを立てるのは無理であろう。したがって、この不足分を補うために、観光収入および市などからの補助金が必須であることがわかる。第二次世界大戦期以前は、現在のような補助金はなかったが、出漁範囲がたいへん広く、かつ出漁日数も多かった。くわえて、当時は諸規制が厳しくなく、自家で捕獲した餌を長い期間にわたり供給できた可能性が高い。これに観光収入をくわえると、当時は鵜飼漁を維持できたとみられる。それ以前の時代も餌はすべて自家で賄っていたが、広い漁場と長い漁期によって前掲の「国郡誌」で「日々之軽費を無不自由」と記された暮らしも可能だったのだろう。

以上のことを踏まえると、鵜飼漁が成立するには、十分な漁獲を継続して得るための操業範囲が必須である。さらには、操業範囲内での漁獲を独占的に得るためにほかの漁業者との調整も必要である。三次鵜飼の場合、明治時代以前は鵜匠以外の川漁専業者がいたとしても、網漁が未発達で、漁獲効率が低い小規模なすくい網漁などの漁法だけであった。くわえて、流域が「安芸門徒」とよばれる有力な浄土真宗の信仰が強い地域で、殺生をすることに対する強い禁忌があり、川漁に対する蔑視も強く（黒瀬 一九九八）、漁業者が少なかったこともあり、漁獲をほぼ独占できたと思われる。他地域の鵜飼で支配者層と結びついた、あるいは許可や鑑札を得た鵜飼が多かったのも、鵜匠側からすれば漁獲を独占するために必要なことだったのである。このことは、他地域で支配者層との結びつきがなくなると鵜飼が困窮したことからもわかる（本書第一一章および第一三章参照）。三次では、従来、鵜匠をはじめとした少数の漁業者でおこなわれていた川漁が、戦前には十数名に鑑札が出された。さらに戦後に入り、漁業協同組合ができると、規制的には専業で川漁に従事可能な第一種鑑札が八〇名以上に出される。これにより漁獲圧が高まると同時に、漁業従事者のなかで少数となった鵜飼の漁獲独占に対する声も大きくなった。これを受けて漁業範囲の制約が強化され、さらに漁獲が減少した。これらのことも法的規制にくわえて鵜飼漁の衰退に大きな影響を与えた。

鵜飼が漁業として成立する要件としてもう一点必要なことがある。漁獲を消費する市場の存在である。全国で舟鵜飼がおこなわれていた箇所をみると、三次鵜飼における三次町の存在というように、必ずといってよいほど近接して人口数千人規模以上の消費地が存在している。こうした市場の存在も漁業としての鵜飼を裏打ちしている。現在、全国的にみて川漁のみで生計を立てているという例は寡聞にして知らない。鵜飼はさらに鵜の飼養にかかる経費負担もあり、ほかの川漁よりも条件がさらに厳しい。今後鵜飼が独立して継続するためには、これらの諸条件を満たした上で、観光面からの収入をくわえてようやく可能になるのではないだろうか。

第一五章　鵜川と鵜飼
——高津川の鵜飼再考

宅野幸徳・篠原　徹・卯田宗平

一、原型的な鵜飼を探る

島根県の中国山地を源頭にして益田市で海にでる清流・高津川のいわゆる「放し鵜飼」が姿を消して二〇年以上の歳月が経っている。筆者は高津川の鵜飼について、それまでの調査を「高津川の放し鵜飼」として発表している（宅野一九九〇）。その後、和歌山県有田川や山口県錦川の鵜飼などの調査を継続してきたが、鵜飼の「原始的な姿」（最上一九六七）を留めているとされる放し鵜飼あるいは徒歩鵜飼について再考する必要性を感じてきた。それは放し鵜飼や徒歩鵜飼といわれてきた鵜飼は「原始的」ではなく「原型的」とでもいったほうがよい民俗技術であり、日本列島における鵜飼技術の歴史的過程は原型から洗練への展開ではないかと考えるに至ったからである。

七世紀初頭の中国の文献『隋書』東夷伝倭国条をはじめ、『古事記』（七一二年）や『日本書紀』（七二〇年）、『万葉集』（七五九〜七八〇年）などに鵜飼の記載が散見され、古くから鵜飼がおこなわれてきたことがわかる。[*1] こうした原型的であったと思われる鵜飼が、その後さまざまな地域で河川形態や地域社会に適合するかたちで洗練され、現代にまで継承されてきたのではないか。

先行の鵜飼研究では、竹内利美が鵜飼の漁法をいくつかの視点で分類している。これによると、操業時間からみると「昼川」と「夜川」があり、漁法には「放し鵜飼」「繋ぎ鵜飼」「徒歩鵜飼」「舟鵜飼」の四つあることを示した（竹内 一九八三）。また、可児弘明は古いタイプの鵜飼を放し鵜飼とし、その形態から徒歩鵜飼と繋ぎ鵜飼が成立したと主張した。そして、やがてそれらから長良川鵜飼にみるような舟鵜飼ができあがってきたのではないかとし、日本列島における鵜飼の変遷過程を提示した（可児 一九六六）。いずれの研究も日本における鵜飼の展開を考える上で重要であり、放し鵜飼や徒歩鵜飼のほうがより古いタイプであるという点は両者とも同じである。筆者が高津川の放し鵜飼を再考するのも、まさにこの古いタイプの鵜飼とは何かという点である。

鵜飼は時代を遡れば遡るほど、鵜飼を生業とする人びとが彼らの生きる地域社会のなかで淡水域漁業資源を供給する重要な役割を担っていたと考えられる。そして、鵜飼という生業が専業化できるか否かは、地域社会における魚の需要と大きく関係しているという点もこの論考で指摘してみたい。社会のありようはこうした鵜飼だけに限らず民俗技術のありようとも深い関連がある。つまり、地域社会で需要が小さければ鵜飼という生業はその社会のなかでパートタイム・エキスパートとして複合生業のなかのひとつとなるはずである（安室 二〇一二）。一方、魚に対する需要が大きければ（大河川の中流域にある城下町など）、アユを狙うフルタイム・エキスパートとしての舟鵜飼が専業化していくと考えられる。

上述の視点を考える上で、高津川全流域で展開していた放し鵜飼は格好の素材である。それはいわゆる放し鵜飼や徒歩鵜飼がおこなわれていたのは大河川ではなく中小の河川であった可能性が高いからである。

二、高津川の概要

高津川は島根県西部の吉賀町田野原を源流として、津和野町柿木、津和野町日原、益田市横田を抜けて日本海に注ぐ長さ八一キロメートル、流域面積一〇九〇平方キロメートルの一級河川である。主な支流に津和野川、匹見川、白上川がある。鵜飼がおこなわれていた支流の匹見川は中国山地の弥畝山に発して横田で本流と合流する。高津川は、一八六八年（明治初年）ごろから一九二三年（大正末期）まで水量も多く水上交通として高瀬舟が使われ、中流柿木と河口の高津まで人と荷物の運搬がおこなわれていた。また木材や竹材は昭和の初め（一九二三年）まで筏で上流から高津まで運ばれており、高津川は流通路としても重要な働きをしていた。

高津川の鵜飼の始まりは、津和野藩主亀井氏が藩内を巡在の際に慰めとしておこなっていたことを嚆矢とするとあるが真偽のほどはわからない。『益田市史』によれば、近世になると高津川の鵜飼は「江戸時代を通じて行なわれたが、明治に入り、鵜を自由に放って魚を捕える、今日の高津鵜飼がはじまった」（矢富　一九六三：六三七）という記述がみられる。

昭和の時代になると高津川水系の広範囲に鵜匠がいたことがわかる。上流の津和野町に一人、柿木村に四人、下流の日原村に四人、匹見に一〜二人、高津町には八人（以前は一七〜一八人）の鵜匠がいたことが記録されている。おそらくこの鵜匠のありようが、高津川の近代以前の鵜匠と高津川の関係を表していると思われる。この高津川の鵜飼が水系全体でおこなわれていて、それらがすべていわゆる放し鵜飼あるいは徒歩鵜飼と称されるものであった。そしてその鵜飼はすべて魚を求める村人との協業によって成り立つ「鵜川」であったと思われる。*2 鵜川については後述してみたい。

三、高津川の鵜匠と鵜

筆者は前述のとおり一九九〇年に高津川の放し鵜飼について鵜飼漁法や放し鵜飼の道具を中心に発表した。しかし、高津川下流の鵜飼集団が各地への鵜（ウミウ中心）の供給地であったことや、供給するときの鵜の調教については報告していない。ここではこの点を中心に高津川の鵜匠と鵜の関係について述べてみたい。この資料は一九八九年当時にかつて鵜飼をおこなっていた下流域の鵜匠・塩田嘉助さん、中流域・上流域で生業活動をしていた鵜匠・平川村蔵さんと鵜匠・潮利一さんの三人の鵜匠から鵜の捕獲方法や供給先、飼育方法などの聞き書きをもとにしている。

三－一、鵜の捕獲方法

トリモチの作り方は、まずモチノキの皮を剥がして叩いてからカマス（藁袋）に入れ、濁り水に一週間漬けてアク抜きをする。皮が軟らかくなった頃に、皮を臼にいれて杵で突く。突いてからそれでも残っている粒は川の水に晒して取り除く。

トリモチを使用するときは、岩場につけて、鵜が岩場とトリモチの見分けができないようにトリモチの上に墨をつけて化粧する。鵜の捕獲には、竿先にトリモチをつけたモチザオ（またはサシモチ）という道具を使う。鵜がトリモチのついている岩場に留まるとトリモチが足につく。すると、鵜はそれを嫌がって飛び立とうとするが、その際にトリモチが鵜の体について飛べなくなり海に落ちる。その体に向けてモチザオを差しだして捕獲する。モチザオは長さ四メートルぐらいであり、あまり長くないものがよいとされる。あまり長いと手元に寄せるまでに時間がかかり、鵜を逃してしまうことがある。こうした鵜の捕獲はウミウがよく飛来する日本海側の岩礁地帯で、地元の漁師に舟を出してもらい岩場に近づいて捕る（篠原　一九九八）。いずれにせよウミウの生態や行動を巧みに利用した、きわめて高度な民俗技術といえるものである。

三－二、高津川の鵜の供給先

図15－1は、高津川の鵜の供給経路を示したものである。鵜の捕獲は高津川河口域の鵜匠が日本海沖に出かけて捕獲する。捕獲した鵜は、高津川中流・上流の鵜匠たちに供給していた。鵜の捕獲は、河口域の鵜匠四～五人が一一月

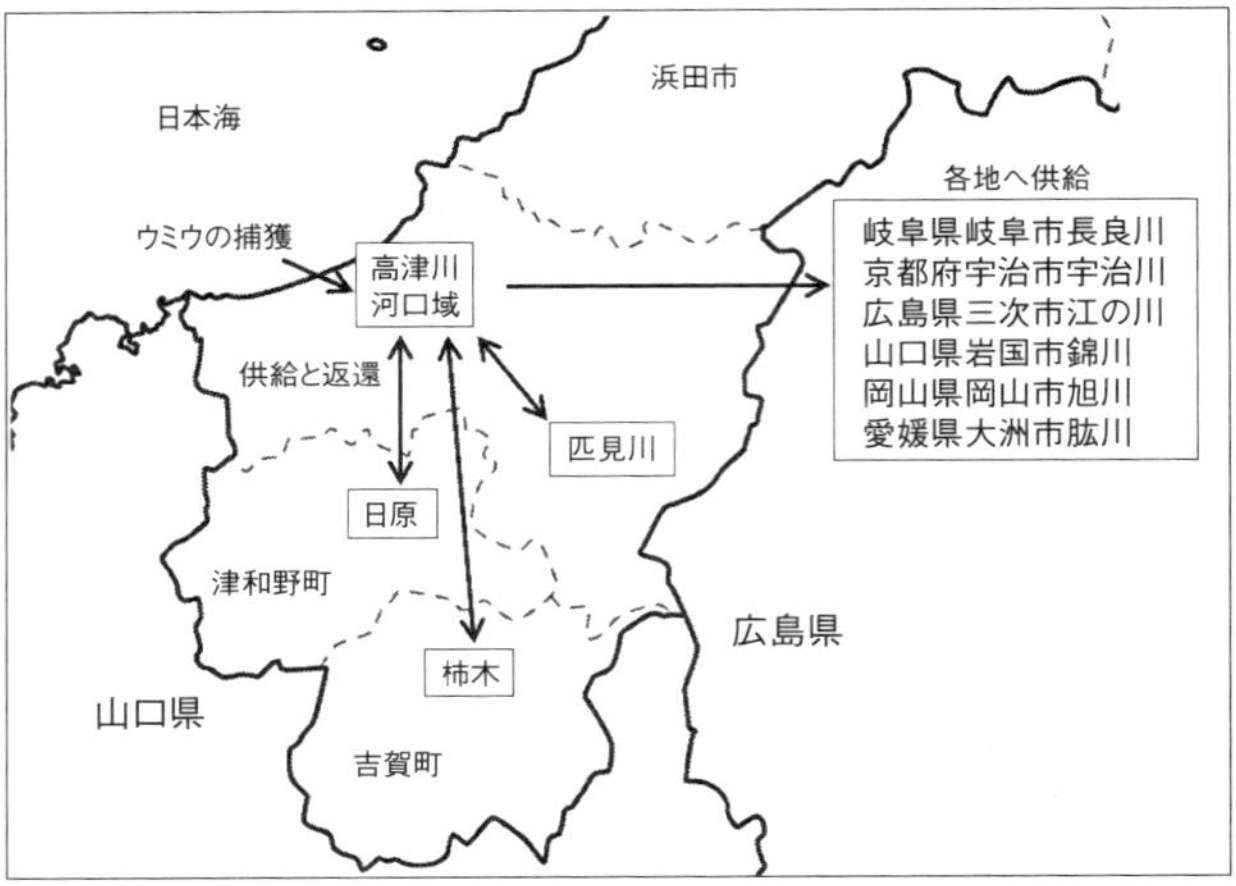

図 15-1　高津川の鵜匠による鵜の捕獲と供給先
出所：筆者作成。

から翌年四月までの間に随時単独でおこなっていた。鵜飼が盛んな頃は、東は浜田から出雲の海岸、西は山口県の海岸、北は隠岐島、さらには朝鮮半島あたりまで捕りにいったことがあるという。鵜飼が衰退してくると経費をかけないですむ近くの益田沖の持石海岸などで捕獲していた。そして捕獲した鵜は訓練して馴化し、遠く岐阜県長良川や広島県三次市江の川、山口県岩国市錦川（鵜飼は一九五二年に再興）、愛媛県大洲市肱川（鵜飼は一九五七年に開始）に供給したことがあるという。馴化した鵜を遠隔地に供給する以前は、少なくとも下流域の鵜匠が鵜を捕獲して中流・上流の鵜匠に供給していたことはまちがいなく、それも相当古くからの商取引であったようである。

　下流域の鵜匠が捕った鵜を引き取り、鵜を調教して冬期の鵜飼で使用した上流域匹見・柿木の鵜匠から興味深い話を聞くことができた。馴らして放し鵜飼で利用した鵜は、翌年の春になると河口域の鵜匠に返還していた。つまり中流や上流の鵜匠は、ほかに仕事をもっていて冬期だけに放し鵜飼をするパートタイム・エキスパートであり、鵜飼を専業にはしなかった。中流や上流の鵜飼は馴らした鵜を半年で河口域の鵜匠に返し、翌年また新たな野生の鵜を入手するわけで、河口域の鵜飼がほぼ専業化していたのと大きく異なる。おそらく高津川のような中流域でアユ漁に特化した鵜飼がおこなえない中小河川では、全国で同じような放し鵜飼の形態がとられていたのではないだろうか。

　半年で鵜を手放すのは、休漁期の夏に飼育すると餌代が嵩み経済的な負担が大きいからである。同時に鵜飼以外の農林業の仕事をしていて鵜の飼育に時間をとられたくない。アユ漁に特化した中流域の舟鵜飼でも休漁期の飼育にかかる餌代はかなりの経済的負担である。[*3]

鵜の捕獲が茨城県日立市十王町に限られるようになってからは、捕獲申請羽数どおり環境省（以前は環境庁）の許可がおりないこともあり、こうした場合は馴らした鵜を何年も使うことがあったという。ちなみに一九五五年ごろには、一羽のアラ鵜（野生鵜）は約二五〇〇円くらいであった。また馴らした鵜は七〇〇〇～八〇〇〇円であり、とても高価なものであった。

三－三、鵜の調教と放し鵜飼

高津川の中流域を生業の場としていた鵜匠・平川さんは、野生鵜を秋に入手すると二羽の鵜を三日ぐらいで調教し、放し鵜飼の鵜として使えるようにする。仕入れた鵜を手にしたとき最初におこなうのは、片羽根を数枚切ることである。これを「カク」という。飼育全般を通じてもっとも大切なことは、常に鵜の頸を撫でることである。こうした積み重ねが、鵜と鵜匠の間の信頼関係を構築するのに重要なことであると平川さんはいう。

高津川水系の鵜飼は、鵜匠の所在地域によっていくつかのグループに分けられる。ひとつは河口域の鵜飼集団、もうひとつは中流・上流域の各鵜匠たちである（図15－1参照）。河口域の鵜飼集団は鵜飼もおこなうが、鵜の捕獲もおこなうグループで鵜匠間の結束はそれほど強固ではない。それでも鵜飼による漁撈活動や鵜の捕獲ということで集団としての約束ごとなどがある。一方、中流域・上流域の鵜匠はそれぞれが単独で行動するが、住む地域によって放し鵜飼の操業範囲が限定されて一種のナワバリのなかで生業活動をする。

高津川の鵜匠たちは全流域で各自が鵜を数羽ずつ所有して飼育していた。鵜匠は自分の家の一角に鵜小屋をもっていて「トヤ」とよんでいる。トヤのなかには石を二つ配置し、鵜が留まるようにする。このトヤのなかには二羽の鵜を一緒に入れる。[*4] 留まる石には塩を塗る。塩は放し鵜飼でしばしば鵜が足を腫らすことがあり、それを治す効果があ

写真15-1　支流匹見川の放し鵜飼のようす。2羽のウミウが連れそって河川の淵に泳いでいき、魚を追いだす。川の下手には刺し網が張ってある（島根県益田市、朝日新聞提供、1977年撮影）

るという。鵜をトヤに入れるときは、カセ（若い鵜）を先に入れてクロ（年をとった鵜）を後から入れる。ウミウは野生状態のときには採餌活動を終えて岩礁で休むとき留まる場所に順位制が現れる。通常はカセのほうがクロより順位は低く、逆に入れるとカセはクロに攻撃されてしまう。弱いカセを先にトヤに入れるのは先住効果を利用して、両者の順位制を平準化する効果があると鵜匠は考えている。[*5]

河口域の鵜匠は、平田舟[*6]を利用して下流から上流の横田付近までの水域と河口の入り江、海岸近くの播竜湖を漁場としていた。一方、中流や上流の匹見、日原、柿木の各鵜匠は秋になって河口域の鵜匠から鵜を手に入れ、各鵜匠が鵜を馴らしてから冬の放し鵜飼を始める（写真15-1）。放し鵜飼は冬の昼間に、下流から上流へと攻めあげる方法でおこなう。鵜匠の経験によると、上流から下流へと向かう方法だと魚に逃げられることが多く、漁獲はほとんどないという。

通常おこなうのは、上流にかけた網に鵜を使って魚を追い込む漁法である。このとき、しばしば魚群が下流のほうに回り込んで逃げることがある。鵜はそれまで海で生息しており、川での採餌活動には慣れていない。したがって、とくに若い鵜は川の上（カミ）と下（シモ）がわからなくなり、下流の淵（フチ）まで魚群を追って流れ落ちることがある。このことを鵜匠は「セオチ」というが、漁獲の効率がたいへん悪い。そのため、若い鵜（カセ）は老練な鵜（クロ）とペアリングを構築して一緒に行動させることが重要となる。クロが歳をとって横腹が白くなると「ドウランツキ」、鵜の顔横が白くなったものを「ホウジロ」というが、こういった老練な鵜とペアリングさせるほうがさらに間違いが少ないとされる。

鵜は一般的にニワトリよりよく馴れるといわれているが、塩田嘉助さんはイヌよりよく馴れる場合さえあるといっていた。放し鵜飼では魚をある程度のみ込んだ鵜を鵜匠のいる川岸に呼び寄せる必要がある。このため、鵜を呼び戻す訓練をしておかねばならない。鵜匠たちは魚を入れるコシカゴをみせたり、もっていった大根を振ったりするなど決まったもので呼び戻す訓練をしている。漁では「コイコイ」や「クワックワッ」など特定の呼び声も併用する。鵜匠によっては鵜を呼び寄せるためヨビエ（呼餌）といわれるウグイをみせるものもいる。

鵜飼の操業水域と漁獲魚種には若干の違いがある。高津川での鵜飼は明治初期にアユを捕りすぎるという理由でアユ漁の鵜飼が禁止される。その後、高津川では一二月一日から翌年三月三一日までの期間に鵜飼がおこなわれていた。昭和五〇年代後半まで放し鵜飼をしていた鵜匠の平川村蔵さんによれば、鵜飼によって捕獲される魚種は水域によって違ったという。平川さんは、高津川の支流・匹見川（横田で本流と合流）の横田から上流域、津和野川（日原町で本流に合流）の日原町から上流域、益田川という小河川、そして本流の高津川中流域のかなり広範囲で放し鵜飼をおこなっていた。このなかで、益田川ではフナ、コイ、ハエ（当地ではオイカワ・カワムツの両種をハエといっている）がよく捕れた。津和野川ではフナが漁獲の中心であったが、ウグイやコイも捕れた。匹見川ではウグイやハエ（オイカワ・カワムツ）が中心でコイやフナはほとんど捕れなかった。

高津川河口の鵜飼を中心に生業活動をおこなっていた塩田嘉助さんによると、河口域の放し鵜飼ではフナやイダ（ウグイの方名）、イナ（ボラの一〇センチメートルくらいのものをいう）、ボラ、コノシロをよく捕ったという。また海岸近くに存在する古川の沼（現在は埋めたてられて存在しない）や播竜湖という止水域ではフナ・コイがよく捕れたという。

四、高津川の生業としての鵜飼

高津川の前近代の鵜飼漁法を図15‐2に示した。また、文献によって知りえた前近代の夏季のアユ漁を目的とした徒歩鵜飼も高津川の前近代の鵜飼漁法のひとつとしてくわえたい。このアユ漁に特化した徒歩鵜飼は、明治の中ごろアユを獲りすぎるという理由で禁止になった。ここでは近代以前の高津川全域の生業としての鵜飼のありかたを復元することを主たる目的にしているので、この夏期にアユを鵜飼によって捕っていたこともくわえて高津川鵜飼のありようをみてみたい。

最上孝敬は一八九三（明治二六）年ごろまでは高津川で夏の夜の徒歩鵜飼がおこなわれていたことを、つぎのように述べている。

夜の鵜飼としてもかなり原始的な徒《かち》の鵜飼で、鵜匠一人が鵜一羽をつかい、流れにむかって遡ってゆくのであった。狭い川だと二人位ならば、広い川では四人もならんでするのであった。篝火は松の薪を束ね、その根元の方へ槍の棒をつきさしてもつものである。棒は長さ八―九尺もあり、つきさす先の方には鉄がついている。普通この棒を右手でもっているが、鵜に魚を吐かす時には、棒を口にくわえ鵜を右わきにかかえるようにして魚籃《びく》の中へ吐かせる。（最上 一九六三：二―三）

つまり明治の中ごろまで高津川では、夏に徒歩鵜飼がおこなわれていたことがわかる。この最上の報告にある高津川の徒歩鵜飼で使われた道具一式が伊藤康弘『山陰の魚漁図解』（伊藤 二〇一一）に掲載されている。同書で復刻された文献の「出雲石見魚漁図解　弐」に鵜飼道具として鵜川の漁具およびその使用法が以下のように記述されている。

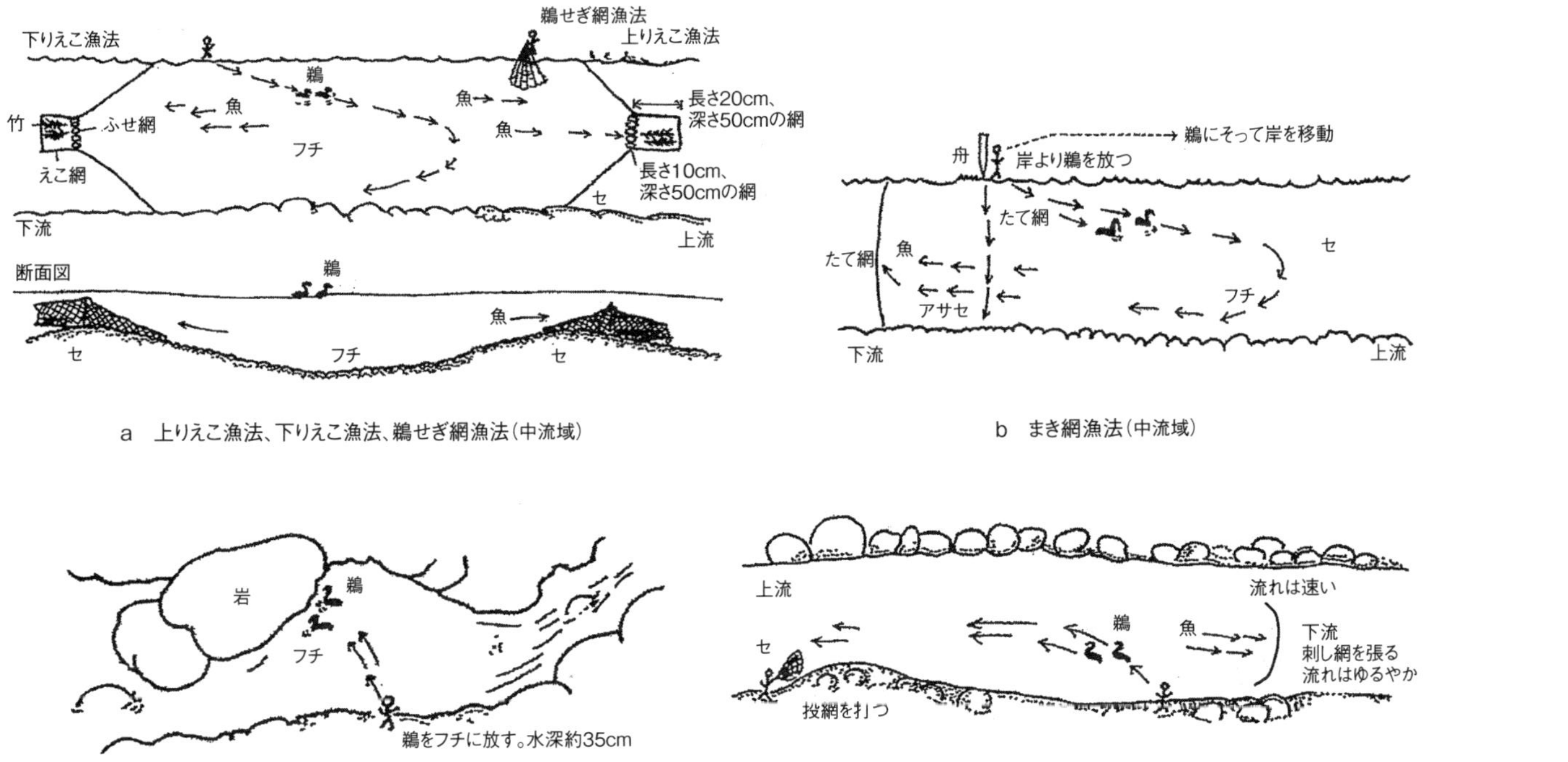

a　上りえこ漁法、下りえこ漁法、鵜せぎ網漁法（中流域）

b　まき網漁法（中流域）

c　あなどり（中流域から上流域）

d　支流渓流域の鵜飼

図 15-2　高津川における前近代の鵜飼漁法
出所：筆者作成。

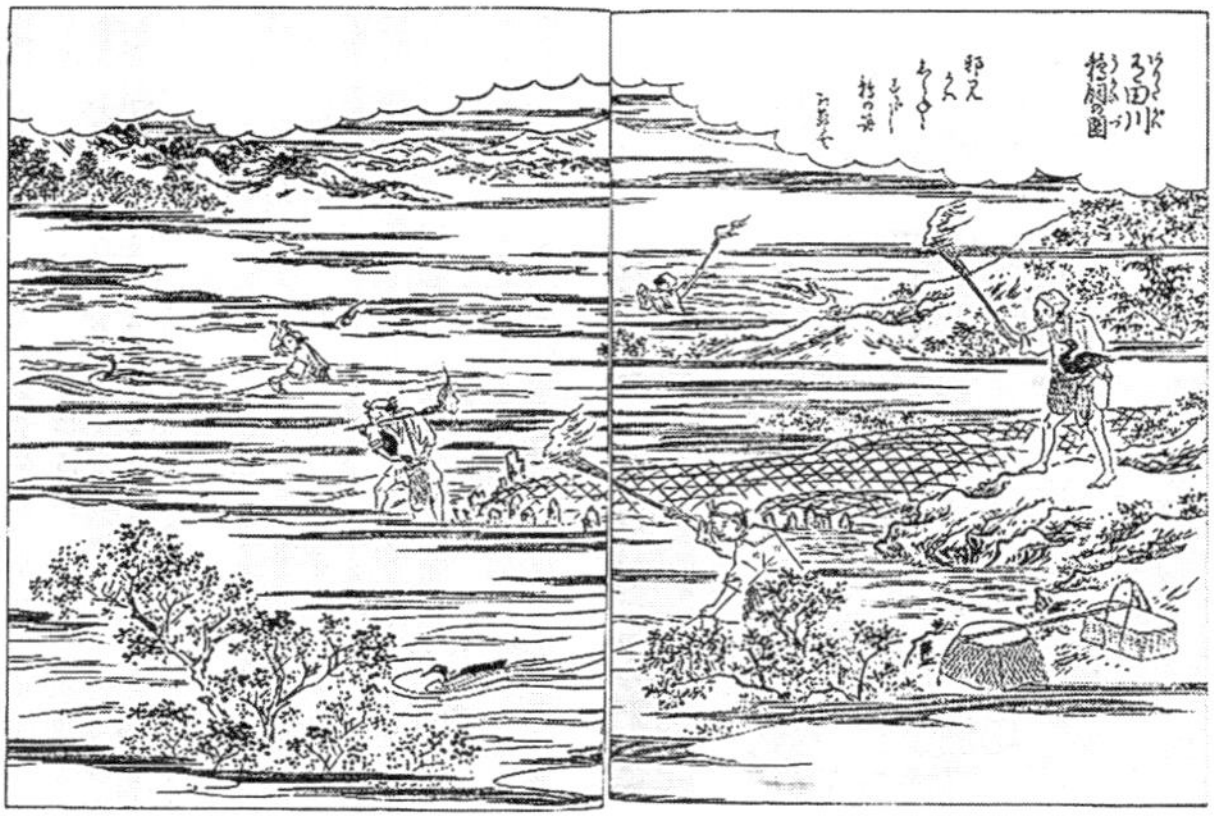

図 15-3　ウミウを手縄で操りながらアユを狙う
出所：「有田川鵜飼の図」『紀伊国名所図会 後編（二之巻）』（国立国会図書館デジタルコレクション）。

> 蔓ノ皮ヲ去リ鵜縄トナシ、火串（器名）ニ明松ヲ刺シ、暗夜水面ヲ照シ、鵜ヲ放テ香魚其ノ他ノ雑魚ヲ獲セシメ、鵜縄ヲ操リ寄セ、鵜ノ咽喉ニ貯ヘタル魚ヲ吐出セシメ籠ニ納ム、如斯スルコト数回ナリ、又白昼ニハ縄ヲ附セスシテ使用スルコトアリ、又鵜数十羽ヲ放テ魚ヲ追ハシメ、魚ノ追繋セラレ一所ニ群集セシヲ見テ網ヲ撤下シ、魚ヲ獲ルコトアリ、之ヲ鵜責ト云フ、鵜籠・魚籠等ハ図面ノ如シ。
>
> （伊藤二〇一一：四〇）

最上の記載と「出雲石見魚漁図解　弐」の前半の説明は有田川の徒歩鵜飼の様相と同じであることは明らかである（図15-3参照）。また「出雲石見魚漁図解　弐」の後半の説明は図15-2aの鵜せぎ網漁法と同じである。

この文献には明解な説明が図とともにある。この漁場として津和野川、吉賀川、日原川があげられ、漁期は「鵜縄ハ夏季、鵜責ハ冬季ナリ」とあり、漁獲魚種は「香魚《アユ》・桃花魚《ウグヒ》・鯽魚《フナ》」となっている。

この資料は一八八一（明治一四）年の第二回内国勧業博覧会に出品されたものの草稿本をまとめたものである。一八八一年以前には高津川で冬季の放し鵜飼と夏季の繋ぎ鵜飼が同じ鵜飼集団によっておこなわれていたことを示していて興味深い。この鵜飼の形態を繋ぎ鵜飼や放し鵜飼と名づけず、鵜縄と鵜責といっていることも興味深い。放し鵜飼や繋ぎ鵜飼という命名は外部のものがつけた名称であり、鵜づかい（鵜匠というよりこちらのほうが自称・他称として使っていた可能性が高い）自身はこの鵜飼漁法全体を「鵜川」といっていったようだ。

つまり鵜川という鵜飼漁法のなかに大きく鵜縄という漁法と鵜責という漁法があるということになるのであるが、このほうがいわゆる繋ぎ鵜飼や放し鵜飼とよばれて全国各地でおこなわれてきた生業としての鵜飼の実態を反映しているのではないかと思われる。この鵜川という鵜飼漁法でも、とくに河口域では移動手段として平田舟が使われる。しかし、この舟の使い方は大きな河川の中流域で舟上から手縄を利用して多数の鵜を操るアユ漁の鵜飼漁法とは基本的に異なる。鵜縄も鵜責も漁場までの移動手段として舟を使うことを基本としており、舟鵜飼と徒歩鵜飼という従来の分類も生業活動という点からみて有効な分類とは思えない。やがて観光鵜飼にまで姿を変える大きな河川の中流域でのアユ漁に特化した舟鵜飼は、むしろ鵜飼という生業のなかでは特異的なものというか特殊なものだと考えたほうがいいのではないか。

さて、近代以前の高津川の鵜飼は鵜川による鵜縄と鵜責の二つの漁法があるといってきた。鵜川という漁法は、いわゆる舟鵜飼が鵜匠だけによる漁法であるのに対して、鵜匠以外の人たちが関わるという意味で大きく異なっている。この漁法は、魚を手に入れたい河川流域の村人が漁に参加する点に大きな特徴がある。鵜川のうち鵜縄を使うアユ漁法についてはすでに述べたので、それ以外の鵜川の漁法について述べてみたい。図15‐2「鵜飼漁法」は鵜川の漁法のすべてを図示しているが、村人が参加しない漁法は上述の夏季の鵜縄漁法と冬季の「あなどり」の二つである。「あなどり」は鵜匠が単独で冬季におこなう鵜飼漁法である（図15‐2c）。とくに厳冬期には対象とする魚類のウグイ・フナ・コイは大きなフチの岩場の下に隠れ潜むことが多い。中流から上流にかけてこうした大きなフチがでてくる地域の村人の要請（買い取る約束）を受けて、鵜匠が一羽ないしは二羽の鵜を自転車などで運び（自転車以前は天秤棒で鵜籠を運んだ）、放し鵜で魚を捕らせる。岩の下には魚が群集しているので一つのフチで結構魚が捕れるそうだ。

夏季の鵜縄漁法と冬季のあなどり以外の鵜飼漁法はすべて村人との協業による集団漁である。いずれもフチにいる魚群を鵜に追わせてセに追い込み、セで網を仕掛けるか網を打つことで魚を一網打尽に捕る漁法といえる。仕掛ける網の種類や投網を打つ方法の違いがあるだけである。もっとも大がかりな漁法は「下りえこ」漁法と「上りえこ」漁法である（図15-2a）。中流域の大きなセが連続する場でセの下流側にたて網を張り、図にみるように扇状部分も中央に箱型のえこ網を張る。このえこ網は、魚群が下る通り道（セゴシとよぶ）に箱型のえこ網を張るのが重要である。えこ網のなかに笹竹をいれて魚群の隠れ家を作っておく。えこ網の入口には伏せ網を敷いてその上に石を置いておき、魚群がえこ網の笹竹に入るのを見計らって伏せ網を起こし、えこ網のなかの魚群に刺し網をいれて一網打尽にする。この漁法での鵜の役割は下流部に仕掛けられた網に魚群を下流部や上流部から追い込むことである。大がかりな仕掛けの鵜飼漁法である。セの下流部に網の仕掛けを作る方法を「下りえこ」漁法といい、上流部に仕掛けを作る方法を「上りえこ」漁法という。セとフチの規模によって仕掛けを作る人の数と鵜の数を増やすことになる。通常は川幅五〇メートル以内で水深三〇センチメートル以下のセが選ばれる。鵜匠一人と村人は一〇〜二〇人でこの漁をおこなう。

まき網漁法で魚を捕る方法は原理的なレベルでは下りえこ漁法（上りえこ漁法）と同じである（図15-2b）。網の仕掛けが下りえこ漁法に比べて簡単でフチにいる魚群を数羽の鵜で追いだして下流部のたて網のほうに向かわせる。浅瀬にやってきた魚群に舟をだして二枚刺網を使って巻き網として魚群を巻き取る。舟を使えるセであることなどが条件である。

さらに、鵜が追い込んだ魚群に投網を打って捕る方法を示したのが「鵜せぎ」漁法である（図15-2ad）。鵜せぎは『山陰の魚漁図解』にでてくる鵜責と同じ漁法だと思われる。この漁法はたて網を設置することが難しい場所や、巻き網を使用することが比較的困難な場所、つまりかなり川の上流部でおこなわれる。二羽あるいは四羽の鵜を使い、下流部のセに追い込むか、上流部のセに追い込むかは川の状態を鵜匠が判断して決める。そして、追い込まれてきた魚群を両岸にいる数人が投網を打って捕る。夏季のアユ漁やあなどりを含めて、以上がすべての高津川の放し鵜飼とよばれてきた鵜飼の漁法である。

重要なことは高津川の鵜匠一人一人がこれらの漁法のすべてを身につけている民俗的な技術であることである。これらは川の形状や魚の生態によって漁法を対応させているのである。身につけている鵜飼漁法は、放し鵜飼・徒歩鵜飼・繋ぎ鵜飼・舟鵜飼であり、魚種や需要に応じて昼川鵜飼・夜川鵜飼とすべての漁法を使い分ける。さらに河口域の鵜匠は野生鵜の捕獲から調教・販売までおこなっていた。とくに高津川の河口域の鵜匠は鵜飼のジェネラリストといってもいいだろう。

ただ、これはこの集団を民俗技術的な側面からみた場合であって、社会のなかの生業という観点からは大きな違いがあると思われる。河口域の鵜飼集団は流域のなかでは大きな町のあったところに住んでいて、この鵜飼集団は町場に発達した市を通して魚の販売が可能であり、鵜飼という生業を専業化させても十分生活が成り立つものであった。しかし、中流域や上流域の鵜飼集団は、村による魚の需要はあるものの専業化できるほどではない。また村のレベルでは市も存在しているわけではないので、安室知のいう山村のさまざまな生業が並立する複合生業のひとつとして鵜飼は存在していたようだ。つまり前者は鵜飼のフルタイム・エキスパートであり後者はパートタイム・エキスパートであったと思われる。そして両者ともさまざまな鵜飼漁法をすべておこなえるという意味では鵜飼漁法のジェネラリストであるといえる。その意味では長良川中流域の鵜飼は、アユ漁に特化した鵜飼漁法のスペシャリストなのである。有田川下流の鵜飼は徒歩による夜川の手綱を使うアユ漁に特化したスペシャリストであり、生業のありようからみると農間漁業なのでパートタイム・エキスパートといったほうがいい。

五、生業としての鵜川と鵜飼

最上孝敬は『原始漁法の民俗』の「高知県の徒鵜飼」のなかで「高知県は東の端から西の端まで、近い頃まで鵜飼を行なっていた所で、おそらく府県で、こんなに広い範囲にわたってこれほどさかんに鵜飼をしていた所はほかにあるまい」（最上一九六七：一一二）と述べている。[*7] 最上の報告で、放し鵜飼、徒歩鵜飼、舟鵜飼と記載されているところを河川ごとに落としてみたのが図15－4である。本稿で取りあげた高津川の事例を相対的にみるため、以下では最

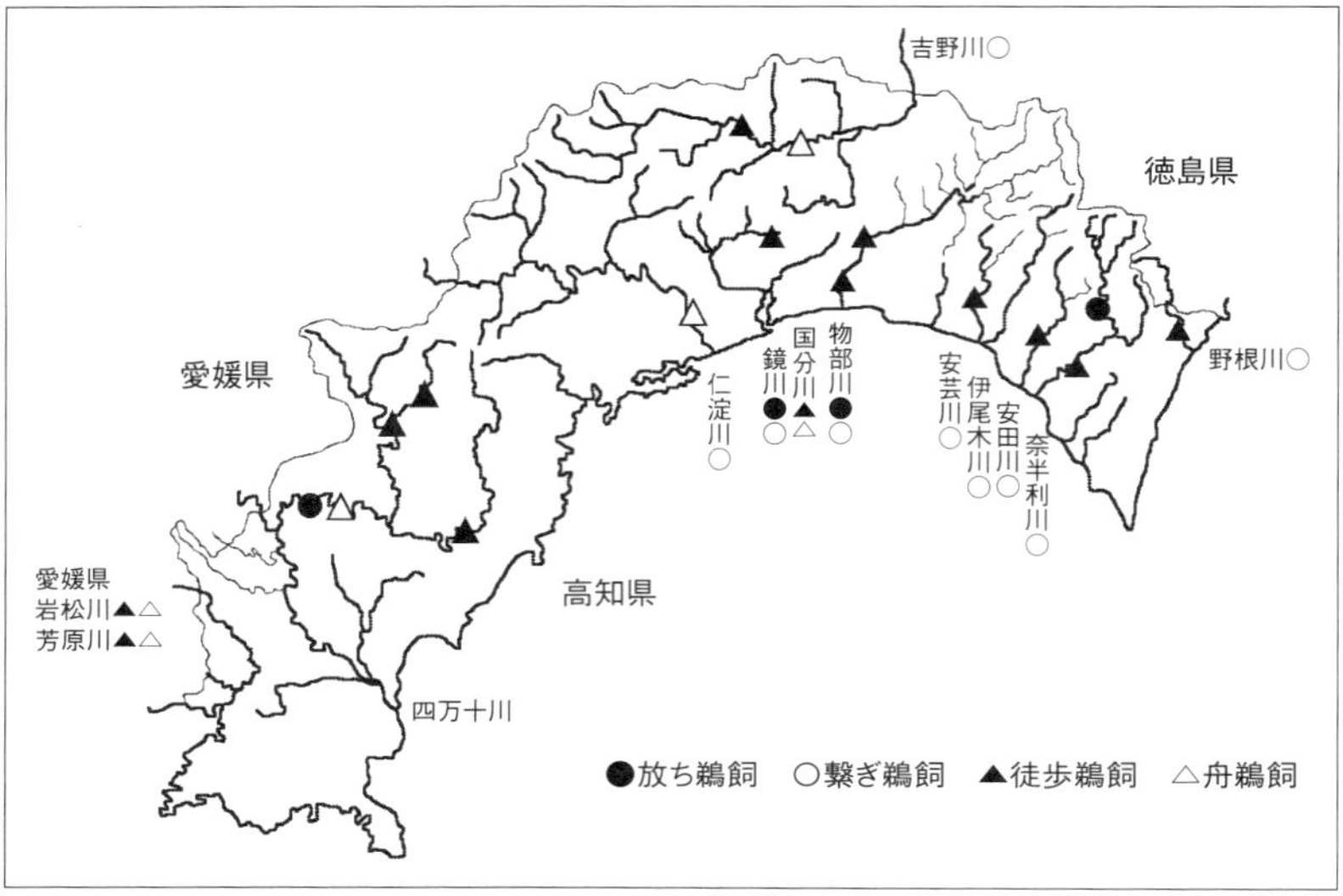

図 15-4　高知県の河川における鵜飼の分布とタイプ
注：地点がある程度わかる場所にはそこにプロット。それ以外は河川名のあとにタイプの記号を記入。
出所：筆者作成。

上孝敬や坂本正夫（坂本 一九九九）の報告に記された高知県の鵜飼のありようを簡単にまとめてみたい。鵜飼の漁法のどのようなところをみるかによって記述は異なるので、筆者が知りたい情報が必ずしも記述されているわけではないが、物部川鵜飼では「高津川の放し鵜飼」のなかで「下りえこ（上りえこ）」漁法や「あなどり」と同じものだと思われるものがある。

> 同じ昼の鵜飼でも、もっと寒くなってからするのは、物部川辺でハナシといった。クビワだけで放って、フナ、ボラ、コイなどを勝手にとらせた。（中略）北川のほうでは霜が降り出してから、淵などでする鵜飼をオイドリといった。やはりクビワだけして、イダなどのかたまっている所へ放つと、イダはもうヒレがたたず下流にしか逃げ出せない。それで下流の浅い所にセキをつくり、たけ一丈五尺位の網袋をそなえておいて逃げてきたのをすくいとる。ウはおいながらイダのみをもするので、のんだらよんで吐かす。よぶにはトイトイトイと声をかけたり、おいてある餌をみせればよい。
> （最上 一九六七：一二〇）

この記述では「下りえこ」と「あなどり」の双方の漁法がみられるが、ほかの報告のなかでは高津川と同じような「鵜せぎ」漁法がみられるし、かつこうした先述のものも含めて鵜飼漁法が川沿いの農民との協業の漁法であったことがわかる。高知県の鵜飼では高津川にはないもうひとつの漁法が記録されている。それは「鵜縄」とよばれる漁法である。高知県で報告されている「鵜縄」は、各地でいわれる鵜を使わない「鵜縄」漁法と異なって鵜を使う鵜縄漁法であり、これこそが本来的なものではなかったかと推測される。これも以下に示すように川沿いの農民との協業による漁である。ただこの高知の鵜縄漁法も図15－2bのまき網漁法で用いるたて網が鵜縄に変わっただけであり、基本的には同じ漁法といえる。

徒鵜飼には以上のような夏期の夜の鵜飼の外、昼にするヒルカワと称するものが物部川辺でもあった。川を横切って綱をはりわたし、両岸に一人ずつ二人の人がこれをひいて流をさかのぼるのである。仁淀川のように川幅のひろい所では、二人でひききれず四人の人がいる。アユはこの綱におわれてのぼっていくが、ある程度のぼると戻ろうとする。ただ綱があるので、それを前にしてうろうろする。ウつかいは、ひいてのぼる綱のあとを追ってウとともにのぼっていくが、ウはこのうろうろしているアユを逃さず捕える。それをすぐ手の上にとまらせて吐かせるという。

（最上一九六七：一一九）

これまで、高津川の鵜飼を放し鵜飼や徒歩鵜飼とみなすより、それらをすべて包括して「鵜川」といったほうがいいと述べてきた。この高知県の事例からもわかるように、いままで日本全国の中小河川で放し鵜飼や徒歩鵜飼といわれてきたものは鵜川という鵜飼漁法の一側面にすぎないといえそうである。つまり、近代以前にかなり全国的に展開していた放し鵜飼とか徒歩鵜飼とみなされていた鵜飼は、「鵜川」といったほうがより実態に近い。

最上孝敬が「放し鵜飼」を原始的漁法とみなしたのは当時の考えでは常識的であった。また鵜飼を東アジアの世界のなかに位置づけ、鵜飼の研究に大きな役割を果たした可児弘明も日本の鵜飼は放し鵜飼から繋ぎ鵜飼へ、昼川から夜川へ、徒歩鵜飼から舟鵜飼へ発達変遷したと考えた。むろん、こうした考えは必ずしもすべてを否定できるものではない。しかし、高津川や高知県の河川の事例でみたとおり、それらの鵜飼はどのような漁法を河川のどのような場所でおこなうかで見方が異なるのである。

以上のとおり、高知県のいわゆる放し鵜飼や徒歩鵜飼は高津川の鵜飼漁法と相同なものと理解できるであろう。放し鵜飼や徒歩鵜飼あるいは繋ぎ鵜飼、さらに夜川と昼川などの分類は、高津川や物部川など中小の河川域の鵜匠たちが併せもっている鵜飼漁法の一側面を表現したものにすぎない。最上孝敬は高知県内の「ウつかい」たちがお互いに交流しよく移動することも報告しているし、高津川流域の鵜匠たちもお互いに交流していたことは筆者も確認している。こうした鵜匠たちは、漁法をおこなう場や季節によって、また対象とする魚によって対応する漁法を選択しているにすぎず、鵜飼漁法に関してはジェネラリストといったほうがよい。その意味を含めて高津川の鵜飼を「鵜川」と表現し、この鵜川こそが鵜飼という漁法の原型的なありようであったということを結論としておきたい。そして有田川など多くの地域でおこなわれていたアユ漁に特化した徒歩による繋ぎ鵜飼もまた、原型的な鵜川から析出して洗練化に向かった鵜飼ではないかと思われる。

中流域のアユ漁に特化した舟鵜飼などは、この原型的な鵜飼である鵜川のなかからある特異な漁法（夏季の夜のアユ漁に特化した徒歩による繋ぎ鵜飼）が洗練化したものと捉えることができるのではないか。もちろんこの中流域に大きな町があって市が存在し、アユの需要が相当高いという条件がなければならない。安室知の複合生業論のように冬季の鵜飼という生業は並立化できるが、夏季の鵜飼は稲作の労働過程に内部化できず、稲作外の労働として外部化するしかない。ということは一軒の家で並立化できなければ村落内で並立化する、つまり分業化・専業化しなくてはならなくなるわけでフルタイム・エキスパートの専業の鵜匠が成立してくる。最上孝敬が「原始的漁法」といい、可児弘明が発達変遷として述べてきた日本列島のなかにおける鵜飼の歴史は、鵜飼のあらゆる漁法を保有していた原型的な鵜川からの析出と洗練という過程として捉えるほうがより生業の鵜飼の歴史を反映しているのではないか。

残された課題は日本の記紀以前の古代社会でおこなわれていた生業鵜飼が鵜川に近いものであったのかどうかという問題である。この問題はいわゆる古代中国の鵜飼が朝鮮半島に伝播し、おそらく稲作文化に随伴して伝来したのであろうが、確たる論証はない。しかし、万葉集や記紀にでてくる鵜飼は「鵜川」であることはまちがいないであろう。そして、その頃の鵜川は近代以前の高津川のように洗練化されてはいなかったかもしれない。ただ鵜川という完成された鵜飼漁法の原型的な姿がすでに整っていたのではないかと推測している。この問題はいわゆる照葉樹林文化論とも関連し再考する必要があるが、別稿に譲りたい。

【追記】

本稿は、宅野幸徳氏が二〇二二年一二月一一日に国立民族学博物館の共同研究「日本列島の鵜飼文化に関するT字型学術共同アプローチ」において口頭発表された「放ち鵜飼の知識と技術」の未定稿をもとに、篠原徹・卯田宗平が宅野氏の主旨を尊重して加筆修正したものである。宅野氏は二〇二二年一二月二六日に急逝された。

【注釈】

＊1　『古事記』や『日本書紀』、『万葉集』に散見される鵜飼がどのような形態であったのかは明確にはわからない。ただ『万葉集』のなかで天皇の吉野行幸のとき柿本人麻呂の詠んだ歌は、高津川下流で塩田嘉助さんなどの鵜匠が生業としておこなっていた、いわゆる「放し鵜飼」の漁法に近いのではないか。同様に『万葉集』で大伴家持が越中で詠んだ鵜飼も「放し鵜飼」ではないかと思われる。当時の鵜飼は明らかに鵜を使って魚を網に追い込む漁法、あるいは追い込んだ魚に投網を打つ漁法であった。これは鵜使いと農民の協業によるものであった。

＊2　高津川のような大河川ではない中小河川では流域に「市」が成り立つような町は少なく、鵜飼が専業として成り立つことはありえない。「市」の有無だけではなく、鵜飼そのものも鵜匠が単独でおこなうことは漁法上での制約や移動の問題があって専業化は難しい。

＊3　冬期、鵜飼をおこなわないときに鵜匠たちが鵜を集めてウグイやフナなどを捕らせて食べさせることを餌飼（エガイ）とよんでいた。鵜飼は季節性をもっているので専業化するためには鵜の給餌という困難を乗り越える必要がある。中流域のアユ漁に特化した長良川の鵜飼などにおいても冬期の餌飼は大きな問題であった。

＊4　トヤのなかに二羽の鵜を一緒に飼育するのはペアリング関係を構築するためである。ペアリングしている二羽が放し鵜飼の漁法を遂行する上で好都合だからだと考えられる。鵜川や鵜責では網のある方向に二羽が連れだって追い込む行動をとるほうが合理的である。ペアリングは舟鵜飼においてもみられる。ただ鵜川や鵜責の方法のほうが原型的であったとするならば、鵜飼は当初からペアリングの技術をともなっていたと考えた方がいい。

＊5　広島県三次の舟鵜飼の鵜匠・上岡義則さんも同じような技術をもっていて、彼の場合は新規の鵜とすでに所有している鵜とペアリングさせるためにこの技法を使っていた。

＊6　平田舟は、高津川に限らず島根県内の河川で漁撈活動に使われる平底の川舟。鵜飼だけではなく河川漁撈をおこなう川漁師たちも同様の舟を使う。

＊7　最上孝敬は『原始漁法の民俗』の「鵜飼の伝承」のなかで徒歩鵜飼二〇か所、舟鵜飼一三か所を挙げている。いわゆる徒歩鵜飼のほうが広い地域でおこなわれていたことは明らかである。

第一六章　鮎鮨と鵜飼
——その製造技術と菌叢の解析から

堀　光代

一、発酵とは——発酵と発酵食品の分類

本章は、過去より鵜匠家で作られてきた鮎鮨に注目し、その製造技術を記述した上で、微生物の菌叢解析を通して鮎鮨の製造過程における微生物菌叢の変遷と製造技術の食品科学的な意義を明らかにするものである。

鮎鮨[*1]は、発酵食品に分類されるため、まず「発酵」とは何かを記してみたい。日常の食事には、納豆や味噌、醤油、日本酒、チーズ、ヨーグルト、パン、ワイン、ビールなど、多くの発酵食品が存在する。発酵は微生物が関与し、微生物の働きが解明される以前より先人たちの工夫と知恵、偶然が作りだした産物である。世界各地には気候風土を生かした発酵食品が数多くあり、独特の食文化を形成している。食生活のなかに欠かせない「発酵」という作用が人びとの食生活とともに発展してきたといえる。一方、微生物の働きによって「腐敗」も起こる。腐敗した食品は食べることができない。なかには食中毒を起こす菌もある。目に見えない微生物の働きは、両義的な意味を併せ持っているのである。食品微生物学や食品衛生学などのテキストには、微生物が食品中に増殖する要因が記載されている。それらは、水分、栄養分、温度、酸素、水素イオン濃度（ｐＨ）、浸透圧という六つの要因である。ここで詳細を述べる

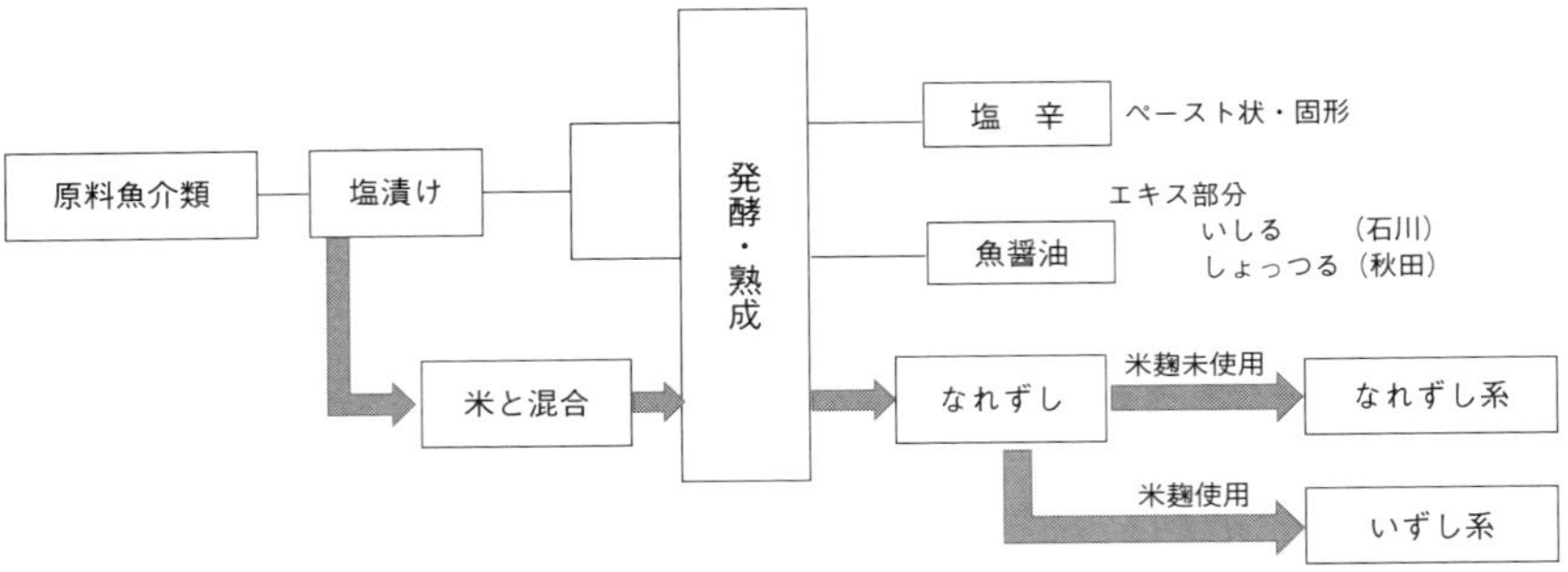

図 16-1　魚介類の発酵と熟成
出所：小柳（2017：15）を一部改変。

ことはできないが、自然界におけるそれぞれの要因やメカニズムが関与し、発酵か腐敗かのどちらにも働く。

このように、発酵と腐敗はいずれも微生物の働きで起こる現象である。ただ、発酵は人間にとって有益であり、腐敗は有害であるとされ、人間の都合によって両者を区別しているだけである。石毛直道は、このことについて次のように指摘する。発酵とは「微生物の作用で有機物が分解し、なんらかの物質が生成されることをいう。ただし、腐敗も科学的には発酵とおなじ現象であるといわざるを得ない。おなじ現象であるにもかかわらず、一般に、その結果が人間にとって有用な場合を発酵とよび、有害な場合を腐敗とよぶ。つまり、発酵と腐敗のちがいは科学的に区別されるものではなく、人間の側の価値観によってきまる」（石毛・ラドル 一九九〇：六―七）という。実際、他国の食物を受け入れるとき、自国の者にとって日常的な食物でさえも驚きを隠せない食物がある。食文化の興味深いところである。

なれずしの主な原料である魚は、季節によって獲れる魚種が異なる。さらに漁業はときに豊漁になるときもあれば不漁が続くときもあり、安定しない生業である。そして、獲れた生魚は活きがよいことが重要であり、保存できる期間が短い。このため、各地の人びとは冷蔵設備がない時代から漁獲物の乾燥や発酵をおこなってきた。たとえば、イカの利用をみると、干物にして「するめ」を作ったり、下処理したイカの胴体に塩を詰めて塩蔵（塩イカ）にしたりする場合がある。岐阜県は海のない県であり、塩イカを保存食として利用していた。

現在も岐阜県飛騨地域では塩イカを使った郷土料理が親しまれている。また、イカの内臓で「塩辛」を作ることで、内臓も無駄なく使うことができる。日本の塩辛は、イカだけでなく、かつおの内臓の塩辛（酒盗）、ウニの塩辛、アユの卵巣・精巣・内臓の塩辛（うるか）、ナマコの内臓の塩辛（コノワタ）など多様にみられる。いずれも微生物の作用により無駄なく食材を生かす工夫であり、ＳＤＧｓの思想にも通じるといえる。

このように発酵食品は多岐にわたっている。そこで、魚を中心とした発酵の仕組みをまとめたものを図16‐1に示す。まず原料となる魚介類を塩漬けするのは、味つけのみならず、主原料の脱水や血抜き、腐敗微生物の増殖抑制、自己消化（自菌の酵素によって分解されること）の進行抑制などさまざまな効果を考えてのことである。季節により大きく異なる漁獲物の有効活用や、動物性のたんぱく質の保存性や貯蔵性を高めるために発酵はおこなわれる。なお、塩漬けにより直接漬け込む方法と飯と混合して発酵と熟成をおこなう方法によって塩辛・魚醤・なれずしとなる。

二、なれずしの分布――伝統的な分布と日本国内の分布

なれずしに関しては、篠田統や石毛直道らが詳細な調査をおこない、いまも多くの研究者によって地域調査や発酵微生物の実験が続けられている。石毛によると、なれずしとは「主として魚介類、ときには鳥獣肉を主材料として、それに塩と加熱した澱粉（おおくの場合、米飯）を混ぜることによって、乳酸発酵でｐＨを低下させ、腐敗菌の繁殖をおさえて保存食品としたもの」（石毛　一九八七：六〇六）であるという。このなれずしは、東南アジアから東アジアに分布するが、世界のほかの地域ではみられない。日本では「室町時代からスシが独自の発達をとげるようになり、多種類のスシが出現したので、区別のためにナレズシという名称が用いられるようになった。しかし、本来はスシとはナレズシをしめすことば」（石毛　一九八七：六〇六）であったという。ただ、もちろん東南アジアや東アジアのすべての地域に分布しているわけではない。日本においても同様である。

日本国内のなれずしの分布に関しては、柏尾珠紀が文献情報を手がかりにその広がりをまとめた。柏尾の結果によると、日本国内では北海道、東北地域（青森県、秋田県、岩手県、山形県、福島県）、関東地域（群馬県、栃木県、千葉県、長野県）、中部地域（三重県、岐阜県、愛知県）、近畿地域（京都府、滋賀県、奈良県、和歌山県、兵庫県）、中国地域（岡山県、広島県、島根県、鳥取県）、九州（熊本）にみられたという（柏尾 二〇二三：一七）。なかでも滋賀県は特筆すべき多さである。滋賀県には琵琶湖があり、とくに淡水魚の食文化が生活と密着していたといえる。日本国内では、なれずしは正月や祭りといったハレの日のごちそうとして作ったり、季節の魚を利用して保存食として作ったりしてきた。柏尾の文献調査からは、海水魚ではサバ、淡水魚ではフナ、アユが多いことも明らかとなった。

さて、なれずしという言葉であるが、日比野光敏によると三つの意味があるという。それらは、発酵させるすし（広義）、飯と魚を基本材料とするすし（狭義）、十分に発酵させて飯は食さないすし（最狭義）である（日比野 二〇一六：七―八）。彼によると、日本では江戸中期から酢酸を使うようになったが、当初は発酵の補助的な役割であった。それがのちの時代で主役になり、現代の寿司の主流は酢飯を用いた握り寿司、巻寿司、ちらし寿司となっている。

三、岐阜市長良川の鮎鮨

三―一、鮎鮨の歴史

長良川の鮎鮨の歴史については、すしの研究を長く続けている日比野が三つの時代に分類している（日比野 二〇一二）。それによると、第一区分は平安時代以降である。『延喜式』（九二七年）に「鮓年魚」とあるのが初見とし、そこに「美濃年魚鮨」の文字もあると記している。これは長良地区のものとは言い切れないものの、当時から長良川が良質のアユで知られていたため、長良地区の可能性があるという。第二区分は江戸時代である。この時代は「各地の産物を時に応じて幕府に献上する「時献上」の制度があった。鮓の献上は全国で十数藩が行っており、岐阜の鮎鮨もそのひとつであった」（日比野 二〇一一：六）とされる。この献上鮨は幕末まで続いていた。江戸時代に献上鮨を作る場所は「御鮨所」とよばれ、現在の岐阜市東材木町あたりにあった。ここで作られた献上鮨は、飛脚を使い岐阜から名古屋へ、東海道で江戸まで五日間で届けられたという。第三区分は幕末から現在までである。幕藩体制の解体により、明治期に入ると従来の鮎鮨の献上制度はなくなる。しかし、鵜匠たちはアユを飯とともに発酵させる方法で鮎鮨を作り続けており、それが現在みられるものである。

このような歴史をみると、現行の鮎鮨は江戸時代の影響が大きいといえる。実際、江戸幕府の献上鮨と鵜匠たちが作る鮎鮨の製造法はよく似ている。これは、製造技術の伝統を引き継ぐ事例として意義深い。実際、鵜匠家の鮎鮨製造が二〇一〇年に「鵜匠家に伝承する鮎鮓製造技術」として岐阜市重要無形民俗文化財に指定されたことからもわかる。さらに、文化庁が指定する「一〇〇年フード」[*2]における「江戸時代から続く郷土の料理」のカテゴリーで「岐阜の鵜匠家に伝わる鮎鮨」が認定された。

さきに取りあげた柏尾の報告によると、鮎鮨は他県にもみられる。具体的には、山形県、福島県、富山県、三重県、滋賀県、和歌山県、兵庫県、鳥取県および岐阜県である。そのなかで、岐阜県は岐阜市の長良川右岸である（柏尾 二〇二三：一九―二〇）。この岐阜市の長良川右岸は鵜匠の居宅が点在している地域である。岐阜市長良川では一三〇〇年以上の歴史をもつ鵜飼がおこなわれている。岐阜市長良川の鵜匠家では、その年にお世話になった方に渡すための鮎鮨を昔ながらの製法で作り続けている。丹精込めて作る贈答用のため、一般に出回ることはほとんどない。現在、鵜匠家のほかに岐阜市内の旅館などでこの製法に準じた鮎鮨が作られている。

三-二、鮎鮨の作り方

本項では、このように伝統のある鮎鮨の作り方について明らかにしてみたい。筆者は、二〇二〇年から二〇二二年にかけて鵜匠家の協力のもと、聞き取り調査および作り方の調査を実施し、鮎鮨の製造技術を記録する機会を得た。

ここでは、筆者の調査結果と既存の研究成果（伊東 一九九〇、日比野 二〇一一）を踏まえながら鮎鮨の製造技術をまとめてみたい。

鮎鮨の原材料は少なく、アユと塩と白飯のみである。アユは一〇月ごろから一一月までの時期に捕獲した落ちアユを利用し、食塩は塩漬け時のみ、白飯は漬け込み時のみに使用する。作り方は四つの段階に分かれている。具体的には、第一段階は塩漬け（約一か月）、第二段階は水洗い（塩抜き）、第三段階は漬け込み（約一か月弱）、第四段階は取りだし（口開け）である。以下では、各段階の作業を具体的に記す。

第一段階——塩漬け

塩漬けは、落ちアユが獲れる時期におこなう。落ちアユとは、産卵のために下ってきたアユのことである。通常は、九月末から一〇月に捕獲される。しかし、近年では温暖化の影響で一一月ごろにならないと落ちアユが手に入らないこともあるという。温暖化がアユの生態系にも影響しているのか、塩漬けの時期も遅くなっている。秋が深まる時期になると、雌は卵をもつため商品価値が高い。そのため、鮎鮨に用いるアユは、それ以外の雄および産卵後の雌となる。十分に育った雄のアユは婚姻色といわれる黒っぽい体色をしている。聞き取り調査によると、産卵後の雌は腹の皮が薄く、破れることもあるため、鮎鮨の形が保てないとのことであった。雄は腹側もしっかりしているため適している。

塩漬け前の下処理は、肛門から小型ナイフを用いて腹開きにし、白子をうるかにする場合には水に触れないように取りだして別容器に入れる。その後、内蔵を除き、腹のなかの血合い部分や腹骨の間などを丁寧に水洗いする。水洗いの後は、水切りのためにしばらく置いておく。その後、一尾ごとに塩をまぶす。とくに腹のなかにはたっぷり塩を入れる（写真16－1）。それを甕の中に入れて漬け込んでいく。塩は精製塩だと手から落ちやすいため、粗塩を利用する。漬け込むと甕内部のアユの水分が塩水となる（写真16－2）。後述するように、塩蔵は病原菌などの微生物の増殖を抑える意味があり、たいへん重要な作業である。その後、甕に落し蓋をし、蓋の上に重石を置いて上蓋をする。常温で一か月ほど保管する。

第二段階と第三段階——水洗い（塩抜き）と漬け込み

第二段階と第三段階は同日におこなう。日にちは各家の都合も考慮して決める。毎年一二月の同日に漬けることを決めている鵜匠家もある。例年通り年末に鮎鮨を完成させ、一年の感謝を込めてお世話になった方に届けるためである。

一二月初旬、塩漬けしてあったアユを甕から出し、丁寧に鰭や鱗などを処理する。処理したアユは、桶に入れ、水を流しながら塩抜きをしていく。筆者が調査した鵜匠家は、いずれも自宅の井戸水を使い、塩抜きをしていた。このとき桶のアユを水中で丁寧に上下に返し、塩抜きが均一になるように注意していた。この塩抜き加減が鮎鮨の味に関わる重要な作業だと認識されているからである。鵜匠家によってはアユを少し食して塩加減をみる場合や、食さずにアユの腹がやわらかくなる感触を目安に加減をみる。塩抜きは一時間程度おこなう。年に一度の記憶をたどり、経験と勘が必要な作業となる。

写真16-1　鮎の腹に塩を詰める（岐阜県岐阜市長良、2021年10月、筆者撮影）

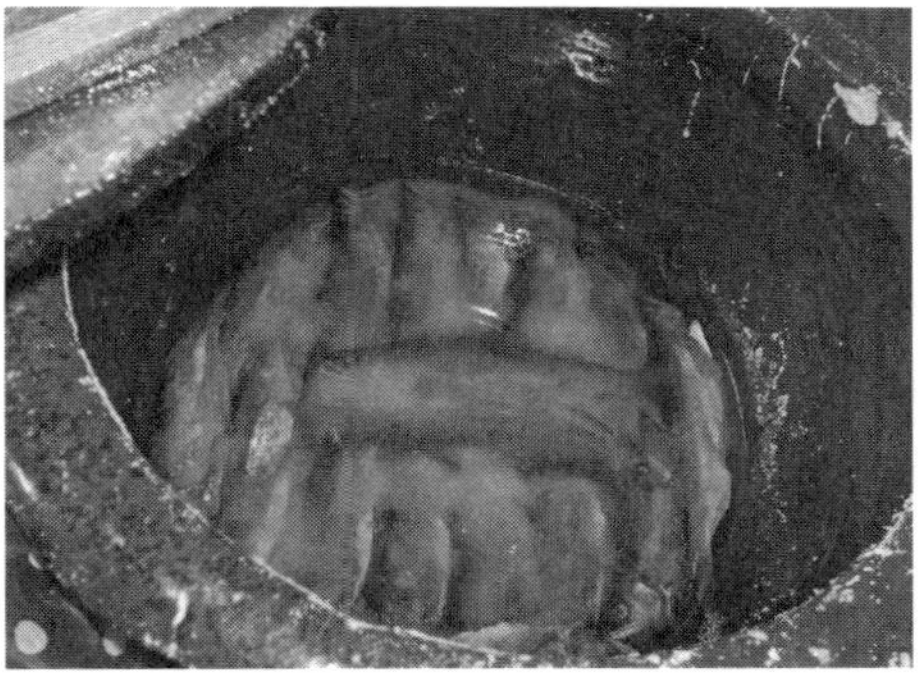
写真16-2　塩漬け甕の内部（岐阜県岐阜市長良、2021年10月、筆者撮影）

塩抜きの作業と同時に白飯を用意する。米は岐阜県産のハツシモの新米や、

写真16-3　漬け込みのようす（岐阜県岐阜市長良、2020年12月、筆者撮影）

写真16-4　鮎鮨の完成（岐阜県岐阜市長良、2020年12月、筆者撮影）

米屋のすし用米を用いる。鵜匠家それぞれの用意がある。飯は炊きたてではなく、人肌程度の温度にする。さらに、白飯とは別に白飯を洗い、飯のぬめりを取り、ザルにあげた「ふりめし」を用意しておく。

　塩抜きが終わったアユは、ザルにあげて水気を切っておく。漬け込み樽を用意し、はじめにふりめしを底に敷く。そして、アユの腹に沿うように飯を入れながら漬けていく。または、あらかじめアユの腹に飯を詰めたものを用意しておき、漬け込みに入る。個々のアユの大きさや配置を考えながら手際よく桶にアユを並べる（写真16-3）。一段終わるとふりめしを入れて凹凸をならす。落し蓋を用いて上から体重をかけて押さえ、つぎの段にうつる。桶の大きさによって三段、五段と入れていく。

　最後の段にふりめしを厚めに入れる。詰め終わりに水でぬらした竹の皮二枚を重ね合わせておき、上に落し蓋をする。桶と落し蓋の間に縄を入れるかは、鵜匠家により異なる。できあがった桶は納屋に移し、落し蓋の上に木製の角材を載せ、その上に大きな重石を置く。漬け込み用の重石は、自然の石で大きさの異なるものが準備されていた。その後、桶の上に水を張る。重石をのせて水を張ることで桶の内部は空気のない状態（偏性嫌気性）となり、鮎鮨の乳酸菌発酵に適した環境が整うことになる。つぎの第四段階までの期間、桶の状態観察や水の補充といった管理を随時おこない、発酵を見守る。

第四段階――逆押し、口開け

鮎鮨が完成し、取りだす工程である。筆者が三年間調査した結果、発酵日数はいずれも二六日間であった。取りだすとき、まず重石を取り除き、桶の上に入れていた水を流しだす。この水を上水（ウワミズ）という。桶を逆さにして水を切ることを逆押し（さかおし）とよぶが、これを半日ぐらいおこなう。桶のまわりにはカビ類もみられるため取り除き、厚めに入れた上の飯も取り除く。すると、つややかな飯のなかに鮎鮨がみられる（写真16‐4）。これで完成である。知人などに届けるときは、アユとともに飯も容器に入れる。そして、一尾を好みに切り分け、飯とともに食す。時代を経て受け継がれてきた鵜匠家のなれずしは、爽やかな酸味と芳醇な香りがある。

四、鮎鮨の微生物叢と菌叢解析

これまで、鵜匠家のなれずしに注目し、その製造方法を中心に記してきた。前述のように、鵜匠家による鮎鮨の製造方法は江戸時代の献上鮨のそれとよく似ている。鮎鮨は、過去より伝統的な技術によって受け継がれてきたのである。本章の冒頭で、目に見えない微生物の働きには両義的な意味があると記した。つまり、微生物の種類や働きによって発酵か腐敗かのどちらにもなる。そして、腐敗した食品は人体に深刻な影響を及ぼすこともある。たとえば、二〇二二年に東京都でアユのいずしによるボツリヌス食中毒が報告されている。ボツリヌス菌は偏性嫌気性菌であり、酸素のない状態を好むため、とくに注意が必要になる。しかし、鮎鮨において、深刻な健康被害が生じたという事例は管見の限りみあたらない。それでは、鮎鮨の製造過程において、どのように腐敗が回避されているのであろうか。

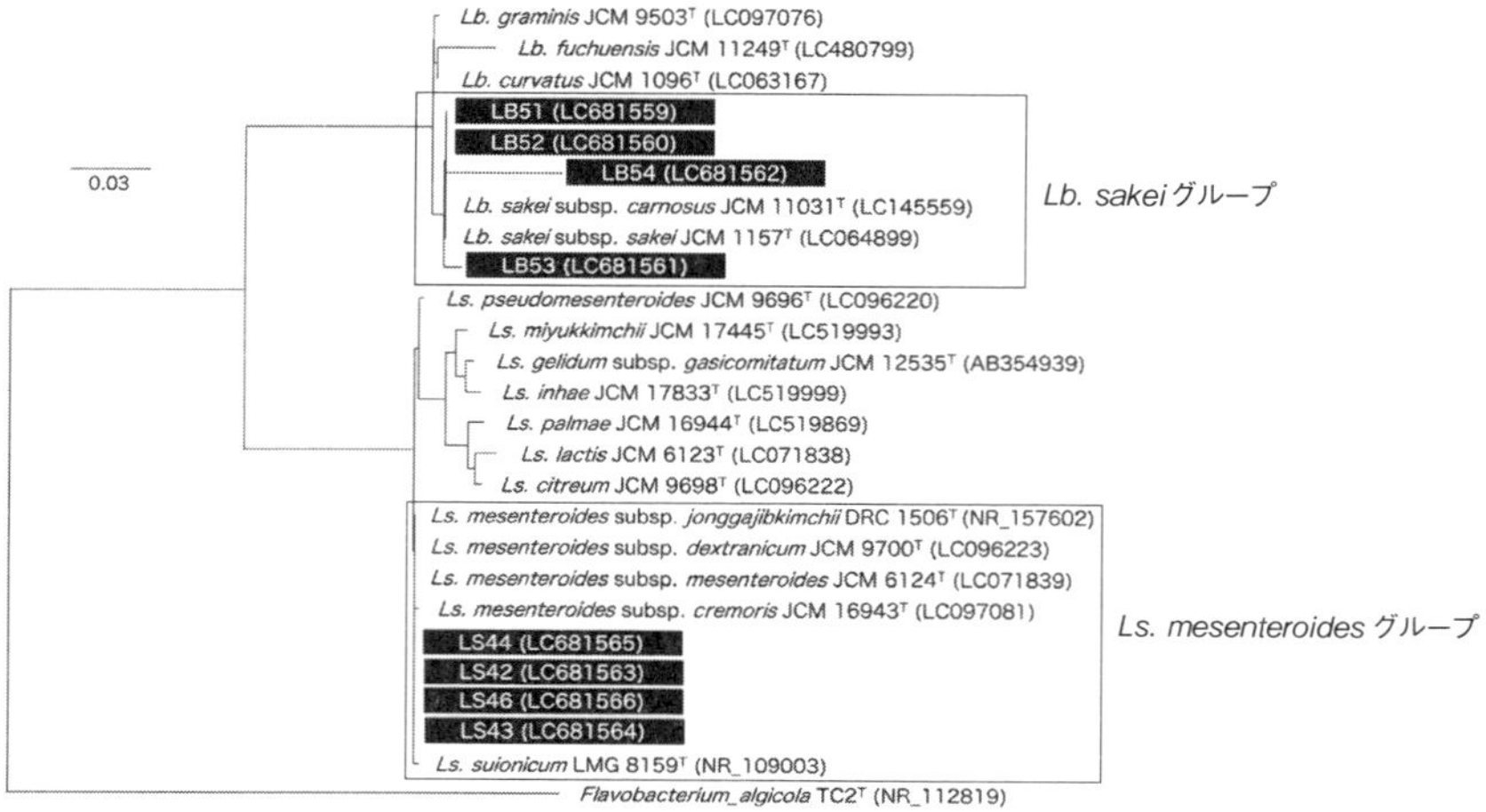

図16-2　鮎鮨から分離された菌株の16S rRNA遺伝子の塩基配列による系統図
出所：Hori et al. 2022：332.

そこで筆者は、鵜匠家の協力のもと、鵜匠が作った鮎鮨を対象に菌叢解析を実施し、菌叢の構成や製造過程における変化を検討した。その結果を先に記せば、塩蔵をおこなう製造過程でヒトの病原となる細菌の増殖が抑制されていることがわかった。本節では、鮎鮨の微生物実験とその結果を示し、現行の製造方法が食品科学的に理に適っていることを明らかにする。なお、実験方法や器具の詳細は紙幅の関係で割愛する。詳細は堀らの研究（Hori et al. 2022, 堀 二〇二四）を参照されたい。

まず、筆者は鮎鮨の塩基配列を調べた。実験では、鮎鮨から分離した菌株を対象に塩基配列を同定し、系統解析によって系統図を作成した。図16－2はその結果を示したものである。この結果から、鮎鮨から分離された菌株は *Latilactobacillus sakei* と *Leuconostoc mesenteroides* のグループに大別できることがわかった。すなわち、これらの乳酸菌が発酵工程に関与していることが示唆された。

つぎに、どのような細菌がどのような割合で構成しているかを調べた。方法は、二〇二〇年の調査で得た鮎鮨のサンプルA（A二〇二〇A）とサンプルB（A二〇二〇B）を対象に、NucleoSpin Soil kit（Macherey-Nagel GmbH & Co. KG, Germany）によってDNAを抽出し、次世代シーケンサーを使用して16S rRNA V3～V4領域のアンプリコン解析（細菌の種類と割合を調べる方法）をおこなった。菌叢の存在比を科レベルでみると、Lactobacillaceae（乳酸桿菌科）が多く存在し、乳酸菌の優性が示された。また、一定割合でEnterobacteriaceae（腸内細菌目細菌）が存在していることも示された。後者の*Enterobacterales*が存在することは、発酵に何らかの作用や役割があることを意味している。紀州鯖なれずしにも存在している。しかし、今回の実験ではその作用の詳細を明らかにすることはできなかった。今後の課題としたい。

さらに、鮎鮨の菌叢の特徴を把握するため、鯖なれずしと属レベルで比較した。その結果、鮎鮨の主要乳酸菌は*Latilactobacillus*属および*Leuconostoc*属であり、鯖なれずしの主要乳酸菌は*Lactococcus*属および*Lactiplantibacillus*属であることがわかった。さらに、紀州鯖なれずしと比較すると、鮎鮨には*Lactococcus*属は存在しておらず、両者の菌叢は異なっていることも示された。紀州鯖なれずしは海水魚を利用し、製造期間（発酵期間）も五日と短い。こうした点が違いを生みだしているのかもしれない。ほかのなれずしと同じ菌叢をもつ場合には、大きくいえば乳酸発酵に関わる菌叢である。

このように、鮎鮨の菌叢構成を明らかにした上で、続く実験ではなれずしの製造過程における菌叢の変化について調べた。実験室において、鵜匠家から供与された塩漬け後のアユを用いた再構成実験を実施した。具体的には、まず鵜匠家における製造方法を踏まえながら、塩抜き後の鮎の腹に人肌の飯を詰めた。そして、真空パックに飯（ふりめし）を入れてアユを入れ、さらにそれを密閉容器に入れてテープで止めた。この実験は、鵜匠家が二〇二〇年一二月に鮎鮨を作製した期間の岐阜市平均気温（七度）に設定したインキュベーターのなかでおこなった。期間は、鵜匠家の漬け込み期間と同じ二六日間に設定した。これを、試作鮎鮨とよぶことにする。

そして、試作鮎鮨の〇（ゼロ）日目・一三日目・二六日目と、完成品である鮎鮨のサンプルAを対象に菌叢存在比（科レベル）を調べた。その結果を示したのが図16‐3である。結果をみると、漬け込んだ当日（〇〔ゼロ〕日目）には多様な常在菌がみられることがわかる。その後、一三日目には菌の多様性が徐々に消失する一方、Moraxellaceae,

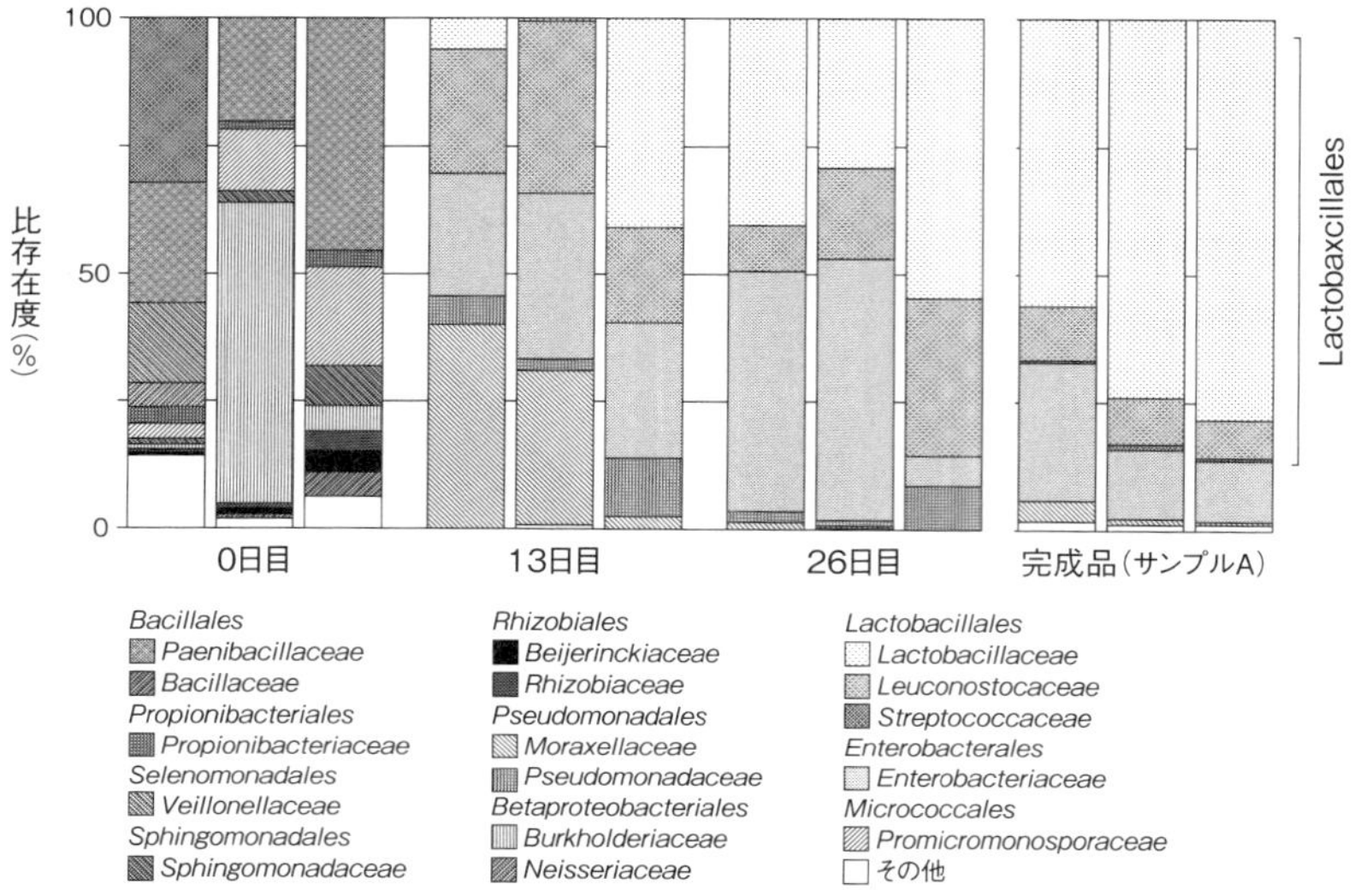

図 16-3　試作鮎鮨の 0 日目・13 日目・26 日目と鵜匠家の鮎鮨における菌叢存在比（科レベル）

出所：Hori et al. 2022：333-334.

Pseudomonadaceae や Enterobacteriaceae, Lactobacillaceae, Leuconostocaceae, Streptococcaceae が出現してきた。さらに発酵が進んだ二六日目になると Pseudomonadales は減少し、Enterobacteriaceae と Lactobacillaceae が増加していた。また、二六日目の試作鮎鮨は、鵜匠家で作られたサンプルAと菌叢が似ていることがわかった。

この実験からは、仕込みゼロ日に多様な菌叢が確認されるが、そのなかに乳酸菌はほとんどいないことがわかった。その後、発酵が進むと徐々に乳酸菌が出現してくる。実際、一三日目と二六日目の変化をみると乳酸菌が占める割合が明らかに増加している。試作実験によって菌叢の具体的な変遷を明らかにすることができた。

さらに、塩漬けの有無を比較する試作実験もおこなった。実験において、塩漬けありと塩漬けなしの二つの試作鮎鮨をつくり、二六日目の菌叢構成を比較した。その結果、鮎鮨の製造に無塩のアユを使用した場合、ヒトの病原菌として知られる *Aeromonas veronii* が出現することがわかった。

これは、淡水魚から多く検出される菌である。もともと、淡水魚や爬虫類、両生類に病原性があることはよく知られている。そして、ヒトにおいては腹膜炎や髄膜炎、肺炎、中耳炎、敗血症などを引き起こすとして問題視されている（福山ほか 一九八九）。筆者の実験を通して、淡水魚から多く検出される病原性 *Aeromonas veronii* の発生を塩蔵処理によって抑えられていることがわかった。ほかのなれずしの下処理においても一般的に塩蔵処理をおこなうことが多い。これらは病原性の *Aeromonas* 属対策といえる。

以上、鵜匠家に伝わる鮎鮨の菌叢とその変化を明らかにした。この結果をまとめると以下のようになる。

第一に、鮎鮨から分離された菌株の系統解析によって、微生物菌叢は *Latilactobacillus sakei* と *Leuconostoc mesenteroides* の二グループに大別できることがわかった。科レベルではLactobacillaceaeが主要菌叢であり、発酵後にはEnterobacteriaceaeも一定の割合で生息していることがわかった。属レベルは、*Latilactobacillus* 属や *Leuconostoc* 属といった乳酸菌が占めていた。これらの乳酸菌が支配的な菌叢となり、発酵環境が整い、安定した発酵過程が進行すると考えられる。

第二は、鵜匠家の鮎鮨の発酵工程における菌叢の変遷を調査した結果、発酵当初には多様な常在菌がみられるが、その後に発酵が進むと菌の多様性が徐々に消失していくことがわかった。そして、最終的には *Latilactobacillus* 属、*Leuconostoc* 属が優先されることが解明できた。これにより、鵜匠家の鮎鮨における微生物の発酵環境を明らかにできた。

第三は、鮎鮨の製造において無塩鮎を使用した試作実験において、最終的にできあがった鮎鮨にはヒトの病原体である *Aeromonas veronii* がみられた。つまり、鮎鮨の発酵には *Latilactobacillus sakei* と *Leuconostoc mesenteroides* が有力に働き、かつアユの塩蔵処理は *Aeromonas* 属の増殖を抑制するための不可欠なステップであることが明らかになった。今回の試作実験では、真空パックとプラスチック容器を利用して密閉性を再現した。実際の製造過程でも重石と水を入れることで空気を遮断する。嫌気発酵としてのこれらの操作は、塩蔵ともに重要なプロセスである。

五、鮎鮨と食文化の継承

本章では、長良川鵜飼の鵜匠家に代々伝わる鮎鮨の作り方を記述した上で、製造技術を食品科学的に分析した。その結果、一連の製造技術における魚の塩蔵処理や空気の遮断などが原料を「腐敗」させずに「発酵」に向かわせる重要なステップであることが明らかになった。岐阜の鮎鮨はその起源は定かではないが、江戸時代には献上鮨として量産されていた。そして、岐阜から名古屋を経て江戸まで五日間で届けられていた。微生物という概念もない時代の人たちは、経験を頼りに試行錯誤を繰り返しながら保存性のある鮎鮨の製造技術を確立させたのである。そして、いったん技術が確立すると、それが大きく変化することなく継承されてきた。とくに、鵜匠家の鮎鮨は、長い歴史をもつ長良川鵜飼とのかかわりのなかで受け継がれてきたといえる。

一方では、伝統的な作り方であるため、いまでは鮎鮨を漬ける木桶や竹皮などの入手が困難になってきているという。また、温暖化の影響か鮎が降河する時期が遅れることもあるという。このような状況を鑑みると、将来的には伝統的な製法を継承することが困難な状況に直面する可能性もある。ゆえに歴史と伝統的製法を守り、鮎鮨を継承していくためには、鵜匠家の努力のみならず、自然環境の保全や職人などの後継者の育成、食文化の継承を考えていかなければならない。

長良川のアユは、二〇一五年、国連食糧農業機関が創設した世界農業遺産に「清流長良川の鮎」として認定された。自然環境に適応しながら何世代にもわたり継承されてきた伝統的な漁業が認められたのである。ただ、こうした評価に満足せず、今後も自然環境とともに鮎鮨の伝統も一体となって守り続けられることを願ってやまない。

【注釈】

＊1　鮎鮨や鮎鮓、鮎なれずしなどの名称がある。本章では鮎鮨で統一する。

＊2　文化庁は日本の多様な食文化を継承・振興させるため、地域で世代を超えて受け継がれてきた食文化を「一〇〇年フード」と名づけ、文化庁とともに継承をしていくことを目指す取り組みを進めている（https://foodculture2021.go.jp/jirei/）。

第一七章　地方公共団体による鵜飼の支援
——観光行政にとって鵜飼とは何か

松田敏幸

一、なぜ鵜飼を支援するのか

日本では地方公共団体が各地の鵜飼を支援していることに特徴がある。隣国の中国における鵜飼をみると、中央や地方の政府が鵜飼を庇護したり、漁師たちに湖沼や河川利用の特権を与えたりすることはない。現在では一部の地域で鵜飼の観光化が進んでいるというが、中国の地方政府がその鵜飼を経済的に支援し続けることもない（本書終章参照）。一方、日本では本章で詳しくみるように、地方公共団体が各地の鵜飼を経済的に支援している。ではなぜ地方公共団体がその地域の鵜飼を支援するのであろうか。先行の研究や報告を振りかえってみても、鵜飼支援の状況やその地域性、支援する側の動機に注目したものはない。

そこで本章では、日本の鵜飼開催地である一一か所を対象とし、まず地方公共団体による鵜飼支援の実態を明らかにする。その上で、なぜ地方公共団体が当地の鵜飼に対して観光面からの補助金や委託料といったかたちで支援するのかを検討してみたい。以下では、まず各地の鵜飼開催地における鵜飼事業を概観したあと、行政が観光事業に関わる理由や鵜飼を支援する動機について考える。

二、鵜飼事業の状況

まずは全国の鵜飼開催地における鵜飼事業の運営状況をみてみたい。表17-1は、各地の鵜飼事業と鵜飼観覧事業の実施主体をまとめたものである。この表をみると、実施主体としては、地方公共団体（市）が三か所（表17-1の番号1[*1]、2、9）、観光協会が三か所（同5、7、8）、旅館組合が一か所（同11）、民間会社が一か所（同6）、保存会を含む鵜匠が三か所（同3、4、10）となっている。一方、鵜飼観覧事業の実施主体は、地方公共団体（市）が二か所（同1、4）、観光協会が二か所（同7、9）、旅館組合などが二か所（同10、11）、民間会社が四か所（同2、3、5、6）、個店などそのほかが一か所（同8）となっており、鵜飼事業実施主体と鵜飼観覧事業実施主体が同一となっているのは四か所（同1、6、7、11）のみである。

表17-2は鵜飼の開催時期と開催日数をまとめたものである。この表をみると、日本で唯一の徒歩鵜《かちう》である笛吹川石和鵜飼は開催期間が短いが、ほかの開催地ではおおむね六～九月の開催となっている。開始時期が一番早いところは五月初旬の小瀬鵜飼・ぎふ長良川の鵜飼であり、終了時期が遅いところは日田鵜飼／三隈川で一〇月末終了である。

鵜飼の開催時間は、木曽川うかいの昼を除き、日没時間を考慮した出船・観覧時間となっており、乗船時間は一～二時間程度である。徒歩鵜を川岸から観覧する笛吹川石和鵜飼においても観覧時間は日没後である。観覧料金も各開催地でさまざまである。乗合船の料金では一人あたり二〇〇〇～四〇〇〇円となっており、季節や曜日によって金額を変えているところもある。貸切船についても、乗合船料金の人数分のところもあれば、乗合船料金よりも割高の場合や、逆に割安の場合の双方がある。貸切船ではいずれの開催地も食事の積み込みが可能となっている。

つぎに、各開催地における鵜匠や船頭の数、観覧船数、集客数などの状況をみてみたい。表17-3は、鵜匠の人数や観覧船保有数、観覧客数などを開催地別でまとめたものである。

表 17-1　鵜飼事業実施主体と観覧事業実施主体

	開催地	鵜飼事業実施主体	観覧事業実施主体
1	笛吹川石和鵜飼	笛吹市・一般社団法人笛吹市観光物産連盟	笛吹市・一般社団法人笛吹市観光物産連盟
2	木曽川うかい	犬山市・各務原市	木曽川観光株式会社
3	小瀬鵜飼	小瀬鵜飼保存会	関遊船株式会社
4	ぎふ長良川の鵜飼	鵜匠	岐阜市ぎふ魅力づくり推進部鵜飼観覧船事務所
5	宇治川の鵜飼	公益社団法人宇治市観光協会	有限会社宇治川観光通船
6	嵐山の鵜飼	嵐山通船株式会社	嵐山通船株式会社
7	三次の鵜飼	一般社団法人三次市観光協会	一般社団法人三次市観光協会
8	肱川の鵜飼	大洲市観光協会	鵜飼事業者組合(五者) 一般社団法人キタ・マネジメント
9	錦帯橋のう飼	岩国市	一般社団法人岩国市観光協会鵜飼事務所
10	日田鵜飼／三隈川	鵜飼保存会	日田温泉協同組合
11	筑後川の鵜飼	原鶴温泉旅館協同組合	原鶴温泉旅館協同組合

出所：第24回鵜飼サミット実行委員会・笛吹市観光商工課(2021)をもとに筆者作成。

表 17-2　鵜飼の開催期間と開催日数

	開催地	5月	6月	7月	8月	9月	10月	開始日	終了日	期間日数
1	笛吹川石和鵜飼							7月20日	8月19日	17
2	木曽川うかい							6月 1日	10月15日	136
3	小瀬鵜飼							5月11日	10月15日	157
4	ぎふ長良川の鵜飼							5月11日	10月15日	157
5	宇治川の鵜飼							7月 1日	9月30日	91
6	嵐山の鵜飼							7月 1日	9月23日	84
7	三次の鵜飼							6月 1日	9月10日	101
8	肱川の鵜飼							6月 1日	9月20日	111
9	錦帯橋のう飼							6月 1日	9月10日	101
10	日田鵜飼／三隈川							5月20日	10月31日	164
11	筑後川の鵜飼							5月20日	9月30日	133

出所：第24回鵜飼サミット実行委員会・笛吹市観光商工課(2021)をもとに筆者作成。

各開催地の集客状況をみると、川岸から観覧する笛吹川石和鵜飼の一日あたり観覧客数がもっとも多く、船から観覧するスタイルではぎふ長良川の鵜飼が最多で、次いで嵐山の鵜飼・木曽川うかいとなっている。

鵜匠[*2]は、笛吹川石和鵜飼を除き総じて人数が少なく、いずれの開催地も後継者育成が課題となっている。鵜匠は、鵜飼の際には、表17-1に示す鵜飼事業実施主体または観覧事業実施主体に所属する形となっているが、鵜飼のみで生計を立てることは難しいとされ、いずれの開催地においても本業をほかにもっていることが多い。鵜匠の本業は公務員や自営業、団体職員などその形態はさまざまである。なお、小瀬鵜飼・ぎふ長良川

表 17-3　鵜匠や船頭の人数、観覧船保有数、鵜飼観覧客数などの状況

	開催地	鵜匠人数（人）	観覧船船員人数（人）	観覧船保有数（艘）	観覧客数（人）	期間（日）	1日あたり観覧客数（人）
1	笛吹川石和鵜飼	14	0	0	17,950	17	1,047
2	木曽川うかい	4	24	10	21,225	136	156
3	小瀬鵜飼	3	13	9	7,001	157	45
4	ぎふ長良川の鵜飼	6	126	43	91,178	157	581
5	宇治川の鵜飼	3	8	9	4,325	91	48
6	嵐山の鵜飼	2	25	30	15,000	84	179
7	三次の鵜飼	3	22	13	2,756	101	27
8	肱川の鵜飼	2	19	15	3,625	111	33
9	錦帯橋のう飼	4	22	10	5,148	101	51
10	日田鵜飼／三隈川	3	不明	19	11,798	164	72
11	筑後川の鵜飼	2	10	4	2,750	133	21

注：観覧客数は2018～2020年の最高値を使用した。期間日数は開催期間の総日数であり、悪天候などによる休業を考慮していない。
出所：第24回鵜飼サミット実行委員会・笛吹市観光商工課（2021）をもとに筆者作成。

の鵜飼の鵜匠は宮内庁式部職の地位を得ており、代々家として継承されている。

観覧船を操船する船員（船頭）についても後継者育成が課題である。こうしたなか、犬山市では地方創生加速化交付金を活用した木曽川鵜飼船頭育成事業に取り組むとともに、クラウドファンディングを活用した木曽川うかい存続のための取り組みも進めている。*3

表17-3で示すように、宇治川の鵜飼と嵐山の鵜飼においては、観覧船の船員（船頭）人数が観覧船保有数を下回っている。つまり、船頭がいないため観覧船はあっても運用できない場合がある。

最後に、地方公共団体による支出状況をみておきたい。表17-4は、地方公共団体における鵜飼事業費支出をまとめたものである。この表からは各開催地の運営形態の違いにより、地方公共団体の関与の度合いが異なることがわかる。

地方公共団体が、直接事業費としてのみ支出しているのは二団体（一か所：表17-4の2）、委託料や補助金といったかたちで間接的に鵜飼事業・観覧事業実施主体などを支援しているのが七団体（六か所：同3、5、7、8、10、11）、その双方の支出形態があるのが三団体（三か所：同1、4、9）、鵜飼事業費支出をおこなっていないのが一団体（一か所：同6）となっている。間接的な支援の場合でも、対象費用の一〇〇パーセントを支出しているのが六団体（六か所：

同1、3、7、8、9、10）となっている。

鵜飼事業費支出の人口一人あたり支出額を開催地単位でみると、岐阜市（ぎふ長良川の鵜飼）が圧倒的に高く、以降犬山市（木曽川うかい）、三次市（三次の鵜飼）と続き、まったく支出のない京都市（嵐山の鵜飼）を除くと、宇治市（宇治川の鵜飼）がもっとも低い。当該地方公共団体の歳出総額に対する割合と、その地方公共団体の標準的な状態で通常収入されるであろう経常的一般財源の規模を示す標準財政規模に対する割合もほぼ同様の順となっている。

三、なぜ地方公共団体は鵜飼を支援するのか

三‐一、行政が観光に関わる理由

それではなぜ地方公共団体は鵜飼を支援するのであろうか。本節では行政が観光に関わる理由をまとめたあと、観光行政にとって鵜飼とは何かを考えてみたい。

観光とは、一般には、楽しみを目的とする旅行のことを指すとされている。二〇二三年に閣議決定された観光立国推進基本計画によると、「観光は今後とも成長戦略の柱、地域活性化の切り札である。旅のもたらす感動と満足感は、誰もが豊かな人生を生きるための活力を生み出す。観光は学習・社会貢献・地域交流の機会でもあり、観光により地域の魅力を発見し、楽しみ、家族の絆を育むことは、ワーク・ライフ・バランスの充実にもつながる。観光を通じて住民が自らの地域に誇りと愛着を感じることは、活力に満ちた地域社会の持続可能な発展を可能にする」とされている（国土交通省観光庁二〇二三：一）。

行政はこのように示された観光を推進するため、さまざまな政策や施策を実施している。旅行者に対しては、休日・休暇制度の充実など旅行促進のための社会環境の整備や、入国手続きの簡素化など受け入れ環境の整備をおこなっている。観光事業者に対しては、交通環境の整備や事業者向け低利融資などを、観光資源に対しては保護・保全・管理

表 17-4　鵜飼事業費支出の状況

開催地		地方公共団体名	鵜飼事業費支出			間接支出額の補助負担率	人口一人あたり支出額(円)	歳出総額に対する割合	標準財政規模に対する割合
			合計(千円)	うち直接支出額(千円)	うち間接支出額(千円)				
1	笛吹川石和鵜飼	笛吹市	9,731	3,881	5,850	100%	141	0.028%	0.050%
2	木曽川うかい	犬山市	61,255	61,255	0	–	832	0.212%	0.404%
		各務原市	1,570	1,570	0	–	11	0.003%	0.005%
		合算	62,825	62,825	0	–	284	0.073%	0.144%
3	小瀬鵜飼	関市	18,644	0	18,644	100%	213	0.043%	0.079%
4	ぎふ長良川の鵜飼	岐阜市	545,506	544,072	1,434	8～40%	1,338	0.290%	0.635%
5	宇治川の鵜飼	宇治市	4,450	0	4,450	1/2、2/3	24	0.006%	0.012%
6	嵐山の鵜飼	京都市	–	–	–	–	–	–	–
7	三次の鵜飼	三次市	23,425	0	23,425	100%	455	0.059%	0.106%
8	肱川の鵜飼	大洲市	14,261	0	14,261	100%	337	0.046%	0.096%
9	錦帯橋のう飼	岩国市	26,675	7,189	19,486	100%	201	0.034%	0.074%
10	日田鵜飼／三隈川	日田市	3,600	0	3,600	100%	56	0.008%	0.017%
11	筑後川の鵜飼	うきは市	418	0	418	15%	14	0.002%	0.005%
		朝倉市	3,029	0	3,029	定額：約90%	58	0.007%	0.020%
		合算	3,447	0	3,447		12	0.006%	0.014%

注：表中の鵜飼事業費支出欄は地方自治体による鵜飼の支援に関する調査において回答を得た数値の2018～2021年度の平均値を使用した。人口・歳出総額・標準財政規模は「市町村別決算状況調」における2018～2021年度の平均値を使用した。
出所：筆者調査（地方自治体による鵜飼の支援に関する調査、2022年8月）および総務省（2023）の市町村別決算状況調（2018～2021）をもとに筆者作成。

のための施策や、観光資源などの開発・整備などを実施している（ＪＴＢ総合研究所二〇一九：二一五―二一六）。

地方公共団体も観光振興を通した活力ある地域づくり、地域の産業経済の発展、住民生活の向上を目的に、観光客の受け入れ態勢の整備や地域資源を活用した個性的な観光魅力づくり、観光情報の発信・提供・誘客宣伝など、さまざまな観点から観光振興に取り組んでいる（ＪＴＢ総合研究所二〇一九：二二二―二二六）。

国や地方が観光をこのように重視するのには理由がある。観光は、宿泊費、交通費、飲食費、土産・買物費などの観光客の消費や、宿泊施設や観光施設の建設といった行政や企業の投資による経済波及効果がほかの産業に比べて大きいとされるからである。

「旅行・観光産業の経済効果に関する調査研究」によると、二〇一七年の内部観光消費（日本国内で観光目的に支出された金額）二七・一兆円が生みだす生産波及効果は五五・二兆円と推計される。その波及効果の段階別内訳は、直接効果（直接の需要増加額のうち自地域内で調達できる分）が二五・八兆円、第一次間接効果（直接効果によって生産が増加した産業で必要となる原材料などを満たすために新たに発生する生産誘発）が一八・九兆円、第二次間接効果（直接効果と第一次波及効果で増加した雇用者所得のうち消費にまわされた分により、各産業の商品などが消費されて新たに発生する生産誘発）が一〇・五兆円とされている。また、観光消費による付加価値効果（生産活動によって新たに生みだされた価値。雇用者所得や営業余剰など）は二七・四兆円と推計され、国内総生産（ＧＤＰ：国内で生産された財・サービスの付加価値の合計額）五四五・一兆円の五パーセントに相当する。さらに、二〇一七年の内部観光消費二七・一兆円が生みだす雇用者数は四七二万人と推計され、国民経済計算における就業者数六七五〇万人の七パーセントに相当する（国土交通省観光庁二〇一九：二三〇）。

これらのことから、行政、とくに地方公共団体は観光政策を地域の産業経済の発展という経済的側面を意識して取り組んでいると考えられ、国の進める地方創生の動きとともに、観光戦略を地域振興の柱にすえる地方公共団体が増えている。

三−二、観光行政にとって鵜飼とは何か

全国の鵜飼開催地のほとんどが、観覧事業収入のみで運営できておらず、何らかのかたちで地方公共団体が支援をおこなっている。鵜飼の歴史においては、過去には時の権力者の保護を受けるなどして存続してきた経緯があるが、なぜ現代においても、行政、とくに地方公共団体は鵜飼に対して観光面からの補助金や委託料といったかたちで支援をするのかを考えてみたい。

歴史・伝統の側面

まず考えられるのが、歴史・伝統を継承するという側面ではないだろうか。たとえば、ぎふ長良川の鵜飼では、一三〇〇年以上の歴史を誇ること、「長良川の鵜飼漁の技術」が漁業として初めて国の重要無形民俗文化財に指定されたことなどから、鵜飼の伝統と文化を継承することとしている。小瀬鵜飼も国の重要無形民俗文化財の指定を受けるとともに、「清流長良川の鮎」が世界農業遺産の認定を受けており、また、三次の鵜飼は広島県無形民俗文化財に、日田鵜飼／三隈川も大分県無形民俗文化財にそれぞれ指定されている。このように、長い歴史をもち、かつ民俗文化財の指定を受ける鵜飼の保護を目的に、行政が鵜飼の維持に関与していると考えられる。

ほかにも、開始時期や中断期間の有無・再興時期などは異なるものの、笛吹川石和鵜飼・木曽川うかい・宇治川の鵜飼・嵐山の鵜飼・錦帯橋のう飼・筑後川の鵜飼においても、それぞれの歴史を前面に打ちだしている。

筆者が実施した表17-4の地方公共団体に関わる調査においても、鵜飼事業の支援理由に「歴史・伝統・保存・継承」というキーワードを挙げていた地方公共団体が多かった。このことから、歴史・伝統の側面は、地方公共団体が鵜飼を支援するひとつの要因になっていると考えられる。

経済的側面

つぎに考えられるのが経済的側面である。開催地により観覧客数の多寡はあるが、鵜飼観覧の方法をみると、観覧船上での飲食が可能な場合が多く、観覧客は乗船料と飲食代金を支払っている。この直接の経済活動は地域という単位でみると、地域外からの観覧客の場合は資金の獲得となり、地域内の観覧客の場合は資金還流による需要の発生が考えられる。

さらに、笛吹川石和鵜飼のように、川岸からの観覧の場合は無料となっているが、開催時間帯が夜間であることを考えると、観覧前後での飲食や土産品の購入は十分に想定されることから、鵜飼の観覧は観光消費額の向上につながっているといえる。かつて観光鵜飼として復活した経過のある開催地では、このような経済的側面を意識していたのではないかと考えられる。中原尚和らは、鵜飼のもつレクリエーション的側面に着目し、たとえ無料観覧であっても観覧者自身が得ている外部経済効果があり、その観点からも公的支援がおこなわれていると指摘した（中原・北野二〇〇八：六二―八一）。

しかし、各地の鵜飼観覧客数と観光入込客数との関係をみると、当地への総観光客数に占める鵜飼観光客の割合はたいへん低いことがわかる。表17－5は観光入込客数に対する鵜飼観覧客数の構成比と相関係数をまとめたものである。観光入込客数とは、当該行政区域の観光拠点を訪れた観光客をカウントした値であり、一人の観光客が複数の拠点を訪れたとしても一人回と数える。この表をみると、鵜飼観覧客数と観光入込客数に正の相関がある地域が二か所（表17－5の9、10）、弱い正の相関がある地域が四か所（同1、4、6、11）、ほとんど相関がない地域が三か所（同2、3、7）、弱い負の相関がある地域が一か所（同5）、負の相関がある地域が一か所（同8）であることがわかる。つまり、鵜飼観覧客数と観光入込客数の間の特定の傾向を掴むことはできず、また、各開催地の属する行政区域への観光入込客数をみてみると、鵜飼観覧客の占める割合は総じて低い。当該地域にほかの観光要素がどれだけあるのかといった要因も関連するものの、地方公共団体が鵜飼を支援する理由を経済的側面にだけ求めるのは難しいと思われる。

表17-5　鵜飼観覧客数の観光入込客数に対する構成比と相関係数（2011～19年の平均）

	開催地	鵜飼観覧客数(人)(A)	観光入込客数(人)(B)	構成比(%)(A／B)	相関係数
1	笛吹川石和鵜飼	14,707	2,132,534	0.7	0.248
2	木曽川うかい	22,807	5,614,212	0.4	0.071
3	小瀬鵜飼	7,713	2,937,889	0.3	−0.067
4	ぎふ長良川の鵜飼	101,154	7,851,226	1.3	0.206
5	宇治川の鵜飼	5,998	5,167,692	0.1	−0.291
6	嵐山の鵜飼	17,604	54,172,000	0	0.324
7	三次の鵜飼	3,136	3,139,222	0.1	0.096
8	肱川の鵜飼	6,056	460,864	1.6	−0.524
9	錦帯橋のう飼	5,088	3,153,144	0.2	0.579
10	日田鵜飼／三隈川	14,346	4,214,450	0.3	0.570
11	筑後川の鵜飼	2,592	3,091,250	0.1	0.384

注：木曽川うかいは各務原市と犬山市の合計。構成比と相関係数の計算にあたっては、観光入込客数データのない年は除外した。

出所：つぎの資料より筆者作成。第20回全国鵜飼サミット岐阜大会実行委員会／岐阜市（2013）、第21回全国鵜飼サミット関大会（2015）、第22回全国鵜飼サミット大洲大会（2017）、第23回全国鵜飼サミット嵐山大会実行委員会（2019）、第24回鵜飼サミット実行委員会・笛吹市観光商工課（2021）、山梨県（2022）、犬山市（2022）、関市（2022）、岐阜県（2022）、京都府（2022）、愛媛県（2022）、三次市（2021）、岩国市（2022）、一般社団法人日田市観光協会（2022）、朝倉市（2020）。

シビックプライドの側面

観光に対する行政投資、つまり税を投入する場合を考えると、一般的には行政区域に対して観光投資をする区域は一部分である。ゆえに観光投資の多寡に関してはさまざまな議論があることは容易に推測できる。

経済的な便益は、食事などの競合的消費や、道路の利用や景色を楽しむなどの非競合的消費という具体的行動から生じる「使用価値」、将来使うかもしれないという「オプション価値」、同世代・将来世代への贈与という「利他的存在価値」、存在そのものが望ましい純粋存在価値という「受動的使用価値」に大別される（伊多波　一九九九：四〇―四二）。このうち受動的使用価値への税投入については、自分は受動しないという考え方の人には受け入れがたい場合もある。つまり、居住区域内の観光に興味関心がない人に、観光への税投入に理解を得ることは難しいであろう。

ではなぜ行政はそれでも観光への税投入をするのか。この点に関しては「シビックプライド」の側面があるのではないかと考える。伊藤香織によると、「シビックプライドとは『都市に対する市民の誇り』である。しかし単なるまち自慢や郷土愛ではなく、『ここをよりよい場所にするために自分自身がかかわっている』という、当事者意識に基づく自負心を意味している」という（伊藤二〇一九：八九）。

岐阜市観光ビジョン（岐阜市商工観光部商工観光政策課 二〇二〇）では、その策定にあたり実施されたアンケート調査において、市民の誇りに思う観光資源として、ぎふ長良川の鵜飼は五八・一パーセントで第四位にランクインしている。その上で、三つの基本理念の一番目にシビックプライド（市民の誇りにつながる観光）を掲げ、七つの基本戦略の一つの「育てる～観光人材育成、市民の誇り醸成」では、岐阜市民が岐阜市を誇りに思い、市民が自慢できるまちを市民とともに作るとしている。

このように、各地の観光鵜飼をみるとその経済効果が限られている地域が多い。それでも地方公共団体が鵜飼を支援し続けるのは、歴史があり国内でも数少ない鵜飼の支援を通してシビックプライドの醸成につなげようとしていると考えられる。

三－二、宇治川の鵜飼にみる地方公共団体の支援とその動機

これまで、行政、とくに地方公共団体が鵜飼を支援する理由について、歴史・伝統、経済、シビックプライドの側面から考えてきた。ここでは、宇治川の鵜飼を具体例に検証してみたい。ここで宇治川の鵜飼を取りあげるのは、筆者が二〇二一年まで宇治市役所産業地域振興部長として、鵜飼を行政側から支援する当事者だったからである。

宇治川の鵜飼は、例年七～九月の三か月間開催され、観覧客数は近年の天候不順の影響で四〇〇〇人台となっているが、過去には五～七〇〇〇人台の集客があった。

宇治市は鵜飼事業に対して補助金支出をしているが、鵜飼開催地のなかで、人口一人あたり支出額・歳出総額に対する支出額の割合・標準財政規模に対する支出額の割合が、京都市からまったく支出を受けない嵐山の鵜飼を除くともっとも低い状況にある。宇治市からの鵜飼事業に対する補助金は、鵜の餌代など年間の維持管理費が補助対象事業

費となっており、鵜匠賃金や船頭賃金、篝火松明などの鵜飼事業実施に要する経費は観覧事業収入で賄われている。

宇治川の鵜飼では二〇一四年に鵜小屋で飼育しているウミウが産卵し、孵卵器で卵を温めたところ、同年六月にふ化した。ウミウの人工繁殖は前例がないため、動物園や鳥類飼育の専門家などからの指導・助言を得ながら、給餌の仕方や保温の方法など試行錯誤を繰り返し人工育雛に取り組んだ（本書コラム①参照）。

宇治市観光協会では、過去に飼育下におけるウミウの産卵の事例が確認できないことから「国内初」という表現を用い、雛の愛称を「うみうのウッティー」とした。さらに鵜匠たちは人工育雛により築かれた鵜との「絆」により、ウミウと鵜匠を繋ぐ追い綱を使用せずに自由に魚を捕獲させ、その鵜を鵜匠が呼び寄せるという「放ち鵜飼」ができるのではないかと考え訓練を開始した。こうした鵜匠たちの取り組みに対して、宇治市では放ち鵜飼実現に向けた準備が的確に進められるよう、人件費、備品や消耗品の購入費を補助対象事業費とした「放ち鵜飼プロジェクト検討事業費補助金」を交付することとした。この際、うみうのウッティーが宇治市の魅力発信に果たしている役割や、放ち鵜飼が今後の観光振興に寄与することへの期待から、補助率をほかの補助金に比べて高率の三分の二とした。

では、なぜ宇治市はこのように宇治川の鵜飼を支援しているのかを考えてみたい。

鵜飼を実施するのは公益社団法人宇治市観光協会である。この協会のウェブサイトにおいては、鵜飼に関するページの冒頭で、宇治川において鵜飼は平安時代にはすでにおこなわれていたということを掲げ、その隆盛と衰退、大正時代の再興という歴史を前面に押しだしている。宇治市の観光施策の指針となる第二期宇治市観光振興計画（宇治市二〇二三）の観光戦略においても、伝統的文化を活かしたコンテンツづくりの項目においては「宇治でしか行われていない放ち鵜飼を新たな観光資源として伝承・推進します」とし、伝統行事の継承と活用の項目では「宇治川の鵜飼やあがた祭りなどの宇治の伝統行事を継承しながらその広報にも努め、集客を図ります」としている。しかし、平等院鳳凰堂などの歴史遺産や源氏物語宇治十帖などの歴史文化、宇治茶など多くの観光素材のなかで鵜飼は重点項目として扱われておらず、宇治市が宇治川の鵜飼を支援する理由として歴史・伝統の維持が主目的であるとは考えにくい。

『宇治市観光動向調査報告書』（宇治市 二〇一七）によると、宇治市の観光消費額は約一三〇・二億円であり、この額は『平成二六年（二〇一四年）宇治市産業連関表』（宇治市 二〇一八）における宇治市の一年間の経済活動の合計金額（一兆五五五三億円）の〇・八四パーセントとなっている。筆者が試算した経済波及効果（一次波及＋二次波及）は四七億七一三〇万円と、宇治市の市内生産額（九七九七億円）の〇・四九パーセントにしかならない。とくに宇治川の鵜飼の鵜飼観覧客数は、観光入込客数に対する弱い負の相関があり、観光入込客数全体に占める割合は低く、宇治市が鵜飼を支援する理由を経済的側面にだけ求めるのは難しい。

これまで、宇治川の鵜飼では女性鵜匠が活躍していることがマスコミに注目されることが多かった。そこに、ウミウの産卵と人工ふ化・人工育雛という「日本初」のできごとがくわわり、テレビや新聞などの取材をはじめ、テレビドキュメンタリー番組の製作など多方面からの情報発信がなされた。そして、前述の放ち鵜飼へのチャレンジが京都ブランド推進連絡協議会の京都創造者賞を受賞するなど、「オンリーワン素材」として宇治の魅力発信に果たす役割は大きいと考えられる。これは、宇治市が放ち鵜飼に対する補助金の補助率を高く設定していることからもうかがえる。

このように、宇治市において宇治川の鵜飼・放ち鵜飼は「ここにしかないもの」として市の内外から評価されてきた。これがシビックプライドの要素である「愛着」「参画」「アイデンティティ」「持続願望」を備えた観光素材につながると考えられる。一般に、高評価有名地の都市環境を高く評価する人ほど「愛着」意識が高いといわれている。実際、放ち鵜飼へのチャレンジに関して二〇一八年に宇治市観光協会が実施したクラウドファンディング「〜人工ふ化のウミウと目指す〜放ち鵜飼」では、支援額が一八三万八〇〇〇円となり、目標（一五〇万円）を大きく上回ったことからもこのことがうかがえる。

以上みてきたように、宇治市が宇治川の鵜飼を支援する理由を経済的な側面だけに求めるのは難しい。むしろ、中断はあったものの平安時代におこなわれていた宇治川の鵜飼という伝統を踏まえながら、人工ふ化や放ち鵜飼という独自性の強い取り組みがひいてはシビックプライドの醸成につながることを期待して支援しているのである。

四、観光行政と鵜飼の今後

本章では、宇治川の鵜飼をはじめとする全国の鵜飼開催地の状況と、地方公共団体が観光政策に取り組む考え方を俯瞰するなかで、やはり鵜飼のもつ歴史的・伝統的価値は、鵜飼を継続していくにあたって重要な意味をもつことがわかった。一方、観光がもたらす大きな効果として捉えられている経済効果は、鵜飼に限ってみると大きいものではなく、そのことが鵜飼を支援する大きな理由となり得ないこともわかった。

ただ、現在一一か所のみでおこなわれている鵜飼は、その地域の魅力発信に効果を発揮していると考えられ、くわえて、シビックプライドを高める要素としての取り組みを進めている地方公共団体もある。今後も観光行政が鵜飼事業を支援していくためには、その地域の歴史や伝統を保存・継承していく姿勢が地域の誇りにつながり、その誇りをもつことの素晴らしさをこれまで以上に住民を初めとした多くの人に理解してもらう必要があると考えられる。

【注釈】

＊1　笛吹川石和鵜飼は地方公共団体が実施主体として計上した。

＊2　「鵜使い」ともいう。一五六四（永禄七）年に織田信長が長良川の鵜飼観覧の際に「鵜匠」の名称をあたえ保護したといわれている（田代 一九九〇：二〇三）。

＊3　「木曽川うかいの存続を目指す!～一三〇〇年の伝統を未来へつなぐ～」ふるさとチョイス。

第一八章　観光資源としての鵜飼
――生業の技術をみせる

瀬戸敦子

一、鵜飼の何をみせるのか

鵜飼とは、鵜匠が鵜をつかって魚を捕るという伝統漁法であるとともに、古くから「見る」対象でもあった。それは、多くの文学・芸術作品から確認することができる。

本章が取りあげる「観光」とは、見ることを対象とした近代産業である。言葉としての「観光」の語源は、古代中国の戦国時代に編纂された『易経』のなかにある「觀國之光。利用賓于王」という句に由来する。國の光りを観る。この國とは、いまでいう国家、都道府県、市町村といった地域をさすであろう。また「観光」は、観光者が日常空間から非日常空間へと出かけ、そののち再び日常空間へと戻る一連の行為でもある。くわえて、今日ではただ対象物を見に出かけることに限らず、五感を使った体験型観光にも重点が置かれる。

現在、日本国内では一一か所で鵜飼がおこなわれている。いずれも地域の観光資源として、客に見せることを目的とした鵜飼である。本章では、各地で観光を目的としておこなわれる鵜飼を観光鵜飼とよぶ。そのなかでも長良川鵜飼は、一三〇〇年以上の歴史を誇り、鵜匠は宮内庁式部職に任命され、鵜飼を披露する。岐阜市のホームページや行政発行の観光パンフレット、民間出版会社による観光ガイドブック（以下、ガイドブック）では、たとえば鵜飼を「今に伝える感動絵巻」や「現在を忘れ千古の昔にタイムスリップしたような幽玄な世界」などと表現し、篝火のもとで鵜匠が鵜を操る写真が使われている。

それでは、もともと生業であった鵜飼が観光資源として成立したのはいつごろであろうか。日本でもっとも知られている長良川鵜飼は、どのような経緯で観光化を果たしたのであろうか。本章では、岐阜市長良でおこなわれる鵜飼に着目し、観光への変遷をたどりながら、鵜飼の何が観光資源なのかを考えてみたい。本章の構成はつぎのとおりである。本節でまず問題意識を確認したあと、第二節では既存の文献資料に基づき長良川鵜飼の本格的な観光への歩みを概観する。第三節では外国人向けに出版されたガイドブックを手がかりに、鵜飼のどこがどのように観光資源として紹介されたのかを検討する。そして第四節では、鵜飼における観光資源とは何かを検討し、最後にそれをどのように守っていくのかを考えてみたい。

研究資料としてのガイドブックとは、主として旅行する人の便宜や案内という特殊な目的をもって書かれた書物全般をさす（岩佐 二〇〇一）。なお外国人向けに制作、出版されたガイドブックには、国内制作のものと海外の出版会社によって制作されたものがある。バックグラウンドの異なる外国人によって紹介された長良川鵜飼と日本国内で制作された双方を比較することで、観光資源としての長良川鵜飼のイメージ像を多面的に捉えることができるのではないかと考えている。そのため本章でも筆者が確認できた双方のガイドブックを取り扱う。

二、生業としての鵜飼から観光鵜飼へ

鵜飼を見ることがすなわち観光鵜飼ではない。前述のように、過去より鵜飼が見る対象や描く対象であったことは書物や絵画からわかることである。ここでいう観光鵜飼の始まりとは、見たいと思う客がいて、その見物客のため鵜

飼を披露する環境が整えられたときである。そして、そこには金銭の収受がともなう。

二―一、観光鵜飼のはじまり

見る側の要求に応じるかたちで鵜飼を見せたのは、一八七五（明治八）年ごろからとされ、「遊船渡世船」という記述が残っている。その二年後には、長良村（現、岐阜市長良）で川船に板葺き屋根をつけ、鵜飼を観覧させていた。一八八五年には鵜飼屋組合が設立され、遊船の経営が始まる。設立のきっかけとなったのは、当時の岐阜県知事小崎利準が画家萬峰と鵜匠山下九平に遊覧船の経営を奨めたことである。このとき鵜飼業者は、明治維新によってそれまで受けていた藩の庇護を失い、経済的に困窮していた。こうしたなか、鵜飼を継続していくには漁業の役割だけでなく観光業を取り入れていく必要があった。そして同時に岐阜市にとっては、鵜飼を岐阜の観光の目玉とし、さらに発展させていくための環境整備が必要であった。

一八八八年五月には遊船二〇隻を数え、長良遊船組合を組織し、長良橋北詰に事務所をもつまでとなった。また一八九〇年には、宮内省（現、宮内庁）より御猟場が認められ、鵜匠は宮内庁式部職に任命される（本書第一三章参照）。これによって日本に訪れる国賓への鵜飼観賞がはじまり、鵜飼は国際親善を目的とした重要な日本文化のひとつとして成長していった。

一八九七年には遊船三七隻となり、遊覧客数も増加した。それを受けて岐阜市でも旅館や料理屋がみずから遊船を設け、客を誘うようになった。こうした当時の状況について、片野温は「ところが長良遊船組合はかねて鵜飼後援が立前であつたので鵜匠はこの方に好意をよせ、岐阜の旅館料理屋側の遊船には不便が少くなかった」（ママ）と述べている（片野　一九五三：七八）。このように遊船の事業主が大小乱立したため、翌年には長良遊船組合と旅館料理屋が協議し、鵜飼遊船株式会社設立事務所の開設に至った。その後、資本金一万五〇〇〇円に岐阜市補助金二〇〇〇円をくわえ、新造船一〇隻を揃えた鵜飼遊船株式会社が一八九九年に発足した。遊船株式会社は遊覧客に便宜を図り、鵜飼期間中は晴夜、月夜関係なく毎夜六時から一二時まで「最も風色絶佳なる金華山麓より長良橋畔の間に於て鵜飼の光景を衆庶の観覧に供せんと欲し」（片野 一九五三：七九）、遊覧船などを整備していった。鵜飼業者は独自に鵜飼遊覧をおこなっていたが、遊船会社の設立によって観光客の斡旋を請け負う役割が集約化された。また、漁業中心であった鵜飼業者が漁に適さない日でも鵜舟を出して遊覧客に鵜飼を見せるなど観光に関わるようになった。*1 これを機に観光鵜飼の価値が高まったのである。

しかし、当時（一九一四年）の鵜飼は、遊船の料金体系が、一円から一五円までと幅があったものの、そのほかの飲食費や芸妓代を含めると高級な娯楽であった。ゆえに、特権階級や資産階級といった限られた人しか観覧することはできなかったとされる（和田 二〇〇七）。

二―二、戦前・戦後の観光鵜飼

長良川鵜飼は、太平洋戦争勃発後の一九四三年から五年間休止する。一九四七年五月一一日に鵜飼が復活するが、休止期間前後を戦前・戦後とし、それぞれの鵜飼観光についてまとめる。

戦前の鵜飼のようす

観光鵜飼が岐阜市の繁栄につながるとして、一九二四年に岐阜市保勝会がその営業権を譲り受けた。その後、一九二七年には岐阜市の直営となり、遊覧船に関する規制緩和によってサービスの向上や宣伝、施設などの充実が図られた。一九二九年には鵜飼業者と契約を結び、鵜飼開始時刻が統一された。それまでの鵜飼は、川水の増減や魚の集散状態により漁場が交代されるため、観覧区域に鵜舟が到着する時刻が毎夜一定ではなかった。鵜舟到着の時刻は当日の新聞やラジオ、岐阜市観光課などからの通知によって知ることができたが、鵜飼観覧を予定する観光客にとっては不便であった。鵜飼開始時刻が統一されたことによって、遊覧が決められたスケジュールでおこなわれるようになった。この時代の観覧客らは、食事などを楽しみながら鵜飼が始まるのを待つ。鵜飼は、たんに見る対象だけでなく、食事や飲酒、花火に芸妓といった付加価値をともなう観光商品になったのである。この頃の鵜飼観覧は大正時代とは異なり、徐々に高級な娯楽から誰もが楽しめるような「鵜飼観覧の大衆化」が起こっていたと考えられる。

岐阜市は、さらなる市内観光客誘致のためにはサービスや施設の充実が急務であるとし、それまで不十分であった遊覧宿泊の設備を進めていった。これは、鵜飼観覧を終えた観光客が岐阜に留まることなく、犬山や名古屋、京都方面へ流れることと、増え続ける外国人を岐阜へ迎え入れたいという理由からである。一九二九年五月の大阪毎日新聞によると、鵜飼は「世界的名物とうたはれて、外人憧れの的となり」、外国人を迎える洋式の宿泊施設の建設が検討されているという。どのような経緯で「世界的名物」と鵜飼がうたわれるようになったかはわからない。とはいえ、当時すでに外国人向けのガイドブックでは鵜飼観覧が紹介され、一九二二年の英国エドワード皇太子（当時）や一九二九年の英国グロスター公殿下による鵜飼観覧が国内外の新聞記事などで報道されており、鵜飼が海外で知られる存在にあったことは明らかである。その結果、岐阜市は市営長良川ホテルの建設を決め、四年後の一九三三年に開業した。またこの頃には鵜飼実演が実施されている。実演方法や内容についての詳細は不明であるが、観光客が旅行スケジュールを立てやすいように実演時刻が定められたり、月夜でも鵜舟を五隻以上出すという契約を鵜飼業者と結んだりするなど、観光客に配慮する規則が整えられた（岐阜市 一九八一：六二三）。

以上のことから、長良川の鵜飼は国内外問わず観光資源として注目を浴び、受け入れ側の岐阜市や鵜飼業者らは総力をあげて観光鵜飼を充実させてきたことがわかる。市営事業となっても高級な娯楽とされた鵜飼観覧は、昭和前期には民衆に広く親しまれるようになった。すなわち、戦前の鵜飼は、鵜飼業者らが客に鵜飼を見せることをさらに意識し、従来の習慣を変更したり新しいサービスを提供したりすることで続けられていたのである。しかしながら、一九四三年には戦争の影響から遊船の休止が決定した。

戦後の鵜飼のようす

終戦を迎え、一九四七年に長良遊船は再開した。五月一一日の鵜飼開きには、臨時列車の運転があり、遊覧船全船に電飾が飾られた。昼間と夜には花火の打ちあげがあり、夜は花火とともに七時から八時まで長良川上流から約二万個の万燈を流す。さらに岐阜駅前、柳ヶ瀬、長良川たもとの三か所に鵜飼大アーチが立ち、新世界ニュース、日本ニュース、朝日ニュースの各カメラが当夜の情景を伝えた。また名古屋放送局が実況録音して岐阜の観光鵜飼を全国に紹介した。五年ぶりの鵜飼復活はこのようにして大いに盛りあがった。観光鵜飼の再開が戦後日本の復興のシンボルとして、全国へそのようすが紹介されたのである。終戦直後の観覧客数は三万人程度だったが、一九五五年には一〇万人を超え、一九六一年には二〇万人、一九六四年には二五万人に達した。これは国民の生活が徐々に安定し、全国的に観光活動が活発化したことが理由だと考えられる。また、一九六〇年代後半〜一九七〇年代における日本のレジャーブーム期とも重なる。

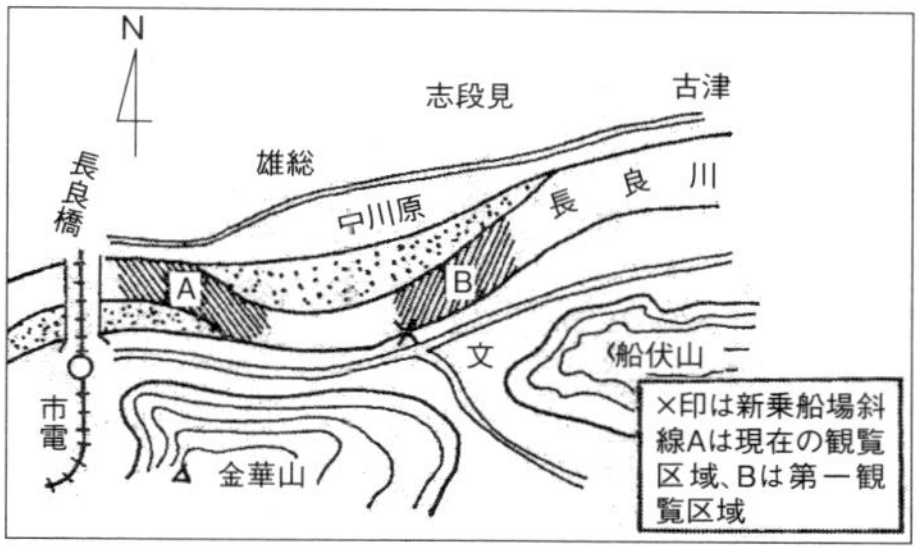

図 18-1　1965 年に実施された鵜飼二段制の場所
出所：岐阜市（1980：595）。岐阜県図書館蔵。

観光鵜飼でみると、一九五三年に大衆鵜飼観覧所が開放されている。当時、市民の間で鵜飼観覧は一部の階級に限られているとの声があり、これを受けて鵜飼観覧を市民のものにするという目的のもと一九五二年に着工した建物である。その後、一九五五年には踊り船の上で浴衣姿の女性が踊りを披露する「踊り子」、一九五六〜一九五七年ごろには鵜舟のまえでアユを放すサービスが始まり、観光鵜飼としての工夫がされるようになる。さらに、長良川旅館街（岐阜市長良川畔）では、一九六四年の東京オリンピックや岐阜国体へ向け新たな旅館やホテルの建設が相次いだ。

ただ、当時は観光客が増えたことで受け入れ態勢が飽和状態になった。この問題を解決するため、一九六五年に鵜飼を長良川の上流と下流の二か所でおこなう二段

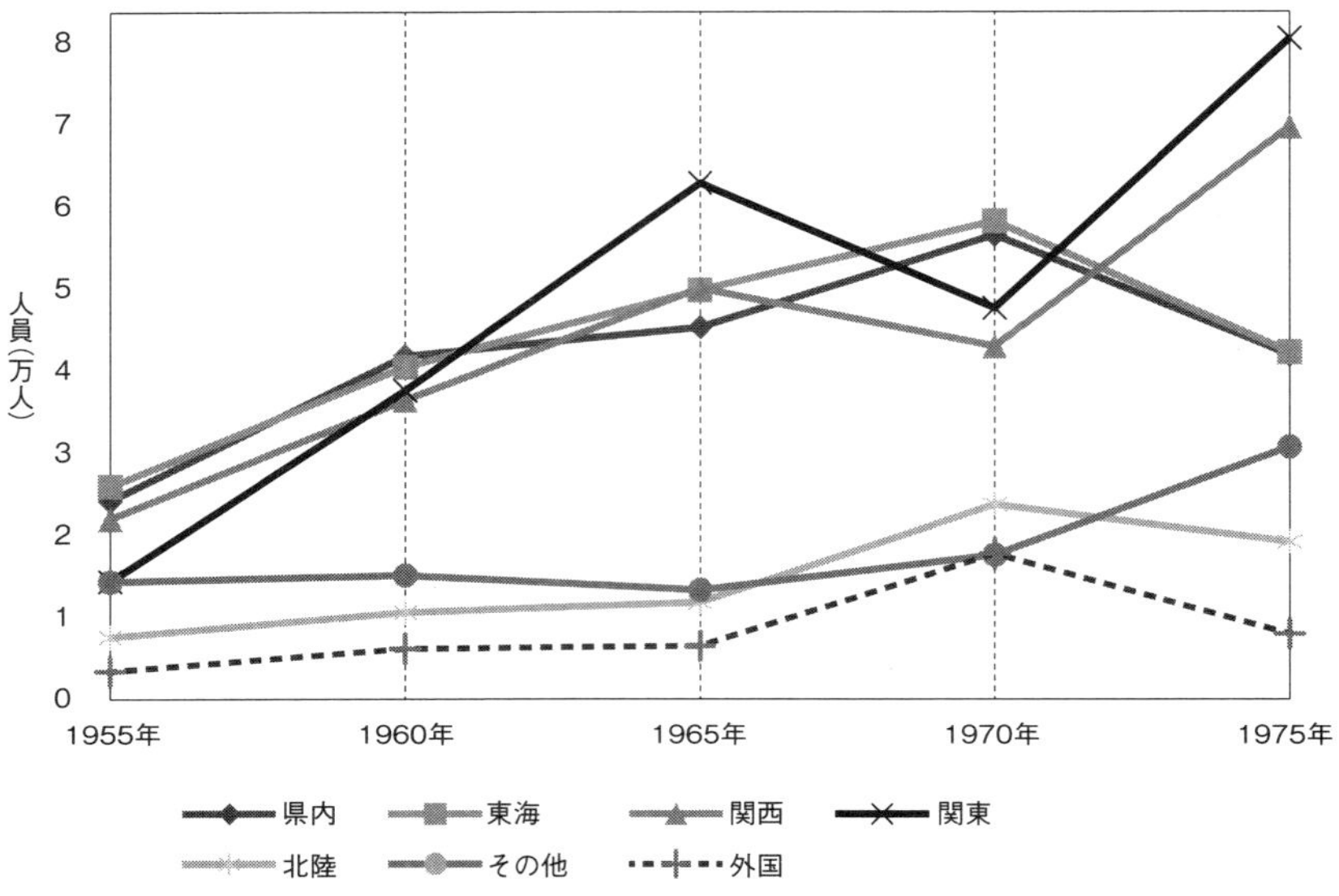

図 18-2　鵜飼観覧船人員の地域別変動（1955 ～ 75 年）
出所：岐阜市（1980：184）をもとに筆者作成。

制が実施された。[*2] これは当時の納涼台付近の観覧区域のほかに上流区域に遊覧区域をもう一か所設け、遊覧の観光客を二か所に分けて鵜飼を楽しんでもらおうとするものである（図18-1）。その後、一九六九年度には観覧船一三一隻をかかえ、一日平均二〇〇〇人の観光客、年間で約二七万人が遊船を利用した。川岸から鵜飼を見る観覧客を入れると五〇万人程度、観光鵜飼の経済効果は五〇～六〇億円となった。さらに、乗客数は一九七三年のNHK大河ドラマ『国盗り物語』（美濃国の国主になった斎藤道三と、隣国の尾張国に生まれ天下統一に邁進する織田信長の生きざまを描いた作品）の放映などにより過去最高の三三七万七〇〇〇人を記録した。

これまでの客層は隣接する東海地方からの観覧者が多かったが、一九六七年の国鉄による周遊指定を受け、かつ国鉄新幹線やバスなどの交通手段の変化によって関東や関西地域からの客も増え、鵜飼は全国的に人気の観光資源として注目されるようになった。戦前と比べて団体旅客や会社の接待客も増加し、船上では飲酒して大騒ぎをする客もいた。

ここで外国人乗船客についても注目したい。図18-2

は、一九五五〜一九七五年の鵜飼観覧船人員の地域別変動である。外国人乗船客は一九六〇年には五〇〇〇人を越え、大阪万博が開催された一九七〇年では約一万七〇〇〇人となった。一九六四年の東京オリンピック前後に、英文によるポスターやパンフレットが作成され、外国人客の誘致が積極的におこなわれた結果だと考えられる。くわえて、当時は日本交通公社や鉄道省国際観光局によって英語版旅行ガイドブックも数多く出版されていた時期でもある。

このように、戦後の長良川鵜飼は岐阜市を中心としながら官民が一体となって環境整備を続け、鵜飼の観覧客が右肩上がりに増加するという状況を生みだした。同時に、長良川鵜飼は国内における岐阜の観光資源だけに留まらず、海外へ紹介するのにふさわしい日本の観光資源であったこともわかる。

三、観光資源としての長良川鵜飼

前節では、既存の文献から長良川鵜飼の観光化の変遷についてまとめた。本節では少し視点を変え、外国人向けに出版されたガイドブックに焦点を当てる。そして、鵜飼がいつごろからガイドブックに記載され、なかでも長良川鵜飼のどの部分がいかに紹介されているのかをみてみたい。その上で観光資源としての鵜飼の特徴を考えてみたい。

ここでガイドブックを取りあげるのは、限られた掲載スペースのなかで伝えられる観光資源の内容を整理することで、鵜飼における観光の根本的な要素が理解できるのではないかと考えたからである。ここでいうガイドブックは、読者の文化的な背景や興味などを考慮しながら現地の多様な情報を取捨選択してまとめた図書のことであり、観光客と現地を結びつけ、現地の情報を適切に引きだせる重要な手段である（古屋・野瀬二〇〇九）。本節では、日本独自の文化や歴史、風景などを広く世界へ伝えることを目的とした外国人向けのガイドブックを取りあげる。

三－一、日本発外国人向けガイドブックで用いられる文節

日本で初めて海外向けガイドブックが出版されたのは、一九一三年のことである。『ジャパン』という名の英文日本案内は、訪日外国人観光者数の増加を目的として制作されたものである（日本交通公社一九六二：三九）。一方、海外の場合は、英国人John Murrayが一九世紀前半に執筆した*Murray's handbook*が本格的なガイドブックだとされる（北川一九九八：七二）。このガイドブックの日本版である*A Handbook for Travellers in Japan*（1891）は一八八一年が初版であり、一九一三年版まで約三〇年で全九版出版された。[*3] 鵜飼に関する記述は初版の一八八一年から登場しており、夏の期間に長良川でおこなわれる鵜をつかった非常に珍しい漁法を見ることができると述べている。

今回対象としたガイドブックを表18－1にまとめた。表中のA～Fは、日本で製作されたものであり、G～Jは海外出版のものである。長良川鵜飼に関する記述には、観光情報（鵜飼期間、観覧船予約方法、周辺ホテルといった情報）も含まれるが、本章では鵜飼そのものの記述に注目する。

*An Official Guide to Eastern Asia*の三版では、鵜飼のことを風変わりなスポーツ（queer sport）としながらも、岐阜産和提灯に照らされる長良川鵜飼の風景に魅了されると記されている。当ガイドブックの特徴は、鵜飼の歴史的な記述が多く、御料鵜飼としていまなおその価値が評

表18-1　対象としたガイドブック

		書籍名（通称名）	出版年
国内出版	A	*An Official Guide to Eastern Asia* Vol.Ⅲ	1914
	B	*Pocket Guide to Japan*	1926, 1929, 1935, 1939
	C	*Japan: The Pocket Guide*	1946, 1955, 1960
	D	*Japan: The Official Guide*	1941, 1952, 1958, 1962
	E	*The New Official guide: JAPAN*	1966, 1970, 1975
	F	*How to See Gifu and Environs*	1946
海外出版	G	*Terry's Guide to the Japanese Empire* Vol.3	1928
	H	*Lonely Planet Japan*	1997, 2000, 2005, 2007, 2013, 2015
	I	*Fodor's Japan and East Asia*	1964, 1974, 1996, 2014
	J	*The Green Guide Japan*	2015

出所：筆者作成。

価されていると記していることである。このガイドブックが作成されたのは、一九〇八年のことである。当時の日本は日露戦争に勝利し、アジアやロシアを中心に大陸進出の糸口をつかんだ時期である（長坂 二〇一五：九九）。当時からすでに長良川鵜飼は皇室との関係が強く、御料鵜飼で捕れたアユは皇室関係に献上されている。このような状況で長良川鵜飼を載せることは、帝国日本を海外へ認知させるひとつの文化資源として捉えられていたと解釈することもできる。

Pocket Guide to Japan および *Japan: the Pocket Guide* は、写真付きで鵜飼を紹介する。たとえば、前者の一九三五年版では鵜舟による総がらみの写真（写真18-1）とともに鵜飼を"a most romantic mode of fishing"と説明する。一九三九年版には手縄をつけた九羽の鵜と鵜匠の写真（写真18-2）が掲載されている。その説明として、"picturesque mode of fishing, on summer evening on the River Nagara, Gihu" とある。いずれのガイドブックも鵜飼を「見て楽しいもの」として捉えている。

写真18-1　もっともロマンティックな漁法と称された総がらみの写真（Board of Tourist Industry Japanese et al. 1935: 127）

写真18-2　絵画的漁法と称された長良川鵜飼の写真（Board of Tourist Industry Japanese et al. 1939: 94）

Japan: The Official Guide は、当時の鉄道省国際観光局によって一九四一年に出版されたものである。その後、一九六三年までの間にほぼ毎年改定された。今回確認できた資料の紹介内容には、英国人 Henry Spencer Palmer による *Letters from the Land of the*

Rising Sun（1894）に載る鵜飼観覧の記事の一部が掲載されている。彼は、日本初の近代水道である横浜市水道の設計、監督をした人物であり、*Times*紙の東京通信員としても重要な役割を担っていた（樋口　一九九八）。このガイドブックには、風景の描写や観覧中の食事内容といった記述はきわめて少ない。その一方、鵜飼の技術は精緻に記されている。たとえば、鵜匠一人が一二本の手縄を巧みに操りながら四方に目を配り、一羽でも魚をつまらせてしまわないよう見守るようすや、鵜をたぐり寄せて船に持ちあげ、残りの鵜の手縄を左手で扱いながら、右手では鵜の喉につまった魚を絞りだし、再び川に戻すという一連の流れをユーモア含めながら記されている。

*The New Official Guide: Japan*には、長良川鵜飼の歴史や皇室との関係、鵜の捕獲場所、野生の鵜を訓練させて使うことなどが書かれている。たとえば、一九七〇年版では鵜舟（a cormorant fishing boat）には四人の男が乗り、鵜匠（the master called *usho*）は烏帽子（an antique ceremonial headgear）をかぶり一二羽の鵜を扱う。鵜には小さな魚を除いて魚が腹のなかへ収まらないよう首にcord（ひも）がつけられ、水中でアユを獲らえる。一羽あたり一晩で四〇～五〇匹のアユを獲る。総がらみ（cornering fish by the combined movement of a number of boats）は、活気あふれる情景を生む。そして、使用される鵜の捕獲は、茨城県*Kushigata*海岸（旧多賀郡櫛形村、いまの日立市）または三河湾篠島で冬の季節におこなわれるという。このガイドブックで紹介するほかの岐阜県内観光地情報と比べ、長良川鵜飼に割く文量は多く、鵜と鵜匠の織り成す技を間近で楽しむことができると締めくくる。

戦後、一九四六年に刊行されたガイドブック*How to See*シリーズのなかの*How to See Gifu and Environs*では、鵜飼を古くから続く由緒ある漁法とし、日本を訪れるときには見逃してはならないほど壮観であると紹介している。当ガイドブックは多くの写真も載せていることが特徴である。鵜匠が鵜にエサを与えている写真や、総がらみのようす、若い外国人男性らが浴衣を着て観覧船内で食事をしながら鵜飼を楽しむようすが写真に収められている。また、この紹介文のなかには周辺環境への言及もあり、川面の静けさのなかでの篝火が趣ある幻想的な景色を創りだすという。

三―二、海外発日本ガイドブックで用いられる文節

一九一四年から一九三三年にかけて米国で全五版刊行された*Terry's Guide to the Japanese Empire*をみると、長良川鵜飼の記述は一九二七年の第三版で登場する。その内容は、*Japan: The Official Guide*と同じくPalmerの鵜飼観覧記事が使われている。とくに、鵜の生態から鵜がどのようにして魚を獲らえるかに注目している。一方、picturesqueやspectator attractionといった表現は一切見当たらない。漁法説明がきわめて細かいことから、鵜飼がもつ狩猟としての側面を紹介しているものと考えられる。

文章による説明に特徴がある*Lonely Planet*では、一九九七年版でイラストつきで長良川鵜飼が紹介されているうすが描かれている。(Taylor et al. 1997: 306)。ただ、イラストでは烏帽子や腰蓑を身につけた鵜匠が浅瀬のような場所で四羽の鵜を操るようすが描かれている。これは長良川鵜飼ではないことは明確である。紹介文はいわゆる観光情報であり、鵜飼期間や観覧船、ホテル予約に関する情報が載る。なお、二〇〇〇年版にはそのイラストは消えている。二〇一三年以降になると、これまで鵜飼を“an ancient tradition”（古くから続く伝統）、長良川鵜飼を“a popular destination, special attraction”（人気目的地、特別なアトラクション）と紹介していたが、“masters claim the birds are not harmed by their training”（鵜匠らは、訓練中に鵜たちを痛めつけるようなことはないと主張している）という文言がくわわった。二〇一五年版以降、長良川の鵜飼を“UKAI: THE ANCIENT ART OF CORMORANT FISHING”とよび、日本を代表する武将らから庇護を受けていたこと、鵜匠の世襲制度が守られ、皇室からも価値が認められ、唯一の御料鵜飼が続けられているという説明もくわわった。そして、長良川の水面に映る篝火の光景やもともとは生業であった伝統的な漁法を昔のまま見ることができるという。一方、近年になると鵜飼技法の説明に関してbarbaric（野蛮）やcruelty（残酷、虐待）といった英単語もみられる。二〇一五年版のThe Green Guideでは、鵜の首に輪をつけ、魚をのみ込ませ、喉を通らないサイズの魚は吐きださせ、小さい魚は鵜がそのまま食すという漁法に対して、“There is nothing cruel about this technique"（この漁法は残虐ではない）という山下哲司鵜匠の言葉を載せている。いずれも動物倫理への配慮だと考えられる。

一九四九年にフランスのパリで創立された*Fodor's*は、ガイドブック出版会社としていまなお人気を誇る。今回確認できた一九六四年、一九七四年版は*Fodor's Japan and East Asia*の題で出版されたものである。両版とも、長良川鵜飼に関する情報はNAGOYA and ISE-SHIMAエリアで登場する。エリア情報は、イギリス人作家・詩人であり広島在住歴もあるAlexander Bairdによって書かれている。鵜飼の記述は、"……the cormorant fishing on the Nagara river attracts tourists throughout the summer"（夏の間長良川で行われる鵜飼は、観客を魅了する）、"Cormorant fishing by night on the Nagara river is in the traditional manner and Gifu is the best place in which to observe it"（夜におこなわれる長良川の鵜飼は、古くからの伝統的な技術であり、それを見るには岐阜がもっとも適している）とある。一九七四年版には、一九六四年版になかった"The fishing at Gifu, being the most famous, is usually crowded. You can see the same thing at Arashiyama and at Uji, both near Kyoto, and at Hakata in Northern Kyushu"（岐阜の鵜飼はもっとも有名であり、常に混んでいる。京都の宇治、嵐山や北九州の博多でも同じものを見ることができる）という説明が追加され、他地域の鵜飼も触れられている。さらに、鵜飼の観覧中には鵜のすばやい動きとそれを扱う鵜匠の動作にいつも驚かされるという感想が記されている。

一九九六年版*Fodor's Japan*ではUKAIの欄を設け、詳細が記されている。ここでは、一隻あたり一〇～三〇人の客を乗せたおよそ一三〇艘もの船が、鵜飼が始まる二時間ほどまえに長良川に並ぶ。その時間はParty timeであり、飲食をしたり歌を歌ったりゲイシャが舞を踊ったりしながら過ごすと説明する。鵜飼そのものの記述は少ないが、伝統的な衣装に身を包んだ鵜匠（Fishermen, dressed in the traditional costume of reed skirts）が川を下りながら鵜で魚を捕ること、鵜舟のまえにはアユを寄せるための篝火がつるされること、一艘に数羽の鵜が魚を獲るためにつながれていることなどが記載されている。その後、二〇一四年版ではUKAIの詳細内容はなくなり、観光情報（鵜飼シーズン、観覧場所、時間、予約問い合わせ方法）のみの記載となった。

四、生業の技術をみせるということ——鵜飼の何が観光資源なのか

本章では、長良川の鵜飼が当初どのような動機でいかに観光化されたのか、観光化の過程でいかなる要素がアピールされたのかについて検討してきた。その結果、長良川において鵜飼という生業の技術を金銭の収受をともないながら客に見せるという行為は、明治初期から本格的に開始されたことがわかった。これには、明治維新により幕藩体制が解体するなか、藩からの給米による援助や優先的な漁場利用の特権などがなくなり、長良川の鵜匠らが経済的に困窮したことも背景にある。このとき、新たな観光資源を模索していた当時の岐阜市と思惑が一致し、行政と民間が一体となった環境整備が進められた。生業として脈々と継承されてきた鵜飼が経済的な困窮をきっかけに喪失することなく、観光鵜飼という事業を受容することで、鵜匠をはじめとする鵜飼業者らは鵜飼を続けることができたのである。このような観光鵜飼の発展には、地方行政と鵜飼業者の両者による働きかけが重要であった。ことに、戦後の鵜飼再開のときには戦後復興のシンボルとして大いにアピールされ、地域の知名度向上にもつながった。もちろん、両者の働きかけ以外にも一九六四年の東京オリンピック、一九七〇年の大阪万博、一九七三年のＮＨＫ大河ドラマ『国盗り物語』の放映といった外的な要因もある。いずれにせよ、それらの結果として最盛期には年間三三八万人が鵜飼観光に訪れた。

また、こうした観光化のなかで、鵜匠と遊覧業者とが出漁する鵜舟の数や観覧水域、観覧時間に関わる取り決めを交わした。これにより、長良川では当日の川の状態にかかわらず原則五隻以上の鵜舟を出して客に見せることとなり、鵜匠たちは本来の漁にかわって見せる鵜飼に重きをおくようになった。とはいえ、本書の第三章でも記されているが、昭和四〇年ごろまでは午後明るいうちに出かけて生業としての鵜飼漁をおこなったあと、そのまま日没から観光鵜飼

をおこなっていた。

また、本章では外国人向けガイドブックを取りあげ、上記のように形成された長良川鵜飼のどの部分が誘引素材とされたのかを検討した。本章でガイドブックを取りあげたのには理由がある。ガイドブックとは特定の地域でみられる多様な観光資源のなかから、とりわけ人を惹きつける要素を短い文章や挿入写真で切り取り、的確に表現しなければならない。とくに外国人向けであればなおさらのことである。ゆえに、多くのガイドブックを見比べて共通性を抽出することで観光資源の根本的な要素がみえてくるのではないかと考えたからである。本章では国内出版と海外出版のガイドブックを取りあげた。その結果、長良川鵜飼に関しては、①一三〇〇年以上続く漁法の歴史（History）、②複数羽の鵜を操る鵜匠の技術（Techniques）、③船上で飲食や情景を楽しむ遊宴（Pleasure）が共通として示されていることがわかった。なかでも歴史ある生業の技術が受け継がれていること、漆黒の暗闇のなかで篝火が川面を照らす情景が強調されていた。

一般に、各地で観光資源となるものは他地域で見られないその地域固有の要素である。鵜飼に関していえば、全国でも限られた地域でしか見ることができず、かつ鵜飼開催地によって歴史や情景は大きく異なる。よって国内でも要素の異なる観光鵜飼が並立できているのではないだろうか。さらに、少し視野を広げて考えてみると、漁の技術を観光客に直接見せるという行為は日本国内でほかにあるだろうか。たとえば、伊勢志摩の海女漁は有名であり、海女文化の遺産化、観光化が進む。近年では、潜水中の海女たちを船上から見学するツアーや海女と一緒に潜水することができる体験ツアーがある。三重県鳥羽市相差町では、海女の手で焼いた地元の海産物などを食べながら海女と観光客が会話を楽しむという「海女小屋体験」も盛況である（吉村 二〇二一：二一七）。これらはたしかに漁の技術を身近に楽しむことができる体験行為である。しかし、観光客の興味関心は、海女の捕る漁獲物や海中に深く潜水するという海女（＝女性）の身体的な技能にある。[*4] 鵜飼のように遊宴や情景が強調されることは少ない。このように考えると、長い歴史をもつ生業の技術をみせるという鵜飼観覧は、日本国内において独自的である。

では、この技術を守るには何が必要なのだろうか。漁の技術が成り立つには豊かな河川環境はもとより、鵜飼用具や鵜舟、鵜籠、鵜匠装束といった物質文化、操船技術や造船技術といった技術文化、アユを消費する食文化といった多様な側面が守られていなければならない。前述した海女漁の観光化が進められる相差町では、海女を大々的にアピールしたまちづくりが進み、観光を取り入れていくことで家業としての海女漁が継承されるという指摘もある（吉村二〇二一）。鵜飼でいえば、観光事業を続けることで鵜飼の関連技術や文化も守られる場合がある。それはまた、鵜飼観光を守ることにもつながる。今後は、鵜飼観光の維持に付随する「守り、守られる」というフィードバックの効果をさらに追及していく必要がある。

【注釈】

＊1　一九〇九年、鵜飼業者と岐阜市は観覧鵜飼に関する契約を結んだ。契約には観覧時期や場所の指定以外に、毎夜一二時まえまでおこなうこと、遊船株式会社所有の遊船以外の舟に観覧させないこと、遊船会社は遊船料総収入の一五パーセントを毎年一〇月三〇日までに報酬として鵜飼業者に支払うことが記されていた。この契約を機に鵜飼業者は積極的に観光鵜飼に協力することとなった（八木　一九五七：五六）。

＊2　鵜飼の二段制実施のため、岐阜市は準備費として計二五〇〇万円を見込み、遊覧船事務所や駐車場、遊船乗り場の建設、屋形船、とま舟など約三〇隻を配置して開始する計画をたてた。また、新しい乗船場と長良橋周辺を結ぶ市営バスを一時間に五本ほど運転するなどの移動の便宜も図った。

＊3　各版の刊行年は一八八一年、一八八四年、一八九一年、一八九四年、一八九九年、一九〇一年、一九〇三年、一九〇七年、一九一三年である。

＊4　海女漁とは、簡便な道具のみで身ひとつの素潜りにより、通常の人間には手の届かぬ自然界からの食物を採ってくるという狩猟採集活動の原点であり、それは一種の「あこがれ」として、特別な見物対象となるという（塚本　二〇一二）。

終章　なぜ野生のウミウにこだわるのか
——日本的な動物利用の背景

卯田宗平

本書では日本列島の鵜飼をさまざまな切り口から捉えてきた。これまで日本の鵜飼を通時的・共時的な視点で取りあげたものはなく、本書はそれを広くまとめた初めての図書となる。

総論と各論の二部からなる本書を通して、鵜飼は古墳時代にはおこなわれていた可能性が高いこと、平安時代には日本海側で捕獲されたウ類を京まで運んで利用していたこと、近世期には規模の大きな鵜飼が権力者の庇護のもとで続けられていたこと、各地にはウ類を利用した多様な漁法が存在したこと、戦後になると漁業調整規則の施行が各地の鵜飼に大きな影響を与えたことなどが明らかになった。さらに、捕食者であるウ類の行動、被食者であるアユの生態から鵜飼が成り立つ条件も検討した。

ただし、個別のテーマを明らかにしただけでは日本の鵜飼が全体としてもつ特徴を理解したことにはならない。そこで、終章ではこれまでの成果を踏まえながら日本における鵜飼の特徴を導きだし、その特徴的な技術がどのように展開したのかを検討する。そして、最後に一五〇〇年以上も続いたウ類と日本人とのかかわりの背景について考えてみたい。

一、日本における鵜飼の特徴――中国との対比から

本節では、日本における鵜飼の特徴を中国の鵜飼との対比から導きだしてみたい。表19‐1は、日本と中国の鵜飼を対象に、ウ類の入手方法や使用する羽数、手縄の使用や徒歩鵜飼の有無、権力とのかかわりなどをまとめたものである。この表をみると、中国の鵜飼ではみられない日本の特徴が大きく三つあることがわかる。

・過去より野生のウミウやカワウを入手し、飼い馴らして利用してきたこと
・ときの権力者や為政者による庇護のもとで続く鵜飼が存在したこと
・鵜飼を記したり、描いたりした資料や作品が多様にあること

筆者は本書の副題に「野生・権力・表象」という三つのキーワードをつけた。これらのキーワードは、ここで挙げた三つの特徴を簡潔に示したものである。以下では三つの特徴についてまとめる。

第一の特徴は、過去より野生のウミウやカワウを入手し、飼い馴らして利用してきたことである。中国における鵜飼では、漁師たちが自宅などでカワウを産卵させ、孵化した雛を育て、それを利用している（写真19‐1）。彼らは漁で利用するカワウの全生活史を管理下におき、生殖介入を通して捕食能力の改良を試みてきた。この意味で、中国の鵜飼で利用されるカワウは家畜動物である。

一方、日本では過去より海岸域や内陸などで捕獲されたウ類を飼い馴らして利用してきた。捕獲は少なくとも平安時代から続けられている。そして、現代でも鵜飼のウ類は「繁殖はできていないので半家畜化の状態」（山岸ほか二〇〇四：五七）だとされ、「人間の管理下におくと繁殖しないので、人工ふ化できない」（可児一九六六：一六七）といわれてきた。実際、鵜飼の規模が国内最大で、歴史資料も数多く残されている長良川鵜飼においても「鵜匠宅の鵜が二世を産んだということを、未だに聞いたことがない」（あかね一九八四：一〇）とされる。この意味で、日本の鵜

表 19-1　日本と中国における鵜飼の比較

		日本の鵜飼	中国の鵜飼
ウ類	種	ウミウ（かつてはカワウも）	カワウ
	入手方法	捕獲[1]	人工繁殖
	入手時期	春と秋	春
	使用羽数	1〜10羽／人	4〜40羽／人
漁法	漁期	夏季（かつては冬季も）	年間もしくは農閑期
	漁場	主に河川	河川や湖沼
	首結い[2]	あり	あり
	手縄	あり	なし
	徒歩鵜飼	あり	なし
そのほか	為政者との関係	あり	なし
	行政による支援	あり	なし
	観光化	すべて観光目的	一部に観光化
	表象	絵画や造形、文学など多数	少数

注：(1)2014年5月に飼育下のウミウが産卵した宇治川の鵜飼を除く。
　　(2)ウ類が魚をのみ込まないようにするため、首につける紐や縄のこと。
出所：現地調査をもとに筆者作成。

飼で利用されるウ類は人間が飼い馴らしただけの馴化動物だといえる。

日中両国でこのような違いがあるなか、宇治川の鵜飼で飼育されていたウミウが二〇一四年五月に突然産卵した（写真19‐2）。当時、鵜飼関係者のだれもがこの産卵を予期していなかった。こうしたなか、鵜匠たちは手探りの状態で繁殖作業を開始した。そして、人工繁殖を毎年続けるなかで、飼育下のウミウは巣材と巣作りの時間を与えると容易に産卵することがわかった（卯田ほか二〇二〇）。すなわち、ウミウは「人間の管理下におくと繁殖しない」わけではない。意図的かどうかは別にして人間が繁殖させなかったのである。その理由については後述するが、いずれにせよ日本の鵜飼では野生個体を捕獲し、利用してきたことに特徴がある。

第二の特徴は、ときの権力者や為政者の庇護のもとで続く鵜飼が存在したことである。

日本では、かつて北は岩手県から南は大分県に至るまで広く鵜飼がおこなわれていた。それらの多くは暮らしを立てるための生業活動であったが、なかには中央や地方の権力者による庇護のもとで続く鵜飼もあった。具体的にいえば、律令制下では宮内省の大膳職雑供戸に属する鵜飼従事者がおり、鵜飼で捕れたアユを贄として納めるかわりに河川利用の特権が認められたり、調が免除されたりしていた。近世期においてもアユの捕獲と貢納を通して藩と強く関わる鵜飼があった。長良川の鵜飼である。当時、尾張藩は贈答用として大量のアユを必要としていた。鵜匠たちはその需要にあわせて複数羽を利用した漁法を発展させたのだ。そして、彼らは規定数のアユを貢納する見返りに、河川利用の優遇や名字帯刀が認められ、諸役も免除されていた。藩が鵜飼を庇護していたのである。幕藩体制が崩壊したあとも長良川の鵜匠たちは宮内省主猟局鵜匠に任命され、これが現在の宮内庁式部職鵜匠につながる。

一方、中国各地の鵜飼はいずれも個々の漁師が生業として続けているだけである。過去に中央や地方の政府や権力者が鵜飼技術を庇護したり、漁師たちに湖沼や河川利用の特権を与えたりすることはなかった。漁獲物を進物として特別に受けることもない。操業中も漁師たちは決まった装束を着用するわけでなく、動きやすい普段着で漁をする。さらに、現在では一部の地域で鵜飼の観光化が進んでいるが、地方政府が経済的に支援し続けることもない。このように、中国の鵜飼では権力者や地方政府による特別な扱いはない。これも日中両国の鵜飼で大きく異なる点である。

写真19-1　自宅で孵化させた雛に餌を与えているところ（中国江蘇省興化市、2007年4月、筆者撮影）

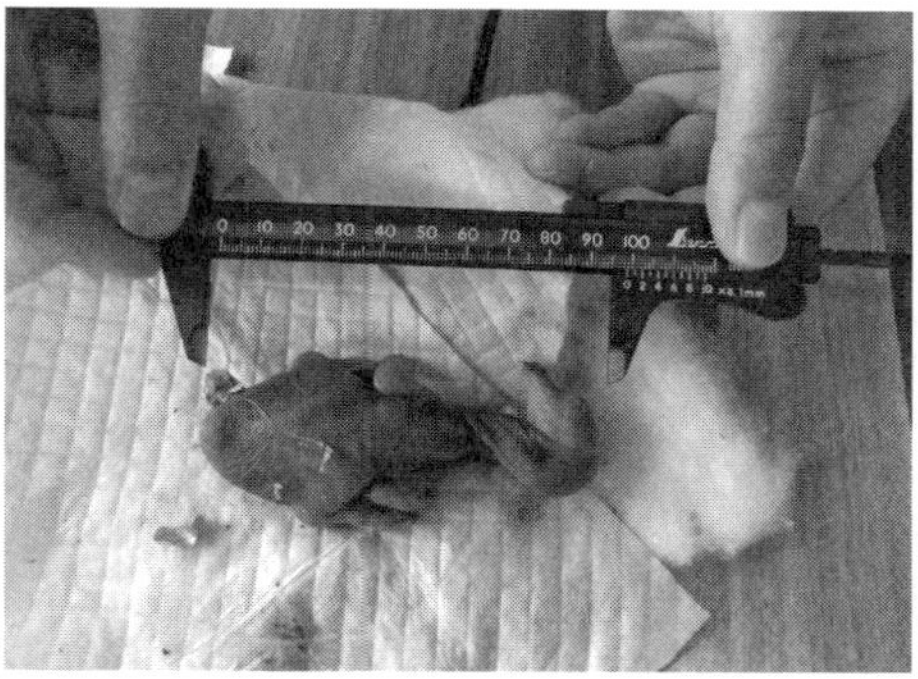
写真19-2　宇治川の鵜飼で人工孵化させたウミウの雛（京都府宇治市、2015年3月、筆者撮影）

第三の特徴は鵜飼を記したり、描いたりした資料や作品が多様にあることである。

日本では造形や絵画、文学、俳諧、写真、映像などに鵜飼を表現した作品が多い。たとえば、古墳時代の埴輪には鵜飼のウ類を模ったものがあり、『古事記』や『日本書紀』、『万葉集』、『蜻蛉日記』、『源氏物語』などにも鵜飼のことが記されている。絵画では平安時代の「九品来迎図」や鎌倉時代の「一遍聖絵」をはじめ、狩野探幽や尾形光琳、円山応挙、俵屋宗達、葛飾北斎といった著名な絵師も鵜飼を画題にしている。このほか、松尾芭蕉や与謝蕪村、小林一茶なども鵜飼を詠んでいる。近代以降は写真や映像にも残されており、日本の鵜飼を表現した作品は枚挙に暇がない。もちろん、中国においても漁楽図などで鵜飼を描いたものがある。また、一六～一七世紀に中国に滞在していた欧米人が帰国後に出版した図書のなかにも中国の鵜飼を描いたものがある。しかし、鵜飼に関わる作品の多様さと数量の多さは日本のそれに遠く及ばない。過去より鵜飼の作品が数多く残されていることも日本の特徴である。

考えてみれば、第二と第三の特徴は相互にかかわりがある。すなわち、日本では鵜飼が天皇家や武家、藩主にアユを貢納したり、諸国大名による観覧の対象になったりしてきた。そのことが文字資料や絵画に残され、それを見たり聞いたりしたものが鵜飼観覧に訪れる。そこでまた鵜飼が詠まれたり、描かれたりし、さらにそれらを見たものが鵜飼観覧に訪れて何らかの記録を残す。このように、第二の特徴が第三の特徴を生みだし、そののち観覧と表象とが相互にフィードバックするなかで展開したのではないだろうか。

二、日本列島でどのように展開したのか

以上、日本における鵜飼の特徴を中国の鵜飼との対比から導きだした。それでは日本に特徴的な鵜飼の技術は国内でどのように展開したのだろうか。つぎにこの点を考えてみたい。ただし、さきに言い訳がひとつある。鵜飼に関わる史料が限られているため、鵜飼がいつ、どこで誕生したのかという問いには答えられないことだ。一方で、鵜飼が

どのように展開したのかについては断片的な資料や現時点での知見を総合すれば検討することができる。ここでは、日本列島における鵜飼技術の展開について考えてみたい。

二 - 一、そもそも、なぜウ類なのか

魚食性の鳥類のなかでなぜウ類が選ばれたのか。鵜飼でウ類を使うのがあまりにも自明であったせいか、この問いは十分に検討されていない。ここではまずウ類の利用動機から考えてみたい。

表19 - 2は魚食性の鳥類を潜水方法の別でまとめたものである。法的および倫理的な問題は一時的においておくとして、これらの鳥類のなかで漁の手段として利用できるものはいるであろうか。ウミスズメ類は主に北半球の寒帯・亜寒帯を中心に分布しており、ペンギン類は南半球で生息している。仮に捕獲できたとしても運搬に手間がかかる。アジサシ類やカツオドリ類も捕獲や運搬に手間がかかる上、上空から水中に突入するという潜水方法は水深の浅い日本の河川に向かない。一方、サギ類は浅い河川や湖沼など身近に生息する。しかし、食性が完全な動物食であるため、魚類以外にもカエルやヘビ、トカゲ、タニシ、甲殻類、昆虫類なども獲る。漁の手段としてみると、食性が広域すぎて漁獲効率が悪いであろう。かつサギ類は深い河川の魚を捕食できない。カイツブリやカワセミも身近にいるが、いずれも小型であるため捕食する魚も小さい。猛禽類は広域を見渡して水面近くの魚を掴まえるのに長けているが、一度に多くの魚を獲るわけではない。かつ飼い馴らしも難しそうである。

このように考えると、ウミアイサ属のなかまが候補に入る。この属のカワアイサやウミアイサは高い潜水能力をもち、先端が鉤状に曲がった嘴で魚を捕食するのが得意である。実際、ヨーロッパでの淡水漁業の被害においてカワウとともに名前が挙がる。とはいえ、日本では主に冬鳥であり、いつも身近で見られるわけではない。一方、カワウは河川で魚を狙う姿や岸で羽根を乾かしている姿をよく目にする。

ことに、ウ類は水中で捕食した魚を水面までくわえあげ、そこで頭から丸のみする。いわゆる「鵜呑み」である。

表 19-2　主な魚食性の鳥類とその捕食方法の特徴

捕食方法		鳥類
潜水型	脚潜水	ウ類、アビ類、カイツブリ類 アイサ属のなかま、ホオジロガモなど
	翼潜水	ウミスズメ類(ケイマフリやウトウ、ウミガラスなど) モグリウミツバメ類、ペンギン類、カワガラスなど
突入型	頭から入水	アジサシ類、カツオドリ類 カワセミ類(カワセミやヤマセミ)、ペリカン属のなかまなど
	足から入水	タカ類(ミサゴ、オジロワシ、オオワシなど)
待ち伏せ型		サギ類(アオサギ、ダイサギ、ゴイサギ、ササゴイなど)
横取り型*		グンカンドリ、トウゾクカモメなど

注：*ほかの海鳥を空中で襲い、獲物を放したり吐きだしたりしたところを空中で奪い取るタイプ。
出所：小林(2004)、松岡ほか(2012)、川上・中村(2019)、卯田(2021)をもとに筆者作成。

過去の人たちのなかに、目の前で淡水魚を次々と鵜呑みする鳥をみて「横取りしよう」と発想したものがいたのであろう。このような発想が出てくるのも身近で観察できたからではないだろうか。もちろん、現在のウ類の分布と過去のそれとは異なるであろうが、過去の人たちも身近でみる機会は十分にあったと考えられる。すなわち、人間の生活域とウ類の生息域の重複が漁の手段としての「発見」につながったといえる。むろん、発見の背景には、豊かな魚資源の存在と限られた漁法、周辺地域における淡水魚の需要、漁に従事できる人びとの存在といった要因がある。

さいわい、捕獲されたウ類は新しい環境に慣れやすい。かつ、甲殻類なども食べるが魚類を中心とした食性が強い。すなわち、人間側からみれば食性が広域すぎず適度なジェネラリストである（詳細は第一章）。このように、ウ類が捕食する生物が人間にも有用であるというターゲットの重複もあり、それが人間によるウ類の利用を動機づけたのである。いわば、生活域とターゲットという二つの重複性が鵜飼誕生の初期条件だろう。

ただし、いま示した動機はほかの鳥類との違いを説明するだけであり、消去法的である。ここでは、漁で利用する鳥類がウ類である積極的な動機があるはずだ。それがなければ一五〇〇年以上もウ類と関わらないであろう。その動機とは、漁獲効率の高さである。鵜飼は一見するとのんびりとした素朴な淡水漁法にみえる。しかし、実際は漁の効率がとても高い。戦後に各地で内水面漁業調整規則が定められたが、そのとき鵜飼が厳しく規制された。これは、生業としての鵜飼が乱獲を引き起こすからである（詳細は第一四章）。事実、篝火による夜漁は効率が高く、「鵜飼は川魚を捕り尽くす」や「鵜飼は禁止漁法」とされた。実際の鵜飼漁では川を一度だけ下る四〇分ぐらいでアユが五〇キログラムほど捕れるときもあった（最上 一九六七：五三）[*1]。それほど魚が捕れたのである。

いまでも生業として鵜飼を続ける中国の漁師たちも効率のよさを自覚しており、その理由を「攻めの漁」だからという。すなわち、淡水漁法には定置網や刺し網など「待ちの漁」と鵜飼漁のような「攻めの漁」がある。前者は漁具を一定の場所に配置し、移動する魚が網にかかるのをまつ必要がある。一方、鵜飼は漁師みずからが漁場を次々と移動しながらカワウを放ち、そのカワウも各漁場で自在に魚を探して捕食する。そして、ある程度の漁獲があるとつぎの漁場に移動する。限られた時間内に矢継ぎ早に漁場を攻め続けることができるため、漁の効率がよいというのである。こうした漁獲効率のよさはウ類を利用し続ける積極的な動機になる。

一－二、日本列島における技術の多様化

それではこのような鵜飼の技術が日本列島でどのように展開したのだろうか。前述のように、鵜飼の誕生に関しては不明な点ばかりである。すなわち、中国で誕生したのち日本に伝来したのか、あるいは逆か、または日中両国でそれぞれ独自に誕生したのかはわからない。ただ、筆者は稲作文化が中国から伝来したのち淡水漁法のひとつとして鵜飼が中国から伝わり、そののち日本国内の河川環境やアユの需要に応じて洗練化されたのではないかと考えている。水田稲作の拡大にともなう灌漑水路や溜池の整備により淡水魚の生息域が広がり、かつ農耕に従事する人たちが動物性タンパク質を身近な河川に求めた。この需要に応じる漁法のひとつに鵜飼漁があったのではないかと想像する。実際、日本の淡水漁撈は縄文時代は低調であるが、弥生時代になると盛んになる。

日本の鵜飼技術の変遷に関して、可児弘明は徒歩鵜飼から舟鵜飼、放ち鵜飼から繋ぎ鵜飼、昼川から夜川という発展段階を示している（可児 一九六六：一二四）。この説明は断片的な資料をまとめた点が評価できる。しかし、変化を

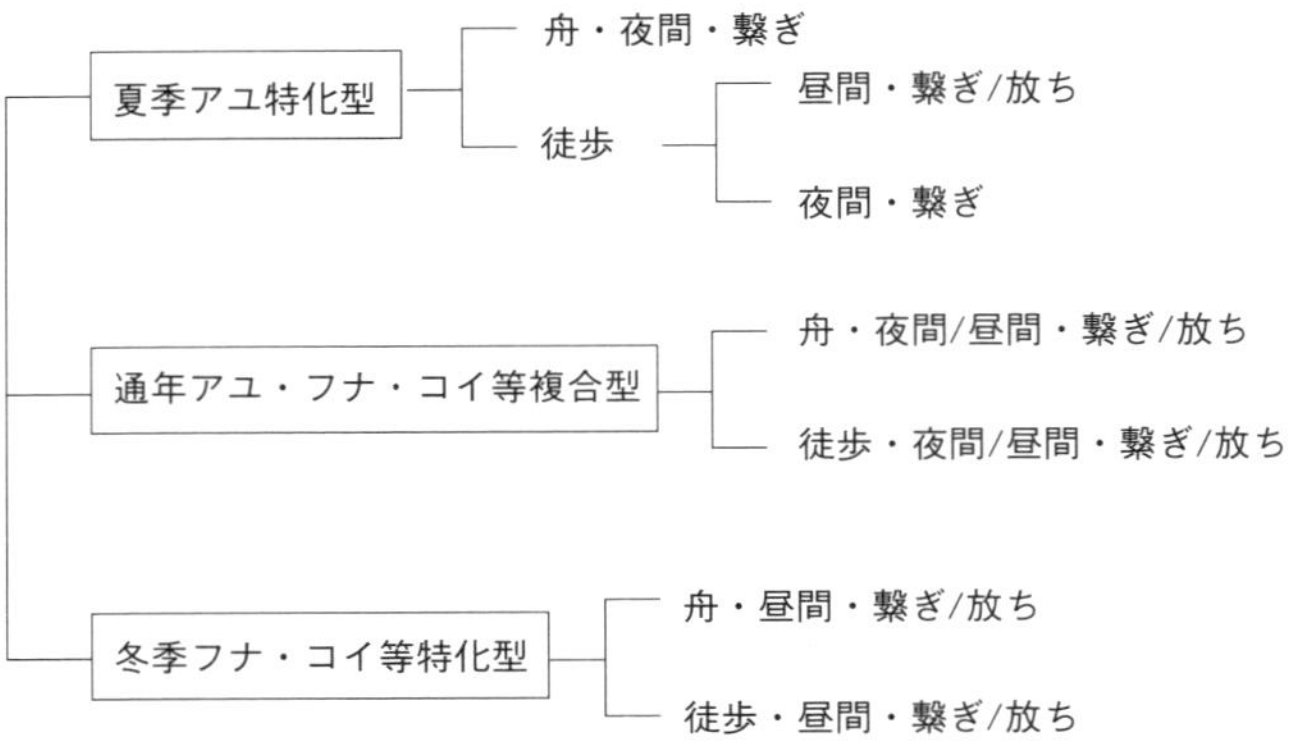

図 19-1　日本における鵜飼技術の展開と並立
出所：筆者作成。

すべて直線的に捉えており、かつ変化する理由が記されていない。さらに、理由はわからないが原型を徒歩による放ち鵜飼とし、発展段階の最終型を舟による繋ぎ鵜飼に設定して長良川の事例を挙げている。しかし、長良川の鵜飼は国内では特殊な事例である。そのため、日本各地における大小の鵜飼をみると単純な発展論では捉えられない。すべての鵜飼が長良川の鵜飼を目指しているわけではなく、徒歩による放ち鵜飼が発展途上というわけでもないからだ。

実際は最終型のある直線的な発展ではなく、河川環境や季節、魚需要に応じた技術の展開と並立だったのではないだろうか。事実、これまでの成果を踏まえると、日本の鵜飼は漁期と漁獲対象との関係から大きく三つのタイプに分けることができる。三つのタイプとは以下である。

夏季アユ特化型
通年アユ・フナ・コイ等複合型
冬季フナ・コイ等特化型

図19-1は鵜飼技術の展開と並立についてまとめたものである。

夏季アユ特化型とは、春に遡河して夏に成長し、秋に降河するアユを主に狙う鵜飼のことである。このタイプは舟を利用する場合と徒歩による場合がある。前者の舟鵜飼は長良川や江の川、四万十川、三隅川など比較的大きな河川で夜間におこなわれていた。一方、後者の徒歩鵜飼は昼間あるいは夜間におこなわれていた。昼の徒歩鵜飼は一人が一羽を利用する方法や、数人が一組になり細長い綱や定置型の仕掛けを併用しながらアユを一か所に追い込んでウ類に獲らせる方法もあった。こうした漁法は荒川水系や相模川、多摩川、矢部川などでみられた。夜の徒歩鵜飼は篝火などを利用して一人が一～二羽を使ってアユを狙う。この方法は有田川や笛吹川、日川、富士川、物部川などでみられた。夏季アユ特化型のタイプでは手縄を利用した繋ぎ鵜飼が多い。

通年アユ・フナ・コイ等複合型とは、夏季にアユを狙い、冬季になると脂がのって美味とされる寒ブナをはじめコイやウグイなどを狙う鵜飼のことである。このタイプも舟を利用する場合と徒歩による場合がある。前者の舟鵜飼は夏季の夜にアユを狙い、冬季になると昼間にフナやコイを狙っていた。かつて筑後川などでみられた。後者の徒歩鵜飼では夏季の夜に繋ぎでアユを狙い、冬季になると手縄をつけずに放ちでフナやコイ、ウグイ、ボラなどを狙っていた。これはかつて物部川などでみられた。通年複合型のタイプは季節に応じてさまざまな魚種を狙い、年間を通して鵜飼を続ける点に特徴がある。

冬季フナ・コイ等特化型とは、冬季にのみおこなう鵜飼のことである。このタイプにも舟を利用する場合と徒歩による場合があった。前者の舟鵜飼は淵などにいるフナやコイ、ウグイ、河口域にいるボラなどを昼間に狙う。とくに、河川が比較的大きくて深いところでは舟が活用された。この漁法は益田川や高津川でみられた。後者の徒歩鵜飼は一人が一～二羽を利用して昼間にフナやコイなどを狙う。これは高津川や匹見川、古賀川でみられた。冬季特化型のタイプは寒さが厳しければ厳しいほどフナやコイの漁獲がよかったとされる（最上 一九六七：五七）。寒さで動きが鈍る淡水魚を少ない羽数で効率よく捕っていたのであろう。

こうした三つのタイプを見通すと、日本の鵜飼技術に関していくつかの特徴を指摘できる。それは、夏季アユ特化型ではウミウの利用が多いこと、夜間の鵜飼は夏季におこなわれ、手縄がつけられること、放ち鵜飼は昼間におこなわれること、地域によっては放ち／繋ぎや徒歩／舟を季節的に使い分けていたことである。こうした特徴がみられる要因は次項で考察する。

ここでは、タイプ間のかかわりについてウ類の預託のことを記しておきたい。ウミウやカワウは一日に五〇〇グラム以上の魚を食べる。よって漁期中は商品価値の低い魚を餌にできるが、休漁期になると飼育羽数分の餌を確保しなければならない。実際、現場では「とにかく鵜は漁期が終わってから冬、春にかけての扱いが大変であった」（坂本一九九九：三四）とされた。休漁期の餌代に負担がかかるのだ。そのため、夏季アユ特化型である長良川の鵜飼や高知県下の鵜飼では休漁期になると遠方の河川まで餌飼（第三章参照）に出かけることもあった。また、地域によっては漁期終了後にウ類をすべて手放し、つぎの漁期まえに新たに入手するところもあった。それほど休漁期の飼育は負担が重いのである。

こうしたなか、各地には漁期のずれを利用したウ類の預託慣習があった。すなわち、夏季のアユ漁を専門とする地域は漁期が終了すると冬季に漁をおこなう地域にウ類を預ける。そして、冬季の漁が終わると夏季にアユを狙う地域にウ類を戻す。このようなウ類の預託をトーシとよんでいた。具体的には、相模川（夏季）と北埼玉（冬季）、広島県三次（夏季）と益田市高津川（冬季）、福岡県矢部川や筑後川（夏季）と佐賀県神埼などの佐賀平野（冬季）などである。このほか、多摩川や日川、富士川の鵜飼では夏季のアユ漁が終わると小田原や沼津、静岡県下河原などにウ類を預けていた。預託先ではウ類を飼育するだけのところもあった。いずれにせよ、休漁期の負担を回避するため、かつては餌飼や預託などがおこなわれていたのである。

二－三、中国ではみられない技術が展開した理由

それでは、日本列島の鵜飼技術が中国にはない展開をみせた理由について考えてみたい。具体的には、夜間における操業、ウ類を繋ぐ手縄の利用、徒歩による鵜飼について、それぞれが展開した背景要因を探ってみたい。

夜間に漁を展開した理由

夜間の操業は夏季にアユを狙う鵜飼でみられる。実際、夏の夜に篝火やカーバイトランプを利用してアユを捕る情景はよく知られている。ではなぜ夏の夜間にアユを狙うのか。これはアユの行動生態と関係している。

夜の鵜飼に関して、四万十川で生業鵜飼を二五年間続け、アユを東京や京阪神に出荷していた鵜匠はつぎのように説明する。昼間に捕ったアユは「売り物（商品）にならなかったねぇ。それは昼間はアユが餌をとるから、石コロ（砂）のようなものやなにもかにも（いろいろなもの）が臓物に入っちょる」という。一方、夜間に捕るアユは「臓物を吐いてしまって、アブラだけになっている―そんな状態のものが一番美味―ので値打ちがある」とし、「それで商品にするアユは夜間に捕りよった」という。まれに昼間にも鵜飼をおこなったが、アユの品質が悪く昼間の「収入はまことに微々たるもの」だったともいう。*2

アユは藍藻類などを主食とし、昼間に岩の付着藻類をこそげ取る。その後、夜の時間帯になると昼間に取り込まれた餌料は短い消化管を通過して排出済みの状態になる。くわえて、夜になると河川内の縄張りは解消され、縄張り個体も非縄張り個体も空胃のままでじっとしている。よって、夜になると両者はおおむね等しくウ類の捕獲対象になる。事実、鵜飼は夜間のほうが「収穫大なり」*3とされた。さらに、ウ類はその場でもっとも獲りやすい魚を狙う習性があるため、昼間の鵜飼では砂礫に生息し、砂の混じった餌を消化管に溜め込んでいるであろうアユを捕獲する可能性が高い（詳細は第六章）。四万十川の鵜匠が昼間に捕ったアユは売り物にならないというが、こうした理由からであろう。したがって、過去に天皇家や武家、藩主にアユを貢納する鵜飼もあったが、それらが品質の高いアユを求めて夜の漁を展開したと推測できる。

もちろん、昼間にアユを狙う徒歩鵜飼もあった。昼間に徒歩でもアユは捕れたが、その品質は夜間のアユより低かったのかもしれない。また、冬季にフナやコイなどを狙う鵜飼も昼間におこなわれていた。年間を通して多様な魚種を狙う中国の鵜飼もほぼすべて昼間におこなわれている。それらの魚種は昼間でも十分に捕れ、かつ昼夜による商品価値の違いがないからである。

ウ類を手縄で繋ぐ理由

鵜匠とウ類を繋ぐ手縄は日本の鵜飼でしかみられない。中国の鵜飼漁では手縄を一切使用しない。日本で手縄を利用するのは、河川環境や操業の時間帯、漁の効率などいくつもの理由がある。

序章で確認したように、日本列島の鵜飼はほとんどが河川でおこなわれてきた。日本の河川は上流から下流まで勾配が急であるため総じて流れが速い。そのような流水環境で鵜飼をすると途中でウ類だけが流される恐れがある。あるいは、ウ類が川の淵や河岸に留まり、舟だけが先に進んでしまう恐れもある。くわえて、日本の鵜飼で利用されるウ類はいずれも捕獲して飼い馴らしただけの野生動物である。よって操業中にあちこち逃げる可能性もある。こうしたなか、漁の最中にウ類を鵜匠の近くにとどめておく必要があるため手縄が利用されたのであろう。

これら以外にも理由がある。夜間に漁をする場合、手縄がついていないと黒色の羽装をもつウ類を暗夜に見失うことになる。実際、夜の漁はすべて手縄を使う繋ぎ鵜飼であり、逆に放ち鵜飼はすべて昼間におこなわれていた。かつて鳥取県高津川や益田川、匹見川などで放ち鵜飼がみられたが、いずれも昼間の漁であった。やはり夜間に手縄なしの鵜飼漁は難しいといえる。さらに、舟鵜飼において魚を捕食したウ類を舟に戻すときも手縄がついているほうがスムーズである。また、徒歩鵜飼では漁場を次々と移動するため、ウ類を放したり手元に戻したりするときに手縄がついていると漁を効率よく進めることができる。

こうした手縄の使用は、漁で使用する羽数の少なさが可能にしている。徒歩鵜飼では一人が一~二羽、舟鵜飼では一人が五~八羽ほどを利用する。この羽数であれば手縄をつけても扱うことができる。中国の鵜飼のように一人の漁師が二〇~三〇羽を使う場合、手縄をつけた漁はまず不可能であろう（写真19-3）。くわえて、中国では河川の流れの遅さも関係している。中国の鵜飼は長江の中下流域平原や華北平原など広く平らな土地の湖沼や河川で多くおこなわれている。こうした地域は標高差があまりないため水の流れも穏やかである。よって、漁場にカワウを放したとしても流されてしまうことはない。あるいは、舟だけが先に流されることもない。こうしたなか、手縄でカワウを近くにまとめておく理由はみあたらない。

さらに、中国では漁で利用するカワウを人工繁殖させている。漁師たちはすべてのカワウを飼育下で孵化させ、雛の目が開く七～八日齢になると人間を確実に見せる。その後もみずからの手で給餌を続け、巣立ちまで自宅で育てる。成長過程で人間からの介入を受けるカワウは人為的な環境に慣れ、操業中もほとんど逃げない。刷り込みがなされているからだ。このような行動特性をもつカワウにわざわざ手縄をつけて近くにまとめておく必要もない。したがって、彼らは手縄を利用しない。

写真19-3　中国では1人の漁師が20羽以上を利用することもある。漁を開始するまえにカワウを水面に放したときのようす（中国江西省鄱陽湖、2006年6月、筆者撮影）

徒歩による鵜飼がおこなわれた理由

徒歩鵜飼も日本でしかみられない。日本における徒歩鵜飼の展開については漁場の環境やアユの需要が関係している。徒歩鵜飼には一人の鵜匠が一羽を使って魚を捕る漁法のほか、数人が一組になり追いこんだ魚をウ類に獲らせる漁法もある。このような漁法は、漁獲の多寡に応じて上流や下流にすばやく移動でき、舟鵜飼に比べて機動性が高い。ことに、舟では通れない浅い瀬や岩石が露出するところでも漁ができる。流れの速い瀬は付着藻類の生産性が高く、アユも多い。よって舟がなくとも十分な漁獲が得られたのだ。事実、一人一羽を使う徒歩鵜飼で一晩に一二キログラムのアユを捕ることもあった（最上一九六七：五三)。

さらに、繋ぎ鵜飼で舟を利用すると舟の操縦を船頭に任せる必要がある。鵜匠は操業中に手縄でウ類を扱うため舟の操縦ができないからだ。よって舟鵜飼では船頭の人件費なども余計にかかる。この点、徒歩鵜飼は道具や経費が少なくてすむ。とはいえ、徒歩鵜飼は権力者や為政者から庇護を受けることもなく、季節的にアユやフナ、ウグイを捕って地元で販売する生業活動であった。よって、河川環境の悪化や海水魚の流通拡大、鵜匠の高齢化などの影響をうけ、戦前戦後に次々と姿を消した。

それではなぜ中国で徒歩鵜飼がないのだろうか。これも漁場の環境が関係している。中国で漁場となる平野部の湖沼は総じて水深が浅い。中国最大の淡水湖である江西省の鄱陽湖は湖水面積が最大約三五〇〇平方キロメートルであるが、平均水深は八・四メートルである。このほか、湖南省の洞庭湖は平均水深が六・三メートル、山東省の微山湖は一・七メートルである。湖の周辺に点在する内湖も水深は浅く、三〜四メートルほどである。このようにみると、中国の湖沼は水深が浅いことがわかる。そして、一〇メートル以上潜ることができるカワウの潜水能力を考えると、水深が浅い湖ではその大部分で操業ができる。こうした条件のなか、徒歩によって湖岸付近だけを狙う理由はない。彼らは眼前に広がる操業可能な水域に舟で進み、そこで手縄をつけずに漁をしているのだ。実際、日本でも水深の比較的浅い長野県諏訪湖や島根県蟠竜湖では放ち鵜飼がおこなわれていた。

また、中国では河川やクリーク(小運河)において刺し網を使う鵜飼漁もおこなわれている。この漁法では川幅いっぱいに張った刺し網に向かって河川の全面から魚を追い込むことが重要となる。このとき、数羽のカワウが近くで群れてしまうと魚を追い込む効率が下がる。実際、漁師たちは操業中にカワウが群れると竹棒などで水面を叩いたり、大声を出したりしながらカワウが河川の全面に散らばるようにする。このような漁法において、徒歩では川幅いっぱいに刺し網を張れず、河川の全面から魚も追えない。よって刺し網を使用する漁師たちも徒歩鵜飼などしない。

三、日本的な動物利用の背景――二つの「なぜ」から考える

前節では、日本で特徴的な鵜飼の技術がどのように展開したのかを検討してきた。これを踏まえ、本節ではいくつかの特徴のなかでとくに際立つ特徴といえる野生個体の利用に注目する。そして、なぜ野生のウ類を利用し続けているのかを考えてみたい。いま、野生のウ類と記したが、より具体的にいえば野生のウミウとカワウを利用しており、なかでもウミウを重視してきた。よって、ここでは「なぜウ類をドメスティケート（家畜化）しないのか」と「なぜウミウを重視するのか」という二つの問いに分解して考えなければならない。以下では、これら二つの「なぜ」を通して日本的な動物利用の背景を考えてみたい。

三－一、なぜウ類をドメスティケートしないのか

日本の鵜飼では、毎年春と秋に列島を南北に渡るウミウを捕まえてきた。あるいは集団繁殖地やねぐらに集まるカワウを捕まえてきた。いずれも季節移動や繁殖期、夜間といった特定の季節や時間帯に特定の場所でウ類を捕獲してきた。このような捕獲作業は、毎年同じ時期に同じようなルートを移動したり、春になると集団繁殖地を形成したり、夜になるとねぐらに戻るというウ類の行動特性が可能にしている。よって、どこを飛んでいるかわからない鳥を人間が探しだしたり、追いかけたりして捕まえるよりも容易である。本書第二章では各地の捕獲場所や技術をまとめたが、いずれの地域でも季節や場所、時間帯にあわせて定期的にウ類を捕獲できたのはこのためである。

くわえて、ウ類がもつ新たな環境への慣れやすさという性質も野生個体の利用を可能にしている。一般に、捕獲した野生動物がいつまでも激しく暴れ続けたり、逆に極端におびえ続けたり、人間からの給餌を拒み続けたりすれば飼育は難しい。これでは生業の手段としても利用できない。一方、捕獲されたウ類は新たにおかれた環境に慣れやすく、

短い期間で人間からの給餌も受け入れる（本書第一章および卯田 二〇〇八）。既存の文献でも、新たに入手した野生のウ類は「馴らすのはそんなにむずかしいことではない。三日もすれば馴れる」や「三、四日もすると結構働くようになる」[*4]、「大体は一週間位でつかえるようになる」[*5]、「荒鵜を獲ってから一週間位馴らす」[*6]とされ、「一週間ニシテ熟練鵜ノ六、七割ノ漁獲」[*7]があるという。いずれも入手後に短い期間で飼い馴らせるというのだ。実際、かつての鵜飼では漁期終了後にウ類をすべて手放し、つぎの漁期まえに新たに入手する事例も多かった。漁期終了とともにすべてを手放せるのは、つぎも確実に入手でき、かつ短期間で飼い馴らせるからである。

さらに、日本では日々の飼育方法も結果として人工繁殖を抑えてきた。かつて各地の鵜飼では特別な飼育施設を設けず、鵜籠や簡単な造り小屋のなかで飼育していることが多かった。このような飼育環境には巣材や巣作りのスペースはない。いまの鵜飼ではいずれも比較的大きな飼育小屋で飼われているが、そこでも日々の掃除によって巣材となる小枝や落ち葉、羽根などが除去される。前述のように、ウ類は巣材とスペースがあれば春先に巣作りをして産卵する。逆に、飼育小屋に雌雄がいても巣材やスペースがなければ産卵行動はみられない（卯田 二〇一七）。これまでの鵜飼の現場ではいずれも巣材やスペースがなかったため、ウ類の産卵がみられなかったと考えられる。

ただ、こうした条件はウ類の人工繁殖にかかる時間や労力を不要にした。ウ類は晩成性の鳥類であり、孵化直後の雛は目が開いておらず、幼綿羽も生えておらず、採食のための移動も十分にできない。よって人工繁殖では人間が毎日の給餌や雛の体温管理を続けなければならない。人間の手による給餌は巣立ちを迎える五〇日齢前後まで続ける必要がある。晩成性のウ類を繁殖させるには時間と労力がかかるのだ。こうしたなか、鵜飼で使用する数羽を得るためだけに人工繁殖をおこなうよりも、特定の時期に特定の場所で捕獲できる野生個体を入手するほうが便利である。実際、二〇一四年からウミウの人工繁殖を続ける宇治川の鵜匠たちも「外部から購入するほうが便利である」と言い切る。まとめると、日本ではウ類をドメスティケートしなくても野生個体の捕獲によって十分に鵜飼漁を続けることができたのである。

一方、中国では状況が大きく異なる。ウミウは、冬季になると中国の沿岸域まで飛来することもある（鄭二〇一一：八）。しかし、筆者の調査によると、中国において野生のウミウを捕獲しているという事例はなかった。くわえて、筆者は中国各地の鵜飼調査をするなかで、長江の中下流平原や四川盆地、華北平原などの湖岸や河岸の村々をまわったが、そこで野生のカワウやそのコロニー（集団繁殖地）をみる機会がほとんどなかった。そのためか、中国の鵜飼い漁師たちが野生のカワウを定期的に捕獲しているという事例もなかった。

中国国内のカワウの生息密度は、国家林業局がまとめた『中国重点陸生野生動物資源調査』（国家林業局二〇〇九）に示されている。これによると、中国最大の湖である鄱陽湖をもつ江西省では平方キロメートルあたり〇・〇五羽、河川や湖が多い湖北省でも〇・〇二羽、中国全体では〇・〇〇三羽である。なお、日本の滋賀県におけるカワウの生息密度は四・三羽（二〇二二年度）である。国土面積が広い中国ではカワウの生息密度がきわめて低いことがわかる。このことからカワウの発見と捕獲が難しいのであろう。くわえて、中国の鵜飼では漁で使用する羽数が多い。たとえば、江西省鄱陽湖の漁師たちは一人あたり平均で二二羽、最多四四羽のカワウを利用していた。そして、カワウは操業中の事故や飼育中の病気で死亡することがあるため、毎年多くの個体を定期的に入手しなければならない。

このように、広い中国では野生のカワウを発見することが難しく、たとえ発見したとしても確実に捕獲できるとも限らない。さらに漁で利用するカワウの数が多く、毎年たえず多くの羽数を確保しなければならない。こうした条件のなか、中国ではいったん入手したカワウを飼育下でたえず再生産させ、飼育数を維持しなければならないのだ。この点は、さきに示した「決まった季節になれば特定の場所で捕獲できる」や「数羽を得るためだけ」という日本の状況と大きく異なる。中国においてカワウを安定的に多く確保するには、生殖介入のほかに取るべき有効な手段がないといえる。このように、捕獲の難易差や利用する羽数の違いが、生殖に介入するのか／しないのかという違いを生みだしている。これは、特定の動物をドメスティケートするのか／しないのかを考える上でも重要な視座となる。そして、日本ではわざわざウ類の生殖に介入しなくても野生個体の捕獲で十分だったのである。

三―一一、なぜ野生のウミウにこだわるのか

これまで日本の鵜飼で野生個体を利用する理由を検討してきた。ただ、ここで野生個体といってもウミウとカワウがいる。このなかで日本ではとくにウミウを重視してきた。事実、かつて律令制下の朝廷は出羽や佐渡、能登、大宰府などの日本海岸に捕獲場を設け、そこで捕れた「官鵜」を都まで運んで御贄調達の鵜飼で利用していた。さらに、当時は佐渡国のものが官鵜を盗んで伊豆国に配せられたり、対馬のものが新羅まで捕りに行ったりしていた（別表1参照）。このほか、島根県高津川の鵜匠は隠岐島や韓国の巨文島まで行ってウミウを捕獲していた。高知県の鵜匠たちは県内の海岸域のほか、長崎県対馬や五島列島、福岡県博多沖、大分県佐賀関、熊本県天草、朝鮮半島などで捕獲されたウミウを利用していた。かつては遠方まで捕獲にいったり、遠方のウミウを入手したりしていたのだ。戦後以降は茨城県日立市十王町で捕獲されたウミウが各地で利用されている。

もちろん、過去の人たちがウミウとカワウという種の違いを正確に識別していたかはわからない。過去の文献には「鵜」とだけ書かれているものも少なくないからである。ただ、平安時代における日本海側での捕獲はウミウの渡りの時期にあわせて実施されていた（本書第九章）。また、のちの時代の文献資料をみると、各地の鵜匠たちは海に生息して海岸に巣をかける鵜と、内陸に生息して木の上に巣をかける鵜をそれぞれ別の名称でよび分けていた（本書第二章）。その上で、前者の鵜すなわちウミウを重視していた。では、なぜ日本の鵜匠たちはウミウの利用にこだわってきたのであろうか。ここではこの問いを考えてみたい。

表19‐3は、ウミウとカワウの全長や体重、嘴峰長などをまとめたものである。両者を見比べると、ウミウのほうがひと回り大きいことがわかる。一般に、潜水性の鳥類は体の大きいほうが酸素保有量も大きく、長く深く潜ることができる（Kooyman 1989: 147-148）。実際、同じウミウでも体が大きな個体は長い潜水が可能であり、より大きな魚を採食する[*8]（Kato et al. 1996: 76）。現代の鵜匠たちも体の大きなほうが捕食能力や持久力が高いと理解しており、十王

町の鵜捕り師たちに「体の大きなものを捕まえて送ってほしい」と要求している。

　こうしたウミウとカワウの体格の相違は、両者の採食環境の違いが関係している。ウミウは海に潜水して生存に必要なすべての食物を海中で得る。潜水中、表層魚がいなければより深く潜ってカレイやアイナメなどの底生魚を獲ることもある（Kato et al. 2001: 752-753）。このような海水環境は、淡水に比べて密度が大きく浮力があるため潜りにくく、深くなるほど大きな水圧がかかる。実際、塩分を含む海水の比重は約一・〇二〜〇三である。この比重は一見すると小さいが、ウミウにとっては生涯で何千回、何万回と潜るため長い目でみると大きな負担となる。そのため、ウミウは淡水を潜るカワウに比べて体格や筋力、酸素保有量をより大きく強くすることで浮力のある海水環境に適応しているのだ。日本の鵜飼ではこのウミウを捕まえて河川で利用している。この結果、浮力が小さな淡水環境では、ウミウが本来もつ高い潜水能力がさらに発揮されるのではないだろうか。

表 19-3　ウミウとカワウの外部形態の違い

	ウミウ		カワウ	
	雄	雌	雄	雌
全長（cm）	86.5〜80		79.8	75.9
体重（kg）	3.1	2.5	2.1	1.8
自然翼長（cm）	34.1	31.6	33.8	32.6
嘴峰長（mm）	70.1	65.6	64.1	57.5
跗蹠長（mm）	68.8	64.1	60.1	57.8

出所：田中ほか（2009）、綿貫（2010）、福田（2011）をもとに筆者作成。

　事実、過去の文献においても鵜飼で利用するウミウは「柄が大きいせいか、いくらでも稼ぐ」[*9]や「大柄で耐久力のある」[*10]、「体格大ナルモノ……河川ニ適ス」[*11]とされ、カワウより「海鵜ノ方ガ働キガヨイ」[*12]という。四万十川で生業鵜飼を二五年間続けた鵜匠によると、ウミウは「アユを六尾も七尾も呑み込みますので漁獲量が多く、それで（ウミウの販売）値段が高い」[*13]という。一方、カワウは「体格稍小ナルモノ」[*14]で「仕事に飽き易い」[*15]とされ、結果として「荒海の鵜でないと使いものにならない」[*16]とされた。過去の人たちも海で生息する大きな鵜は内陸で生息する鵜に比べてよく魚を獲ることを経験的に理解していたのであろう。

　いまの鵜匠も両種の違いについて同様のことを指摘している。両種を使用した経験をもつ広島県三次市の鵜匠たちもウミウの捕食能力の高さを認めている。いわく、ウミウは体力があるため長い時間をかけて漁ができ、操業中も頻繁に潜る。さらに嘴や咽喉、体が大きいため遊泳速度の速い尺アユ（体長三〇センチメートルほどのアユ）を追ってくわえ、落とさずにのみ込むことができる。一方、カワウはウミウに比べて持久力が劣り、商品価値の高い尺アユを追いきれない場合もあるという。ただ、カワウは「故障しづらく、丈夫」という特徴があり、ウミウは「繊細だ」という。いまの観光鵜飼では操業範囲が限定されているため両種の差はでにくいが、かつて広い範囲で操業していたときは大きな差がでたという。

このような差異は日本で鵜飼を続ける上で重要となる。日本では過去より淡水魚のなかでもアユに高い商品価値をおいてきたからである。事実、律令の施行細則をまとめた『延喜式』ではアユの進貢地の分布が魚類のなかでもっとも広い（澁澤 一九九二：五五四）。このほか、日本各地にはアユの塩焼きや塩蔵、発酵など多様な食文化がある（秋道 一九九二）。こうした食文化を背景に、市場価値の高いアユを狙う鵜飼が続けられてきたのだ。

とはいえ、狙うアユはコイやフナ、ウグイ、ウナギなどに比べて遊泳速度が速く、流れの速い河川に多く生息する（世界文化社編 一九八四、鬼束ほか 二〇〇九）。こうした条件のなか、遊泳力の高いアユを効率よく捕り続けるために潜水能力や体力で勝るウミウが重視されていたのではないだろうか。日本の鵜飼ではわざわざ遠方までウミウを捕獲しに行っても、それをアユ漁で使うと十分に採算がとれたのである。このように、日本ではアユに重きをおく淡水魚の食文化が野生のウミウを選ばせたのである。

もちろん、日本の鵜飼ではカワウも利用されてきた。各地の鵜匠たちはカワウを川つ鵜やカワトリ、カルツなどとよび、ウミウと区別していた。そして、彼らは夜にねぐらに戻るカワウをトリモチなどで捕獲し、冬季に寒ブナを狙う漁や河川に張った網に魚を追い込む漁で利用していた。カワウはウミウに比べて体が小さいため、徒歩で移動しながら漁をするときは使いやすかったとされる（最上 一九六七）。そして、冬季に寒さで動きが鈍る魚を狙ったり、河川で魚を刺し網に追い込んだりする漁法ではカワウでも十分な漁獲があった。よって、地域や漁期によってはカワウも利用されていたのである。

四、残された課題

本書では日本列島における鵜飼を時代や地域を越えて広くまとめた。その上で、中国の鵜飼との対比から日本の鵜飼でみられる特徴を導きだし、その特徴が生じる要因について考えた。このことで一五〇〇年以上も続く日本人とウ類とのかかわりの背景を明らかにすることができた。とはいえ、これで日本の鵜飼のすべてが理解できたかというとそうでもない。さまざまな専門家と鵜飼研究を進めるなかで、さらに新たな疑問がいくつもでてきた。ここでは、最後に一連の鵜飼研究を通して明らかになった課題を大きく三つに整理し、今後の道筋を示しておきたい。

第一の課題は、過去における鵜飼の復元に関することである。

本書では日本史を大きく二つに区分し、それぞれの時代における鵜飼を個別のテーマに沿ってまとめた。これにより、古代の鵜飼のありようや近世期における権力者とのかかわり、生業鵜飼の衰退と観光化、鵜飼作品の多様さなどが明らかになった。ただ、鵜飼に関わる資料が限られているため、鵜飼の起源については十分に解明できなかった。具体的にいえば、鵜飼は中国から伝来したのか、あるいは日本で独自に発生したのかがわかっていない。前述のとおり、筆者は中国から水田稲作が伝来したのちに淡水漁法のひとつとして鵜飼の技術も伝わり、日本の河川環境やアユの需要にあわせて多様に展開したと考えている。しかし、これも明確な歴史資料を踏まえた考え方ではない。さらにいえば、中国のどこで、いつ鵜飼が開始されたのかもわかっていない。

鵜飼の起源以外にも、たとえば朝廷が日本海岸に捕獲場を設けていた平安時代において、飛来したウミウをどのように捕まえていたのかもわからない。一一〜一二世紀以降、それまで都周辺でおこなわれていた鵜飼が各地に広がったとされる。しかし、当時の資料がほとんど残っていないため、鵜飼の技術やその地域性、漁獲物の流通などが把握できなかった。さらに、日本の鵜飼の特徴である手縄の使用についても、いつの時代に開始されたのかわからない。

このように、起源や伝播も含め過去の復元はまだ不十分である。今後は歴史資料をさらに探しだすなどしてかつての鵜飼とその変容を検討する必要がある。

第二の課題は、古代より鵜飼が続けられてきた要因に関することである。日本において鵜飼という特殊な漁法がなぜ続いたのか。この疑問に答えることは容易ではなかった。鵜飼を続ける動機は時代や地域、個人によって異なるからである。もちろん、ここでいくつかの考え方を示すことはできる。たとえば、鵜飼がもつ漁獲効率の高さである。それ以外にも江戸時代にはアユを必要とする藩が鵜匠に特権を与えることで続けさせていた。権力とのかかわりでいうと、権力者は野生動物を手なずける能力があること、あるいは価値が高いアユを捕る技術を守る力があることを社会に知らしめることが、権力の誇示に結びつくと考えていたのかもしれない。ゆえに彼らは鵜飼を庇護して続けさせていたとも考えられる。

くわえて、鵜飼の楽しさや鵜匠のステータスといった点も無視できない。一般に、特異的な生業が長く続くのは、生計の維持といった実利的な側面だけでは捕捉できない何かがあるはずである。日本において鵜飼が続けられたのは、権力者の庇護や漁獲収入だけでなく、漁の楽しさや面白さ、やりがい、野生動物を飼い馴らすことの醍醐味といった側面があると考えられる。今後は、鵜匠たちの語りなども集めて鵜飼が続いた要因を多面的に検討する必要がある。

第三の課題は、鵜飼の継承に関することである。現在、日本各地の鵜飼はどこも継承をめぐって大きな課題に直面している。各地の鵜飼では鵜匠や船頭の後継者が不足し、造船や鵜籠作りの担い手も少なく、かつ近年の集中豪雨で河川環境が大きく変化した地域もある。さらに、二〇一九年末からの新型コロナウイルスの感染拡大で観光客が激減し、観光事業として厳しい状況に陥った。くわえて、二〇二一年に一部が改正された文化財保護法によって、文化財を保護するだけでなく、経済効果を生みだすような「活用」も強く求められるようになった。このような状況のなか、本書では鵜飼の継承や活用に関わる議論を深めることができなかった。本書の執筆者のなかには、国や県、市の委員会で鵜飼のあり方を検討しているものや、自治体の民俗調査を担っているものが多い。今後は、本書の成果を踏まえながら鵜飼の継承や活用に関わる課題を探しだし、当事者とともに解決していく必要がある。

【注釈】

＊1　広島県立歴史民俗資料館（一九八四：九一、一九九七：五）による。
＊2　いずれも坂本（一九九七：一四）による。括弧内は引用文献の著者。
＊3　日本常民文化研究所（一九七八ｃ：一五）による。
＊4　いずれも小林（二〇〇七：一三一）による。
＊5　最上（一九六七：七五）による。
＊6　日本常民文化研究所（一九七八ｂ：一三）による。
＊7　日本常民文化研究所（一九七八ｂ：一四）による。
＊8　潜水能力に関して、平均潜水深度は雄が一五・一メートル、雌が七・二メートル、平均潜水時間は雄が三七秒、雌が二四秒である（Watanuki et al. 1996）。
＊9　武藤（一九四三：一四）による。
＊10　楠本ほか（一九八一：一六四）による。
＊11　日本常民文化研究所（一九七八ｂ：一四）による。
＊12　日本常民文化研究所（一九七八ａ：二）による。
＊13　坂本（一九九七：一三）による。括弧内は筆者。
＊14　日本常民文化研究所（一九七八ｂ：一四）による。
＊15　武藤（一九四三：一四）による。
＊16　坂本（一九九七：一三）による。

参考文献

【序章】

網野善彦（一九八〇）「鵜飼の歴史」『岐阜市史　通史編　原始・古代・中世』岐阜市、八〇一―八五六頁

賀来孝代（二〇一七）「古墳時代の鵜と鵜飼の造形」『古代』一四〇：八一―一〇四頁

鶴林寺『刀田山　鶴林寺』刀田山鶴林寺

梶島孝雄（一九九七）『資料日本動物史』八坂書房

岐阜市（一九八一）『岐阜市史　通史編　近世』岐阜市

岐阜市教育委員会（二〇〇七）『長良川鵜飼習俗調査報告書』岐阜市教育委員会

小林茂（二〇〇七）『内水面漁撈の民具学』言叢社

澁澤敬三（一九九二）「式内水産物需給試考」網野善彦ほか編『澁澤敬三著作集　第一巻　祭魚洞雑録　祭魚洞襍考』平凡社、三六五―四九〇頁

白水正（二〇一五）「絵画資料にみる鵜飼習俗」『長良川鵜飼習俗調査報告書Ⅲ』岐阜市教育委員会、九―四〇頁

日本常民文化研究所編（一九七八ａ）「鵜飼調査資料（三）」『民具マンスリー』一一（六）：一一一―一一五頁

――（一九七八ｂ）「鵜飼調査資料（六）」『民具マンスリー』一一（九）：一四―一六頁

――（一九七九）「鵜飼調査資料（七）」『民具マンスリー』一二（一〇）：一〇―一二頁

林屋辰三郎編（一九八三）『宇治市史年表』宇治市役所

広島県立歴史民俗資料館編（一九八四）『昭和五八年度　江の川水系の漁撈民俗文化財調査報告書　江の川の漁撈』広島県立歴史民俗資料館

――（一九九七）『川に生きる――江の川の漁撈文化Ⅱ』広島県立歴史民俗資料館

望月良親（二〇一九）「近世長良川鵜飼観覧研究序説」『岐阜市歴史博物館研究紀要』二四（一）：二七―三八頁

森田克行（二〇一〇）「古代のウとウカイの用字」『高槻市文化財年報』高槻市教育委員会文化財課
和田清・石原道博（一九七一）『魏志倭人伝・後漢書倭伝・宋書倭国伝・隋書倭国伝』岩波書店
Laufer, B. 1931 *The Domestication of the Cormorant in China and Japan*. Field Museum of Natural History.

【第一章】

石田朗・松沢友紀・亀田佳代子・成末雅恵（二〇〇〇）「日本におけるカワウの増加と被害——地域別・問題別の概況と今後の課題」『Strix』一八：一―二八頁
亀田佳代子・松原健司・水谷広・山田佳裕（二〇〇二）「日本におけるカワウの食性と採食場所選択」『日本鳥学会誌』五一（一）：一二―二八頁
柵木利昭・酒井洋樹・柳井徳磨（一九九八）「野生動物医学における病理学の役割」『日本野生動物医学会誌』三（一）：九―一五頁
高田光章・高井一彦・岩野良徳・後藤新平・園部修・桜井進（一九九一）「海鵜にみられたアスペルギルス症」『鶏病研究会報』二七（二）：七五―七八頁
土屋健児・風間健太郎・井上裕紀子・藤井英紀・新妻靖章（二〇一三）「中部地域におけるカワウの育雛期の食性の繁殖地および年による違い」『日本鳥学会誌』六二（一）：五七―六三頁
山下次郎・山下善平（一九五三）「鸕鷀（ウミウ）の胃に寄生する線虫に就て」『北海道大學農學部邦文紀要』一（四）：五〇四―五〇八頁
Bailey, N. W. and M. Zuk 2009 Same-sex sexual behavior and evolution. *TREE* 24(8): 439-446.
Del Hoyo, J., A. Elliott and J. Sargatal (eds.) 1992 *Handbook of the Birds of the World*, vol 1. Barcelona: Lynx Edicions.
Fukuda, M. 1992 Male-male pairing of the Great Cormorant (*Phalacrocorax carbo hanedae*). *Colonial Waterbird Society Bulletin* 16: 62-63.
Gómez, J. M., A. Gónzalez-Megías and M. Verdú 2023 The evolution of same-sex sexual behaviour in mammals. *Nature Communications* (https://doi.org/10.1038/s41467-023-41290-x).
Innoue-Murayama, M., Y. Ueda, T. Yamashita, C. Nishida-Umehara, Y. Matsuda, T. Masegi and S. Ito 2002 Molecular sexing of

Japanese cormorants used for traditional fishing on the Nagara River in Gifu City. *Animal Science Journal* 73(5): 417-420.

Johnsgard, P. A. 1993 *Cormorants, Darters, and Pelicans of the World*. Smithsonian Institution Press.

Kato, A., Y. Watanuki and Y. Naito 2001 Foraging and breeding performance of Japanese cormorants in relation to prey type. *Ecological Research* 16(4): 745-758.

Kortlandt, A. 1995 Patterns of pair-formation and nest-building in the European cormorant *Phalacrocorax carbo sinensis*. *Ardea* 83(1): 11-25.

Kurihara, T., A. Hirata, T. Yamaguchi, H. Okada, M. Kameda, H. Sakai, M. Haridy, and T. Yanai 2020 Avipoxvirus infection in two captive Japanese cormorant (*Phalacrocorax capillatus*). *The Journal of Veterinary Medical Science* 82(6): 817-822.

MacFarlane, G. R., S. P. Blomberg, G. Kaplan, and L. J. Rogers 2007 Same-sex sexual behavior in birds: expression is related to social mating system and state of development at hatching. *Behavioral Ecology* 18(1): 21-33.

MacFarlane, G. R., S. P. Blomberg, and P. L.Vasey 2010 Homosexual behaviour in birds: Frequency of expression is related to parental care disparity between the sexes. *Animal Behaviour* 80(3): 375-390.

Poiani, A. 2010 *Animal Homosexuality: A Biosocial Perspective*. Cambridge University Press.

Snow, B. K. 1963 The behaviour of the shag. *British Birds* 56: 77-103.

Watanuki, Y., A. Kato and Y. Naito 1996 Diving performance of male and female Japanese cormorants. *Canadian Journal of Zoology* 74(6): 1098-1109.

Watanuki, Y., K. Ishikawa, A. Takahashi and A. Kato 2004 Foraging behavior of a generalist marine top predator, Japanese cormorants (*Phalacrocorax filamentosus*), in years of demersal versus epipelagic prey. *Marine Biology* 145: 427-434.

Young, L. C., B. J. Zaun and E. A. VanderWerf 2008 Successful same-sex pairing in Laysan albatross. *Biology Letters* 4(4): 323-325.

【第二章】

卯田宗平（二〇二一）『鵜と人間——日本と中国、北マケドニアの鵜飼をめぐる鳥類民俗学』東京大学出版会

珂北仙史（一八九三）「捕鵜」『風俗画報』五八：九—一〇頁
川上廸彦・井塚忠・伊藤彰・神田三亀男・湯浅照弘（一九八一）『中国の生業二　漁業・諸職』明玄書房
環境省北海道地方環境事務所（二〇二三）『令和四年度　国指定天売島鳥獣保護区におけるケイマフリ等海鳥調査』環境省北海道地方環境事務所
楠本正・高木正人・立平進・野崎一郎・平田正範・田中熊雄・下野敏見（一九八一）『九州の生業二　漁業・諸職』明玄書房
宮内省式部職（一九三二）『放鷹』吉川弘文館
阪本英一・柏村祐司・今瀬文也・山岡俊明・小林茂・平野栄次・和田正洲（一九八一）『関東の生業二　漁業・諸職』明玄書房
十王町一村一文化創造事業推進委員会（二〇〇〇）『ウミウとの共生——ウ捕りの地・十王町赤見台から』十王町一村一文化創造事業推進委員会
條半吾・高橋克夫・松本麟一・坂本正夫（一九八一）『四国の生業二　漁業・諸職』明玄書房
菅原浩・柿澤亮三（一九九三）『図説　日本鳥名由来辞典』柏書房
宅野幸徳（二〇二一）「有田川の徒歩鵜飼調査研究」『有田市郷土資料館館報』四：一〇—二三頁
津田豊彦・橋本鉄男・福田栄治・小藤政子・地主喬・浦西勉・吉川寿洋（一九八一）『近畿の生業二　漁業・諸職』明玄書房
中野渡一耕（二〇二一）「盛岡藩の鷹と巣鷹の捕獲」福田千鶴・武井弘一編『鷹狩の日本史』勉誠出版、二一四—二二五頁
中山信名・栗田寛（一九一一）『新編　常陸國誌　巻下』積善堂
日本常民文化研究所編（一九七八a）「鵜飼調査資料（一）」『民具マンスリー』一一（四）：一—七頁
——（一九七八b）「鵜飼調査資料（二）」『民具マンスリー』一一（五）：一—七頁
——（一九七八c）「鵜飼調査資料（三）」『民具マンスリー』一一（六）：一—一五頁
——（一九七八d）「鵜飼調査資料（四）」『民具マンスリー』一一（七）：一四—一六頁
——（一九七八e）「鵜飼調査資料（五）」『民具マンスリー』一一（八）：一一—一五頁
——（一九七八f）「鵜飼調査資料（六）」『民具マンスリー』一一（九）：一四—一六頁
——（一九七九）「鵜飼調査資料（七）」『民具マンスリー』一一（一〇）：一〇—一二頁

根崎光男（二〇〇八）『江戸幕府放鷹制度の研究』吉川弘文館
福田千鶴・武井弘一編（二〇二一）『鷹狩の日本史』勉誠出版
武藤鐵城（一九四三）『自然と傳承――鳥の巻』日新書院
最上孝敬（一九六七）『原始漁法の民俗（民俗民芸双書二一）』岩崎美術社
Bub, H. 1995 *Bird Trapping and Bird Banding: A Handbook for Trapping Methods All over the World*, Cornell Univ. Press.

【第三章】

石野律子（二〇一六）「鵜の家　足立（足立陽一郎鵜匠家）蔵の鵜飼用具」『長良川の鵜飼――関市小瀬鵜飼習俗調査報告書Ⅱ（関市文化財調査報告第三七号）』関市教育委員会、一〇三―一六九頁
岐阜市（一九七七）『岐阜市史　通史編　民俗』岐阜市
岐阜市ぎふ魅力づくり推進部文化財保護課（二〇二三）『長良川鵜飼習俗調査報告書Ⅴ』岐阜市
岐阜市教育委員会（二〇〇七）『長良川鵜飼習俗調査報告書』岐阜市教育委員会
日本学士院日本科学史刊行会編（一九五九）『明治前日本漁業技術史』日本学術振興会
宮本馨太郎（一九六九）『民具入門（考古民俗叢書五）』慶友社
最上孝敬（一九六七）『原始漁法の民俗（民俗民芸双書二一）』岩崎美術社

【第四章】

貝原益軒（一七〇九）『大和本草』巻一一、国立国会図書館デジタルコレクション、https://dl.ndl.go.jp/pid/2557473（二〇二三年八月二四日閲覧）
影山和則（二〇一九）「阿賀野川と信濃川の川船について――『古来船舶調書』から」『海事史研究』七六：三一―四九頁
金沢兼光（一九四四、一七六一成立）『和漢船用集』住田正一編、巌松堂書店
狩谷棭斎（一九三〇）『箋注倭名類聚抄　上巻』曙社出版部

川尻秀樹（二〇二〇）「舟材、建築用材、浴槽材、供花にも利用されるコウヤマキを考える」東京文化財研究所無形文化遺産部編『船大工那須清一と長良川の鵜舟をつくる』、七九―八五頁
川名登（二〇〇三）『近世日本の川船研究　上・下』日本経済評論社
岐阜県（一九六九）「鵜飼聞書」『岐阜県史　史料編　近世六』岐阜市、一〇八四―一〇九三頁
岐阜市教育委員会（二〇〇七）『長良川鵜飼習俗調査報告書』岐阜市教育委員会
白水正（二〇〇七）「舟大工と鵜飼舟」『長良川鵜飼習俗調査報告書』岐阜市教育委員会、一〇一―一一三頁
東京文化財研究所無形文化遺産部編（二〇二〇）『船大工那須清一と長良川の鵜舟をつくる』東京文化財研究所
日本財団海洋船舶部（二〇〇二）『木造船に関する基礎調査報告書』日本財団海洋船舶部、https://nippon.zaidan.info/seikabutsu/2001/00887/mokuji.htm（二〇二三年八月二四日閲覧）
堀江登志実（二〇一八）「三河地方の川船と産業」『知多半島の歴史と現在』二二：一一九―一三五頁
松井哲洋（二〇〇〇）「船釘と遊ぶ（二）――中国江南の造船技術をたずねて（報告一）」『民具集積』六：五九―六七頁
――（二〇〇五）「長良川中流域の船釘と穿孔具」『民具集積』一一：二九―五〇頁
三浦千春（一八八〇）『美濃奇観』
渡邉晶（一九九〇）「近世の建築用の錐について――伝世品をはじめとした関連資料の調査報告」『竹中大工道具館研究紀要』二：二三―四五頁

【第五章】
岩手県教育委員会（一九七九）『宮古市重茂字荒巻地区漁労習俗調査　昭和五三年度（岩手県文化財調査報告書三〇）』岩手県教育委員会・岩手県
片野温（一九五三）『長良川の鵜飼』岐阜市役所
可児弘明（一九六六）『鵜飼――よみがえる民俗と伝承』中央公論社
岐阜市教育委員会（二〇〇七）『長良川鵜飼習俗調査報告書』岐阜市教育委員会

金野静一（一九七六）『続・気仙風土記』続・気仙風土記編集発行委員会
夫馬佳代子（二〇一五）「鵜匠の衣装に見られる「漁の労働着」と「見せる装束」」『長良川鵜飼習俗調査報告書Ⅲ』岐阜市教育委員会、一二九―一四三頁
夫馬佳代子（二〇一八）「鵜匠装束製作技術」『長良川鵜飼習俗調査報告書Ⅳ』岐阜市教育委員会、五七―八九頁
最上孝敬（一九六七）『原始漁法の民俗（民俗民芸双書二一）』岩崎美術社
陸前高田市立博物館（二〇二三）『重要有形民俗文化財指定記念特別公開「陸前高田の漁撈用具」』陸前高田市立博物館

【第六章】

井口恵一朗・坪井潤一・鶴田哲也・桐生透（二〇〇八）「放流アユ種苗を食害するカワウの摂餌特性」『水産増殖』五六（三）：四一五―四二二頁
小島憲之・直木孝次郎・西宮一民・蔵中進・毛利正守（校注・訳）（一九九四）『日本書紀一』小学館
Abe, S., D. Hoshino and K. Iguchi 2023 Ability of grazing fish to generate particulate organic matter derived from autochthonous primary production. *Ecology of Freshwater Fish* 32(3): 633-639.
Gross, M. R., R. M. Coleman and R. M. McDowall 1988 Aquatic productivity and the evolution of diadromous fish migration. *Science* 239(4845): 1291-1293.
Iguchi, K. and T. Hino 1996 Effect of competitor abundance on feeding territoriality in a grazing fish, the ayu *Plecoglossus altivelis*. *Ecological Research* 11(2): 165-173.
Iguchi, K., H. Tanaka, T. Shinagawa, T. Tsuruta, T. Natsumeda, K. Konish and S. Abe 2015 Differing wariness for approaching humans among cormorant migrants advancing into rural or urban habitats. *Journal of Agricultural Science* 7(11): 180-188.
Ishiguro, N. B., M. Miya, and M. Nishida 2003 Basal euteleostean relationships: A mitogenomic perspective on the phylogenetic reality of the "Protacanthopterygii". *Molecular Phylogenetics and Evolution* 27(3): 476-488.
Kodera, H. and Y. Tomoda 2012 Discovery of fossil ayu (*Plecoglossus altivelis*) from the upper Miocene of Shimane Prefecture,

Japan. *Ichthyological Research* 59(1): 26-37.
Mougi, A. and M. Kondoh 2012 Diversity of interaction types and ecological community stability. *Science* 337(6092): 349-351.
Natsumeda, T., H. Sakano, T. Tsuruta, K. Kameda and K. Iguchi 2015 Immigration of the common cormorant *Phalacrocorax carbo hanedae* into inland areas of the northern part of Nagano Prefecture, eastern Japan, inferred from stable isotopes of carbon, nitrogen and sulphur. *Fisheries Science* 81(1): 131-137.
Tran, H. D., M. Iida and K. Maeda 2017 Downstream migration of newly-hatched ayu (*Plecoglossus altivelis*) in the Tien Yen River of northern Vietnam. *Environmental Biology of Fishes* 100(10): 1329-1341.

【第七章】

愛知県美術館（二〇一三）『円山応挙展――江戸時代絵画 真の実力者』円山応挙展実行委員会
秋山光和（一九六四）『平安時代世俗画の研究』吉川弘文館
網野善彦（一九八〇）「鵜飼の歴史」『岐阜市史 通史編 原始・古代・中世』岐阜市、八〇一―八五六頁
石田瑞麿校注（一九七〇）『日本思想体系六 源信』岩波書店
内田篤呉（二〇〇二）「王朝の雅から東山の鄙びへの蒔絵意匠」『大蒔絵展――漆と金の千年物語』朝日新聞社、一六―二四頁
江村知子（一九九六）「光琳画における能の影響について――静嘉堂文庫美術館所蔵「鵜舟図」を中心に」『美術史研究』三四：一九―三八頁
遠藤楽子（二〇一五）「東京国立博物館所蔵土佐光起筆十二ヶ月花鳥図巻の制作背景について――後水尾院との関係を中心に」『MUSEUM』六五七：七―二五頁
小川宏和（二〇一六）「平安時代の貢鵜と供御鵜飼の成立」『史観』一七四：一―二六頁
加須屋誠（二〇〇七ａ）「往生要集絵の成立と展開」泉武夫・加須屋誠・山本聡美編著『国宝 六道絵』中央公論美術出版、二一五―二五九頁
――（二〇〇七ｂ）「全場面解説」泉武夫・加須屋誠・山本聡美編著『国宝 六道絵』中央公論美術出版、二六一―三三四頁

片野温（一九五三）『長良川の鵜飼』岐阜市役所
可児弘明（一九六六）『鵜飼――よみがえる民俗と伝承』中央公論社
久曽神昇編（一九六四）『日本歌学大系　別巻三』風間書房
黒板勝美編（一九九九）『新訂増補国史大系　第四二巻』吉川弘文館
小池富雄（一九九一）「山水人物蒔絵手箱」出品解説『婆娑羅の時代――王朝世界の残照・近世のいぶき』徳川美術館、一三五頁
河野元昭（二〇〇三）「宗達と能」『美術史論叢』一九：一―二四頁
白水正（一九九四）「鵜飼の美」長良川の鵜飼研究会編著『ぎふ長良川の鵜飼』岐阜新聞社、八八―一〇九頁
――（二〇一五）「絵画資料にみる鵜飼習俗」『長良川鵜飼習俗調査報告書Ⅲ』岐阜市教育委員会、九―四〇頁
「新編国歌大観」編集委員会編（一九八五）『新編国歌大観　第三巻　私家集編Ⅰ　歌集』角川書店
――（一九八九）『新編国歌大観　第七巻　私家集編Ⅲ　歌集』角川書店
武田恒夫（二〇〇八）『屏風絵にみる季節』中央公論美術出版
田島智子（二〇〇七）『屏風歌の研究』和泉書院
田中喜美春・田中恭子（一九九七）『貫之集全釈（私家集全釈叢書二〇）』風間書房
玉蟲敏子（一九八二）「酒井抱一の〝新〟十二か月花鳥図をめぐって――花鳥画の衣更えの季節」河野元昭編『幕末の百花譜――江戸末期の花鳥（花鳥画の世界　第八巻）』学習研究社、一〇二―一〇九頁
中部義隆（二〇〇七）「鵜飼図屏風」図版解説、『特別展　大倉集古館所蔵　江戸の狩野派――武家の典雅』大和文華館、八六―八七頁
並木誠士（一九八八）「高津古文化会館蔵『扇面草子』について」『MUSEUM』四五二：二五―三六頁
西本周子（一九八一）「尾形乾山筆「定家詠十二ヶ月花鳥図」について」『国華』一〇四三：一九―三一頁
野田麻美（二〇一八）「幕末狩野派の倣古図様式の展開――狩野栄信・養信を中心に」『幕末狩野派展』静岡県立美術館、一三〇―一四五頁
日高薫（一九九三）「ＭＯＡ美術館蔵「山水蒔絵手箱」の主題について――蒔絵に描かれた中世の宇治」辻惟雄先生還暦記念会編『日

本美術史の水脈』ぺりかん社、六四九―六八一頁
藤岡通夫（一九五六）『京都御所』彰国社
松岡まり江（二〇一三）「橘守国画『謡曲画誌』小考」『演劇映像学』二〇一二：二三五―二五九頁
三戸信恵（二〇一五）「川合玉堂《鵜飼》について――主題表現に関する一考察」『実践女子大学美学美術史学』二九：一一―三〇頁
宮崎法子（二〇〇三）『花鳥・山水画を読み解く――中国絵画の意味』角川書店
安原眞琴（二〇〇三）『『扇の草子』の研究――遊びの芸文』ぺりかん社
山本聡美（二〇〇七）「畜生道幅」図版解説、泉武夫・加須屋誠・山本聡美編著『国宝　六道絵』中央公論美術出版、五二一―六一一頁
ラウファー、ベルトルト（一九九六）『鵜飼――中国と日本』（小林清市訳）、博品社
渡邉裕美子（二〇一一）『歌が権力の象徴になるとき――屏風歌・障子歌の世界』角川学芸出版

【第八章】
相川龍雄（一九三一）「埴輪を凝視めて（二）――鳥埴輪に対する考察」『上毛及上毛人』一六六：一―一七頁
内田律雄（二〇一一）「象嵌大刀にみる鵜飼意匠」『青山考古』二七：三三―四六頁
梅原末治（一九六四）「鵜飼を表わした子持台附須恵器」『考古学雑誌』五〇（一）：七四―七五頁
大塚美恵子（一九九六）「鷹の埴輪について――伝大室出土の鷹形埴輪に関連して」『群馬考古学手帳』六：八九―一〇六頁
太田市教育委員会編（一九九九）『太田市指定重要文化財　鷹匠埴輪修復報告書』太田市教育委員会
小幡早苗・近藤美紀・内藤高玲（二〇〇〇）『外山古墳群発掘調査概報』岡崎市教育委員会社会教育課
賀来孝代（一九九九）「埴輪の鳥はどんな鳥」『第五回特別展　鳥の考古学（展示解説図録）』かみつけの里博物館、二五―二八頁
――（二〇〇二a）「埴輪の鳥」『日本考古学』一四：三七―五二頁
――（二〇〇二b）「表紙の図版の説明［魚を捕らえた鵜の埴輪］群馬県群馬町八幡塚古墳出土」『動物考古学』一九：三八頁
――（二〇〇三）「水鳥埴輪の鳥の種類」『栃木の考古学（塙静夫先生古稀記念論文集）』塙静夫先生古稀記念論文集「栃木の考古学」刊行会、二三九―二五〇頁

――（二〇〇四）「鵜飼・鷹狩を表す埴輪」『古代』一一七：八三―一〇五頁
――（二〇〇五）「本庄市三杢山九号墳出土の鵜の埴輪」『埴輪研究会誌』九：一〇九―一一二頁
――（二〇〇九）「鳥形埴輪の表現――表現におけるふたつのモデル」『埴輪研究会誌』一三：一九―三二頁
――（二〇一七）「古墳時代の鵜と鵜飼の造形」『古代』一四〇：八一―一〇四頁
加藤秀幸（一九七六）「鷹・鷹匠、鵜・鵜匠埴輪試論」『日本歴史』三三六：六〇―七四頁
金鑽俊雄（一九五三）『青柳村郷土史（郷土史叢書第三編）』埼玉県郷土文化会児玉郡支部
可児弘明（一九六六）『鵜飼――よみがえる民俗と伝承』中央公論社
河内一浩（二〇〇二）「埴輪にみる鳥形――水鳥形埴輪を中心に」（財）栗東市文化体育振興事業団編『古墳の木製祭具――狐塚三号墳を復元する』栗東歴史民俗博物館、四七―五一頁
小嶋篤（二〇一二）「伝群馬県藤岡市西平井出土象嵌大刀の研究」『東風西声（九州国立博物館紀要）』一六：二八二―二六三頁
後藤守一（一九五三）「上野国愛宕塚」『考古学雑誌』三九（一）：一―二四頁
（公財）埼玉県埋蔵文化財調査事業団（二〇一六）『発掘！　古の名品展　PartⅡ＋ほるたま動物のもり』（公財）埼玉県埋蔵文化財調査事業団
堺市教育委員会（一九七八）『百舌鳥古墳群の調査Ⅰ　図版編』
篠田泰輔（二〇一六）「八・行田市白山愛宕山古墳（三・四次）の調査」『第四九回　遺跡発掘調査報告会　発表要旨』埼玉考古学会・（公財）埼玉県埋蔵文化財調査事業団・埼玉県立さきたま史跡の博物館、三二―三三頁
志村哲・文挾健太郎・針谷友規編（二〇一二）『笹川沿岸地区遺跡群（小林古墳群本郷塚原地区南部）発掘調査報告書』群馬県藤岡市教育委員会
高久健二（一九九三）「大刀象嵌文様について」『番塚古墳――福岡県京都郡苅田町所在前方後円墳の発掘調査』九州大学文学部考古学研究室、二四四―二四七頁
高槻市教育委員会（二〇〇四）『発掘された埴輪群と今城塚古墳』高槻市立しろあと歴史館
――（二〇一一）『高槻市立今城塚古代歴史館常設展示図録』高槻市立今城塚古代歴史館

田中正夫（一九九一）『小沼耕地遺跡　県立騎西養護学校関係埋蔵文化財発掘調査報告（埼玉県埋蔵文化財調査事業団報告書　第一〇〇集）』（財）埼玉県埋蔵文化財調査事業団

塚田良道（二〇一六）「魚を追う鳥――江田船山古墳出土大刀の天界図像」『魂の考古学』豆谷和之さん追悼事業会、四五三―四六二頁

東京国立博物館（一九八六）『東京国立博物館図版目録　古墳遺物篇　関東Ⅲ』東京国立博物館

――（二〇〇四）『東京国立博物館図版目録　朝鮮陶磁篇　土器・緑釉陶器』東京国立博物館

長滝歳康・中沢良一（二〇〇五）『広木大町古墳群　後山王地区　後山王遺跡E地点（美里町遺跡調査会報告書　第六集）』埼玉県児玉郡美里町遺跡調査会

中村博司（一九七五）「大阪市内出土の埴輪鳥・家について」『大阪城天守閣紀要』三：一―七頁

中里守・西村修久編（一九九八）『石塚谷古墳・大日山一号墳・倉懸古墳群埋蔵文化財発掘調査報告――多気工業団地』多気町教育委員会

丹羽茂（二〇〇七）「杉山コレクション埴輪等調査報告」『東北歴史博物館研究紀要』八：一―一〇六頁

橋本達也（二〇一三）「祇園大塚山古墳の金銅装眉庇付冑と古墳時代中期の社会」上野祥史・国立歴史民俗博物館編『祇園大塚山古墳と五世紀という時代（歴博フォーラム）』六一書房、五七―八三頁

土生田純之（一九八八）「三嶋藍野陵整備工事区域の調査」『書陵部紀要』三九：五九―九二頁

濱田延充（二〇〇二）「太秦高塚古墳の発掘調査成果」『太秦高塚古墳とその時代――北河内の古墳時代を考える（歴史シンポジウム資料）』寝屋川市教育委員会、二―一三頁

――（二〇〇九）「淀川左岸低地の古墳と古代豪族の動向」財団法人交野市文化財事業団編『北河内の古墳――前・中期古墳を中心に』財団法人交野市文化財事業団、三八―五二頁

広瀬和雄（二〇〇三）『前方後円墳国家（角川選書三五五）』角川書店

――（二〇〇九）「前方後円墳とはなにか」『歴博』一五七：二―五頁

古谷毅（一九九三）「象嵌の観察」『江田船山古墳出土　国宝　銀象嵌銘大刀』東京国立博物館、四二―六一頁

穂積裕昌（二〇〇八）「考古学から探る伊勢神宮の成立と発展」春日井市教育委員会文化課編『東海を足元から探る――東海・東山

学のおさらい（第一六回春日井シンポジウム資料集）』春日井シンポジウム実行委員会、三三―五〇頁
増田逸朗（一九七一）「一一児玉郡神川村北塚原古墳群」『第四回　遺跡発掘調査報告会　発表要旨』埼玉県教育委員会・埼玉県遺跡調査会・埼玉考古学会、一七頁
宮内良隆・本橋弘美（二〇〇一）『取手市内遺跡発掘調査報告書四』取手市教育委員会
本村豪章（一九九一）「古墳時代の基礎研究稿　資料篇（二）」『東京国立博物館紀要』二六：九―二八二頁
森田克行（二〇一八）「倭王権と鵜飼儀礼・序論――頚紐を巻き、翼をひろげ、木にとまる」工樂善通先生の傘寿をお祝いする会編『構築と交流の文化史――工樂善通先生傘寿記念論集』雄山閣、六三―七七頁
横浜市歴史博物館（一九九八）『横浜発掘物語――目で見る発掘の歴史』横浜市歴史博物館・（財）横浜市ふるさと歴史財団
若狭徹（一九九九）『第五回特別展　鳥の考古学（展示解説図録）』かみつけの里博物館
――（二〇〇二）「古墳時代における鵜飼の造形――その歴史的意味」『動物考古学』一九：一五―二四頁
若狭徹・田辺芳昭・大塚美恵子・杉山秀宏・宮代栄一・内山敏行・内田真澄・清水豊・早田勉・飯島静夫・藤根久（二〇〇〇）『保渡田八幡塚古墳（群馬町埋蔵文化財調査報告第五七集）』群馬町教育委員会
박천수（朴天秀）（二〇一〇）『가야토기　가야의　역사와　문화（加耶土器　加耶の歴史と文化）』진인진

【第九章】
秋吉正博（二〇〇四）「貢鷹制度の基盤」『日本古代養鷹の研究』思文閣出版、八五―一〇八頁
網野善彦（一九七三）「中世における鵜飼の存在形態――桂女と鵜飼」『日本史研究』一三五：一―二三頁
――（一九八〇）「鵜飼の歴史」『岐阜市史　通史編　原始・古代・中世』岐阜市、八〇一―八五六頁
卯田宗平（二〇二一）『鵜と人間――日本と中国、北マケドニアの鵜飼をめぐる鳥類民俗学』東京大学出版会
大山誠一（一九九九、初出一九七九）「官員令別記の成立をめぐる諸問題」『日本古代の外交と地方行政』吉川弘文館、一七三―一九七頁
小川宏和（二〇一六）「平安時代の貢鵜と供御鵜飼の成立」『史観』一七四：一―二六頁

――（二〇二一）「古代の苞苴――アラマキ・ツトの機能」『民具マンスリー』五三（一〇）：一―一八頁
――（二〇二四）「古代の鵜飼と贄」小林真由美・鈴木正信編『日本書紀の成立と伝来』雄山閣、三二七―三四九頁
可児弘明（一九六六）『鵜飼――よみがえる民俗と伝承』中央公論社
亀田佳代子（二〇二二）「森にすむ水鳥、カワウ」亀田佳代子・前迫ゆり・牧野厚史・藤井弘章編『カワウが森を変える――森林をめぐる鳥と人の環境史』京都大学学術出版会、三―一〇頁
環境省（二〇一三）『特定鳥獣保護管理計画作成のためのガイドライン及び保護管理の手引き（カワウ編）』環境省自然環境局野生生物課鳥獣保護業務室
黒田洋子（二〇〇五）「飼鵜備供御」佐藤宗諄先生退官記念論文集刊行会編『『親信卿記』の研究』思文閣出版、一一九―一二一頁
小林茂文（一九八〇）「古代の鵜飼について」『民衆史研究』一九：一―二三頁
近藤好和（二〇〇七）『装束の日本史――平安貴族は何を着ていたのか』平凡社
佐藤全敏（二〇〇八、初出二〇〇四）「古代天皇の食事と贄」『平安時代の天皇と官僚制』東京大学出版会、三三一―三七三頁
篠原徹（一九九〇）『自然と民俗――心意のなかの動植物』日本エディタースクール出版部
――（一九九八）「民俗の技術とはなにか」篠原徹編『現代民俗学の視点一　民俗の技術』朝倉書店、一―一四頁
十王町一村一文化創造事業推進委員会編（二〇〇〇）『ウミウとの共生――ウ捕りの地・十王町赤見台から』十王町一村一文化創造事業推進委員会
鈴木更紗（二〇二二）「近世長良川鵜飼の特質――尾張藩との関係に着目して」『人文地理』七四（三）：一九九―二一六頁
瀧川政次郎（一九六七、初出一九六〇）「雑供戸考」『法制史論叢　第四冊　律令諸制及び令外官の研究』角川書店、二〇四―二四七頁
竹内利美（一九八三）「河川と湖沼の漁法と伝承」網野善彦ほか編『山民と海人――非平地民の生活と伝承（日本民俗文化大系五）』小学館、二七五―三一六頁
長良川鵜飼文化の魅力発信事業実行委員会編（二〇一三）『長良川鵜飼再発見』長良川鵜飼文化の魅力発信事業実行委員会
長良川の鵜飼研究会編著（一九九四）『ぎふ長良川の鵜飼』岐阜新聞社
西村眞次（一九三三）「阿太鸕養部の研究」『社会経済史学』三（八）：八一三―八六四頁

最上孝敬（一九六七）「鵜飼の伝承」『原始漁法の民俗（民俗民芸双書二一）』岩崎美術社、二八―八〇頁
弓野正武（二〇一六、初出一九八四）「古代養鷹史の一側面」『弓野正武著作集』南湖流滴、一五二―一七一頁
渡辺直彦（二〇一二、初出一九七八）「蔵人式と蔵人方行事」『日本古代官位制度の基礎的研究　新装版』吉川弘文館、五四〇―五七七頁

（第九章・参照テキスト（掲示したもの））
阿部秋生・今井源衛・秋山虔・鈴木日出男校注・訳（一九九六）『新編日本古典文学全集二二　源氏物語三』小学館
臼田甚五郎・新間進一・外村南都子・徳江元正校注・訳（二〇〇〇）『新編日本古典文学全集四二　神楽歌　催馬楽　梁塵秘抄　閑吟集』小学館
菊地靖彦・木村正中・伊牟田経久校注・訳（一九九五）『新編日本古典文学全集一三　土佐日記／蜻蛉日記』小学館
黒板勝美・国史大系編集会編（一九六一）『新訂増補国史大系　令集解　前編』吉川弘文館
――（一九六六）『新訂増補国史大系日本後紀・続日本後紀・日本文徳天皇実録　完成記念版』吉川弘文館
――（一九七八）『新訂増補国史大系　日本三代実録　前編　普及版』吉川弘文館
――（一九八三）『新訂増補国史大系　日本三代実録　後編　普及版』吉川弘文館
故実叢書編集部編（一九五三）『新訂増補　故実叢書　西宮記　第二』明治図書・吉川弘文館
坂本太郎・家永三郎・井上光貞・大野晋校注（一九六七）『日本古典文学大系六七　日本書紀　上』岩波書店
佐藤宗諄先生退官記念論文集刊行会編（二〇〇五）『『親信卿記』の研究』思文閣出版
増補史料大成刊行会編（一九六五）『増補史料大成四　権記二』臨川書店
田中喜美春・平沢竜介・菊地靖彦（一九九七）『和歌文学大系一九　貫之集・躬恒集・友則集・忠岑集』明治書院
東京大学史料編纂所編（二〇一四）『大日本古記録　中右記七』岩波書店
中野幸一校注・訳（一九九九）『新編日本古典文学全集一四　うつほ物語（一）』小学館
前田育徳会尊経閣文庫編（一九九四）『尊経閣善本影印集成三　西宮記　三　巻七～巻十（乙）』八木書店
目崎徳衛校訂・解説（一九八五）『侍中群要』吉川弘文館

【第一〇章】
榎村寛之（一九九三）「野行幸の成立――古代王権儀礼としての狩猟の変質」『ヒストリア』一四一：一一四―一三三頁
小口康仁（二〇二〇）「「曾我物語図屏風」の展開――富士巻狩・夜討図から富士巻狩図へ」『国華』一四九六：五二―六二頁
白水正（二〇一五）「絵画資料にみる鵜飼習俗」『長良川鵜飼習俗調査報告書Ⅲ』岐阜市教育委員会、九―四〇頁
中澤克昭（二〇一二）「公家の「鷹の家」を探る――『基盛朝臣鷹狩記』は基盛の著作か」『日本歴史』七七三：八五―九四頁
――（二〇一八）「鷹狩と鵜飼の比較史」『長良川鵜飼習俗調査報告書Ⅳ』岐阜市教育委員会、二五―五六頁
――（二〇二二）『狩猟と権力――日本中世における野生の価値』名古屋大学出版会
塙保己一編（一九二五）「基成朝臣鷹狩記」『續群書類從・第十九輯中』續群書類從完成會、二七五―二八三頁
福田千鶴（二〇一八）「豊臣政権期における鷹と鷹狩の位相」『織豊期研究』二〇：三五―五三頁
福田千鶴・武井弘一編（二〇二一）『鷹狩の日本史』勉誠出版
フロイス、ルイス（二〇〇〇）『完訳フロイス日本史五――「暴君」秀吉の野望』（松田毅一・川崎桃太訳）、中央公論新社
水野裕史（二〇一四）「宮内庁書陵部蔵「鷹狩図」と復古大和絵」『熊本大学教育学部紀要』六三：二五七―二六五頁
――（二〇一九）「狩野派《放鷹狩猟絵巻》西園寺家蔵」『鷹・鷹場・環境研究』三：一〇九―一一四頁
溝渕利博（二〇一三）「藩政成立期における藩主の「鵜鷹逍遥」的行為の政治文化史的意義――初代讃岐高松藩主松平頼重の藩政における「遊猟」「舟遊」等の位置づけ」高松大学・高松短期大学編『研究紀要』五八・五九：一―七七頁
三戸信惠（二〇二〇）「曾我物語図屏風に関する一考察――新出本と渡辺美術館本を中心に」『国華』一四九六：二五―五〇頁

【第一一章】
網野善彦（一九八〇）「鵜飼の歴史」『岐阜市史　通史編　原始・古代・中世』岐阜市、八〇一―八五六頁
片野温（一九五三）『長良川の鵜飼』岐阜市役所
岐阜県（一九六九）『岐阜県史 史料編 近世六』岐阜県
岐阜市（一九七六）『岐阜市史 史料編 近世二』岐阜市

岐阜市教育委員会（二〇〇七）『長良川鵜飼習俗調査報告書』岐阜市教育委員会
白水正（一九九七）「御鮨所と鮎鮨献上（一）」『岐阜市歴史博物館研究紀要』一一：五九―八〇頁
――（一九九八）「御鮨所と鮎鮨献上（二）」『岐阜市歴史博物館研究紀要』一二：四五―六六頁
新修関市史編纂室（一九九九）「新修関市史編纂史料集 一四・一五」
鈴木更紗（二〇二二）「近世長良川鵜飼の特質――尾張藩との関係に着目して」『人文地理』七四（三）：一九九―二一六頁
関市教育委員会編（二〇一二）『長良川の鵜飼――関市小瀬鵜飼習俗調査報告書』長良川伝統漁法保護事業実行委員会
松田之利（一九八一）「長良川の鵜飼と鮎鮨」『岐阜市史　通史編　近世』岐阜市、四一〇―四四六頁
望月良親（二〇一九）「近世長良川鵜飼観覧研究序説」『岐阜市歴史博物館研究紀要』二四（一）：二七―三八頁
――（二〇二一）「近世長良川鵜飼観覧と俳人――芭蕉・惟然・敲氷」『海南史学』五九：四九―六六頁

【第一二章】

池田範六（一九六八）『水郷日田盆地』日田観光協会
伊谷純一郎・塚本学（一九九六）『江戸とアフリカの対話』日本エディタースクール出版部
卯田宗平（二〇一七）「なぜ宇治川の鵜飼においてウミウは産卵したのか――ウミウの捕獲作業および飼育方法をめぐる地域間比較研究」『国立民族学博物館研究報告』四二（二）：一二五―二一一頁
卯田宗平編（二〇二一）『野生性と人類の論理――ポスト・ドメスティケーションを捉える四つの思考』東京大学出版会
雲英末雄・佐藤勝明訳注（二〇一〇）『芭蕉全句集』角川書店
篠原徹（一九九〇）「鵜のこころ・鵜匠のこころ――共生する野生の世界」『自然と民俗――心意のなかの動植物』日本エディタースクール出版部、一四二―一九八頁
――（二〇一〇）『自然を詠む――俳句と民俗自然誌』飯塚書店
――（二〇二一）『琵琶湖と俳諧民俗誌――芭蕉と蕪村にみる食と農の世界』サンライズ出版
柴田宵曲（一九九九）『新編　俳諧博物誌』（小出昌洋編）、岩波書店

服部土芳・向井去来（一九三九）『去来抄・三冊子・旅寝論（潁原退蔵校訂）』岩波書店
堀切実編注（二〇〇六）『芭蕉俳文集（下）』岩波書店
宮地伝三郎（一九八四）「香魚のすむ国」『俳風動物記』岩波書店、三―四九頁
最上孝敬（一九六七）『原始漁法の民俗（民俗民芸双書二一）』岩崎美術社
柳田国男（一九六九）「生活の俳諧」『定本柳田國男集（第一四巻）』筑摩書房、一六二―一八五頁

【第一三章】

伊東久之（二〇〇七）「はじめに――長良川鵜飼の視点」『長良川鵜飼習俗調査報告書』岐阜市教育委員会、一―五頁
筧真理子（二〇〇七）「近代の鵜飼」『長良川鵜飼習俗調査報告書』岐阜市教育委員会、二一七―二三六頁
岐阜市教育委員会（二〇〇七）『長良川鵜飼習俗調査報告書』岐阜市教育委員会

（第一三章　行政文書・記録）

大野勇（一九一三）「御猟場沿革誌　長良川筋御猟場」山下家文書
方県郡長良村・武儀郡小瀬村鵜匠「鵜飼漁業法及沿革履歴書」岐阜県歴史資料館蔵
御猟場掛『猟場録』明治一四・一六年、宮内公文書館蔵
岐阜県『岐阜県史稿　制度部　禁令』明治五～一五年、国立公文書館蔵
――（一八七七）『岐阜県概表』
――（一八八一）「厚見郡各町村略誌」「各務郡各村略誌」（『濃飛両国町村略誌』所収）岐阜県図書館蔵
――（一九二五）『岐阜県御巡幸誌』
――『岐阜県管内布達編』岐阜県歴史資料館蔵
――『命令指令（農商部）』岐阜県歴史資料館蔵
宮内庁『明治天皇紀』第四・五・七、一九七〇～一九七二年
主猟局『特殊狩猟録』明治三一～三三年・明治三四～三六年、宮内公文書館蔵

――『猟場録』明治二一・二三・三二・三五年、宮内公文書館蔵
主猟寮『猟場録』大正二年、宮内公文書館蔵
主猟局『例規禄』明治二三・二四・三四年、宮内公文書館蔵
主猟寮『例規録』明治四五年・大正元年、宮内公文書館蔵
――『雑件録』大正一五年度、宮内公文書館蔵
内閣官報局『法令全書』明治七・八・九年、国立国会図書館蔵

【第一四章】

可児藤吉（一九四四）「渓流棲昆蟲の生態――カゲロフ・トビケラ・カハゲラその他の幼蟲に就いて」『昆蟲　日本生物誌（昆蟲上巻）』研究社、一七五―一九五頁、https://reference.morisita.or.jp/kani_pdf/31.pdf（二〇二三年三月二九日閲覧）
可児弘明（一九六六）『鵜飼――よみがえる民俗と伝承』中央公論社
黒田明憲（二〇〇三）「三次の漁撈鵜飼」『江の川研究』一三：六七―七二頁
――（二〇〇五）「江の川中流域の漁場使用慣行調査――三次市粟屋町落岩建組・三次鵜飼の漁場を中心に」江の川水系漁撈文化研究会編『江の川の瀬・淵と民俗――源流から日本海まで』江の川水系漁撈文化研究会、一〇八―一一二頁
黒瀬正敏（一九九八）『自然を友として』私家版
国史大辞典編集委員会編（一九八〇）『国史大辞典二』吉川弘文館
篠原徹（一九九〇）「鵜のこころ・鵜匠のこころ――共生する野生の世界」『自然と民俗――心意のなかの動植物』日本エディタースクール出版部、一四二―一九八頁
社団法人中国地方総合調査会（一九七五）『江の川における鵜飼に関する調査　江の川環境調査外一連業務委託報告書』建設省中国地方建設局三次工事事務所
農商務省農務局（一八八四）『水産博覧会第一区第二類出品審査報告』製紙分社
葉杖哲也（二〇二二）「『春草堂詩鈔』に記された江戸時代の三次鵜飼の一情景」『広島民俗』九八：三六―四三頁

広島県双三郡三次市史料総覧編修委員会編（一九八〇）『広島県双三郡三次市史料総覧別巻　三次分家済美録』広島県双三郡三次市史料総覧刊行会
――（一九八五）『広島県双三郡三次市史料総覧別巻　明治大正昭和新聞資料』広島県双三郡三次市史料総覧刊行会、三三三―三三四頁
広島県立図書館（アップロード年、二〇一二）『大木実写真集』、https://www2.hplibra.pref.hiroshima.jp/collection/photo/ooki.html（二〇二三年三月二九日閲覧）
広島県立歴史民俗資料館編（一九八四）『昭和五八年度　江の川水系の漁撈民俗文化財調査報告書　江の川の漁撈』広島県立歴史民俗資料館
――（二〇〇一）『重要有形民俗文化財　江の川流域の漁撈用具』広島県立歴史民俗資料館
――（二〇二三）『三次鵜飼と日本の鵜飼』広島県立歴史民俗資料館
広島県立歴史民俗資料館・江の川水系漁撈文化研究会編（二〇〇〇）『川に生きる――江の川流域の漁撈用具』広島県立歴史民俗資料館
藤井芳太郎（一九二六）『三次鵜飼の記』三次商工会
三次鵜飼文化伝承会（二〇〇四）『三次の鵜飼　調査報告書』三次鵜飼文化伝承会
三次市教育委員会（一九七七）『三次の鵜飼と川漁』三次市教育委員会

【第一五章】
伊藤康弘（二〇一一）『山陰の魚漁図解』今井印刷
可児弘明（一九六六）『鵜飼――よみがえる民俗と伝承』中央公論社
加納諸平・神野易興『紀伊国名所図会　後編（二之巻）』平井五牸堂（国立国会図書館デジタルコレクション、https://dl.ndl.go.jp/pid/2563500/1/46）
坂本正夫（一九九九）「高知県仁淀川の鵜飼――滝口静一さん聞書」『民具集積』五：三〇―三四頁

篠原徹（一九九八）「民俗の技術とはなにか」篠原徹編『現代民俗学の視点一　民俗の技術』朝倉書店、一―一四頁
條半吾・高橋克夫・松本麟一・坂本正夫（一九八一）『四国の生業二　漁業・諸職』明玄書房
宅野幸徳（一九九〇）「高津川の放し鵜飼」『民具研究』八六：一―一四頁
竹内利美（一九八三）「河川と湖沼の漁法と伝承」網野善彦ほか編『山民と海人――非平地民の生活と伝承（日本民俗文化大系五）』小学館、二七五―三二六頁
最上孝敬（一九六三）「高津川の鵜飼」『伝承』一一：二―六頁
――（一九六七）『原始漁法の民俗（民俗民芸双書二一）』岩崎美術社
安室知（二〇一二）『日本民俗生業論』慶友社
矢富熊一郎（一九六三）『益田市史』益田郷土史矢富会

【第一六章】

石毛直道（一九八七）「東アジア・東南アジアのナレズシ――魚の発酵食品の研究（二）」『国立民族学博物館研究報告』一一（三）：六〇三―六六八頁
石毛直道、ケネス・ラドル（一九九〇）『魚醬とナレズシの研究――モンスーン・アジアの食事文化』岩波書店
伊東久之（一九九〇）「長良川鵜飼の食」日本の食生活全集岐阜編集委員会編集『聞き書岐阜の食事（日本の食生活全集）』農山漁村文化協会、三二九―三三〇頁
柏尾珠紀（二〇二三）「データーベースからみたナレズシの特徴と多様性」『滋賀県立琵琶湖博物館研究調査報告』三六：五―八九頁
小柳喬（二〇一七）「メタ一六S解析が詳らかにする伝統水産発酵食品中の乳酸菌の挙動と多様性」『JATAFFジャーナル』五（三）：一四―二〇頁
日比野光敏（二〇一一）「鮎鮓製造技術」『長良川鵜飼習俗調査報告書Ⅱ』岐阜市教育委員会、五―二四頁
――（二〇一六）『だれも語らなかったすしの世界』旭屋出版
福山正文・上村知雄・伊藤武・村田元秀・光崎研一・原元宣・田淵清（一九八九）「運動性 *Aeromonas* 感染症に関する研究――河川

土壌、河川水および淡水魚からの運動性 *Aeromonas* 属の分布状況」『感染症学雑誌』六三：五六五―五七四頁

堀光代（二〇二四）「岐阜市長良川の鮎鮨に関する研究」（岐阜大学大学院連合農学研究科博士論文）

Hori, M., Y. Kawai, K. Nakamura, M. Shimada, H. Iwahashi and T. Nakagawa 2022 Characterization of the bacterial community structure in traditional Gifu *ayu-narezushi* (fermented sweetfish). *Journal of Bioscience and Bioengineering* 134(4): 331-337.

【第一七章】

朝倉市（二〇二〇）「朝倉市観光振興指針について　令和二年度～令和五年度」朝倉市、https://www.city.asakura.lg.jp/www/contents/1582071863900/index.html（二〇二三年七月一五日閲覧）

伊多波良雄（一九九九）『これからの政策評価システム――評価手法の理論と実際』中央経済社

一般社団法人日田市観光協会（二〇二二）「一般社団法人日田市観光協会　令和三年度通常総会議案書」、https://www.oidehita.com/archives/50861（二〇二三年七月一五日閲覧）

伊藤香織（二〇一九）「シビックプライドを醸成するまちと市民の接点」『住民がつくる「おしゃれなまち」――近郊都市におけるシビックプライドの醸成』日本都市センター・戸田市、八九―一〇〇頁

犬山市（二〇二二）「犬山市観光戦略（案）」犬山市観光戦略会議・犬山市、https://www.city.inuyama.aichi.jp/shisei/shiyakusho/1004219/1006132.html（二〇二三年七月一五日閲覧）

岩国市（二〇二二）「令和四年　岩国市観光客動態調査報告書」岩国市観光振興課、https://kankou.iwakuni-city.net/wp-content/uploads/2023/05/8159be1e2f0edfabff6b10d6ca40e5e.pdf（二〇二三年七月一五日閲覧）

宇治市（二〇一七）「宇治市観光動向調査報告書」宇治市

――（二〇二三）「第二期宇治市観光振興計画」宇治市

――（二〇一八）「平成二六年（二〇一四年）宇治市産業連関表」宇治市

愛媛県（二〇二二）「令和二年　観光客数とその消費額」愛媛県、https://www.pref.ehime.jp/uploaded/attachment/109053.pdf（二〇二三年四月二二日閲覧）

ＪＴＢ総合研究所（二〇一九）『観光学基礎――観光に関する一四章』ＪＴＢ総合研究所

岐阜県（二〇二二）「岐阜県観光入込客統計調査　参考表」岐阜県、https://www.pref.gifu.lg.jp/page/13675.html（二〇二三年四月二二日閲覧）

岐阜市商工観光部商工観光政策課（二〇二〇）『岐阜市観光ビジョン』岐阜市、https://www.city.gifu.lg.jp/_res/projects/default_project/_page_/001/006/654/100654-01.pdf（二〇二三年四月二二日閲覧）

京都府（二〇二二）「京都府観光入込客等調査報告書」京都府商工労働観光部、https://www.pref.kyoto.jp/kanko/research/documents/zentai.pdf（二〇二三年四月二二日閲覧）

国土交通省観光庁（二〇二三）『観光立国推進基本計画』国土交通省

――（二〇一九）「旅行・観光産業の経済効果に関する調査研究」国土交通省

関市（二〇二二）「関市統計書」関市、https://www.city.seki.lg.jp/cmsfiles/contents/0000017/17408/all.pdf（二〇二三年四月二二日閲覧）

中原尚和・北野慎一（二〇〇八）「伝統漁法が創出する外部経済効果とその評価――岐阜長良川の鵜飼事業を事例として」『地域漁業研究』四九（一）：六三―八一頁

三次市（二〇二一）『三次市観光戦略』三次市、https://www.city.miyoshi.hiroshima.jp/uploaded/attachment/7722.pdf（二〇二三年七月一五日閲覧）

山梨県（二〇二二）「山梨県観光入込客統計調査報告書」山梨県、https://www.pref.yamanashi.jp/documents/2062/1007-r2houkokusho.pdf（二〇二三年四月二二日閲覧）

総務省（二〇二三）「市町村別決算状況調（二〇一八～二〇二一年）」総務省、https://www.soumu.go.jp/iken/kessan_jokyo_2.html（二〇二三年七月一五日閲覧）

第二〇回全国鵜飼サミット岐阜大会実行委員会／岐阜市（二〇一三）「第二〇回全国鵜飼サミット岐阜大会資料」

第二一回全国鵜飼サミット関大会（二〇一五）「第二一回全国鵜飼サミット関大会資料」

第二二回全国鵜飼サミット大洲大会（二〇一七）「第二二回全国鵜飼サミット大洲大会資料」

第二三回全国鵜飼サミット嵐山大会実行委員会（二〇一九）「第二三回全国鵜飼サミット嵐山大会資料」

第二四回鵜飼サミット実行委員会・笛吹市観光商工課（二〇一二）「第二四回全国鵜飼サミットin笛吹資料」

田代文男（一九九〇）「長良川の鵜飼とアユ」『水産増殖』三八（二）：二〇三―二〇四頁

【第一八章】

岩佐淳一（二〇〇一）「旅行とメディア――戦前期旅行ガイドブックのまなざし」『学習院女子大学紀要』三：一一―二七頁

運輸省観光部（一九五二）『JAPAN: The Official Guide』日本交通公社

運輸省観光局（一九六二）『JAPAN: The Official Guide』九版、日本交通公社

片野温（一九五三）『長良川の鵜飼』岐阜市役所

岐阜市（一九八〇）『岐阜市史　史料編　現代』岐阜市

岐阜市（一九八一）『岐阜市史　通史編　近代』岐阜市

北川宗忠（一九九八）『観光と社会――ツーリズムへのみち』サンライズ出版

国際観光振興会（一九六六）『The New Official Guide: JAPAN』日本交通公社

――（一九七〇）『The New Official Guide: JAPAN』日本交通公社

――（一九七五）『The New Official Guide: JAPAN』日本交通公社出版事業局

塚本明（二〇一二）「都びとのあこがれ――歴史に見る志摩の「観光海女」」『三重大史学』一二：一五―三九頁

鐵道院（一九一四）『An Official Guide to Eastern Asia: Trans-continental Connections between Europe and Asia Vol. 3 North-Eastern Japan』鐵道院

鐵道省國際観光局（一九四一）『JAPAN: The Official Guide with General Explanation on Japanese Customs, Language, History, Administration, Religion, Education, Literature, Art, Drama, Architecture, Music, Sports, etc.』鐵道省国際観光局

長坂契那（二〇一五）「観光をめぐる近代日本の表象に関する歴史社会学的研究――探検紀行から旅行ガイドブックへ」慶應義塾大学大学院社会学研究科社会学専攻博士論文

日本交通公社（一九四六）『ジャパン』日本交通公社

日本交通公社（一九六〇）『JAPAN: The Pocket Guide』一一版、日本交通公社
――（一九六二）『日本交通公社五〇年史――一九一二～一九六二』日本交通公社
樋口次郎（一九九八）『祖父パーマー――横浜・近代水道の創設者』有隣堂
古屋秀樹・野瀬元子（二〇〇九）「外国人のための観光ドキュメント――観光ガイドブックに着目して」『情報処理学会研究報告』二〇〇九年度（二）：一―八頁
八木亨一（一九五七）「明治以後の鵜飼漁業」長良川の生物編集委員会編『長良川の生物』岐阜県、五二―六四頁
吉村真衣（二〇二一）「生業の継承における遺産化の影響――鳥羽市相差町の海女漁の事例から」『東海社会学会年報』一三：一一八―一三二頁
和田直也（二〇〇七）「長良川鵜飼の再構成――観光への変化と担い手に注目して」『茨城地理』八：一―二一頁
岐阜観光コンベンション協会「岐阜市観光ナビ」https://gifucvb.or.jp/sightseeing.php（二〇二三年九月二一日閲覧）
Anonymous 1946 *How to See Gifu and Environs*, Gifu City Office, Japan Travel Bureau.
Board of Tourist Industry, Japanese Government Railways 1935 *Pocket Guide to Japan with Special Reference to Japanese Customs, History, Industry, Education, Art, Accomplishments, Amusements, etc,.etc.*. Board of Tourist Industry, Japanese Government Railways.
―― 1939 *Pocket Guide to Japan with Special Reference to Japanese Custom, History, Industry, Education, Art, Accomplishments, Amusements, etc.*. Board of Tourist Industry, Japanese Government Railways.
Chamberlain, B. H., and W. B. Mason 1891 *A Handbook for Travellers in Japan*, 3rd edition, John Murray, Kelly & Walsh. Limited.
Curtis, H., B. Beeby, E. Pichel-Juan, S. Knight, M. Garrard, J. Davis and S. Murphy 2015 *The Green Guide Japan*, Michelin Travel Partner.
Debito, A., P. Bosley, B. Bull, R. Goss, M. Janette, N. Kitano, R. Morel, Y. Sakamoto, A. Sasagawa and C. Willson 2014 *Fodor's Japan*, 21st edition, Fodor's Travel, a Division of Random House LLC.
Fodor, E., 1964 *Fodor's Guide to Japan and East Asia*, Macgibbon & Kee.
Fodor, E., and R. C. Fisher, 1974 *Fodor's Japan and East Asia*, Hodder and Stoughton.

Japan Travel Bureau 1955 *Japan: The Pocket Guide*, 8th edition, revised, Japan Travel Bureau.

Japanese Government Railways, Japan Tourist Bureau, Japan Hotel Association 1926 *Pocket Guide to Japan 82 Illustrations (5 colortypes) 9 Maps, Specially Drawn*, The Japanese Government Railways.

Japanese Government Railways 1929 *Pocket Guide to Japan 7 Coloured Plates 93 Illustrations 9 Maps, Specially Drawn*, Japanese Government Railways.

Leventer, L. 1996 *Fodor's Japan*, Fodor's.

Palmer, H. S. 1894 *Letters from the Land of the Rising Sun*, Yokohama: Japan Mail Office, Internet Archive. https://archive.org/details/lettersfromlando00palmuoft/page/n11/mode/2up（二〇二三年九月二八日閲覧）（パルマー、H・S〔一九八二〕『黎明期の日本からの手紙』樋口次郎訳、筑摩書房）

Rowthorn, C., J. Ashburne, S. Benson and M. Florence 2000 *Japan* 7th edition, Lonely Planet Publications Pty Ltd.

Rowthorn, C., R. Bartlett, J. Ellis, C. McLachlan, R. St. Louis, S. Sellars and W. Yanagihara 2005 *Japan* 9th edition, Lonely Planet Publications Pty Ltd.

Rowthorn, C., R. Bartlett, A. Bender, M. Clark, M. D. Firestone, T. N. Hornyak and W. Yanagihara 2007 *Japan* 10th edition, Lonely Planet Publications Pty Ltd.

Rowthorn, C., A. Bender, L. Crawford, T. Holden, C. McLachlan, R. Milner, K. Morgan, B. Walker and W. Yanagihara 2013 *Japan* 13th edition, Lonely Planet Publications Pty Ltd.

Rowthorn, C., R. Bartlett, A. Bender, L. Crawford, C. McLachlan, R. Milner, S. Richmond, P. Tang, B. Walker and W. Yanagihara 2015 *Japan* 14th edition, Lonely Planet Publications Pty Ltd.

Taylor, C., N. Goncharoff, M. Florence and C. Rowthorn 1997 *Japan* 6th edition, Lonely Planet Publications.

Terry, T. P. 1928 *Terry's Guide to the Japanese Empire: Including Korea and Formosa, with Chapters on Manchuria, the Trans-Siberian Railway, and the Chief Ocean Routes to Japan: A Handbook for Travellers*, Internet Archive. (https://archive.org/details/terry_terrysguidetothejapaneseempire_1928/page/n5/mode/2up, September 28,2023)

Tourist Industry Bureau, Ministry of Transportation 1958 *Japan: The Official Guide*, 6th editions, Japan Travel Bureau.

【終章】

あかねるつ（一九八四）『長良川・鵜飼のすべて』郷土出版社
秋道智彌（一九九二）『アユと日本人』丸善出版
卯田宗平（二〇〇八）「ウを飼い馴らす技法——中国・鵜飼い漁におけるウの馴化の事例から」『日本民俗学』二五四：八六—一一三頁
——（二〇一七）「なぜ宇治川の鵜飼においてウミウは産卵したのか——ウミウの捕獲作業および飼育方法をめぐる地域間比較研究」『国立民族学博物館研究報告』四二（二）：一二五—二一一頁
——（二〇二一）『鵜と人間——日本と中国、北マケドニアの鵜飼をめぐる鳥類民俗学』東京大学出版会
卯田宗平・沢木万理子・松坂善勝・江﨑洋子（二〇二〇）「飼育下のウミウの成長過程と技術の収斂化——宇治川の鵜飼における計五回の繁殖作業の事例から」『ビオストーリー』三三：九二—一〇一頁
鬼束幸樹・秋山壽一郎・山本晃義・渡邉拓也・脇健樹（二〇〇九）「河川に生息する数魚種の突進速度に関する研究——アユ、オイカワ、カワムツ、ギンブナを対象」『土木学会論文集B』六五（四）：二九六—三〇七頁
可児弘明（一九六六）『鵜飼——よみがえる民俗と伝承』中央公論社
川上和人・中村利和（二〇一九）『鳥の骨格標本図鑑』文一総合出版
楠本正・高木正人・立平進・野崎一郎・平田正範・田中熊雄・下野敏見（一九八一）『九州の生業二　漁業・諸職』明玄書房
小林茂（二〇〇七）『内水面漁撈の民具学』言叢社
小林公成（二〇〇四）『鳥類（改訂新版世界文化生物大図鑑）』世界文化社
坂本正夫（一九九七）「高知県四万十川の鵜飼——山本義兼翁聞書」『民具マンスリー』三〇（七）：六七一六—六七二二頁
——（一九九九）「高知県仁淀川の鵜飼——滝口静一さん聞書」『民具集積』五：三〇—三四頁
澁澤敬三（一九九二）「式内魚名」網野善彦ほか編『澁澤敬三著作集　第一巻　祭魚洞雑録　祭魚洞襍考』平凡社、五五一—五六二頁
世界文化社編（一九八四）『アユ——生態と釣法』世界文化社

田中英樹・鈴木究真・品川卓志・西原美智子・小西浩司（二〇〇九）「群馬県内で捕獲されたカワウの外部形態と食性に関する調査」『群馬県水産試験場研究報告』一五：一六―一九頁

日本常民文化研究所編（一九七八a）「鵜飼調査資料（一）」『民具マンスリー』一一（四）：一―七頁

――（一九七八b）「鵜飼調査資料（三）」『民具マンスリー』一一（六）：一一―一五頁

――（一九七八c）「鵜飼調査資料（四）」『民具マンスリー』一一（七）：一四―一六頁

広島県立歴史民俗資料館編（一九八四）『昭和五八年度　江の川水系の漁撈民俗文化財調査報告書――江の川の漁撈』広島県立歴史民俗資料館

――（一九九七）『川に生きる――江の川の漁撈文化二』広島県立歴史民俗資料館

福田道雄（二〇一一）「ウミウ *Phalacrocorax capillatus* の外部形態計測値の性差」『鳥類標識誌』二三：五五―六〇頁

松岡廣繁・五百沢日丸・川上和人・笠原里恵・熊田那央・綿貫豊・黒沢令子・嶋田哲郎（二〇一二）「漁をする鳥たち」『BIRDER』七月号：五―四一頁

武藤鐵城（一九四三）『自然と傳承――鳥の巻』日新書院

最上孝敬（一九六七）『原始漁法の民俗（民俗民芸双書二一）』岩崎美術社

山岸哲・森岡弘之・樋口広芳監修（二〇〇四）『鳥類学辞典』昭和堂

綿貫豊（二〇一〇）「ウミウ」『バードリサーチニュース』七（六）：四―五頁

Kato, A., Y. Naito and I. Nishiumi 1996 Sexual differences in the diet of King cormorants at Macquarie Island. *Polar Biology* 16(1): 75-77.

Kato, A., Y. Watanuki and Y. Naito 2001 Foraging and breeding performance of Japanese cormorants in relation to prey type. *Ecological Research* 16(4): 745-758.

Kooyman, G. L. 1989 *Diverse Diver: Physiology and Behavior*. Berlin: Springer-Verlag.

Watanuki, Y., A. Kato and Y. Naito 1996 Diving performance of male and female Japanese cormorants. *Canadian Journal of Zoology* 74(6): 1098-1109.

国家林業局編（二〇〇九）『中国重点陸生野生動物資源調査』中国林業出版社

鄭光美編（二〇一一）『中国鳥類分類与分布名録（第二版）』科学出版社

【別表1】

赤松俊秀（一九七二）「座について」『古代中世社会経済史研究』平楽寺書店、四〇九―四三九頁
網野善彦（一九八〇）「鵜飼の歴史」『岐阜市史　通史編　原始・古代・中世』岐阜市、八〇一―八五六頁
小川宏和（二〇一六）「平安時代の貢鵜と供御鵜飼の成立」『史観』一七四：一―二六頁
――（二〇二一）「古代の苞苴――アラマキ・ツトの機能」『民具マンスリー』五三（一〇）：一三四〇九―一三四二六頁
――（二〇二四）「古代の鵜飼と贄」小林真由美・鈴木正信編『日本書紀の成立と伝来』雄山閣、三二七―三四九頁
筧真理子（二〇一九）「明治時代の鵜飼と御猟場の成立」長良川うかいミュージアム市民講座配布資料（二〇一九年六月一五日付）
片野温（一九五三）『長良川の鵜飼』岐阜市役所
岐阜市（一九七六）『岐阜市史　史料編　近世一』岐阜市
小林茂文（一九八〇）「古代の鵜飼について」『民衆史研究』一九：一―二三頁
中山信名・栗田寛（一九一一）『新編　常陸國誌　巻下』積善堂
土生田純之（一九八八）「三嶋藍野陵整備工事区域の調査」『書陵部紀要』三九：五九―九二頁
林屋辰三郎編（一九八三）『宇治市史年表』宇治市役所

【別表2】

稲城市教育委員会編（一九八一）『稲城・ものとくらし三（稲城市文化財調査報告書第四集）』稲城市教育委員会社会教育課
折井忠義・松村義也・神野善治・中野隆光・脇田雅彦（一九八二）『南中部の生業二　漁業・諸職』明玄書房
川上廸彦・井塚忠・伊藤彰・神田三亀男・湯浅照弘（一九八一）『中国の生業二　漁業・諸職』明玄書房
楠本正・高木正人・立平進・野崎一郎・平田正範・田中熊雄・下野敏見（一九八一）『九州の生業二　漁業・諸職』明玄書房
阪本英一・柏村祐司・今瀬文也・山岡俊明・小林茂・平野栄次・和田正洲（一九八一）『関東の生業二　漁業・諸職』明玄書房

條半吾・高橋克夫・松本麟一・坂本正夫（一九八一）『四国の生業二　漁業・諸職』明玄書房
宅野幸徳（二〇一九）「有田川の徒歩鵜飼――鵜小屋と鵜飼道具に視点をおいて」『民具研究』一五九：一九―三五頁
竹内利美（一九八三）「河川と湖沼の漁法と伝承」網野善彦ほか編『山民と海人――非平地民の生活と伝承（日本民俗文化大系五）』
　小学館、二七五―三一六頁
田中熊雄（一九六五）「日本における鵜飼習俗」『宮崎大学学芸学部紀要　社会科学』一九：一―一六頁
津田豊彦・橋本鉄男・福田栄治・小藤政子・地主喬・浦西勉・吉川寿洋（一九八一）『近畿の生業二　漁業・諸職』明玄書房
敦賀市史編さん委員会編（一九七九）『敦賀市史　史料編　第五巻』敦賀市役所
徳井賢（一九九九）「三重の鵜飼について」『三重民俗研究会会報』二八：一―八頁
刀禰勇太郎・今村充夫・本庄清志・池田亨（一九八一）『北中部の生業二　漁業・諸職』明玄書房
日本学士院日本科学史刊行会編（一九五九）『明治前日本漁業技術史』日本学術振興会
日本常民文化研究所編（一九七八ａ）「鵜飼調査資料（一）」『民具マンスリー』一一（四）：一―七頁
――（一九七八ｂ）「鵜飼調査資料（二）」『民具マンスリー』一一（五）：一―七頁
――（一九七八ｃ）「鵜飼調査資料（三）」『民具マンスリー』一一（六）：一一―一五頁
――（一九七八ｄ）「鵜飼調査資料（四）」『民具マンスリー』一一（七）：一四―一六頁
――（一九七八ｅ）「鵜飼調査資料（五）」『民具マンスリー』一一（八）：一一―一五頁
――（一九七八ｆ）「鵜飼調査資料（六）」『民具マンスリー』一一（九）：一四―一六頁
――（一九七九）「鵜飼調査資料（七）」『民具マンスリー』一一（一〇）：一〇―一二頁
橋本鉄男（一九八四）『琵琶湖の民俗誌』文化出版局
広島県立歴史民俗資料館編（一九八四）『昭和五八年度　江の川水系の漁撈民俗文化財調査報告書　江の川の漁撈』広島県立歴史民
　俗資料館
三浦貞栄治・小林文夫・竹内利美・鎌田幸男・犬塚幹士・和田文夫（一九八一）『東北の生業二　漁業・諸職』明玄書房
最上孝敬（一九六七）『原始漁法の民俗（民俗民芸双書二一）』岩崎美術社

あとがき

本書には、ひとつ自負できることがある。シンクロ率（一致率）の低さである。

本書を出版するにあたり、国立民族学博物館の出版助成を利用した。民博では助成の可否を判断する査読に入るまえ、投稿された全原稿に対して重複度チェックがおこなわれる。重複度を細かく検索するソフトに原稿を読みこませ、別論文の内容や文章とのシンクロ率を算出してもらうのだ。その割合が高いと既出の内容と同じということになる。つまり、新規性がない、さらには剽窃の疑いありと判断される。

本書でもすべての原稿がチェックされ、結果は〇・九五パーセントであった。この値はたいへん低い。しかも画面上で「シンクロ」と表示された部分は、まったく別内容の語句とよく似ているだけのことが多かった。実際の値はもっと低いということだ。つまり、検索ソフトにいわせると、本書の九九パーセント以上はどこにもシンクロしていないということになる。この点からも本書は日本列島の鵜飼文化を初めてまとめた図書だと自負できる。真新しい原稿を準備してくれた執筆者に感謝を申しあげる。

このような本書は、国立民族学博物館の共同研究「日本列島の鵜飼文化に関するT字型学際共同アプローチ――野生性と権力をめぐって」（二〇二〇年一〇月〜二〇二三年三月、研究代表・卯田宗平）の成果である。二〇二〇年四月ごろ、わたしは日本で鵜飼研究をおこなう人たちに声をかけ、この共同研究を組織した。こう書くとスムーズに進んだようにみえる。しかし実際はそうではなかった。当時、日本において鵜飼研究者はほとんどいなかったからだ。そのため、鵜飼に少しでも関係する方々にあちこち声をかけ、かなり強引に引き入れた。その結果、民俗学や民具学、歴史学、考古学、日本美術史、鳥類学、魚類学、食品科学、服飾学、観光学、政策科学など多様な分野の専門家が集まった。

本共同研究は、コロナ禍の二〇二〇年一〇月から二年半の期間に対面とオンラインで計一二回開催した。また、館外開催として広島県三次市と群馬県高崎市でも研究会を開催した。三次市では、鵜匠の日坂文吾氏の協力のもと、鵜小屋におけるウ類の飼育や鵜舟の造船に関わる調査を進めることができた。高崎市では、原佳子氏と横山千晶氏の協力のもと、高崎市かみつけの里博物館で鵜形埴輪の熟覧をメンバーとともにおこなうことができた。館外開催にご協力をいただいた方々にも深く感謝を申しあげる。

共同研究の当初は個別の事例をどのようにまとめるのか不安であった。ただ、研究発表を重ねるごとに時代別あるいはテーマ別で整理できることがわかり、最終的にはすべての内容を本書のなかに配置できた。くわえて、本書ではなぜ日本で野生のウミウにこだわるのか、なぜ日本特有の技術が展開したのかといった問いにも一定の答えをだすことができた。このような成果が得られたのも編者の意図を理解してくれた執筆者がいたからである。メンバーには改めて深く感謝を申しあげる。

共同研究の期間中には悲しいこともあった。メンバーの宅野幸徳さんが二〇二二年一二月二六日に急逝されたことである。本当に残念でならない。宅野さんは各地でおこなわれていた放ち鵜飼を研究されていた。この特異な漁法に注目する日本で唯一の研究者を失ったことになる。宅野さんは二〇二一年一一月一一日に民博で開催した研究会で「放ち鵜飼の知識と技術」というタイトルで発表されたばかりであった。発表が終わり、論集への執筆をお願いすると「喜んで！」と快諾していただいた。そのときの笑顔がいまでも記憶に残っている。その後、発表の機会をもらった感謝を記した手紙もいただいた。とても丁寧な方であった。本書の第一五章は、宅野さんの未定稿をもとに、篠原徹さんとわたしが主旨を尊重しながら加筆修正したものである。宅野さんが読まれて何といわれるか心配である。いまごろ感想の手紙でも書いておられるのだろうか。執筆にあたり、宅野さんの調査資料を快く提供していただいた宅野真由美さんにも深く感謝申しあげる。

最後に、本書の刊行にあたり、昭和堂の松井久見子さん、永田大樹さん、土橋英美さんには編集や校正作業などでたいへんご尽力をいただいた。本書出版にあたり、館外での出版を奨励する国立民族学博物館の制度を利用した。

二〇二四年一二月

国立民族学博物館、パティオ（中庭）をみおろす研究室にて

卯田宗平

■執筆者紹介（執筆順）

卯田宗平　編者紹介参照。

亀田佳代子（かめだ かよこ）　滋賀県立琵琶湖博物館館長、専門は鳥類生態学。

石野律子（いしの りつこ）　神奈川大学日本常民文化研究所客員研究員、専門は民具学。

今石みぎわ（いまいし みぎわ）　東京文化財研究所無形文化遺産部主任研究員、専門は民俗学。

夫馬佳代子（ふま かよこ）　岐阜大学教育学部名誉教授、専門は衣生活文化史。

井口恵一朗（いぐち けいいちろう）　長崎大学環境科学部教授、専門は保全生態学、自然誌学。

三戸信恵（みと のぶえ）　山種美術館特任研究員、専門は日本美術史。

沢木万理子（さわき まりこ）　（公社）宇治市観光協会、宇治川の鵜飼・放ち鵜飼の鵜匠。

賀来孝代（かく たかよ）　（有）毛野考古学研究所整理調査研究員、専門は日本考古学。

小川宏和（おがわ ひろかず）　千葉県立中央博物館地域連携課研究員、専門は日本古代史。

水野裕史（みずの ゆうじ）　筑波大学芸術系准教授、専門は日本美術史。

筧真理子（かけひ まりこ）　（公財）犬山城白帝文庫主任学芸員、専門は日本近世史。

篠原　徹（しのはら とおる）　国立歴史民俗博物館名誉教授・滋賀県立琵琶湖博物館名誉館長、専門は民俗学、生態人類学。

河合昌美（かわい まさみ）　岐阜市長良川鵜飼伝承館（長良川うかいミュージアム）学芸員、専門は鵜飼の展示と普及。

大塚清史（おおつか きよし）　岐阜市歴史博物館学芸員、専門は民俗学、博物館学。

葉杖哲也（はづえ てつや）　広島県立歴史民俗資料館主任学芸員、専門は民俗学。

宅野幸徳（たくの ゆきのり）　動物民俗研究者、専門は民俗学、民具学。2022年12月逝去。

堀　光代（ほり みつよ）　岐阜市立女子短期大学健康栄養学科教授、専門は調理学、食品微生物学。

松田敏幸（まつだ としゆき）　和歌山大学大学院観光学研究科特任教授、専門は観光学、地域振興。

瀬戸敦子（せと あつこ）　岐阜女子大学文化創造学部講師、専門は観光学。

索　　引

事項索引

あ行

か行

さ行

た行

な行

は行

ま行

や行

ら行

わ行

人名索引

別表1　日本列島の鵜飼に関する主な事柄

時代	年	事柄	文献
古墳	5世紀後半	鵜飼を表す鵜形埴輪が作られる。現状で最古例は大阪府太田茶臼山古墳のもの。 →日本の鵜飼に関わる資料のなかで最古。6世紀後半までの24遺跡から計28例の出土が確認されている。	土生田(1988)など
飛鳥	636年	『隋書』東夷伝倭国条に鸕鷀(鵜)の首に小さな輪をかけ、水に潜らせて魚を捕らえると、日に百尾あまり得るとの記述あり。 →日本で鵜飼が確実におこなわれていたことがわかる最古の文字資料	『隋書』
	7世紀後半	飛鳥池工房遺跡出土の荷札木簡に「鵜人部犬閇」の人名あり。	飛鳥池工房遺跡南地区SX1222出土木簡
	7世紀後半	持統天皇の吉野行幸に随行した柿本人麻呂が吉野川の鵜飼のようすを歌う。	『万葉集』1-38
	701年	大宝令の施行細則に宮内省大膳職雑供戸(贄戸)の鵜飼37戸がみえ、贄を納める見返りに調・雑徭を免除される。	『令集解』職員令40大膳職条「令釈」所引「官員令別記」
	702年	「御野国各牟郡中里太宝貳年戸籍」(現、各務原市那加周辺)に「鵜養部目都良売」の人名あり。	大宝2年美濃国戸籍
奈良	712・720年	神武天皇の吉野征伐の記述に、阿陀の鵜飼(鵜飼部)の祖とされる人物(国の神)に出会うとの伝承あり。また、神武天皇が戦闘に疲弊した際、歌で鵜飼をよび寄せる歌謡あり。	『古事記』神武天皇段、『日本書紀』神武即位前紀
	720年	雄略紀に廬城部連枳莒喩が息子の武彦を誘い、鵜飼をするふりをして不意打ちにするとの記述あり。	『日本書紀』雄略紀3年4月条
	721年	元正天皇が殺生を禁じ、大膳職が所有する鸕鷀(鵜)をすべて放生する。	『続日本紀』養老5年7月庚午条
	745年	聖武天皇不予につき、諸国が所有する鵜や鷹をすべて放生する。	『続日本紀』天平17年9月癸酉条
	747～750年	越中守の大伴家持が夜間に集団で篝火を焚き、河川を遡上しながらアユを捕る徒歩鵜飼のようすを歌う。	『万葉集』17-3991、17-4011、17-4023、19-4156、19-4158、19-4189、19-4190、19-4191番歌
	764年	鷹や鵜による猟(漁)を禁じ、鳥獣の肉や魚の進上が停止される。	『続日本紀』天平宝字8年10月甲戌条
	8世紀	平城宮跡出土の木簡に、鵜籠の製作に関わる「鵜甘」「鵜籠」「籠作」の文字あり。	平城宮跡中央区朝堂院東第二堂SD3715出土木簡
	8世紀後半	平城宮跡出土の木簡に「宮鵜□〔養ヵ〕」の文字あり。	平城宮跡第二次内裏北外郭中央区東半部SK2101出土木簡

時代	年	事柄	文献
	805年	10月、佐渡国の道公全成が官鵜を盗み、伊豆国へ流罪となる。	『日本後紀』延暦24年10月庚申条
	870年	2月、対馬嶋下県郡の卜部乙屎麻呂が鸕鷀を捕獲するため新羅の境まで行き、囚われる。	『日本三代実録』貞観12年2月12日甲午条
	885年	10月、大宰府の官人が年貢鵜の違期により断罪され、杖で臀部を数十回叩く杖罪と罰金を科される。	『日本三代実録』仁和元年10月19日庚午条
	887年	5月、大宰府が毎年都まで鵜を貢進するための経路が定められる。陸路から海路への変更を経て再び陸路に戻される。	『日本三代実録』仁和3年5月26日己亥条
	895年	宇多天皇が、平安宮大内裏に接する神泉苑で鵜に魚を食わせるのを鑑賞する。	『日本紀略』寛平7年3月3日庚申条
	9世紀	『業平集』の一写本「大堰河　浮かぶ鵜舟の篝火に　小倉の山も　名のみなりけり」	『業平集』
	906年	「つきなみの御屏風」の6月の主題に鵜飼が選ばれ、紀貫之が和歌を詠進する。 →屏風には歌絵が描かれたと判断され、文献上確認できる最古の日本の鵜飼図	『貫之集』
平安	906年	8月21日、凡河内躬恒が東西宣旨飼（連夜にわたり鵜飼が捕らえた魚を天皇に献上する速さを競う行事）の使者として、葛野河（現、桂川）に滞在する。	『躬恒集』120番歌・題詞
	920年	是忠親王が平安前期の公卿である藤原忠平に馬と鵜を賜る。	『貞信公記』延喜20年6月29日条
	947年	村上天皇が、鵜が水に潜るようすを鑑賞する。	『日本紀略』天暦元年12月9日己丑条
	971年	7月、藤原道綱の母が初瀬詣の道中で宇治に滞在し、鵜飼が川一面に篝火を灯して舟で往来するのを鑑賞する。多くの鮎が漁獲される。	『蜻蛉日記』天禄2年7月段
	974年	8月10日、出羽国から毎年貢進される鵜12羽が天皇に報告された後、鵜飼に分配される。能登国、佐渡国の鵜も分配される。同月22日、東西宣旨飼の使者が派遣される。	『親信卿記』天延2年8月10日条
	10世紀後半	源高明が撰した儀式書に、禁河である葛野河・埴河（現、桂川・高野川）において、鵜飼が毎日天皇に捧げる御贄として鮎や鯉、鮒を捕らえる活動が記される。	『西宮記』巻10侍中事

時代	年	事柄	文献
	1000年	9月、出羽国から毎年貢進される鵜が、蔵人所のほか皇親や藤原道長などの貴族に分配される。貢進予定の多くの鵜が輸送中に死ぬ。	『権記』長保2年9月2日条
	1001年	7月、赤染衛門が杭瀬川（現、岐阜県杭瀬川）に滞在した際、篝火を用いた夜漁の船遣いを目にする。	『赤染衛門集』175番歌
	11世紀初め	『源氏物語』に、10月、六条院の庭で鮒を捕らえる御厨子所の鵜飼の長らのようすが記される。	『源氏物語』藤裏葉
	11世紀初め	蔵人が関わる業務を記した有職故実書に、天皇による貢鵜御覧や東西宣旨飼の実施次第のほか、鵜飼が毎年5月5日～9月9日にかけて毎日鮎を進上すること、その鮎は「河膳苞巻」という包みに仕立てられたことが記される。	『侍中群要』第3、第4、第10
	1017年	8月、葛野河（現、桂川）で三夜にわたって開催された宣旨飼を人びとが連れ立って鑑賞する。	『左経記』寛仁元年8月24日条
	1048年	藤原頼通が船で高野山を参詣する際、桂や宇治の鵜飼が各々篝火を燃やして行路を照らす。	『宇治関白高野山御参詣記』
	1068年	桂御厨鵜飼が諸権門に奉仕することを禁止され、朝廷への御贄の進上に専念することが求められる。	山科家旧蔵「御厨子所公人等重訴状」（抄写）所引「治暦四年七月四日御厨子所符案」
	1081年	増水で桂川の橋が流された際、渡河手段として上桂河の鵜舟が派遣される。	『帥記』永保元年4月10日条
	1093年	8月、能登国から貢進された鵜が、天皇の御覧のあとに供御鵜飼らに分配される。	『中右記』寛治7年8月26日条
	12世紀前半	摂関家の賀茂詣に鵜飼が篝火で奉仕する。	『執政所抄』御賀茂詣事
	1112年	鶴林寺太子堂（現、兵庫県加古川市）の壁画「九品来迎図」に鵜飼が描かれる。 →鵜飼を描いた現存最古の絵画作例	鶴林寺太子堂壁画
	1126年	殺生禁断により諸国の漁網が破棄されるなか、宇治や桂の鵜が放たれる。	『百錬抄』大治元年6月21日条
	12世紀後半	『梁塵秘抄』に、殺生罪業観のもと、鵜の首を首結いで結び、亀を餌としながら鮎を捕らえる鵜飼を歌う今様が収められる。	『梁塵秘抄』355、440
鎌倉	1200年	7月、源頼家が相模川で鵜飼を鑑賞し、鵜飼を愛好する畠山次郎らも供奉する。	『吾妻鏡』正治2年7月1日条

時代	年	事柄	文献
	1279年	後深草、亀山両院が伏見の津において鵜飼を鑑賞する。	『増鏡』第10老のなみ(弘安2年)
	1299年	「一遍聖絵(一遍上人絵伝)」に京都・桂川の鵜飼が描かれる。 →特定の場所の鵜飼が描かれた現存最古の絵画作例	「一遍聖絵」巻第7 (東京国立博物館)
	14世紀	柳原忠光の家に宇治川の鵜飼を描いた障子絵があり、薬師寺公義がそれを見て歌を詠む。	『公義集』
室町	15世紀前半	世阿弥によって改作された謡曲《鵜飼》が成立し、演じられる。	『申楽談義』16段
	1432年	9月、足利義教が美濃国墨俣川で鵜飼を鑑賞する。	『覧富士記』永享4年9月12日条
	1473年	5月、一条兼良が杭瀬川で鵜飼を観覧し、「篝焼き」の鮎を食する。	『藤河の記』文明5年5月17日条
	1564年	織田信長が長良川の鵜飼を観覧し、鵜匠を内家鷹匠と等しく待せられる。	「鵜飼漁業法及沿革履歴書」
	1568年	6月、織田信長が甲斐の武田信玄の使者秋山伯耆守を迎え、鵜飼をみせる。	『甲陽軍鑑』永禄11年6月
安土桃山	1574年	常陸國の海岸壁(現、茨城県日立市)において鵜が捕獲されていたという記録あり。	中山・栗田(1911)
	1591年	尾張で行われた豊臣秀吉の大鷹野において、鷹狩行列の先頭に鵜が据えられる。	『豊臣太閤大鷹野和字記』、狩野永納「秀吉鷹狩絵巻」
	1593年	4月、豊臣秀次が山城国の大井川にて鵜飼を催す。	『時慶卿記』文禄2年4月28日条
	16世紀後半	三次(現、広島県三次市)において毛利に敗れた尼子氏の残党が徒歩鵜飼を始めたとされる。	地元の伝承
	16世紀後半	「洛中洛外図屏風(歴博乙本)」右隻に手縄をつけた鵜のような鳥を用いた追い込み漁が描かれている。	「洛中洛外図屏風(歴博乙本)」 (国立歴史民俗博物館)
江戸	17世紀	長良川鵜飼と貴紳の観覧のようすを描いた屏風が制作される。→長良川鵜飼を絵画化した現存最古の作例であり、武家の権力者の観覧をともなう点でも注目される。	狩野探幽「鵜飼図屏風」 (大倉集古館)
	1603年	長良川の鵜匠21名に給米料として各金10両が扶持され、諸役を免ぜられる。	「鵜飼漁業法及沿革履歴書」
	1615年	徳川秀忠らが大坂夏の陣の帰途に長良川鵜飼を見物する。鮎鮨の将軍家献上がほぼ恒常化される。	『岐阜市史　史料編近世一』

時代	年	事柄	文献
	1644年	5月、徳川家光が浅草川で鵜飼を鑑賞する。鵜匠はみな尾張から連れてきたもの。	『大猷院殿御実紀』正保元年5月19日条
	1688年	おもしろうてやがてかなしき鵜舟哉　芭蕉	
	18世紀	尾形光琳「鵜船図」	静嘉堂文庫美術館
	1770年	円山応挙「鵜飼図」	個人蔵
	1775年	老なりし鵜飼ことしは見えぬかな　蕪村	
	19世紀初頭	疲れ鵜の叱られて又入りにけり　一茶	
	1820年ごろ	三次郡は「大川多ければ、鵜づかひ多く、香魚を捕る、其妙を得たり、一人して鵜六七羽もつかふ」との記載あり。	『藝藩通志』第5巻
明治	1871年	廃藩置県などの行政改革により、長良の鵜匠制度や小瀬の川漁取締役が廃止される。	「鵜飼漁業法及沿革履歴書」
	1878年	明治天皇の岐阜行幸に随行した岩倉具視らが長良川鵜飼を鑑賞し、アユを御膳用に供する。	「鵜飼漁業法及沿革履歴書」
	1890年	長良川に「御猟場」が設定され、宮内省主猟局から「鵜匠」に任じられる。	筧(2019)
	1898年	長良川において遊船会社が設立され、鵜飼観光が本格的に開始される。	片野(1953)
	1911年	映　像「Fishing with Cormorants. Isle of Yeso. Japan」(無声・白黒)に長良川の鵜飼が記録されている。 →鵜飼を撮影した映像としては最古のものだと考えられる。	英国、Charles Urban Trading Company
大正	1924年	広島県三次の鵜飼で用いる篝火がオガラからカーバイトランプに変更される。	大阪朝日新聞「三次の鵜飼」(1924年7月1日付)
	1926年	京都府宇治市の宇治川の鵜飼が岐阜の鵜匠たちを招いて再興される。	林屋編(1983)
昭和	1951年	水産資源保護法や内水面漁業調整規則の制定により、三次の鵜飼をはじめ生業としての鵜飼が規制される。	
	1952年	中断されていた錦帯橋の鵜飼が錦帯橋上流の錦川で再興される。	
	1955年	「長良川鵜飼用具」が国の重要有形民俗文化財に指定される。	
	1957年	愛媛県大洲市の肱川で大洲の鵜飼が開始される。	
	1962年	「有田川の鵜飼」が和歌山県の無形民俗文化財に指定される。	

時代	年	事柄	文献
	1962年	この頃まで長良川やその周辺河川で餌飼(鵜に餌を獲らせるだけの漁)がおこなわれていた。	
	1966年	日田鵜飼が大分県の無形民俗文化財に指定される。	
	1971年	鵜飼用具を含む「荒川水系の漁撈用具」が国の重要有形民俗文化財に指定される。	
	1976年	山梨県笛吹市において笛吹川石和鵜飼が開始される。	
	1978年	「小瀬の鵜飼技法」が関市無形民俗文化財に指定される。	
	1980年	「原鶴を中心とした筑後川鵜飼」が朝倉市無形文化財に指定される。	
	1985年	「木曽川犬山鵜飼漁法」が犬山市の無形民俗文化財に指定される。	
平成	1992年	茨城県日立市の「鵜捕りの技術」が日立市の無形民俗文化財に指定される。	
	1999年	鵜飼用具を含む「江の川流域の漁撈用具 附漁場関係資料」が国の重要有形民俗文化財に指定される。	
	2010年	「鵜匠家に伝承する鮎鮓製造技術」が岐阜市の無形民俗文化財に指定される。	
	2014年	京都府の宇治川の鵜飼で飼育していたウミウが産卵する。鵜匠たちが人工繁殖を開始する。	
	2015年	「長良川の鵜飼漁の技術」が国の重要無形民俗文化財に指定される。	
	2015年	「三次鵜飼の民俗技術」が広島県の無形民俗文化財に指定される。	
	2017年	長良川鵜飼の「鵜匠装束(藁製品)製作技術」が岐阜市の無形民俗文化財に指定される。	

別表２　鵜飼漁がおこなわれていた地点と漁法や手縄の有無、操業時間帯

都道府県	漁場	地名など	漁法	手縄	時間
岩手県	雫石川	雫石町			昼
秋田県	檜木内川	角館付近	徒歩		昼／夜
	玉川	角館に近い水域	徒歩		
	岩見川		徒歩		
山形県	最上川	西村山郡溝延村（現、西村山郡河北町）	徒歩／舟		昼
福島県	夏井川	石城郡平市付近（現、いわき市）	徒歩	繋ぎ	夜
茨城県	花貫川		徒歩		
	十王川	多賀郡十王村伊師付近（現、日立市）	徒歩		
		多賀郡豊浦町川尻（現、日立市）	徒歩	繋ぎ	
群馬県	利根川	前橋市付近			
	碓氷川	碓氷郡安中町付近（現、安中市）			
	九十九川	碓氷郡安中町付近（現、安中市）			
埼玉県	荒川水系	秩父郡大宮町（現、秩父市）	徒歩		
		大里郡寄居町	徒歩		
		大里郡花園村（現、深谷市）	徒歩		昼
		大里郡久下村など（現、熊谷市）	徒歩／舟	放ち／繋ぎ	
		熊谷市津田新田	徒歩／舟	繋ぎ	
		南埼玉郡黒浜村（現、蓮田市）	舟		
		南埼玉郡大袋村（現、越谷市）	舟		
東京都	多摩川	五日市町（現、あきる野市）	徒歩		昼
		府中市是政	徒歩		
		稲城市大丸、長沼、押立、矢野口	徒歩／舟	繋ぎ	昼／夜
神奈川県	多摩川	川崎市菅（現、川崎市多摩区）	徒歩	繋ぎ	昼
	相模川	津久井郡城山町（現、相模原市）	徒歩	繋ぎ	夜／昼
		津久井郡湘南村（現、相模原市）	徒歩		昼
		高座郡田名村（現、相模原市）			
		愛甲郡愛川町	徒歩		昼
富山県	神通川		徒歩		夜
福井県	九頭竜川	大野郡大野町金塚（現、大野市）	徒歩	繋ぎ	夜
	真名川				
	赤根川		徒歩		夜
	足羽川		徒歩		夜
	日野川	南条郡今庄町（現、南越前町）	徒歩	繋ぎ	夜
	五井川	疋田村（現、敦賀市疋田地区）			
	笙の川				

都道府県	漁場	地名など	漁法	手縄	時間
	南川	遠敷郡奥名田村付近(現、大飯郡おおい町)	徒歩		夜
山梨県	相模川	大月市から上野原市付近	徒歩		
	道志川	月夜野(現、南都留郡道志村)	徒歩		
	笛吹川	石和(現、笛吹市)	徒歩	繋ぎ	夜
	重川	東山梨郡(現、甲州市)	徒歩		夜
	日川	東山梨郡(現、甲州市)	徒歩		夜
	富士川	西八代郡富里村(現、南巨摩郡身延町)	徒歩	繋ぎ	夜
	釜無川	甲斐市竜王や韮崎市など	徒歩	繋ぎ	夜
	塩川		徒歩		夜
	早川		徒歩		夜
	佐野川		徒歩		夜
長野県	諏訪湖		舟	放ち	昼
岐阜県	長良川	関市小瀬	舟	繋ぎ	夜
		岐阜市長良	舟	繋ぎ	夜
	木曽川	加茂郡細目村(現、加茂郡)	舟		
	飛騨川	加茂郡小山村(現、美濃加茂市)	舟		
	杭瀬川	不破郡赤坂村(現、大垣市)	舟		
静岡県	狩野川	大仁付近(現、伊豆の国市)			
	富士川		徒歩		夜
	興津川				
	安倍川	下川原や用宗、石部(現、静岡市駿河区)	徒歩		夜
	藁科川		徒歩		夜
	大井川		徒歩		夜
愛知県	木曽川	丹羽郡犬山町(現、犬山市)	舟		夜／昼
三重県	名張川	夏見村(現、名張市)	徒歩	繋ぎ	夜
滋賀県	知内川		徒歩／舟		昼
	石田川	高島郡今津町(現、高島市)	徒歩		
	安曇川		徒歩		
	犬上川		徒歩		
	愛知川		徒歩		
京都府	大堰川	京都市右京区嵐山	舟	繋ぎ	夜
	宇治川	宇治市	舟	繋ぎ	夜
兵庫県	揖保川	揖保郡新宮町付近(現、たつの市)			
奈良県	吉野川		徒歩		
	北山川	北山川吉野郡下北山村	徒歩		

都道府県	漁場	地名など	漁法	手縄	時間
和歌山県	熊野川		舟	繋ぎ	夜
	日置川	市鹿野村(現、西牟婁郡白浜町市鹿野)			昼
	富田川	中辺路町栗栖川			夜／昼
	会津川	田辺(現、田辺市)			昼
	日高川				
	有田川	有田市	徒歩		夜
鳥取県	千代川	八頭郡河原町(現、鳥取市河原町)			
	大井手川	八頭郡殿村(現、八頭郡)			
島根県	三隅川	三隅(現、浜田市三隅町)	舟	放ち	昼
	益田川	美濃郡益田(現、益田市)	舟／徒歩	放ち	昼
	高津川	鹿足郡日原村・津和野町(現、津和野町)	徒歩	放ち	夜／昼
		益田市高津	舟	放ち	夜／昼
	匹見川	美濃郡匹見下村(現、益田市)	徒歩	放ち	昼
	吉賀川	鹿足郡柿木村(現、鹿足郡吉賀町)	徒歩	放ち	昼
	津和野川		徒歩	放ち	
	蟠竜湖	益田市	舟	放ち	昼
広島県	江の川	三次市	舟	繋ぎ	夜
	可愛川	青河町より下流(現、三次市)	舟	繋ぎ	夜
	馬洗川	鳥居橋より下流(現、三次市)	舟	繋ぎ	夜
	西城川	君田町より下流(現、三次市)	舟	繋ぎ	夜
	神野瀬川		舟	繋ぎ	夜
	太田川	山県郡加計町(現、安芸太田町)	舟	繋ぎ	夜
山口県	錦川	岩国市横山	舟	繋ぎ	夜
徳島県	貞光川				
愛媛県	肱川	大洲市	舟	繋ぎ	夜
	富野川	東宇和郡中筋村(現、西予市)	徒歩	繋ぎ	夜
	岩松川	北宇和郡岩松町(現、宇和島市)	徒歩／舟		
	芳原川	宇和島市	徒歩／舟		
高知県	吉野川	長岡郡本山町付近	舟／徒歩	繋ぎ	夜
	野根川		徒歩	繋ぎ	
	奈半利川		徒歩	繋ぎ／放ち	
	安田川		徒歩	繋ぎ	
	伊尾木川		徒歩	繋ぎ	
	安芸川		徒歩	繋ぎ	
	香宗川		徒歩	繋ぎ	

都道府県	漁場	地名など	漁法	手縄	時間
	物部川		徒歩	繋ぎ／放ち	夜
	国分川		徒歩／舟	繋ぎ	
	鏡川		徒歩	繋ぎ／放ち	
	仁淀川	吾川郡伊野町付近(現、吾川郡いの町)	舟	繋ぎ	
	四万十川	幡多郡十川村(現、四万十町)	徒歩／舟	繋ぎ／放ち	夜
	檮原川		徒歩	繋ぎ	
福岡県	筑後川	朝倉市杷木志波付近	徒歩／舟	繋ぎ	夜
	矢部川	八女市津江、柳島、祈禱院	徒歩	繋ぎ	昼
佐賀県	河川や沼	佐賀郡春日村(現、佐賀市)	徒歩／舟	繋ぎ	夜
	河川や沼	神埼郡城田村(現、神埼市)	徒歩	放ち	
長崎県	河川や沼	大村市	徒歩		
大分県	三隈川	日田市	舟	繋ぎ	夜

■編者紹介

卯田宗平（うだ しゅうへい）

国立民族学博物館グローバル現象研究部教授。

専門は環境民俗学、生態人類学。

鳥と人類とのかかわりに関心があり、日本や中国、バルカン半島、東南アジアを調査している。単著に『外来種と淡水漁撈の民俗学』（2022年、昭和堂）、『鵜と人間』（2021年、東京大学出版会）、『鵜飼いと現代中国』（2014年、東京大学出版会）、編著に『野生性と人類の論理』（2021年、東京大学出版会）など。

鵜飼の日本史

——野生と権力、表象をめぐる 1500 年

2025 年 3 月 27 日　初版第 1 刷発行

編　者　卯 田 宗 平

発行者　杉 田 啓 三

〒 607-8494　京都市山科区日ノ岡堤谷町 3-1

発行所　株式会社　昭和堂

TEL（075）502-7500 ／ FAX（075）502-7501

ホームページ　http://www.showado-kyoto.jp

印刷　モリモト印刷

ISBN978-4-8122-2405-2